明治天皇

睦仁和他的時代，1852-1912

下

Emperor of Japan
Meiji and His World, 1852-1912
by
Donald Keene

唐納德・基恩 著

曾小楚、伍秋玉 譯

明治天皇(下)

・第三十五章・

自由民權

一八八一年，頒布憲法和成立國會的呼聲異常高漲，整體氣氛似乎讓人覺得這個願望很快就能實現。天皇早在一八七六年九月下令起草憲法，但進展卻非常緩慢。想當然沒有人公開反對制定憲法，因為這等於是違背聖意[1]，但仍有很多人支持「漸進主義」的政策，希望憲法的頒布可以無限期地拖延下去。然而提倡制憲與召集國會的人們已經厭倦了等待，要求政府即刻做出行動。

要求政府採取具體措施的壓力也來自令人意外的陣營。一八七九年十二月，山縣有朋向太政大臣三條實美寫了一封長信，表達自己對立憲政體的肯定。山縣列舉了民眾對政府抱持諸多不滿的原因，認為失業、強制節儉[2]、拋棄傳統道德習慣等都疏遠了民眾，助長自由民權運動的興起。他相信當下迫切需要改革立法、行政和司法之權，否則肯定會再次出現類似佐賀、鹿兒島的武裝叛亂。如今要恢復民眾對政府信心的唯一方法，就是制定憲法。將來可能維持好幾個世代的憲法顯然不可能一朝一夕就制定完成，但現在至少到了應該確定其基本綱領的時候；一旦內閣政治及國家各部門明顯遵循該原則運作，確立了國家未來前進的方向，人民便會再次擁護政府。

山縣強調，不應該將新憲法理解為侵犯皇權。早在《五條御誓文》頒布時，天皇就立下承諾將逐步邁向立憲政體。各地方單位早已設立議會機構，應當從中選拔最有才識者，組成和元老院相對的平民議會。

三條同意了山縣的建議，岩倉隨後也表示支持。他們將此建議提報天皇，結果天皇欣然接受，並要求參議各自上奏對於立憲政體的看法[3]。在所有意見書中，伊藤博文提出了最為詳盡的見解，他列舉了士族（武士）對廢藩以來諸多改革的痛恨，並將他們目前的情況與幕府時代相比較。當時武士們受到良好的教育，享有俸祿與一定的資產，自然認為自己有為國家效力的義務，而這種傾向至今依然存在。當士族發表政治性言論，很容易就能動搖一般庶民，即所謂「喻為人身，士族如筋骨，平民如皮肉，筋骨動而皮肉從之。」[4]

伊藤警告說，法國大革命的影響早晚會擴及每個國家。政府分權於民的觀念已經隨著書籍等歐洲文物一起傳入日本，在武士和平民之間廣泛普及，如今已經蔓延至國內各個角落。一些煽動者藉機道聽塗說，嚇唬民眾；另一些人則完全不顧陛下的考量，無病呻吟，並煽動群眾做出瘋狂的行為。只不過這一切都像「雨露降而草木生，深不足怪」。[5]

伊藤似乎已經接受了政府必須與一般民眾共治的觀點，但他仍強調不可依照某些人的主張急著創設國會。「起國會，以成就君民共治之大局，雖為甚望之事，然此系國體之變更，實曠古之大事。」因此政府必須按部就班，先從打好根基開始。伊藤支持模仿歐洲建立兩院制議會，其中上院（元老院）由一百名華族（貴族）和士族組成，負責支援皇室以及維護日本傳統，希望藉由給予士族直接參與政府事務的機會減輕他們的敵意。

另一方面，下院將由選自地方議員的「公選檢查官」組成，其職權只限於財政上的審查。上院顯然比下院重要得多，伊藤認為這樣有利於機制運作穩定，而且上院可以抑制下院走向激進。[6]在意見書的最後，他以「漸次進步，以完成大局，全仰陛下之剛健不息」作結。

一開始參議大隈重信並不願提交意見書，天皇於是透過熾仁親王勸說他對這個重大問題發表看法。熾仁回來彙報說，大隈希望能當面陳述自己的觀點，因為他擔心寫下來的內容可能會在事前洩露出去，但天皇卻堅持要求他上呈書面意見。一八八一年三月，大隈終於將意見書交給左大臣熾仁親王，同時要求在天皇親讀之前，任何參議甚至是太政大臣或者右大臣都不得閱覽。熾仁同意了。

大隈的意見一共有七條，第一條呼籲立即公布設立國會的預定日期、確定憲法起草委員的人選，並開始著手建造議事堂。

第二條提議任命高級官員時應考慮到人民的支持度。在未來憲法框架之下運作的國會必須能夠體現民意，其決議也應當符合過半數議員的期望，並由獲得多數民眾支持的政黨黨首擔任議會領袖[7]。立憲政體將使天皇毫不費力地找到最適任的輔佐，藉由信任選舉產生的官員省下鑑定潛在顧問資質的麻煩。但是大隈也指出，民眾選出的政黨將來可能因為施政表現不佳而失去民心。一旦如此，政權將移交給新獲得最多支持的政黨，由天皇委任該政黨的黨魁組織內閣。8

大隈的第三條建議，是將那些會隨著政黨輪替而換人的官職（政黨官）與不會因此變動的官職（永久官）區分開來。後者作為官員的主體（除了各部門首長之外）將無法擔任議員，此外維持國家治安與公平正義的官吏應當視為中立永久官，包括三大臣、軍官、警察和法官。

第四條則規定憲法將由天皇頒布。憲法將採取極端簡潔的大綱形式，同時明訂政權的所在以及公民的人權；第五條建議在一八八三年年初召開國會，為此就應該在本年（一八八一年）制定憲法，並於次年底之前選出議員。

第六條主張各政黨確立施政綱領，各黨之間的競爭將是針對不同政綱之間（而非個人之間）的論戰。第七條作為總論，要求政黨必須忠於憲政精神；如果只拘泥於表面上的形式而非內在的精神，那不僅是國家的不幸，還會給執政者自身帶來災難，徒留汙名於後世。

熾仁親王讀完這份意見書之後，為大隈提出的國會召開日期如此之近感到震驚。儘管已經對大隈做出承諾，他還是暗中先將意見書交由三條實美和岩倉具視過目，隨後才上呈天皇。伊藤博文聽說大隈向天皇遞交了意見書，詢問三條能不能讓自己拜讀一下內容，三條便從天皇那裡取回文書，於六月二十七日提供伊藤過目，結果伊藤看完後非常憤怒。10 除了覺得要在兩年後召集國會實在太過倉促，讓天皇身邊的顧問仰賴民選更形同完全放棄了君權。七月一日，伊藤寫信給三條表達自己的觀點，並表明如果大隈的建議被採納，自己只有辭職一途；第二天他又寫信給岩倉，強調自己無法與意見相左的大隈一同出席內閣會議。11

岩倉試圖勸說但無果，於是派人請來大隈，向他解釋把意見書拿給伊藤看的緣由以及伊藤的反應。大隈為自己的激進提議辯護，認為現況「如群集欲入門內，若僅開半扉，則必招雜沓，莫如開其雙扉，導之入內」。而一八八三年召開國會這個大膽而激進的措施正是為了「開其雙扉」。在岩倉的建議下，大隈和伊藤隨後見面溝通並達成了和解。伊藤又開始參加內閣會議，但兩人在許多政治問題上的觀點依然相距甚遠。

作為漸進派，伊藤非常關心天皇未來的角色。天皇的個人裁決——反對發行外債以及向農民以米徵稅——表明他可能不願再扮演被動或者象徵性的角色，而是想積極參與重大問題的決策。伊藤擔心這種傾向可能導致天皇必須負擔政治責任，進而引發有關天皇制正當性的爭論，因此他寧願天皇扮演一個由內閣輔佐的象徵性領導者。伊藤特別警惕那些不必承擔政治責任的宮中人士利用天皇施加影響，確信這只會導致政府的不穩定。12

不過伊藤和大隈在某一點上倒是意見一致，那就是他們都討厭薩摩派閥。當內閣會議上討論讓薩摩出身的川村純義再次擔任海軍卿時，儘管這已受到所有海軍軍官支持，卻還是遭到伊藤強烈反對。大隈也站在伊藤這一邊，他們譴責薩摩傾向將海軍視為自己的私有物，並且確信川村沒有能力督導海軍未來的發展。但最終，川村還是順利復任，只因岩倉等三大臣希望透過平衡長州和薩摩的勢力來維持內閣的和諧。或許他們也期待川村的復任能讓那些平時愛偷懶的薩摩派參議（與之形成對比的是勤勉盡職的長州派參議）再次出席會議。三大臣有越來越多理由為失去木戶和大久保感到遺憾，因為先前正是多虧了他們才勉強維持著內閣裡長州和薩摩之間的均衡。[13]

儘管被迫在川村復任問題上讓步，但伊藤仍是政府中最有權勢的人物。他得到了天皇和三大臣的信任，然而佐佐木高行卻在日記中說：「至來年春，內閣必破」。他滿心歡喜地期待這一刻的到來，因為這將是實現他一直以來希望由天皇親自執掌大權的絕佳時機。佐佐木敦促天皇為此做好準備，天皇回答道，他對於身為皇族的左大臣（熾仁親王）比另外兩位大臣都抱有更高的期待，但是現在成為內閣一員的熾仁似乎已經失去他在元老院期間展現的自信。佐佐木為熾仁親王辯護，認為他資質良好，但是缺乏毅力。天皇隨後說了一番非常有說服力的話：「大臣、參議於維新之際雖有功勞或軍功，然無政治學問，非長於政事之人物，故今日內閣艱難亦是當然。因之，唯望真政治家漸入內閣。然此亦取決於局勢，只可待時機成熟之時。」[14]

這正是困擾明治政府的癥結所在。戰場上的英勇表現並不保證能夠勝任政治事務，然而大部分閣員入選的理由都是因為赫赫戰功，而不是敏銳的政治洞察力。薩摩籍的參議之所以不參加內閣會議，可能是因為他們已經厭煩聽取行政報告；明治對黑田清隆和西鄉從道的反感，或許也說明他注意到這些軍人缺乏認真處理行政事務的能力。

軍人參政的問題將一直持續到明治死後，但在這時不讓軍人涉足政治，尤其是不違抗君命變得尤為必要。早在一八七四年，加藤弘之就在《明六雜誌》上發表過一篇論文，並於開頭寫道：「欲如文明開化各國，武官只管恭順君命，以成最要至良之事……」[15]就在這一年，三名陸軍少將以辭職表示對大久保外交政策的不滿[16]；為了應付這些公開表達政治觀點的軍人，尤其是告誡那些曾在西南戰爭中投靠西鄉一方的叛逆士兵，山縣有朋於一八七八年起草了一份《軍人訓誡》並分發全軍，其中有一條便是「禁是非朝政，議論時事」。[17]

即便頒布了訓誡，仍有許多軍人開始參與當時席捲全國的政治運動。一八八〇年四月五日，為了控制（在他們看來）威脅到公共安全的示威活動，政府頒布了稱為《集會條例》的十六條法規，規定往後一切集會遊行——不論是政治演講、攻擊政府的漸進政策，還是要求設立國會——都必須得到警察的批准。此外，也嚴禁軍人、警察和教員參加公眾集會和政治團體。[18]然而軍人涉入民權運動的問題依然持續；一八八二年一月頒布《軍人敕諭》之際，便在第一條要求軍人「當毋為世論所惑，不為政治所拘，唯以守己本分之忠節為主」。[19]

或許是因為對軍人參與政治活動的打壓，「自由民權」爭取運動的主導者基本上都是一般民間人士，特別是中下階層的士族。一八八〇年十二月十五日，第一個以追求自由民權為目的之政黨「自由黨」成立[20]。在此之前，國內各地早有許多政治結社興起，每個組織都有各自獨特而吉利的名稱，卻不一定具有明確的目標。即便是那些高呼制定憲法和設立國會的政治社團，也很少真的考慮過憲法應該包含什麼內容，或者是立法機構的具體結構。[21]

高知縣的「立志社」算是這群士族積極分子成立的組織中最突出的一個。該組織是在一八七四年由支持自由民權運動的板垣退助等人所成立，「立志」之名則是取自塞繆爾．斯邁爾斯的暢銷書《自助論》（日譯版本名為《西國立志編》）。從這個名稱也能看出，比起開設國會，其根本目的更接近於實現武士教育和自我提升[22]；也許這就是板垣在一八七五年另外創立愛國社的原因，藉由一個名副其實的政治結社來建立立志社和各個自由民權組織之間的聯繫。

然而過沒多久，立志社就開始涉及國家重要的內政議題。西南戰爭使其活動出現了轉變，身為西鄉忠實支持者的板垣在一八七七年戰爭爆發後回到高知。西鄉的戰敗表明了用軍事力量與政府對抗是沒有用的；因此，立志社的主張將透過演說和報紙傳播，而不是刀劍。

板垣是立志社的創立者，也是當中最著名的成員，但是實際推動自由民權運動的則是當時一位名為植木枝盛（一八五七—一八九二）的二十歲青年。植木出生於高知的一個上級武士家庭，並於一八七二年前往東京學習[23]。他廣泛地涉獵各種書籍，尤其是有關法律、政治經濟和自然科學的著作，其間亦對基督教產生興趣，後來也經常造訪教會。

一八七三年底，植木回到故鄉高知。五個月後，板垣代表立志社進行的一次演講令植木相當感動，便開始學習自由論和議會制度的理論。一八七五年植木再次回到東京繼續學習，這一次他的閱讀興趣從以往的翻譯書籍轉到傳統漢籍，尤其對陽明學派多有鑽研[24]。同年，植木開始頻繁地向主要的報社投稿，邁出他作為自由民權活動家的第一步。一八七六年，植木因為投稿了一篇名為〈猿人君主〉的文章而被捕入獄；他在文中說，人類和猿猴的區別在於人類具有思考和想像的能力，但是政府對言論自由的限制，已經讓人民回到了猿猴的狀態[25]。然而，植木也強調「有教育後有智識，有智識後有議院」，質疑政府在大眾的教育程度仍不足以進行理性投票之前就實施選舉的做法。

一八七七年西南戰爭爆發後，返回高知的植木在板垣家借住了一段時間，同時作為立志社一員積極展開活動。他除了是組織提出的開設國會請願書草稿的執筆人之一，還為立志社曾短暫出版的許多雜誌撰稿。不僅如此，植木亦以演說家的身分博得名聲，光是一八七七年他就辦了三十四場演講，每每吸引近一兩千名聽眾。植木在日記中寫道，該年六月二十三日他到一個足以容納兩千人的劇場演講，但是場外卻還有兩千人無法進場。由於現場太過混亂，演講最後不得不中途散場。高知可以說是自由民權運動的最前線，全國各地的有識之士都聚集在此。這時的植木已經完全確信設立國會的必要性，並認為之所以爆發西南戰爭正是因為缺乏議會制度。[26]

植木對自由的宣導也擴展到性。他主張人類的目的是「滿足己欲，盡愉樂，極幸福」[27]，也在日記中提到一些自己夢中的性幻想，像是：「與天皇同寢。又與皇后同衾，夢交媾之事。」[28]植木將天皇和自己同等視之的奇妙認知一次次出現在他的日記裡，他把自己當成天皇，甚至使用相應的敬稱。從一八八三年起，植木除了皇紀[*1]與西曆之外，甚至會用代表他自己的「寰宇大皇帝」的誕生年份來紀年。一八八四年三月十三日，植木在日記中寫道：「天皇，夜，行幸芳原（吉原），於紅髯樓召見妓女長尾。」[29]

植木從未解釋為何一直把自己當成天皇。他無疑對天皇這個人有著異於常人的興趣。植木的日記原本只記錄自己的行動，但從一八七三年卻開始出現「聖上行幸」、「皇女分娩」、「拜見龍顏」等記述；這般對天皇的執著，也許正是他反君主制情緒的另一種表現。一八七九年八月二日，植木記下自己做了一個夢：「在東京，一人以議論中不敬天子、近共和政治為由憎余，遣二名少年相刺，然傷小而未致死。」[30]

無須多說，這類日記內容和明治本人毫無關係，但是植木的朋友橫山又吉卻曾提到植木在他短暫人生的最後幾年「可以說已經瘋了。他認為自己就是天皇」[31]。如果植木僅僅是個瘋子，那我們對他自稱天皇的古怪言論多半不會有任何興趣，然而就在植木留下這些記述的同時，他仍然一邊積極發表支持自由民權運動的演講和文章。

一八八〇年一月，植木在一篇文章中寫道，儘管有些人害怕共和體制，但是若能理解其真正的內涵，就會知道這種政體其實有益於國家[32]。然而整體來說，植木似乎認為日本的君主制是一種「天賦」。他在一八八一年起草的憲法以天皇的存在為前提，並規範了一些天皇的特權；植木並沒有公開擁護共和政體[33]。

植木還有一篇為人所知的文章名為《就男女同權之事》，這也許是日本最早呼籲男女平權的言論。長期以來人們相信植木是在妓院寫下了反對賣春的著名社論（發表於一八八二年二月），儘管這個說法並未得到證實，然而他似乎確實早在耽溺於嫖妓的時期就已經開始宣揚男女平等。雖然植木承認不太可能在短期內杜絕賣淫行為，但仍極力主張應該基於自由主義的原則努力教育妓女。

在運動訴求不斷變化的期間，植木一心為自由民權事業貢獻出自己的力量。一八八〇年，愛國社更名為「國會期成同盟」，隨後又在一八八一年整合成為「自由黨」，由植木起草黨綱和規則。

我們無從得知明治對於這些新動向的看法，不過可以想見的是他應該不太喜歡。他當然知道什麼事情正在發生，正如前文所述，自由民權論者煽起的民怨已經導致出售北海道開拓使公有資產的計畫流產。天皇認為安撫自由黨成員才是明智的做法，於是在一八八一年十月

*1　以初代神武天皇即位元年為起點的曆法，比現行西曆早約六百六十年。

十二日宣布將於一八九〇年召開國會[34]。

這份敕諭可以說是為了因應自由黨等政治團體的強烈要求而做出的倉促決定，但是策略上有待解決的重要問題依然堆積如山。新政體究竟該模仿英國還是普魯士的模式？在這兩國的差異背後隱藏著一個根本上的問題：憲法應當出自人民（英國式），還是該由天皇制定（普魯士式）？

此外還有一個更基本的問題，在於這些未來的議員幾乎全都缺乏議會程序的培訓。在一八八一年十月召開的自由黨結成大會上，後藤象二郎被選為議長，副議長則是馬場辰豬，然而根據馬場的自傳，後藤幾乎從不出席會議。主持會議的責任於是落在馬場身上，他曾在倫敦的中殿律師學院學習過，因此很熟悉英國議會的進行方式。馬場對於黨員們連議會討論的基本原則都不知道感到震驚不已，當他批評黨員們的無知時，這些人卻說不管歐洲的議會如何進行，既然身為日本人只要按照「日本的方式」來就行了。在馬場堅持下，最後總算正式宣布成立自由黨[35]，由板垣退助當選新政黨的總理[36]。

天皇已經下令將召開國會，然而自由黨未來的目標卻曖昧模糊。相較之下自由黨的對手，由大隈重信於一八八二年四月成立的「立憲改進黨」則具有更加明確的目標，即建立由立憲君主領導的英國式議會民主制度。大隈在立憲改進黨成立大會上演講時強調，君主在他理想中的民主體制中扮演了（比起積極主動更偏向）象徵性的角色：「世上多有自稱尊王之黨派，並以此為修飾，然多數僅欲以一二世家充當皇室藩屏，或用兵力守衛，甚者將推君主於前線直至行政之要衝。此乃以擁護皇室之名，置其於危險之境地。」[37]

大隈一再強調自己對皇室的一片忠心。他在同一次演講中說道：「冀望維新中興之業大成，建帝國萬世之基礎，保皇室之尊榮於無窮，人民之幸福於永遠。」

一八八二年四月六日，板垣在岐阜演講後遇襲，一名行兇者用匕首刺傷了他，幸好傷口不深，犯人也立刻遭到逮捕。但據說當時以為自己可能馬上就要死去的板垣高聲喊道：「板垣可以死，但自由不死！」[38]天皇聽聞此事後十分震驚，立即派侍從去現場探望板垣[39]。

這件事為板垣贏得了許多同情，全國各地有許多新成員加入自由黨。但是政府對它的活動限制也越來越嚴格，一些黨員因抗議福島知事殘暴地鎮壓農民起義而遭到監禁，最終被以叛亂罪論處。

政府也以一個堪稱巧妙甚至狡詐的計畫企圖瓦解自由黨的領導階層。一八八二年三月，伊藤博文隨同許多顧問一起前往歐洲考察各國憲法。出發前夕，板垣前來拜訪，伊藤便藉機勸說從未踏足歐洲的板垣前往當地研究各國的政治民情和風俗。伊藤主張除非親自了解歐洲的情況，否則很可能被歐洲政治制度遭到美化的印象所影響，到頭來誤導了日本人民。板垣聽後，表示如果經費有著落的話就有意願出訪。[40]

伊藤秘密和井上馨商量，一致認為削弱自由黨實力的最好方法就是讓板垣和後藤象二郎出國外遊一段時間。伊藤和井上於是開始為他們的旅行籌措經費，最後得到三井銀行同意資助兩萬美元，條件是將陸軍省與銀行間的合約再延長三年。

一八八二年八月底，板垣突然宣布出發前往歐洲，不久後藤也表示跟進。這兩人沒有任何事前準備就打算去歐洲視察當地的情況。據馬場辰豬所言，他們連羅馬字母都不會讀，更別說外語了，實在不太可能透過這趟出遊得到什麼重大收穫。儘管有一名翻譯隨行，然而這個人的主要工作（雖然他們並沒有起疑心）其實是監視並將兩人行蹤報告給井上[41]。

關於經費的來源，板垣和後藤從未得到合理的答覆，不過他們似乎一點也不在意。兩人迫切地渴望出國，因此當自由黨成員質疑此行是否明智時，他們的反應相當不理性[42]。

可想而知，歐洲之行沒有為這兩人帶來任何益處。後藤大部分時間都待在巴黎，偶爾（也許是為了安慰自己的良心）會去普魯士、奧地利或者英國走走。他在伊藤的建議下前往維也納花了十幾天參加史坦恩（Lorenz von Stein）教授的講座。伊藤之所以推薦後藤跟史坦恩學習，除了希望藉此打破受英、法或者美國影響的過激自由主義迷思，同時也是加強皇室基礎的一環。只可惜史坦恩教授這一年的課程都圍繞在拿破崙三世政變相關的雜談，後藤最終一無所穫。

板垣對於自己見到了克里蒙梭（Georges Clemenceau）和雨果（Victor Hugo）十分自豪，然而他在法國的時間主要都用來觀光，這從他回到日本後發表的遊記便能略知一二。他甚至成功見到了日本知識分子無不憧憬的哲學家赫伯特・史賓塞（Herbert Spencer），然而就在板垣含糊不清地闡述自己的觀點時，史賓塞突然激動地大喊：「別說了，別說了！」並隨即起身離開了房間[43]。

一八八三年，板垣和後藤返回日本。他們發現自己不在的這段期間，自由黨和立憲改進黨這兩大自由派政黨已經開始互打口水戰。這毫無疑問正是政府內的保守派陣營所期望的結果，也是他們挹注大筆資金引誘板垣和後藤出訪歐洲的目的。那些期待板垣講解法國的共和政體或者英國君主立憲制的自由黨成員在聽了他的演講後相當失望，因為板垣宣稱儘管日本目前的生活水準落後於歐洲，但在政治方面卻更為先進；他敦促黨員們「專心致力於提高生活水準」，同時警告如果不增強海軍的實力，日本將會非常危險。[44]然而他所說的根本與推動自由主義沒有半點關係。

一八八四年十月二十九日，自由黨宣告解散，而它的死對頭立憲改進黨隨著兩位黨首大隈和河野敏鎌辭職，實質上也於同年十二月十七日解散。鼓吹自由主義的政黨如今陷入沉寂，不得不再等上幾年才能重獲生機。

·第三十六章·

濟物浦條約

在明治統治的第十四個年頭發生的種種騷亂後，一八八二（明治十五）年至少在前半年似乎異常地平靜。按照往例，新的一年在天皇舉行四方拜和其他傳統儀式中揭開了序幕。這一年值得關注的第一起事件發生在一月四日。這天天皇召見陸軍卿大山巖，親自頒布了《軍人敕諭》[1]。隨後，大山下令在軍隊中廣發敕諭，並將其印製在每年向士兵發放的袖珍手冊的扉頁上，在往後六十年為軍人們所閱讀、銘記和遵守。

敕諭在開頭首先提到「我國的軍隊世代由天皇統率」，並說起古代神武天皇親自率兵的事蹟。然而後來因長期處於太平盛世，朝廷逐漸喪失武勇精神，兵權遂落入職業軍人，即後來興起的武士之手。

近七百年來，武家無視皇室意願獨掌政權統治國家，然而到了弘化、嘉永年間（一八四〇至五〇年代），幕府的勢力日益衰退；此時正值外夷叩關、威脅日本安全之際，讓當今天皇的祖父與父親甚為擔憂。不過明治天皇還算幸運，雖年幼登基，但有幸獲得忠賢之臣輔佐，因而得以恢復由天皇統治的古制。

在過去十五年間發生了巨大的變革，如今陸海軍乃由天皇親自統率。天皇透過敕諭向軍人說道：「朕既為汝輩軍人之大元帥，則倚汝輩為股肱，汝等亦當仰朕為元首，效其親愛。朕之能否保衛國家，上應天心，以報祖宗之殊恩，全視汝輩軍人之能否恪盡其職。」[2]

接在這段引言之後便是五條訓諭，闡明了天皇對於軍隊的期望。第一條要求軍人應當對國家忠貞不渝。天皇以巧妙的措辭問道：「夫既享生於我國，其誰無報國之心？」並強調一位軍人即便具備嫻熟的技術或豐富的學識，若無報國之心則也不過是個人偶而已。此外，身為軍人就應該「知義重如泰山，視死輕如鴻毛」。

第二條要求軍人以禮儀為重。下級者承上級之命，實際上無異於承天皇之命；相反地，上級者對於下級亦不可有輕侮驕傲之舉，應當懇切慈愛，並且上下一心為天皇效力。

第三條主要在強調尚勇的重要性，同時勸誡有勇無謀、動輒肆威皆不能稱為真勇。軍人應當恪盡職守、善明義理，膽識過人且深思熟慮，而在待人接物上更要以「溫和」為第一，力圖博得民眾的敬愛。

最後的第四和第五條則分別要求軍人講求信義和以儉樸為旨。

不同於其他國家的統帥向其軍隊頒布的命令，《軍人敕諭》的特徵在於強調陸海兩軍士兵與天皇的直接關係。明治天皇透過敕諭闡明自己仰賴陸海軍，視他們為「股肱」，軍人則應當視其為首，藉此建立一個互信的關係。只要軍隊竭力為國，便能與天皇共享榮耀；若軍隊委靡不振，則天皇亦嘗敗果。

《軍人敕諭》頒布幾天後，參謀總部長官山縣有朋根據軍隊的現狀寫下一份建議書提交陸軍卿大山巖。他的不滿來自於常備兵的數量不足，只有四萬人左右。儘管徵兵制度已經施行了九年，卻仍未達到當初規定的人數，導致全國各地的鎮台駐軍均缺乏步兵、炮兵和工兵。此外，對外情勢也絕非安定：日本與清朝、朝鮮的關係尚不明朗，琉球群島隨時有可能再次成為引發紛爭的火種。山縣指出：「若待有事之日來臨，始論兵備之不全，則已遲矣。故雖設想於財政上有若干影響，徵兵令所定之人員仍應於今年度起，年年徵募以至完備。」[3]山縣在此對清朝和朝鮮的提及值得令人注意，因為到了一八八二年後半日本確實把大部分的心力都集中在處理與這兩個國家之間的關係上。

這一年還有另一件讓朝廷關注的重大事項，那就是修改條約這一曠日持久的問題。日本至今曾屢次提議修改在之前簽訂的不平等條約中向外國列強做出的種種讓步。儘管日本已設法使大多數國家同意修改條約，但英國依然堅決反對。

起初，明治並未直接涉及這類問題。這個時期的官方記錄中，關於明治天皇的記載大多都是向人民贈送禮物以及捐款給公共機構。舉例來說，一月十九日他捐出了一千日圓的私人財產給位於高野山的金剛峰寺，用於重建在一八七三年燒毀的佛塔[4]。儘管明治曾在童年時期接觸過佛教的訓誡，但他的這個舉動不太可能是因為受到佛教信徒的虔誠精神所感化[5]。也許他把自己比做當代的歐洲君主，有義務作為國家的父君向宗教或者學術機構進行慈善捐款[6]，又或者捐錢重建佛塔可能反映出他有意復興過去的遺跡。

這時的天皇對維護日本傳統越來越關心。在經歷一段不加思索地模仿西方教育制度的時期之後，儒家美德被重新視作教育的根基，這令天皇高興萬分。他曾說道：「閱今回文部省設立之學制諸則，可知朕與前任文部卿寺島宗則所論之旨，終於今日達成。」[7]天皇也表示希望在未來幾年文部省能不被民間力促採用德國或俄國教育等偏重歐美風潮的呼聲所左右，而是堅守現行制度，以期十年後見證該制度的成功。

不久，太政大臣三條實美等人應天皇要求提出了關於立憲政體的意見書。如今已訂下召開國會的日期，憲法草案也送交元老院，但照搬歐洲憲法的草案條文並不符合日本的國情，若不經修改將難以適用。人們紛紛就憲法實施的方法以及如何制定其基本方針建言獻策，但唯一可以確定的一點是，憲法是天皇御賜的，而非人民奮鬥爭取的結果。即便如此，關於主權在誰的問題依然持續引發熱烈討論；有些人認為主權在民，另一些人則提倡君民共治，也有人主張由天皇獨攬大權，且各自都旁徵博引外國的理論和制度來證明自己的觀點才是正確的。

議論上的分歧使天皇陷入了苦惱，他命令三條等人針對帝國憲法的原則、國會和君權之間的關係以及創設國會的準備工作提交一份詳細的建議。二月二十四日，三條在上呈的意見書中主張「立君主於不可干犯之地，由宰相代任其責」。三條不斷重申政府希望採取漸進式改革，儘管「天下之人心反為急躁而喜」；這是因為數百年來日本藉由鎖國偏安一隅，甚至鄙視外國的一切，導致人們一旦與外國接觸反而走向極端，一心只想著要超越對方。如今歐洲的極端思潮已經滲透到城市和農村，年輕人皆沉醉於新奇的思想當中無可自拔。因此當務之急便是「導以平正實際為主，毋使其陷淺薄偏頗之流」。

除此之外，三條也強調維持皇室財政獨立的必要性[8]，並認為華族的主要功能便是在將來的議會體制中組成上院保護皇室。僅次於華族的則是士族，但他們卻因政府的改革變得窮困潦倒，三條因此懇請採取救濟措施。在另行上奏的一份意見書中，他則列舉了著手開設國會的準備事項。[9]

強調保護日本傳統並不意味著朝廷拒絕向外國尋求指導。二月，元老院議長寺島宗則提議派遣伊藤博文赴歐洲考察各國憲法，以便確定哪些特徵適用於日本；他本人也將以全權公使的身分赴美考察。天皇批准了這項提議，伊藤也為此辭去參事院議長一職。三月，就在啟程前夕，伊藤收到了天皇詳列出有關憲法考察事項的敕書。

修改條約的問題繼續困擾著日本，為了進行討論還召開了關於修訂條約的預備會議。井上馨在會上發表意見說，由於外國從修改條約和放棄法外治權中無法得到任何好處，若要達成目的，日本就必須做出重大讓步。於是出現了兩種讓步方案，一是由參議山田顯義提出，主張如果外國人願意承諾完全遵守日本國法，將允許外國人在居住、營業和通商等方面享有與本國人同等的權利[10]；由伊藤博文提出的第二個提案則承諾得更少：允許外國人在日本內陸自由通商，但前提是如果外國人違反了行政規章或警察條例，應交由日本法庭審理，以及恢復日本政府對所有民事訴訟的裁決權。

三月五日，三條實美向天皇提交了兩項方案，請求天皇裁斷。天皇對此提出了三條建議：首先，他希望大臣參議們能齊心協力，「去小異，就大同，一致方可全此大業」；其次，應嚴加注重保密，「閣議貴為機密，改正之議未成，不可輕易洩露，釀世間紛議，如前年開拓使出售官產事件」；最後，他表示反對山田的提議，稱「我國民智識未及彼(外國)，財力亦頗劣，若與彼居住、經營之權，許其通商，結果頗為堪憂。卿等宜深謀遠慮，以之為備」。[11]

只可惜天皇的建議未能結束爭論。井上馨夾在舉棋不定的預備會議和要求立即採取措施的英國公使之間，最後決心辭職。三大臣竭盡全力安撫他，最後決定由來自德國的內閣顧問羅斯勒(Karl Friedrich Hermann Roesler)重新改寫了兩項方案。第一案新增允許外國人擁有「不動產所有權」，條件是讓日本收回「民事與刑事裁判權」；第二案改以只收回「民事裁判權」為前提，作為交換則和先前一樣允許外國人在「內地通商」。修改過的兩案被再次上交天皇裁決，天皇決定採用第一案與外國使節進行談判，若交涉失敗的話再嘗試第二案；如果雙方都不成，將再進一步商議後交由天皇裁斷。[12]

四月，在第七次修改條約的預備會議上，井上馨宣讀了一份文書，聲稱為實現日本在外交關係上的目標，已準備好向與其簽訂條約的國家做出讓步。在對讓步內容進行闡述之前，文書中列舉了日本實現近代化以及有資格與大國平起平坐的證據：日本長期以來遵循國際公認的法律和道德準則，也結束了封建制度，讓民眾享有平等權利；此外亦對政體進行改革，將行政和司法體系加以分割；甚至推廣教育、放寬對基督教的禁令、建立了郵政制度，加入萬國郵政聯盟；在基礎建設方面也架設電信與鐵路系統，還在沿岸建造了燈塔；法律上則制定了新的刑法和訴訟法。儘管如此，日本政府與國民並沒有因此滿足，而是企圖爭取更大的進步和改善，希望與各國建立更加緊密的聯繫，增進彼此共同的利益。

文書中繼續說道，只可惜在與外國人建立友誼和通商的道路上依然障礙重重。按照現行條約，外國人不得在通商口岸以外的地方居住或通商。日本政府一直以來都在等待適當的時機弭除這些障礙，並深信現在恰逢其時。在服從日本法律的前提下，日本將允許外國人自由旅行與選擇居住地、擁有動產和不動產、進行通商和經營產業；隨著新制度的施行，外國公民必須服從不同於以往在通商口岸行使的裁判權，但其公平公正將會得到其他國家的承認，為日本人和外國人的關係帶來革命性的轉變，在二者之間樹立起友誼。隨著自由通商和外國資本的流入，將會帶動產業和貿易的繁榮，進而發展出一個大規模的進口商品市場。[13]

六月一日，井上在預備會議上正式提交了一份修改條約的議案（以四月份發表的文書作為依據）。議案的主旨在於規定自新條約批准五年後，將向外國人開放日本全國，允許外國人在國內自由旅行、定居與就業，且享有與日本人同等的貿易和經營權。為減輕外國人對日本法律的擔憂，日本必須盡全力獲取外國人的信任；新法將完全遵循西方盛行的法律原則，並且所有法律和規則都會翻譯成至少一種歐洲語言加以發布。外國法官可以與日本法官一同進行審判，在適用陪審團制度的情況下，若案件涉及外國人，也會採用部分外國人作為陪審員。

在宣讀議案的時候，德國公使立刻表示贊同，認為提案中考量到雙方的互惠互利，尤其向外國人提供的保障更是慷慨。他將向德國政府彙報議案的內容，並建議修改條約。接著，比利時、葡萄牙、奧匈帝國、荷蘭、西班牙、義大利和俄國的公使紛紛表態贊成德國公使的意見。美國公使稱讚日本方案的合理性，並說他很樂意建議本國政府接受該提案。他還補充，撤銷治外法權將會減輕日本民眾的不滿和痛苦，進而維持與日本國民的親交，推動商業和貿易發展。然而只有英國公使巴夏禮拒絕加入齊聲贊同的行列，表示需要先對該議案進行仔細研究。[14]

七月十八日，巴夏禮在預備會議上回應說英國政府堅決反對井上的提議，並提出了一份文書說明原因。他主張相較於日本將自批准新條約之日起擁有裁判權，然而五年之內外國人卻無法享有日本所承諾的特權。在此期間，外國人能得到的唯一好處就是可以在日本內陸自由旅行，但仍無法隨意定居、擁有不動產或者投資。此外，日本承諾的司法制度和裁判方法含糊不清，實在不足保障外國人的權利和利益。由於日本政府尚未制定完善的民法或商法，距離新刑法的實施也才過了一年，使得英國政府很難判斷新法究竟是否有效。他預計批准該提議會需要不少時間，因此建議日本政府和其他當事國更加謹慎研議。巴夏禮認為，當前議案沒有獲得英國民眾的信任，無法吸引日本今後繁榮發展所需的外國資本流入日本[15]；他引述「一位才識出眾的日本國際法學家」在一八七九年底發表的言論：「（日本）法律並未給予日本人的生命、自由和財產適當保障，在獲得日本民眾的普遍認可之前仍須進行大幅改革。」[16]

儘管英國是唯一一個明確反對該議案的國家，但巴夏禮的話卻發揮了決定性的作用。儘管他建議各國公使多加討論，公使們卻都決定不再討論，而是直接交由各自的政府決議。於是在七月二十七日，第十六次條約改正預備會議宣告結束。

在看過巴夏禮對井上取消治外法權的提案所提出的異議後，不得不承認他的論點的確很有說服力。無論是巴夏禮還是英國政府，都不覺得有必要急著修改條約，在無法百分之百確定新制度將為他們帶來同等利益的情況下，他們不願貿然放棄既有的權利。巴夏禮在文書中提到自己能體恤日本人民希望徹底廢除領事裁判權的願望，然而他的同理心顯然不足以讓他像美國公使賓漢那樣，察覺到日本人對於外國強加的治外法權有多麼憤慨。這表明了英國政府依然不把日本當作一個文明國家，巴夏禮所引述的「一位才識出眾的日本國際法學家」的言論，也並未反映出日本人比起對新法的不安還要更加強烈的憤恨之情。總而言之，巴夏禮正在維護一個日本人民都討厭的制度，這個制度等於是在否定他們自明治維新以來取得的一切成果。

與此同時，日本民眾的注意力也從長年的修約問題轉向了迫在眉睫的緊急事態——七月二十三日，朝鮮士兵在漢城舉事，其根本原因是出自政府下令改革軍隊所導致的不滿。一八八一年底，朝鮮國王高宗及其正室閔妃[17]作為推動朝鮮近代化的一環，邀請日本公使館的武官堀本禮造中尉擔任打造新式軍隊的顧問。於是一百名年輕的貴族弟子接受了日式軍事訓練，然而當舊式軍隊的士兵得知年輕的新兵獲得比自己更好的裝備和訓練時，卻因此心生反感。他們之中有將近千名年老病殘的士兵在改革軍隊的過程中遭到解雇，其餘的士兵則已經有十三個月沒有領到糧餉。一八八二年六月，得知這一情況的高宗下令向士兵發放一個月的糧餉，指示管理財政的最高長官閔謙鎬處理此事。閔謙鎬於是交代下級士官負責處理，士官卻將下賜的好米售出，用所得的資金購買雜糧，並在當中摻雜砂石和糟糠。這些米糧不僅腐敗還散發惡臭，根本不堪食用。[18]

憤怒的士兵衝向閔府，因為他們懷疑閔謙鎬騙取了他們的米俸。聽聞兵變的閔謙鎬下令警察逮捕了一些帶頭鬧事的士兵，並宣布在第二天早上處刑以示懲戒。然而士兵們在得知此事後襲擊了閔謙鎬的宅邸進行報復；由於閔謙鎬不在家，他們只好破壞傢俱和其他財務來洩憤。

叛亂的士兵們接著把目標轉向武器庫，奪取了各種武器和彈藥。穿戴著從軍以來最好的一次裝備，他們突襲了監獄、扳倒衛兵，釋放了被閔謙鎬關押的軍亂首謀者以及許多政治犯。正在宮中的閔謙鎬召集軍隊鎮壓，卻是為時已晚：隨著市內貧民和其他反抗分子的加入，反亂陣營的聲勢不斷高漲，逐漸演變成一場大規模的暴動。

其中一群反亂軍襲擊了堀本中尉的府邸，輪流刺向這位嚇得不知所措的軍隊教官直到他死亡[19]；另一隊三千人馬則先是掠奪了武器庫，接著便前往日本公使館。王宮立刻向公使館發出通知，並表示國王無力鎮壓叛亂。[20]當時日本公使花房義質（一八四二—一九一七）和十七名使館人員及十名警官正在公使館內，反亂者包圍了公使館，異口同聲地喊著要殺光日本人。

花房於是下令在公使館放火。公使館書記立刻將油潑在各種重要文件上引燃。火勢迅速蔓延，在火焰和煙霧的掩護下，花房等人從後門倉皇逃離。他們逃到港口，登船從漢江前往仁川。起初他們在仁川府使的官邸避難，然而當漢城發生叛亂的消息傳來時，當地官兵卻改變了態度。花房一行人意識到此地不再安全，冒著暴雨逃往海邊，在遭受朝鮮士兵追擊突中有六名日本人被殺，另有五名身受重傷。倖存者帶著傷患登上一艘小船駛往近海，於三天後獲得一艘英國測量船飛魚號（Flying Fish）搭救。[21]

七月二十四日，就在襲擊日本公使館後的第二天，叛亂者闖入王宮。他們找到並殺死了閔謙鎬和十多名高官，並四處搜尋王后閔妃企圖將其殺害。這是因為閔妃不僅屬於他們憎惡的閔氏外戚集團，還完全操控著腐敗的政府。閔妃假扮成宮女，由一名忠誠的侍衛背著她並謊稱是自己的妹妹，從而僥倖逃脫。[22]

反亂陣營中有一名王室成員，即高宗的生父興宣大院君[23]，他對先前推翻自身政權的閔氏集團懷恨在心。失去閔妃從旁指點的倒楣國王只好再次仰賴父親出面，於是興宣大院君在退隱九年之後終於如願重掌政權。他執政後的第一件事就是為被認為已死於宮廷襲擊事件的閔妃舉行國葬，並廢除了由日本人訓練的新式軍隊。

花房歸國後，我們可以想像日本政府聽聞這一消息後會有多麼憤慨。七月三十日，井上馨緊急召開了內閣會議。天皇指派井上前往下關負責處理危機，同時命令海軍少將仁禮景範與陸軍中將高島鞆之助各自備妥四艘軍艦以及一隊步兵，負責護送擔任公使的花房返回朝鮮(同時前往保護當地的日本僑民)。

八月二日，井上離開東京。他在下關和花房見面時交給他一份指示，內容先是描述朝鮮暴徒的惡行令人憤怒且公然侮辱了日本的聲譽，並指責朝鮮政府怠於鎮壓這些不法分子，未能足夠重視兩國應有的睦鄰關係。儘管如此，考慮到朝鮮的國情，日本政府認為此時興師問罪稍嫌過早；公使將重返漢城，但由於無法預測叛軍未來的動向，因此會帶著軍隊作為護衛隨行。

花房接到的命令是在漢城會見朝鮮高級官員，說服對方定下一個日期，以日本政府滿意的形式處置反亂者。如果這些暴徒膽敢在當下發動襲擊，那麼無論朝鮮政府採取哪些措施，日本將被迫行使武力鎮壓。

雖然現階段沒有戰爭的風險，卻仍隱藏著危機。花房收到的指示中還包括下面這條命令：如果有任何跡象表明朝鮮政府藏匿罪魁禍首而不施以懲罰，或者拒絕參加日本提出的談判，將認定朝鮮政府有意破壞兩國和平。在此情況下，公使可以向朝鮮政府發出最後通牒，揭發其罪狀，並立即進軍仁川，佔領港口。抵達仁川後，公使須立刻向東京呈交詳細的報告，並等待進一步的指示。如果清朝或其他國家站出來調解爭端，應予以拒絕。不過，井上的這些指示卻以一個出人意料的溫和論調作結：日本政府並不認為朝鮮政府有意破壞兩國的和平關係，因此公使應真心誠意地努力確保雙方長久以來的友好關係，甚至以當前事件為契機，全力促成兩國獲得永遠的和平。[24]

儘管最後的言論稍顯樂觀，但在八月初，日本政府下令徵召常備兵。井上馨將政府決定向朝鮮派遣軍隊和軍艦以保護日本僑民一事告知駐在東京的各國公使，並強調此舉完全是以和平為出發點，一方面卻又立刻拒絕了美國居中斡旋的提議。[25]由於擔心局勢的發展，天皇派遣侍從長山口正定前往朝鮮視察，一直留在當地直到簽署《濟物浦條約》[26]為止。

在日朝之間就條約內容進行談判的期間，日本國內則出現許多亟需擴大軍備的議論。支持者指出，派往朝鮮的四艘軍艦是日本海軍的全部戰力，沒有留下任何一艘可以保衛國家。山縣有朋也上書天皇呼籲擴張軍備，建議通過提高煙草稅來充實軍備開支。八月十六日，天皇向岩倉徵求意見。岩倉回答，如果清朝繼續視朝鮮為藩屬國，就無法避免與清朝開戰，應當趁現在籌備軍力，並請求天皇下達密令。八月十九日，山縣在寫給岩倉的信中提到：「與清國開戰以今日為好機」。[27]

八月二十二日，花房在兩個中隊的護送下拜訪了漢城的宮廷。他向朝鮮國王提出日本的一系列要求，並限國王在三日內答覆，其中包括支付五十萬日圓作為日本公使館燒毀的賠償金。國王下令其政府在期限內做出回覆，興宣大院君立刻召開會議。然而，日本提出的不合理的賠償金額（五十萬日圓相當於朝鮮政府全年總收入的近六分之一）激怒了官員，政府因而拒絕回應。眼看朝鮮政府似乎無意滿足日本的要求，花房遂決定返回仁川。戰爭看似一觸即發；花房按照井上的指令，在離開漢城前向朝鮮國王發出最後通牒。國王立刻發函懇請他留步，但花房沒有改變主意。花房同時也被一封來自名叫洪淳穆的政府官員的失禮信件所激怒；信中公然宣稱朝鮮絕不會按照日本的要求「派出高官謝罪」。[28]八月二十五日，花房抵達仁川。第二天，洪淳穆致函花房，表明自己打算辭職並請求進一步會談。花房於是同意多停留兩天再起航。

此時，事態卻因為閔妃意料之外的舉動而變得複雜起來。閔妃在其藏身之地向國王發出書信，力促他請求宗主國清朝派兵鎮壓暴動。朝鮮國王一如既往地聽從了閔妃的建議，指派密使前往天津聯繫駐在當地的兩名朝鮮高級官員。接獲命令的官員於是趕赴北京，將朝鮮國王向清朝請兵一事告知李鴻章。李沒有一絲猶豫——這是大清恢復近年來逐漸喪失的對朝宗主權的大好時機。

清朝立刻召集三艘軍艦和六艘商船組成艦隊前往朝鮮。這些載有四千名士兵的船艦將在仁川集結，有了這支軍隊，清朝可以輕而易舉地佔領仁川，但他們聽從了李鴻章下達的命令：「不得與日本發生不必要之事端」。當清軍看見位於仁川港的日本軍艦金剛號時（該軍艦比其他日本軍艦早一步抵達）先是一度撤離，但在八月二十二日又再次返回，讓近兩百人的部隊於翌日登陸。

清朝方面通知花房，他們此行是為了鎮壓屬國朝鮮的兵變。花房堅稱朝鮮是一個獨立國家，強調日朝目前的緊張關係與清朝無關。雖然清朝提議合力鎮壓叛亂，但花房表示自己正在等待朝鮮對他的最後通牒做出答覆，任何國家都不應介入。

面對日本始終不願合作的態度，清朝立刻轉戰其他策略。清朝艦隊的三名海軍提督禮貌性地訪問了興宣大院君，並於離開前夕請求興宣大院君出席在清軍本營舉行的重要會議。出於禮節，興宣大院君有回訪的義務，便按照要求於隔天（八月二十六日）赴約。這本應是清朝和朝鮮之間常見的禮尚往來，然而清兵一看見信號（舉杯恭祝興宣大院君萬壽無疆），立即衝進營舍拘押了興宣大院君，將他塞進轎子裡運上軍艦威遠號帶回清朝，直到抵達天津興宣大院君才獲得解放。李鴻章對興宣大院君進行審問，試圖讓他承認自己是兵變的罪魁禍首，但宣告失敗。李鴻章命人把興宣大院君塞回轎裡，運往位於北京西南約一百公里處的縣城。此後三年，興宣大院君被軟禁在一間屋子裡，受到嚴格監視。29

在身為政府中心人物的興宣大院君都無法反抗的情況下，朝鮮政府別無選擇，只得接受與日本談判。八月三十日，日朝簽署了《濟物浦條約》，正式結束兩國之間的緊張關係。條約規定朝鮮政府須在二十日內逮捕和嚴懲殺害日本人的暴徒，並予以厚葬日本籍犧牲者；此外，朝鮮政府應向被害者家屬以及負傷者賠償五萬日圓，並補償暴徒為日本公使館造成的損害和遠征費用共五十萬日圓，以每年支付十萬，分五年付清；再者，今後將指派「若干名」日本士兵護衛日本公使館。

以此事件為契機，激起了許多日本人強烈的愛國心，紛紛自願應徵入伍或者贊助軍費。九月二十八日，花房返回橫濱，搭乘專為他準備的火車回到東京，由半個騎兵小隊相迎。天皇在宮中接見了花房，並授予他勳二等旭日重光章。

朝鮮高宗為了對最近發生的不幸事件表示遺憾，派遣三名高級官員致上歉意並贈送禮物。隨後天皇接見了朝鮮公使朴泳孝等人，朴先是呈上一封來自朝鮮國王的國書，讚揚天皇所取得的輝煌成就，並傳達國王希望長久維持兩國和平與友誼的意願。30

十一月三日，在朝鮮殉職的堀本中尉和其他日本人犧牲者被供奉至靖國神社。十一月十七日，天皇向搭救了花房等人的飛魚號艦長賞賜了一對青銅花瓶和幾本書，其中包括一本關於日本征伐朝鮮的著作。十二月，朴泳孝及其同僚準備離開日本時，天皇再次召見，在道別之餘請他們向朝鮮國王傳達友好之情。此外天皇還為國王準備了五百挺槍作為禮物，似乎是在暗示希望這些武器能在日後發生內亂時派上用場。對此朴泳孝表示朝鮮國最需要的便是槍枝，他確定國王會十分高興收到這份大禮。[31]

朴泳孝還向天皇口頭稟報了朝鮮的近況，並懇請日本提供經濟援助，以助朝鮮走向獨立自主。回到朝鮮後，朴泳孝和金玉均組建了開化黨，期望借助日本的力量使朝鮮擺脫清朝的控制、改革舊習。對這些人來說，日本正是他們想在朝鮮推動的文明開化運動的最佳典範。[32]

一八八二年就這樣在相對樂觀的氣氛中結束，但仍有部分政府官員鄭重警告，不要挑撥清朝發動一場可能會持續十幾年的戰爭[33]。十二月二十三日，明治天皇發布敕諭，在開頭寫道：「保全東洋全域之和平乃朕切望之所在。而今次因朝鮮倚賴，以鄰交之友誼，助其自守之實力。且涉政略，以使各國認其為獨立之國。」然而在此番言論背後，實則隱約透露了十二年後甲午戰爭爆發的原因。

・第三十七章・

岩倉逝世

一八八三年隨著熟悉的新年儀式宣告來臨。一月四日，天皇親自出席了元老院本年度最初的會議；一月十八日，他在今年第一場御歌會上以「四海清」為題創作一首新年和歌。

這一年，天皇似乎恢復了騎馬的愛好：他總共騎馬五十一次，且通常在這之後前往青山御所探望皇太后，或者在新宿御苑的茶屋裡舉行酒宴。

天皇偶爾也會為了轉換心情欣賞能劇表演，地點多半是在青山御所或者一八八一年四月十六日設立於芝公園內的能劇場。一八八三年五月二十三日，天皇和皇后以及皇室成員、參議、宮內省官員等在青山御所觀看了由八齣能劇和六齣狂言構成的精彩演出。能劇似乎正重新找回作為國家官方劇樂的地位，然而儘管有像皇太后這樣慷慨的支持者定期提供贊助，仍沒有足夠的資金能養活能樂師或培養接班人。一直要等到二十世紀初，能樂師的生活才獲得了經濟上的保障。[1]

比起這一年聽講的課程，能劇給天皇帶來的樂趣可能還更多一些。今年的課程包括元田永孚講解《論語》的其中一篇、西村茂樹講授日譯版伯倫知理(J. K. Bluntschli)的《國法泛論》

(*Allgemeines Staatsrecht*)、高崎正風講解《古今集》的序言、以及川田甕江講授唐朝政論性史書《貞觀政要》。

儘管一八八三年開頭看似一切順利，對天皇個人而言卻是悲劇連連。一月二十六日，天皇的第四女章子出生，母親是權典侍千種任子[2]。三女韶子則在一八八〇年八月三日同樣由千種任子產下，曾在襁褓期間罹患腦膜炎，但經過治療後已經看似康復。隨著章子的出生，天皇如今有了三個孩子，即嘉仁親王和這兩位內親王。然而這份喜悅並沒有持續多長時間；八月，(據說)夏季的極端暑熱導致韶子內親王再次發病，僅管御醫們竭力搶救，還是無力回天，韶子內親王於九月六日病逝。而年幼的章子內親王自出生起便患有哮吼症，九月一日開始出現慢性腦膜炎的症狀。天皇派出了御醫，卻不見病情好轉，便命令陸軍軍醫總監橋本綱常(一八四五—一九〇九)負責診療。就在姐姐韶子離世兩天後，章子內親王也不幸夭折。[3]

天皇的七個孩子中，如今已有六人在嬰兒時期夭折。雖然文獻中通常不會記載天皇對子女的離世有何反應，但這次的雙重打擊顯然讓他悲痛欲絕。天皇取消了一天的公務行程，下令三天內停止歌舞奏樂，還命令軍隊降半旗以及鳴炮表示隆重的悼念。葬禮當天，人群聚集在街頭，哀傷地看著小小的棺材被抬進陵墓。

由於未能挽救兩位內親王，皇室子女的侍醫淺田宗伯[4]提出辭呈。他將失敗歸因於漢方醫學和西醫的交互並用，然而儘管近期發生了這樣的悲劇，天皇仍相信應該同時利用漢方和西醫來治療疾病。他任命曾學習西方醫術的橋本擔任宮內省醫務官[5]，橋本和另兩名修習西醫的醫生[6]須一邊徵詢漢方醫的意見來決定治療方法。在失去兩位女兒以後，天皇比以往更關心他僅剩一人的皇子嘉仁親王；自出生時起，這個孩子的健康就讓人相當憂慮[7]。

這一年，天皇也面臨健康上的問題：九月，他的腳氣病又犯了。幸運的是，天皇的腳氣病並非致命性的，但御醫們認為待在容易患病的東京很可能導致病情惡化，因此建議在距離東京約一百多公里且環境優美、空氣清新的地方修建一座離宮，以便在每年容易發病的時節前往療養[8]。不用說，明治並沒有理會他們的建議。

御醫們也對六位皇子皇女相繼因為腦膜炎夭折而深感悲痛。他們認為將來出生的皇室子女應當採用不同於傳統宮廷習俗的方式來撫養，建議修建一座宮殿以便孩子們避暑。更重要的是，他們將新生兒的早逝歸因於先天的體質虛弱，主張從懷胎當初便採取所有可行的預防措施。天皇欣然同意了這些建議，隨後在箱根和日光分別打造一座離宮與住所，供此後當御醫認為權典侍產下的皇室子女需要移地療養時使用；然而不太關注自身健康的天皇卻從來沒有利用過這類居所。這段期間對他來說，只要能夠設法遠離朝事幾天、視察一下軍事演習，似乎就已經很開心了[9]。

一八八三年上半年，伊藤博文仍在歐洲考察各國憲法，以期為將來的日本國憲法找到合適的範本。伊藤大部分時間都待在德國和奧地利，因為他認為這兩國的憲法最符合日本的需求。兩名憲法學者格耐斯特（Rudolf von Gneist）[10]和史坦恩[11]給伊藤留下了極其深刻的印象，他甚至邀請史坦恩一道返回日本，擔任籌備憲法和制定日本大學教育政策的顧問。

史坦恩拒絕了邀請，聲稱自己年事已高不便出國，且認為一個國家的法律體系必須以該國的傳統為依據。他強調，如果一個人覺得他國的法律值得借鑑，首先就必須追本溯源地探究這些法律存在的緣由以及沿革，再來判斷是否真的適用於自己的國家。[12]

聽到這一答覆，伊藤變得更加佩服史坦恩，只可惜很顯然史坦恩不可能前往日本，伊藤於是詢問俾斯麥能否推薦其他人選。俾斯麥在高度讚揚日本近年取得的成果後，列舉了三名學者，伊藤立刻發電報向內閣請求准許招聘這些人才。外務卿井上馨回覆表示同意，但同時警告日本不應過度受到俾斯麥和德國勢力的影響。井上回想起日本邀請法國軍官訓練軍隊時，對方堅持一切行事都應遵循法國的做法，從而導致與陸軍卿意見不合。井上強調不論如何，政府的用意並非完全套用德國式的憲法和法律，應當選擇能夠勝任日本官職，並依照招聘條件履行義務的人成為顧問。

儘管這段話顯然流露出對於伊藤的計畫缺乏熱情，但伊藤仍沒有放棄招聘德國和奧地利的法律專家作為顧問的期望。十月十日，天皇同意委任史坦恩成為日本駐奧地利公使館的一員，並以顧問的身分提供與日本法律制度相關的諮詢。[13]

八月初，伊藤及其使節團隨員從歐洲返回。他花了一年半的時間視察德國、奧地利、英國、法國、俄國和義大利的憲法。伊藤告訴岩倉，他已經從格耐斯特和史坦恩那裡了解到國家機構的大致原理，掌握了永久穩固皇室根基的必要知識。他認為，確立君主立憲制、強化皇權並建立立法和司法制度的時機已經來臨；如今很多日本國民受到英法兩國極端自由主義所蒙蔽，為了壓制住這些人，最好的辦法就是採納他的提案。

伊藤滿腦子只顧著關注日本的未來，以至於似乎沒有注意到日本的傳統正在急速衰退，儘管人們也有試著努力恢復節日和其他傳統信仰。[14]七月二十日，岩倉具視離世，這也許象徵著日本與過去徹底告別。一八五四年，岩倉被任命為孝明天皇的侍從，當時明治只有兩歲，而他很可能是天皇記憶中最早留下印象的人物之一。從那時起，岩倉幾乎在每一個對君主政體有重大影響的事件裡扮演了至關重要的角色。儘管他出身下級公家，但仍屬貴族，使得他與明治政府的多數成員有了區分。雖然這不時也導致他與武士階級之間有所衝突[15]，岩倉卻也因此與天皇建立了特殊的關係；比起如熾仁親王或三條實美等地位更高的公家，他在明治政府中的表現都還要更為活躍。

五月的時候，岩倉曾前往京都監督御所修復計畫的實施。天皇越來越關心御所甚至是京都整體的衰敗，於是當岩倉提議採取措施以防止進一步荒廢時，天皇欣然恩准[16]，並派遣岩倉和其他官員前往京都勘察。

岩倉的方案包括設立負責管理御所、御苑、離宮和陵墓的宮內省支局，以及管理關西地區神社和寺院的機構；恢復傳統祭典，並在御苑裡修建祠堂，祭祀開拓了平安京的桓武天皇；御所周為昔日公家宅邸林立之處則劃出道路、廣植樹木，改造溝渠引入乾淨的水源；拆毀不必要的建築、修復修學院離宮，並正式將二條城歸為離宮。此外，亦在御苑內以及鴨川周邊打造新式的西洋建築，作為外國貴賓的旅宿。[17]

這些計畫得以逐步實施，有助於扭轉京都持續衰落的趨勢。即使岩倉飽受胸口疼痛之苦，甚至是因為急性食道狹窄無法進食或喝水，但對這番巨大工程的熱情仍使他繼續堅守崗位。天皇得知岩倉的病情後十分擔心，立刻派御醫伊東方成前去問診。

岩倉的病情有所好轉，總算能夠返回東京，卻在抵達後病情隨即惡化。七月五日，天皇擔心岩倉的健康，決定前去探視。出於敬畏和惶恐，岩倉趕緊派其子前去回絕這份殊榮，但為時已晚：天皇的駕車已經到達。岩倉連忙更衣從病床上爬起來，在兩個兒子的攙扶下拜見天皇，表達自己的感激之情。看著岩倉虛弱的模樣，天皇不禁流下兩行熱淚。

一周後，得知岩倉仍不見好轉的皇后決定前去探望。「然而，」皇后說，「右大臣恭敬重禮，聞之必用心送迎，反害病症，此非余之本意。余今日以一條忠香之女探望卿之病情，則可於病床相見。」[18]

七月十九日，天皇再次探望岩倉。在準備離開皇居時，他告訴德大寺實則：「朕欲親去與右大臣永訣。」並立刻叫人備好御輦，沒等護衛到齊便出發了。一名侍從武官趕在天皇之前通知岩倉天皇即將來訪，岩倉為此感激涕零。當天皇抵達時，岩倉想起身鞠躬，卻因病重身體不聽使喚，只好雙手合十表示感謝。看著眼前的岩倉，天皇禁不住哭泣，幾乎無法詢問他的病情。而岩倉也已經連回答都做不到了。天皇和他的大臣一言不發地對視了一會兒，隨後離開。這一天，岩倉的辭呈獲得批准；七月二十日，岩倉病逝。

天皇悲痛萬分，宣布罷朝三天，並為岩倉舉行國葬。在悼詞中，天皇追封岩倉為官位最高的臣子「太政大臣」，讚揚岩倉作為「國家之棟樑」的功績，接著文情並茂地描述了他和岩倉的關係：「朕幼年踐祚，全賴匡輔，啟沃納誨，誼同師父。天不慭遺，曷勝痛悼？」[19]

多數情況下，明治在公開場合的發言都會採用既定的格式，然而這番話卻充分流露出他痛失良師時難以平復的悲痛之情。[20]

不久之後，天皇向多年來在其人生中扮演重要角色的另一位人士道別：巴夏禮爵士將被調往中國。在皇宮舉行送別午宴時，天皇對駐留日本十八年的巴夏禮表達自己「不堪惜別之情」；他誠懇和藹地表示感謝：「能親睦兩國之交際，又支援明治維新之政圖，勸誘有益之事業，朕甚嘉之」。在讚揚巴夏禮為日本立下的功勞後，天皇打算授予他旭日大綬章，只可惜英國政府不允許這麼做。因此，他轉而向巴夏禮贈送了兩件私人收藏的香爐和花瓶，並說道：「卿若愛玩此物，為朕厚意之紀念，則為朕滿足之所在。」[21]

天皇這番話語誠意十足，不同於他平時與外國使節道別時所使用的言辭。天皇會對他如此親切多少令人驚訝，畢竟巴夏禮一般在跟日本人打交道時總是態度傲慢而急躁。(據薩道義所言)當時巴夏禮成了「日本民眾心中的怪物」而遭到嫌忌，就好比英國人討厭、懼怕拿破崙一樣[22]。天皇想必對於近期反對撤銷治外法權的巴夏禮沒有什麼好印象，但他設法克服了反感，還慷慨地以禮相贈。就連經常批評巴夏禮的薩道義，也曾讚賞過他的功績：

日本確實欠巴夏禮的努力一份人情，這是日本不曾償還也並未充分認同的。如果他在一八六八年的革命選擇站到另一方，如果他當時只是附和大多數公使同事的言行，那麼天皇的維新之路將會無比險峻，內戰也不可能這麼快就結束。[23]

令人驚訝的是，到了翌年的一八八四年，天皇變得很少參與重大事務。官方文獻上有關天皇大多數活動的記錄都與上一年大同小異，這中間也許讓明治天皇最有成就感的便是追諡光格天皇的生父為「慶光天皇」[24]。秉持著一片孝心的光格天皇長期以來都想封贈不曾登基的生父「太上天皇」的尊號，但幕府卻不願認可，最終(於一七九二年)命令光格天皇推遲該計畫。在那些支持光格的公家當中，最重要的人物便是前大納言中山愛親，即明治天皇外祖父(中山忠能)的曾祖父。中山愛親被召至江戶接受審問，不久就遭幕府軟禁。[25]顯然，明治追封「慶光天皇」這一謚號，是在為先祖長期受到的不公進行平反。

六月，中國和法國就安南（越南）主權爆發衝突。日本政府決定聯合其他三個中立國（德國、美國和英國），保護交戰地區的國民生命和財產安全。這是日本第一次以此形式與其他國家展開國際合作。26

史料並未記錄天皇對本次戰爭有何反應，但是他也許對清朝頑強地抗擊法國感到欣慰，畢竟從與夏夷國王的談話中便可得知，他也看不慣歐洲列強侵略亞洲。然而與此同時，日本與清朝也因為琉球問題而關係緊張，使他對清朝的獲勝並非單純的高興或憂慮。

無論如何，天皇顯然沒有把太多心思放在中法戰爭上。從四月下旬以來，他經常因為生病而缺席內閣會議。宮內卿伊藤博文十分擔心，奏請天皇接受御醫池田謙齋的診療。但天皇一直都不喜歡醫生，因此拒絕了伊藤的勸說，還堅持自己只是感冒而已。在伊藤多次懇請下，天皇最終才勉強答應。27

沒有任何資料顯示天皇是受到何種疾病困擾。或許比起身體上的病痛，憂鬱過度才是主因。侍從藤波言忠（一八五三—一九二六）晚年曾回憶，這段時間的天皇讓人難以接近28。他提到天皇常常以身體不適為由缺席內閣會議，即使伊藤博文請求謁見以上奏朝廷或國家大事，天皇有時也會拒絕接見。根據宮中制度，若非情況緊急，即使是太政大臣也不能探望天皇的病房；這讓伊藤很懷疑天皇究竟是真病，還是假病。

伊藤感到心煩意亂也是可以理解的。作為大臣，他有要事須親自稟報，但天皇卻拒絕接見他。就算天皇真的身體不適，似乎也沒有嚴重到無法會見眾卿的地步。伊藤相信國事緊急且刻不容緩，懷疑天皇是不是因為對他個人有反感，才不願與他討論政務。最後，伊藤認定自己無法肩負這一重任，將辭呈託給侍從，離開了宮廷。

這件事讓吉井友實（一八二八—一八九一）等和宮內省幹部備感焦慮。吉井派人請來侍從藤波言忠，說道：「聖上不予，既不見宮內卿，何況臣等。臣等無可為，乞君深慮此事，許宮內卿拜謁。」他之所以選擇請求藤波幫忙，是因為他知道藤波自孩提時代便侍奉在天皇左右，且被允許自由出入後宮。

藤波面有難色地表示：「奏聞此事，非侍從之職。且奏此事，必多少勸諫天皇，此亦非職責之所在。」

吉井答道：「君所言並非無理，然君若因奏此事觸逆鱗，予等為君盡力。只願君賭命上奏。」

話已至此，藤波下定決心上奏天皇。他先將這般決心告知皇后以及女官，最終看準了合適的時機私下請求謁見。他說：「近日，宮內卿伊藤博文以事屢請謁見，然陛下以床中之故未聽之。聖明素知國務一日不可廢，而如以他人傳宮內卿之上奏，臣覺其甚不妥當。聞古代賢帝正襟而聽大臣之言，然今日之時勢不許，請枉聽博文上奏。」

天皇面露慍色，訓斥道：「此非汝應奏之事。切莫忘汝之職責。」

藤波繼續說道：「臣素知此言悖自職，然為聖上，為國家，不能不言，故敢而為之。嚴譴不敢有所辭，伏願聖慮再思。」

憤怒的天皇不發一語，立刻從座位上起身朝寢宮走去。皇后示意藤波退下，於是藤波告退。

第二天早上，藤波在詢問了天皇的健康狀況後，準備像往常一樣履行職責。當他走進另一處房間時，天皇命令一位下級侍從去確認藤波是否在附近。藤波讓侍從稟報天皇說他已經離開，於是天皇突然請人傳喚宮內卿。

一接到通知，伊藤立刻進宮覲見天皇。伊藤並沒有因為之前多次請求覲見被拒而顯露不悅之色，天皇也並未刻意提及此事。伊藤在向天皇報告了堆積如山的國事並請求裁斷之後退下；當他知道自己能覲見天皇都是多虧了藤波，便對藤波的忠誠盡責表示感謝。

這之後過了約兩個月，某日天皇召見了正在走廊值勤的藤波。天皇說：「汝前日為朕盡言，朕頗喜之。今後若有如此事，可不憚而言。且以此等輕微小物與汝。」他賞賜了藤波一支金表和絲綢，令藤波感激涕零。

這個故事發生於一八八四年四月到夏季的這段期間，算是這時提及天皇行動的稀少例子之一。但此一時期絕非完全空白：天皇不僅會見了外國賓客，六月二十五日上野到高崎的鐵路完工時，天皇也試乘了前往高崎的列車。然而相較於其他年份，這一年與天皇相關的記錄依然偏少，由此可以推測天皇並沒有十分熱衷於國事。藤波是在過了很久之後才回想起上述事件，因此他很可能是把當時發生的事情與一八八五年七月伊藤因請求謁見天皇上奏國事被拒而試圖辭任宮內卿一事給混淆了。[29]但可以肯定的是，即便年事已高，藤波也不會憑空捏造出獲賜金表這種故事。

無論如何，到了七月底天皇已恢復處理日常政務。七月二十八日，他接見了被派往德國深造的二等軍醫森林太郎（即著名作家森鷗外），並於同一天出席陸軍士官學校的畢業典禮，授予優秀的畢業生們獎賞。

這個月發生了一件更重要的大事，只不過天皇並沒有直接參與。外務卿井上馨主張盡快推動條約修改，於是提議解除基督教禁令。雖然禁令實際上在一八七三年三月釋放了所有被關押的基督徒以來就沒有繼續施行，但在法律上仍然有效，並持續遭受某些外國列強批評。[30]

同樣引發擔憂的還有自稱「皇道」的反動派集團的興起。其成員排斥基督教並稱其信徒為「教匪」，要求加以驅逐，甚至厭惡所有外國人，企圖一掃國內來自歐洲的影響。井上認為這些人的行為違背了天皇在《五條御誓文》中闡明的意願，擔心他們會阻礙國家進步和妨礙修約談判的進行。

另一個宗教問題則是有關政府對神道和佛教的統制程度。一八七二年，政府設立了教部省和宣揚國家道德思想的教導職，從而得以直接干預宗教事務。但針對該制度的反對意見此起彼落，於是政府在一八七七年廢除了教部省，隨後又於一八八四年八月撤銷教導職，改成在各個教派內設置一名負責人。[31]然而解除宗教控制並未獲得一致好評；在得知解除禁令與廢除教導職後，大阪、京都、神戶等地的神官相當錯愕，確信這將助長基督教蔓延，帶來無可挽回的禍害，進而褻瀆皇祖(神武天皇)的靈廟，導致神社毀壞、目無君主、不敬父母、漠視政府、藐視法律、完全扭曲忠孝義觀念，最終致使人心徹底瓦解。為此，八十一名神官連署上書太政大臣三條實美，請求立即採取行動停止實施井上的提議。

一八八四年十月下旬，明治天皇致函朝鮮國王，告知日本根據《濟物浦條約》獲得的賠款除朝鮮已支付的十萬日圓之外，剩下的將無須支付。天皇之前已向內閣成員表明，為確保實現東亞和平，給予朝鮮經濟援助才是明智之舉。致力於以日本為模範將朝鮮打造成一個富強國家的金玉均和朴泳孝如今都已參與了朝鮮政務，都正在為推動國家獨立奮發圖強。然而，嚴峻的經濟情況使得朝鮮無法取得任何進展，於是天皇決定派遣竹添進一郎(一八四二—一九一七)作為代理公使[32]，向朝鮮國王傳達決定取消賠款一事。對此朝鮮國王深表感謝。

與此同時，朝鮮開化黨派的領袖們認為眼下中國正在與法國開戰，無暇顧及朝鮮，如今便是推翻腐敗前朝，由致力於國家近代化的政府取而代之的絕好時機。[33]日本表態支持，強調這是確保朝鮮從清朝獨立的必經之路。

這時的朝鮮有兩個「黨派」，其中握有政權的是事大黨（事奉大國，即侍奉清朝），將清朝視為宗主國，反對進行重大改革，與閔妃及其外戚集團關係密切；另一方面開化黨[34]則主張讓朝鮮從清朝獨立，由目睹了日本近代化的成功並深有所感的人士所領導。十一月四日，開化黨在漢城朴泳孝的家中召開會議，當中還包含一名日本公使館的成員。他們討論了各種行動策略，最後決定在十二月四日新的郵政局開業之際發動政變。

當天傍晚，才剛被任命為郵政局長的洪英植在郵政局舉辦宴會。晚宴於六點開始，約七點時火警響起，活動因此中斷。街上對面的一棟房子起火，閔妃的一位侄子前去勘查情況，卻遭到身穿日式服裝的男子砍傷。其他賓客見狀，紛紛逃之夭夭。[35]

金玉均和朴泳孝為了確保日本會派軍助陣，連忙趕往日本公使館，而事實上日軍也早已整裝待發，準備出擊。金玉均和其他開化黨員出發前往王宮，此時宮內已經因為開化黨的支持者在宮中引爆炸彈陷入一片混亂。金玉均等人謁見了國王，告訴他清軍正在前來逮捕他的路上。朝鮮國王不信，卻也無力抵抗。金玉均建議他向日本公使尋求庇護，國王不從，但一名謀反派成員便以朝鮮國王的名義匆匆寫下一道聖旨。沒多久，公使和日本士兵便抵達了。

第二天清早，金玉均利用國王的御璽下達偽造的旨意，召見事大黨幹部們前來宮中議事。他們一抵達便遭到逮捕並殺害。在日本的協助下，開化黨掌控了政權，並由其成員組成新的議政府。政變似乎取得了成功，朝鮮國王正準備宣布進行改革；然而，得知消息的事大黨員前去通知駐紮在漢城的清軍司令官袁世凱，請求武力介入。擁有日軍七倍勢力的清軍於是攻入王宮，救出國王，朝鮮國王隨即宣布鎮壓反叛者。日軍和清軍就此展開了激烈的戰鬥；此前看似親日的朝鮮士兵臨陣倒戈，更加壯大了清軍的聲勢。

一百五十人的日軍因此損失了三十多人。他們與開化黨領袖們一同撤離王宮，不久，日本公使館便擠進了包含士兵與難民在內的三百多人。然而，公使館的糧食甚至不足一天的份量，竹添於是決定殺出漢城，前往海岸，[36]並於十二月八日抵達仁川。第二天，朝鮮國王致函慰問竹添表示同情他目前困難的處境，希望請他盡快返回漢城處理後續問題，此舉顯然完全低估了日清衝突的重大性。英國和美國也力勸竹添留步，但竹添與船上許多日本人和朝鮮逃亡者還是在十二月十一日駛向長崎。

事件並未就此結束。十二月二十一日，天皇接見了井上馨，派他作為特命全權公使前往朝鮮，並由一群高級將領陪同前往。天皇之所以採取這一措施，是因為竹添回國後針對政變失敗過程所做的詳述引發了不小的爭議。另一方面，清朝駐日公使也告知清朝已派出大軍前往朝鮮。井上作為使者的任務便是會面朝鮮國王，表示已準備好與朝鮮高官進行談判，追究這起政變的責任所在，並確定肇事者會受到適當的懲處，同時確保日本就公使館的損害獲得賠償；如果朝鮮國王（正如日本人所主張的）確實曾向日本公使尋求保護，則國王應當向天皇呈上謝罪書，消除國內外的疑慮，並說明事情原委。此外為了將來的和平，也應該要求清朝與日本一起撤離駐紮在朝鮮的軍隊。

井上請求派出兩大隊的步兵護送他前往朝鮮，同時獲准帶上三艘護衛艦。此時的井上已經得出結論，認為這場事變是由日本一手促成的。在決定推動朝鮮獨立後，日本為達成目的干預了朝鮮的內政，還試圖勸說其他國家認同日本的立場。如今日本能採取的政策只有兩種：一是貫徹讓朝鮮獨立的想法，哪怕這意味著要和清朝開戰。與鄰國維持友好固然重要，但拖延妥協只會造成後患，加上日本也無法容忍任何有損國家聲譽的行為。鑑於清朝仍與法國處於交戰狀態，要是這時日本透過展示強大的軍力向朝鮮提出要求，朝鮮朝廷很可能會接受，這也是井上請求派出兩個步兵大隊的原因；如果因為把維護和平當作最高原則而無法採用這項策略，則應當立刻放棄朝鮮獨立的計畫，承認清朝對朝鮮的宗主權。對於日本應採取何種方針，井上也請求政府盡快商議出結果。37

就在當天，井上收到來自伊藤的回覆，指出應不惜一切代價避免與清朝開戰。他提醒井上必須遵守最初的指示，以促成日本和清朝都能接受的和平解決方案。當初派遣兩個大隊隨行的目的並不是為了以武力示威，而是擔心政變失敗後的朝鮮依然潛藏著危機；就現階段而言，實在不可能冒著與清朝開戰的風險來決定是否支持朝鮮獨立。

十二月三十日，井上在仍不確定該採取何種策略的情況下抵達仁川。但他並非唯一一個感到困惑的人；在往後十年，與清朝和朝鮮的關係仍是個讓日本外交官費盡心思求解的謎題。

・第三十八章・

江戶的舞會

一八八三年十一月二十八日，為慶祝兩層樓高的西式建築「鹿鳴館」順利完工，舉行了由外務卿井上馨與妻子武子主持的落成典禮。之前用於接待外國貴賓（以愛丁堡公爵為始）的延遼館造價便宜，原本是幕府建來當作海軍兵學校使用，儘管在改造成外國賓客的住所時對內部進行了裝修，但仍免不了老朽陳舊[1]。很顯然如今需要打造一棟新的建築。

鹿鳴館是由英國建築師喬賽亞・康德（Josiah Conder）依照「法國文藝復興風格」（之所以如此稱呼是因為其採用了曼薩爾式屋頂）[*1]進行設計，但正面的拱形門廊又略帶摩爾式建築[*2]特色，柱子則呈現印度風格。只有從配置了松樹、池塘以及石燈籠的庭園才能感受到這個兼容並蓄的獨特建築坐落在日本，其建築樣式也反映出井上具有國際觀的品味。另一方面，讓井上夫人出席落成典禮若是在十五年前的官方活動上是絕對不可能的事情，彷彿預告了這棟新建築未來的活動將有不少女性積極參與。

鹿鳴館建於前薩摩藩的屋敷舊址上，總耗資十八萬日圓（當時外務省的辦公建築費為四萬日圓）[2]。顯然沒有什麼能比這個浮誇的新建築更加背離薩摩藩士族的嚴明風紀；它那童話般的外觀取代了幕末時期武家宅邸散發出森嚴氣息的圍牆，成為僅僅十五年間發生的巨大變化的象徵。鹿鳴館的名稱出自中國古代詩集《詩經》所收錄的詩歌〈鹿鳴〉，內容描寫了主人宴請賓客的情景。取這個名字十分恰當，因為招待外國賓客正是這棟新建築的主要功能[3]。外國人不再被視為褻瀆神國的異物，而是將在鹿鳴館受到隆重的接待。

鹿鳴館還有另一個同樣重要的作用，即作為展示的舞臺。日本人可以在此向外國人展示他們已經摒棄過去陳腐的習慣，學會歐洲的餐桌禮節和舞會禮儀。鹿鳴館提供了美味精緻的饗宴，很多菜都配有法語菜單[4]；在舉行舞會的大廳，日本紳士身穿從英國訂購的燕尾服，女性則身著巴黎設計的禮服，隨著陸海軍軍樂隊演奏的當代歐洲旋律跳起方舞、華爾滋、波爾卡(Polka)、瑪祖卡(Mazurka)或加洛普(Galop)。為了那些還不懂跳舞的人，居住在東京的外國人便擔起舞蹈老師的角色[5]。

保守派評論家對於參加舞會的日本人皺起了眉頭，警告男女在公開場合相互擁抱很可能導致道德淪喪。比如當時媒體曾對交際舞會做出以下報導：

*1　曼薩爾式屋頂(Mansard Roof)盛行於十九世紀中葉，因係法國建築師曼薩爾氏所發明而得名。其特色為屋頂呈兩段傾斜，上坡平緩而下坡較陡，故又稱為「複折式屋頂」。

*2　摩爾式(Moorish)建築源自北非的摩爾人，屬於一種伊斯蘭風格，以拱形結構為特色。

一位美麗佳人將頭倚靠在男士的肩上，漂亮的臉蛋對著男士耳邊。她袒露的胳膊環繞著對方的頸部，搖動的胸部貼著男士的胸膛，隨著呼吸一起一伏。她的雙腿如同松樹上的葛藤般與男士的雙腿交織在一起，男方強壯有力的右臂緊扶著女方纖瘦的後背；每移動一步，便使女方更加緊貼在他身上。美麗女士光芒閃動的眼神凝視著男方，卻因為目眩神迷而看不清任何東西。音樂激起她的感情，但她聽見的不是樂聲，而是遠處瀑布的回音，像在夢境中一般移動著舞步，緊緊依偎著男士的身體。當一個女人處於這種狀態，哪裡還有良家女子固有的矜持可言？[6]

很多日本人從道德的角度反對舞會，但是上流社會階級卻認為這是一項不可或缺的社交本領。為提高跳舞技術，他們參加自一八八四年十月起於每周日晚上在鹿鳴館舉辦的練習課程。當時的一篇文章是這樣報導的：

上流社會的夫人與年輕女性，包含井上參議、大山參議和文部省官員森有禮之妻在內，於該月二十七日晚上六點齊聚在鹿鳴館進行舞蹈練習，是為次月三日天長節〔天皇生日〕做預演。隨著女士們的舞蹈技術日漸嫻熟，代表不諳舞蹈的紳士將無緣享受與女士們共舞的樂趣。因此，外務省、宮內省等多數機構的官員近期也開始練習舞步，對於他們是否能在次月三日前使舞技純熟，坊間亦是議論紛紛。[7]

也許大多數在鹿鳴館跳舞的人都沒考慮過展示昂貴的服飾和舞蹈技巧以外的事情，但是井上希望透過與外國政要共享同樣的興趣來加深關係，進而勸說他們相信日本人已經達到歐洲文化的水準，因此應當平等地相待。他的最終目標在於取消治外法權，這是歐洲不信任日本司法制度的象徵，也是外國人自認比日本人優越的顯著實例。

鹿鳴館這一交際場所究竟能為終結不平等條約帶來多少實質上的貢獻十分令人存疑。與日本的期望背道而馳的是，參加舞會的歐洲人對於日本人為證明自己對歐洲文化駕輕就熟所做出的努力不為所動。事實上，他們反而發現身穿昂貴外國服飾的日本男女看起來很有趣，甚至相當滑稽。法國藝術家比戈(Georges Bigot)所畫的一幅諷刺漫畫便描繪了一對站在鏡子前的男女，其中女子的頭髮盤得高高的，頭上戴著一頂有羽毛的帽子，其裙撐和陽傘完美體現了巴黎式的優雅；她身旁的男伴留著小鬍子，手拿高頂禮帽，但在高雅剪裁的外套下露出的雙腿卻如同兩根火柴棒。而這兩人映照在鏡中的姿態，竟然是一對猴子[8]。

比戈如此一針見血的諷刺漫畫題為「行走在上流社會的紳士淑女」，這正是鹿鳴館的日本人給外國人留下的印象。於一八八五年七月抵達日本並受邀參加十一月天長節慶祝舞會的法國小說家皮耶．羅迪(Pierre Loti)在其日記和小說《江戶的舞會》(*Un Bal à Yeddo*)[9]中，留下了他作為一名訪客對於鹿鳴館舞會的印象：

在東京正中心舉辦的第一場歐式舞會簡直宛如一場猴戲。年輕女子身穿白色的平織棉服飾，戴著長及肘部的手套，用指尖拿著象牙白的書本坐在椅子上露出不自然的笑容。此時，她們隨著輕歌劇的樂曲，以幾乎正確的拍子跳起波爾卡和華爾滋，儘管我們的旋律對她們來說想必並不悅耳……

這種粗糙的模仿在來訪的外國人眼中確實相當有趣，卻也揭示出日本國民毫無品味可言，甚至完全欠缺民族的自尊心。10

相較之下，羅迪對幾位女士的描繪顯得寬宏大量許多。最讓他印象深刻的便是外務卿夫人井上武子，她陪著丈夫站在樓梯口，面露微笑說著歡迎詞，迎接賓客的到來。井上夫人從容且具有教養的舉止證明了她不愧是曾陪同擔任外交職務的丈夫出國訪問，是最早具有海外生活經驗的日本女性之一。羅迪也反覆提起他聽說武子以前曾是藝伎（純屬猜測）的傳聞。無論如何，他認為武子的服飾符合巴黎的標準，禮儀舉止也沒有瑕疵；最後，羅迪對武子展現的從容態度大為讚賞，甚至描述她伸出手要和自己握手時的模樣簡直跟一個美國女人沒什麼不同。11

一八八五年，正值二十歲的井上家養女末子也曾陪同井上前往歐洲。末子不僅容貌姣好且才華洋溢，能使用英法兩種語言來招待鹿鳴館的外國賓客[12]。井上確實有充分理由為妻子和女兒熟習外國禮儀感到驕傲，然而與他所期望的正好相反，鹿鳴館的宴會反而加深了外國人的負面印象：他們把日本看成是個「只會模仿的民族」，人民欠缺獨自的文化，只知道借用或者模仿中國和西方國家。

這絕不是外國人第一次目睹日本人身穿洋服。早在很久以前，日本男性就意識到，如果他們堅持穿著古雅的本土服飾，根本就不可能被外國人當成一回事，另一方面日本女性（尤其是出身上流階級）也很喜歡追求歐洲流行的服飾。然而，當日本人並不滿足於將身穿洋服作為跟上時代的象徵，開始講求穿上與鹿鳴館相稱的華麗衣裝並學習適當的禮儀，這個舉動卻惹來了外國賓客的嘲諷。

鹿鳴館文化在兩年後迎來高潮，當時伊藤博文在首相官邸舉辦了一場化裝舞會。包括各國外交官夫妻在內的四百名華族與政府高官各自身穿奇裝異服參加舞會。伊藤和妻子梅子喬裝成威尼斯的貴族，他們的女兒則裝扮成義大利的農村姑娘。[13]

然而將西洋文化——即便是像化裝舞會這樣的特例——納入日本文化主流的做法確實是此一時期的核心作為。當時日本人對西方所抱持的天真熱情在今日看來或許引人發笑，不過近代仍有許多作家對於鹿鳴館的曇花一現抒發其懷舊之情。在那個時代，日本人大膽擺脫過去上流社會的陰影，走入一個光鮮亮麗、讓人聯想起拿破崙三世時期的巴黎舞廳。

井上馨試圖促使外國人撤銷治外法權的目的最後以失敗告終，並於一八八七年辭去外務卿一職。他曾多次認為修改條約已經近在咫尺，但一些外國列強的舉措總是讓他頻頻受挫。德國早在一八八二年就表示如果日本完全開放國內與外國通商並改善法律制度，便願意在八到十年內完全放棄治外法權；美國也早已提出只要他國跟進，就同意廢除治外法權和對關稅的控制。德國和美國都有意就司法管轄權做出讓步，以換取通商方面的有利條件，[14]就連最為擁護治外法權的英國也透露出可能讓步的跡象[15]。一八八四年八月，巴夏禮的接任者普朗克特(Francis Plunkett)向井上提交了一份文書，表明永久維持治外法權並非英國的本意，只要日本政府完善民法、商法和訴訟法並加以翻譯之後，英國將會放棄治外法權[16]。到了一八八六年，英國貿易委員會甚至發出聲明，擔心要是英國拒絕同意日本與治外法權相關的要求，將會損害到英日之間的貿易關係[17]。

然而，這些看似充滿希望的徵兆卻沒能帶來立即的成果。在日本的外國人堅信一旦他們任憑日本司法處置，就會被無故逮捕並遭受東方的嚴刑拷打，因此拒絕做出改變。日本人爭取撤銷治外法權的努力一直要到一八九九年八月四日正式廢除這一體制才得到回報，而完全恢復關稅自主權則還得等到一九一一年。儘管如此，正如一名學者所推斷：

日本人毫無疑問地急於恢復關稅自主權，但同樣無庸置疑的是，期望結束外國享有的治外法權及其對日本作為主權國家的踐踏，正是日本反對幕末時期所簽訂條約的主要原動力。為了換取外國列強在一八九四至一八九八年間放棄治外法權，日本顯然早已做好了將全面恢復關稅自主權推遲到一九一一年的覺悟。18

一八八五年，鹿鳴館帶來的影響和魅力達到了新的巔峰。不同於曾在此舉辦的輝煌宴會，這一年成為日本文化史上值得紀念的年份，許多知名文學和評論作品接連問世，包括坪內逍遙的《小說神髓》、東海散士的《佳人之奇遇》，以及鮑沃爾・利頓（Bulwer Lytton）的小說《凱寧・齊林萊》（*Kenelm Chillingly*）的出色譯本（日譯本名為《繫思談》）。

然而對明治而言，一八八五年（和一八八四年一樣）是個令人沮喪的一年，他發現自己難以集中於國家大事。儘管據說在後年，明治每天都長時間待在辦公桌前，但此刻他只有上午十點到中午時分的兩個小時會在辦公室度過，而且大部分都用來與侍從長和其他隨員閒談宮中事務。即使眾卿和參議想要商議政事，也只能徒勞地等待天皇的接見。就連既深得天皇信賴又肩負宮廷重任的伊藤博文也無法在必要的時候覲見天皇。這使他再次感到焦躁失望，心中又萌生了辭職的打算。

在寫給三條實美的書信中，伊藤表示擔心明治「聰明睿智之德質遂歸於空名」。「今遭遇千古未曾有之變遷，應成就中興之鴻業，垂萬世以遺訓。如無為而消光，則上不能對歷代之祖宗，下難面萬世之皇孫。」天皇將國家大事交由大臣和少數官員決定，也甚少詳細地審閱有關內閣會議的上奏文書。即使當他極其罕見地加以批閱，也從不發問。伊藤不禁想問，就算天皇再怎麼天資聰穎，是否真能就此完全掌握當時極為複雜的國家事務？身為天皇心腹的侍從長德大寺實則和儒學侍講元田永孚確實是值得敬重的人物，但他們並不了解世界局勢，也無從判斷具體政策的得失。此外，他們並非當事官員，因此也無須就其行為負起責任。伊藤警告：「今日形勢之艱難危急，古今東西史上未有其類。若誤方向、失處置，國家之存亡間不容髮。」[19]

目前仍不清楚伊藤是否真的向三條寄送了這封書信，明治對國家大事漠不關心的理由也尚無定論，但也許最主要的理由是因為厭煩。在伊藤看來極其重要的事情，或許根本激不起天皇的興趣；參加鹿鳴館的舞會可能會讓他有所振奮，然而這麼做又有失天皇的威嚴[20]。

造成天皇低潮的另一個原因也許在於其健康狀況。正如先前所述，去年天皇曾以生病為由經常缺席內閣會議，而今年他則是頻頻遭受感冒和發燒之苦。四月，他原本預定前往福岡視察一場由廣島、熊本鎮台軍隊聯合參加的大型軍事演習，並在返程途中巡幸山口、廣島和岡山縣。然而最終卻因為生病使他無法出席演習，巡幸也因此延期。天皇肯定對於無法參加他視為最大樂趣之一的軍事演習感到非常失落；另一方面中止巡幸雖然多半讓他鬆了一口氣，三個縣的居民卻是失望不已，於是天皇承諾會在七月底前往巡幸。

或許惡劣的天氣，尤其是給房屋和莊稼帶來巨大損失的暴雨和大風是導致天皇情緒低落的另一個原因。天皇下令提交有關作物損失（而非其他事宜）的報告，其內容實在很難不令人沮喪——茶葉的收成預估只有往年的一半，小麥則只有平常的四成。人們不禁回想起五十年前在一八三三年到一八三六年發生的大饑荒，並且忐忑不安地揣測是否將再次經歷同樣的痛苦。在春末夏初的時節，接連的暴雨使得河川氾濫引發洪水，許多房屋因此嚴重受損。[21]

如今能成為天皇慰藉的大概就只有他唯一倖存的兒子嘉仁親王，但親王當下仍居住在其外曾祖父中山忠能的宅邸，明治很少有機會見到他。隨著親王如今已經七歲（根據日本的算法），其教育和健康狀況便成了天皇掛心的事情。三月，天皇決定親王將回到宮中生活。兩年前，文部卿福岡孝弟曾建議在宮中打造一所幼稚園以便教育親王；這番提議確實獲得了考慮，但（由於這與傳統向皇太子提供教育的方式背道而馳）在實行時卻極為慎重。政府於是在青山御所內新設了幼稚園，並挑選了和嘉仁同齡的男孩作為同學。不過由於嘉仁親王身體羸弱，該計畫最終未能實施[22]。儘管如此，天皇仍開始著手處理親王的教育問題，並下令年邁的侍講元田永孚制定學習方針與課表。

令人驚訝的是，元田的提案內容相當開明。他建議導師不受宮中規則的束縛，即使親王在玩耍時也予以教誨；比起完全照表操課，應當以循序漸進的方式找出適合親王的學習節奏。除了每天早上利用兩小時進行閱讀、書法、數學和道德方面的教育，下午則有兩小時用來運動，每隔一天還有半小時讓親王練習唱歌。

該課程計畫於一八八五年三月實施，但親王的健康狀況仍不明朗。六月，親王獲准前往中山忠能的宅邸探望外曾祖父。當天夜裡，回到宮中的親王突然發病，出現高燒和痙攣的現象，直到一個月後才有所好轉。[23]這很有可能是一種心理疾病，源自他不想從令人懷念又充滿溫情的中山邸返回嚴肅宮廷的心情。

九月，天皇打破讓皇族子弟接受個別教育的傳統，決定讓嘉仁親王從翌年開始進入學習院學習。天皇命令元田等人為親王規劃課程，並在皇族和上級華族中挑選十五到二十名男孩作為親王的同學。幾個月後，天皇指派推崇西學的學者西村茂樹全權負責親王的教育，由此可見他確信宮中沿用多年的舊式教育方法已不再可行；他期待西村能向未來的天皇提供符合現代潮流的教育。[24]

七月二十六日，天皇如期動身，啟程巡幸山口、廣島和岡山縣。[25]這大概是他目前為止最乏味而勞累的一次行程，主要是因為天氣極其酷熱[26]。一路上夾道歡迎的民眾因為目睹了天皇的龍顏喜極而泣，但天皇本人卻是疲憊不已。儘管他像往常一樣早已做好了心理準備忍受旅途的艱辛，但這次的炎熱高溫似乎就連天皇也吃不消。當一行人抵達嚴島時，天皇派遣一名侍從代他參拜神社；來到由岡山藩祖池田光政在一六六八年創建的儒學校「閑谷黌」附近時，照理來說明治應該很有興趣參觀，然而他卻派出了侍從長進行視察。儘管高溫炎熱，天皇仍得會見當地政要與考察特產，即便他對這些多半毫無興致。[27]

天皇的乘艦於八月十二日返回橫濱，四周停泊的船隻和岸上的炮台紛紛發射禮炮以示歡迎。此次巡幸僅持續了十八天，但天皇每天都是早上四五點就起床，直到半夜才就寢。由於天氣異常炎熱，此次旅途無論是在陸地還是海上都令人苦不堪言。巡幸雖然讓臣民感到歡欣雀躍，對天皇來說卻連一天都無法好好休息。

回到東京後，天皇恢復了日常作息。卡拉卡瓦國王向天皇贈送了一幅自畫像作為友好和敬重的象徵；教宗良十三世(Pope Leo XIII)致函感謝天皇對基督教傳教士的禮遇，並提出請求希望能與日本有所往來，如同和歐美大國的統治者之間締結的關係。經商議後，天皇接見了教宗的使節，表示會盡力像對待日本臣民一般愛護基督徒。[28]義大利國王翁貝托一世(Umberto I)希望能引進幾隻日本鹿，隨後天皇便向他送上了雄鹿與雌鹿各一頭；而在收到西班牙阿方索十二世逝世的消息後，宮廷也為其哀悼了二十一天。

在一八八五年，最令天皇滿意的大概是外交上的進展。這一年看似有了一個好的開始：二月，朝鮮國王正式針對一八八四年十二月發生政變導致多名日本人遇害一事致歉。[29]

同月，曾被駐派朝鮮的陸軍中將高島鞆之助和海軍少將子爵樺山資紀提交了一份文書，描述日本透過採用歐美的行政、教育、法律和軍事體制正逐步穩健地邁向近代化，相較之下清朝則是依然墨守陳規。兩國正朝著不同的方向前行，因此使清朝有所嫉妒和猜疑。高島和樺山回顧了近年來中日兩國之間的衝突（征討臺灣、吞併琉球、江華島事件等），尤其是一八八四年在漢城發生的事變。當時清軍襲擊了駐朝鮮的日本軍隊，造成傷亡。他們敦促「今斷然決意速掃妖雲、蕩盡禍氣，否則兩國之間難測生不虞之變」，並確信現在正是增強國力、提高皇室聲望的大好機會。30

對此，朝廷做出的回應是派遣伊藤博文作為全權公使前往清朝，處理日清關係之間日益加深的裂痕。伊藤被託付的使命便是勸清朝簽署一份保證不再繼續干涉朝鮮事務的條約。駐北京公使榎本武揚接到秘密指令，要他透過巴夏禮（雖然此人長久以來都是日本的痛苦之源，但現在是英國駐北京公使，有可能成為日本人的朋友）打探李鴻章的意圖。如果李鴻章拒絕針對朝鮮問題與日本達成協議，日本政府也準備好要求賠償。

伊藤收下將要呈交給清朝皇帝的國書以及政府的指示，即告知清朝日本政府意在維護兩國和平，但前提是清朝必須答應兩個條件，一是嚴懲在十二月六日政變負責指揮的軍官，二是將軍隊撤離漢城。只要清朝接受上述條款，日本也準備在同一時間撤離駐紮在日本公使館的護衛；但如果清朝拒絕此提案，日本將被迫採取行動以捍衛國家利益。在此情況下，日清之間發生衝突只是時間早晚問題，且一切責任全在清朝。[31]

二月二十八日，伊藤一行人朝中國出航。天皇相信伊藤完全有能力促成和平協定，然而民間要求討伐清朝的呼聲卻日益高漲，其氣勢就好比當年輿論鼓吹征韓。對此，太政大臣三條實美私下致函各部門高官，強調天皇維護和平的意願，令他們安撫民心、預防騷亂。[32]

三月十四日，伊藤抵達天津。清廷以為他會立刻與全權代表李鴻章進行談判，但伊藤認為先前往北京覲見清朝皇帝、遞交國書才是適宜之舉。他還希望能在北京進行交涉，但清朝的大臣們以皇帝年紀尚幼為由拒絕，力勸伊藤在天津與李鴻章談判。伊藤等人於是在四月二日回到天津。他與李鴻章之間的談判並不順遂，不過最終於四月十五日達成協議，簽署了規定兩國皆從朝鮮撤兵的條約。在十二月六日政變負責指揮的清朝軍官不會因此受罰，但清朝將對傷害日本人的罪行進行調查，若情況屬實便會以軍法嚴懲。伊藤決定接受對其最初要求的這番修正，理由是「（天皇）顧慮東洋之大局，體察重和平友好之旨，允諾此事」。[33]

伊藤回到東京後，天皇慰勞了他的功勞並表示感謝。翌日，天皇諮詢三條是否應仿照大久保利通在北京成功解決臺灣問題的例子給予伊藤獎賞（一萬日圓），或是升其官階、下賜年金。[34]部分朝廷官員甚至認為理應授予伊藤侯爵的封號。對此三條建議獎勵伊藤一萬日圓外加一組金杯[35]；只不過根據後來幾個月的記錄，伊藤從天皇那邊獲得的實質獎勵是一匹馬[36]。七月七日，天皇帶著二十多名皇族及大臣拜訪了伊藤的宅邸，作為讚賞的象徵[37]。

天皇對伊藤的重視無庸置疑，不過他並不像伊藤那樣對西洋文化懷有無限熱情。九月，天皇恢復了在周五與親王、參議以及政府高官和軍官共進午餐的習慣，這也許表示他總算走出先前對朝政漠不關心的態度。十一月，宮內卿伊藤提議，有鑑於與國內外人士的交際會大幅佔用天皇的時間，因此這類餐會、晚宴和舞會應當僅限於賞菊或賞櫻期間舉行。

同一時期，另一名政治家開始在政府高層嶄露頭角，他就是黑田清隆。一八八三年二月，黑田辭去中將一職[38]，並申請前往中國視察，主要的目在於向清朝推銷北海道的產品。井上馨拒絕了他的請求，理由是鑑於日清關係緊張，目前並不適合派遣政府高官訪問清朝[39]。一八八五年二月，黑田再次申請前往清朝，這一次是為了視察中法兩國的戰爭。他覲見了天皇，後者對其請求表示同意，因為清朝是日本最重要的鄰邦。天皇要求黑田不時提交關於中法戰爭的報告[40]；儘管這是一次非官方的旅行，黑田仍獲賜了四千日圓的經費。

就在伊藤抵達天津的同一天，黑田首先從香港登陸，並隨後前往新加坡。他本來打算往南方走，但在四月十六日得知清朝和日本在天津簽署條約後，黑田決定改往北方朝北京前進。抵達後，他與日本駐北京公使榎本武揚開懷暢飲了一番[41]，而後於九月五日返回日本。

這一年，三條考慮讓黑田擔任右大臣，以便填補因岩倉逝世而出現的職缺。他先是徵求伊藤的意見，伊藤便表示沒有人比黑田更適合這個職位，並承諾將竭盡所能給予協助。黑田有意接受任命，但當三條向天皇上奏時卻得到出人意料的答覆：右大臣一職責任重大，必須由德識名望兼備之人擔任，而黑田實在說不上是適合的人選。天皇頗有深意地補充說，即便真的讓黑田就任右大臣，當他發現實權其實掌握在伊藤手裡的時候，沒準又會提出抗議。[42]

三條於是改變方針，提議讓伊藤擔任右大臣。然而伊藤意識到自己如果接受，反而會更加鞏固過時的太政官制度，從而失去了廢除它的機會。伊藤婉拒了提議，並堅持讓黑田擔任右大臣。此事再度被上奏天皇，天皇反問是否所有的參議都同意委任黑田。事實上，深獲天皇信任的參議佐佐木高行並未參與這次決議；他私底下反對任命黑田為右大臣，批評黑田目無法紀，有很多不好的傳聞，尤其還會酗酒。[43]三條也許是透過威脅罷免佐佐木的工部卿一職，最終得以說服他不要提出反對意見。

根據推測，黑田大概是因為身為北海道開拓長官的功績才被提名為右大臣。但讓人摸不著頭緒的是，為什麼一個嚴重涉及一八八一年北海道開拓使出售公有財產醜聞的人能夠被推上政府第三高的職位？不僅如此，黑田的私生活也絕不是無可非議；他是明治時期政界中有名的酒鬼，還常常因為喝太多而無法處理複雜事務。他也以脾氣暴躁聞名，其妻子在一八七八年因不明原因離世[44]。

當三條告知黑田參議一致支持他接任時又再驚訝了一次：黑田有意辭退右大臣，表示自己不配擔任連西鄉隆盛或大久保利通都未曾獲得的職位，而且也不想成為伊藤的上級。無論這是否是他的真心，但也許黑田已經聽說了天皇和佐佐木的反對，並且意識到三條和伊藤支持他的動機。黑田於是暫時從政壇淡出；儘管坊間一直謠傳是黑田殺死了自己的妻子，但天皇仍在十一月二十七日親自拜訪黑田邸，讓他感激萬分[45]。

三條實美之所以建議天皇任命黑田清隆擔任右大臣，目的是為了維持政府中長州藩（以伊藤為代表）和薩摩藩（黑田即屬薩摩藩）勢力的平衡。此外，他希望鞏固太政官制，一方面也懷疑伊藤正在計畫重組政府，創建一個由他本人擔任總理大臣的內閣。伊藤至此首次意識到三條有多麼不願意捨棄現在的地位，於是決定先遷就他推薦黑田擔任右大臣的提議。[46]

與此同時，伊藤改革政體的計畫漸趨成熟[47]。廢止太政官制並由總理大臣領導的內閣取而代之並不僅是一次行政層次上的改革，更意味著終結貴族階級名義上的統治，改由士族階級站上領導階層。

三條顯然對於即將失去原有地位感到驚愕，然而當天皇下令商議改組政府時，他並沒有提出反對意見。十二月二十二日，三條奏請天皇改革政府，並請求卸職[48]。天皇下令批准，且就在同一天廢止了太政大臣、左大臣、右大臣、參議和各省卿職位，改由內閣由總理大臣以及九個省部門的大臣取代[49]。伊藤博文被任命為總理大臣，外務大臣、內務大臣則分別由井上馨與山縣有朋擔任。

內閣成員的選定基本上是根據伊藤的推薦。起初，天皇反對任命森有禮為文部大臣，因為森是個可能偏袒基督教的爭議性人物，但伊藤卻毫不讓步；他保證在擔任總理大臣期間，不會發生任何讓天皇煩憂的事情。已經將組建內閣一事交由伊藤負責的天皇決定暫時任其自由興政，自己則靜觀其變。[50]此刻，伊藤已然經獲得了僅次於天皇的最高職位，鹿鳴館象徵的精神取得了勝利。

・第三十九章・

皇太子嘉仁

明治十九年（一八八六）不同於以往，這一年並沒有舉行傳統的新年儀式。官方記載中對此沒有進一步解釋，只說天皇因病無法舉行四方拜，由鍋島直大代為執行各種儀式。然而，天皇卻和往年一樣出席了其他典禮，顯示他其實沒有病重到完全不能活動的程度。在這一年裡，天皇的健康狀況時常被拿出來作為他沒能出席某個儀式的理由，卻沒有記錄顯示天皇究竟得了什麼病[1]。儘管如此，一八八六年天皇騎馬的次數卻是前一年的兩倍[2]，由此或許能推測對官方儀式感到厭煩才是天皇一再缺席的主因。

二月，子爵土方久元從柏林致函三條實美，談到德國皇帝威廉一世九十歲誕辰的慶典。他敦促對這方面有所了解的外務省官員青木周藏向天皇報告細節，希望能夠藉此激勵天皇出國遊歷，考察外國情勢並會見西方各國的君主。

在此之前，時任駐奧地利公使的西園寺公望也在寫給伊藤博文的信中表達了類似的建議，認為現在是天皇遊歷西方的絕佳機會[3]。如果天皇親自參加柏林的慶典，在各種新奇事物的刺激下也許能讓他擺脫對政事的冷漠態度。然而，我們無從得知這件事是否真的有被上奏至天皇，也沒有跡象表明明治曾經考慮過要出國遊歷。

天皇頻繁因病缺席重要場合的結果之一，就是使得作為其代理的皇后有了更多曝光機會。在此之前，皇后並不活躍於公眾場合，如今卻甚至開始出現在通常僅有男性華族和政府高官出席的聚會上。例如，當天皇因身體不適而確定無法出席原定在三月二十六日周五舉辦的餐會時，皇后便代其參加，並邀請宮中典侍和政府高官夫人共襄盛舉。

天皇原本計劃於三月三十日訪問橫須賀造船廠，參加軍艦武藏號的下水儀式，但當日由於身體不適，便由皇后代為前往，從橫須賀登上了扶桑號軍艦。通常在天皇出席活動的時候，皇后也會伴其左右。四月十三日，他們前往赤羽村觀摩近衛軍演習。「南軍」和「北軍」之間的模擬戰爭也許讓不懂兵法的皇后看得一頭霧水，但根據記錄，皇后坐在馬車上觀看了南軍的追擊，一路抵達荒川南岸見證炸毀橋樑的情景。[4]

七月三十日，皇后在出席華族女子學校的畢業典禮和授予證書時，第一次身穿洋裝出現在公眾面前。八月二日，她同樣穿著洋裝前往青山御所探望皇太后。從這時起，不僅僅是皇后，洋裝也開始在許多女官之間逐漸普及。八月十日，在天皇和皇后於宮中舉辦的西洋音樂演奏會上，皇后首次以洋裝的姿態迎接外賓。她之所以開始如此打扮多半並非單純地在模仿西方（如鹿鳴館的風格），而是在無聲地強調她新扮演的角色。

一八八七年一月十七日，皇后發表了關於女性著裝規定的《思召書》。她認為當代日本女性的穿著風格是十四世紀南北朝以來戰亂時期的遺風，不僅不適合文明生活，也與古代日本女性的服飾截然不同；比起目前所穿的和服，事實上西方的洋裝還更接近古代日本的女性服裝，因此「宜效之以為我之制」。除了鼓勵日本女性穿洋裝之外，她也希望此舉能夠推動國內衣料的銷售。

皇后的服裝改革倡議，體現了部分她在政治上所扮演的全新積極角色。一八八六年十一月二十六日，皇后和天皇前往神奈川縣長浦，視察最近完成的巡洋艦浪速號和高千穗號，並觀摩發射魚雷等海軍演習。當天，皇后創作了幾首和歌，其中有一首題為「魚雷火」：

縱有敵船掀仇波
以此摧毀為國家

很顯然這首和歌的主題跳脫了傳統。不論是開始穿洋裝還是創作以魚雷為主題的嶄新和歌，似乎都顯示皇后也已經厭倦了乏味的宮廷生活。記錄了宮中歲月的侍從們在回憶錄裡一致認同天皇始終很體貼皇后，從未表現得像個暴君。然而，皇后在婚後不久便得知自己無法生育，儘管為天皇生下繼承人應當是她作為妻子最重要的使命。她在宮中因此形同擺設，這對一位聰明過人的女性來說肯定讓人心灰意冷。即使她從來沒有對為天皇侍寢的權典侍表現出不滿，但或許多少還是會心生嫉妒。這種感受在此時期很可能更為強烈，畢竟天皇（已經有四位權典侍為他生了孩子，同時他還會臨幸其他權典侍）似乎把心思都放在權典侍園祥子身上[5]。那些敢於描寫天皇這方面生活的作家都抱持保留態度，但園祥子確實在一八八六年到一八九七年為天皇生下了他最後八個孩子。其中有四個孩子都是女孩，在天皇駕崩後依然在世。

園祥子是伯爵園基祥的長女[6]，其父園基祥（雖然直到一九〇五年才逝世）是活躍於幕末時期的知名人物。從照片上來看，祥子稱不上美貌過人，也找不到任何趣聞軼事可以解釋她究竟是哪一點讓天皇如此著迷；但無論理由為何，祥子正是明治晚年最偏愛的側室。

一八八五年底，當證實祥子懷孕時，掀起了一番針對她應該接受西方還是漢方醫生診療的議論[7]。天皇至今為止的七名子女中已有六人夭折，使得人們開始猶疑到底該相信哪種醫術。天皇於是向中山忠能徵求意見。中山起初無論是在醫學還是其他方面都傾向忠於傳統，但自從一八八三年九月兩名皇女夭折後，他原本堅信應該讓皇室子女在滿十歲前交由傳統漢方醫生診察的想法也開始出現動搖。如今他逐漸體認到傳統醫學並不一定優於西方，更何況近來在東京似乎沒聽說有哪位頗具聲望的漢方醫，而且忠能擔心傳統醫術或許已經走向衰退。最後，中山答覆說他無法做出抉擇。仍偏好傳統醫學的明治命令中山和侍從長尋遍東京，直到他們找到一位漢方的名醫。[8]

一八八六年二月十日，園祥子產下了天皇的第五個女兒。天皇日後賜其名為靜子，並在當晚設宴招待親王和其他達官顯貴（包括新生兒的外祖父園基祥）[9]。到了三月十二日，天皇才初次見到了靜子內親王。和天皇側室生下的其他子女一樣，靜子將被正式認定為皇后的孩子，而孩子的生母將很少有機會參與養育的過程。

靜子內親王的一生相當短暫，於一八八七年四月四日夭折。在該年元旦，公主突然發燒、吐奶。她被診斷為長牙所引起的發燒，還併發了至今導致多名皇室子女死亡的慢性腦膜炎。一位修習荷蘭醫學的西醫和另一位傳統漢方醫在採取適合的療法上意見分歧，最後只好交由天皇判斷。天皇決定採用西醫，並召見備受尊敬的知名西醫池田謙齋一同參與診療。起初新的療法似乎很有效果，然而三月下旬的一波寒流讓內親王再次發病，不久便離開人世。

天皇唯一倖存的皇子嘉仁親王也同樣反覆遭受疾病的折磨。由於再三經歷失去子女的痛苦，天皇想必非常擔心嘉仁是否能夠活到成年。這或許正是明治接受了彰仁親王的請求，納其繼承人定麿王為養子的原因。曾前往英國留學現為一名海軍軍官的定麿王在一八八六年五月一日正式成為天皇的養子，（以親王的身分）改名依仁[10]。正如前文所述，夏威夷國王卡拉卡瓦對定麿王留下了很好的印象，甚至希望他能夠與自己的侄女結婚。說不定明治其實也把依仁親王視作繼承皇位的候補之一。

儘管天皇擔心嘉仁親王的健康狀況，但在行事上仍有必要當作他會毫無疑問地繼承王位。多年來，親王的教育一直是天皇的心頭大事。一八八五年十一月，天皇安排西村茂樹負責親王的教育；起用西村這位推崇西洋學說的專家，表明天皇覺得傳統的宮廷教育已經無法應付現今情勢。[11]天皇還私下將他希望親王從明年開始學習的科目和時數轉告了西村。兩個月後的一八八六年一月，天皇決定讓這之前被規定只能在特定日子探視父母的嘉仁親王可以自由進宮參見。之所以採取這一舉措，是因為天皇相信能夠藉此培養親王對父母的尊重和增進親子之間的感情。

一八八六年四月，勘解由小路資生和另外兩名年長的華族奉命輪流為親王授課，但他們的教育方式陳腐守舊，沒法成功教導這個讓人頭疼的男孩。期盼親王接受正規系統教育的伊藤博文於是與文部大臣森有禮商議，對此森主張採用符合近代精神的教育方法，推舉文部省官員湯本武比古（一八五六—一九二五）負責指導親王。四月十二日，湯本便奉命掌管嘉仁的教育。

湯本根據命令教授閱讀、書法和算術，每次授課都不超過三十分鐘。不過，他很快發現親王完全不重紀律，還很容易分心。湯本如此回憶道：

如先前所奏報，余所教授皆諸如五十音、一二三等，委實不難。然殿下對所謂規則之概念甚無進步。若殿下有心，則可專心學習三至四十分；但若無心，便說道：「湯本，足矣。」隨即起身離去。至此居於走廊等候之侍從護衛，以及室內課桌前的其他學生，遂隨殿下一同離去，獨留余一人，茫然不知所措。若殿下心有不滿，則會猛向前推倒課桌，去往他處。或在教授書法之際，當殿下說道：「湯本，足矣。」余回答：「否也，殿下須再練習少許。」因此使殿下氣憤異常，拾起蘸有朱墨之粗毛筆扔向余處，直擊胸膛，使余之上等新裁大衣筆墨斑斑。[12]

為什麼嘉仁的言行舉止如此無禮？大概是因為身邊的人擔心責罵親王可能導致他病情發作，所以才事事由著他[13]。湯本向兼任宮內大臣的伊藤博文遞交辭呈，但伊藤勸他繼續留任，強調這是忠臣的本分，應當如同軍人般為君主奉獻一生。

天皇似乎聽說了兒子在課堂上恣意妄為的態度。湯本奏請天皇要嘉仁親王尊稱他為「湯本老師」，並且不可在沒有得到指示的情況下隨意離席。天皇還命令湯本終日待在親王身邊，以期進一步對親王有所感化，或是派出侍從和女官（有時甚至是天皇自己的老師）視察上課的情形。當天皇詢問湯本為何不使用元田為教導幼童所編纂的課本時，湯本回答說當中的內容實在過於高尚，並不一定適合教育幼童。湯本為此準備了新的教科書，親王的學業也開始進步，這才讓天皇安下心來[14]。到了五月，伊藤宣布天皇決定讓嘉仁親王和其他貴族子弟一同進入學習院就讀。

九月，仍為親王的教育感到憂心忡忡的天皇任命政府高官土方久元負責親王的教育。土方接受重任，但條件是不允許任何人干涉他的做法。天皇表示恩准，並派遣侍從長告知中山慶子從今以後不再需要教導親王。此外，天皇還指示湯本一切相關的教育事宜都應與土方商議。對此，慶子似乎拒絕讓自己教育外孫的權利遭到剝奪。十月，土方遵照聖旨，同意與慶子分擔教養之責，由慶子負責在宮中撫育親王的各項事宜，包括親王的著裝和膳食等等。最後，嘉仁得以按照計畫於一八八七年九月十九日進入學習院；他每天都會去學校上課，與其他學生在同一間教室裡學習[15]。這是第一次有皇位繼承人接受正規教育。

一八八六年年底，西村茂樹在帝國大學發表了三次關於日本道德的演說[16]。曾是明六社[*1]成員的西村，以前經常在天皇面前講解與西方相關的內容，且在這之後亦是如此；然而後來作為他一連串演講的集大成所出版的《日本道德論》，卻絕非鼓勵眾人向西方學習的作品。

西村在日後曾回憶起當時伊藤內閣是如何仿效西方法律制度及風俗禮儀，或是拙劣地模仿西方舉辦宴會、化裝舞會和活人畫表演（Tableau Vivant）等娛樂活動以贏得外國人的歡心。他將這種諂媚奉承的態度與日本悠久的道德基礎（如忠孝、節義、勇武、廉恥）進行比較，並哀嘆如今這些美德盡失，強調自己是因為對此現象感到憂慮，從而開始進行演講。[17]

*1　於明治初期創立的思想啟蒙團體。因於明治六年（一八七三）發起，遂起名「明六社」。主要成員包括森有禮、福澤諭吉、加藤弘之、西周、津田真道等人。

最初的演講以探討兩種道德思想體系的差異為開端。西村將其中一種稱為「世教」，另一種則稱為「世外教」(或宗教)，並把儒教和西方哲學歸為前者，佛教和基督教歸為後者，而他本人顯然傾向贊同前者。在中國，儒教是自古以來的本土思想，相較之下佛教只是一個外來的宗教，其影響力遠不及儒教。然而對日本來說，儒教和佛教則都是外來的思想。起初，佛教廣泛普及於社會各個階層；可是到了後來，儘管下層階級依然信奉佛教，中上階級卻改以遵循儒教為主，導致日本人缺乏一個階層之間共通的道德觀。事實上，自明治維新以來，道德標準便已全數崩壞。[18]

亞洲如今受到歐洲列強紛紛建立殖民地的威脅，致使感受到危機的亞洲各國不顧一切地追求現代化。西村評論道：「文明開化固為所望，然有國則須文明開化，若失其國，則無文明開化實施之所。」日本當下的急務便是維護國家獨立，不容許外國踐踏其尊嚴。一個國家無論擁有多少軍艦大炮，如果人民道德淪喪，就不可能得到其他國家的尊重；誠如歷史的教訓，羅馬帝國的衰亡乃是國民墮落和道德盡失所致。甚者，作為近代歷史上最可悲的例子，波蘭雖不如羅馬一般人心腐敗，卻因派系分裂各執己見，未曾力圖維護國家的統一。其結果正如人們所見，波蘭最終落得一分為三的下場。[19]西村接著繼續向大眾概述箇中道理：

(日本)農工商三民昔無教育之事，固不足論道德之高下，然士族以上之民，祖先以來數代間受儒學之薰陶，加之本邦一種固有之武道，足有力量鍛鍊人心，盡護國之職。王政維新以來儒教雖稱國教，然勢力大失；諸如武道，至今日復言者不在。[20]

西村在此表明自己對於士族階層也欠缺道德感到失望。日本一味向西方學習，卻忘了歐美各國都以宗教為基礎來維持人民的道德觀。西村概括道：

> 元來邦人（日本人），其天資敏捷伶俐者雖多，然思慮淺薄且乏遠大之識，有雷同之風而自立之志弱。見近來西國學術之精妙，其國力強盛富饒，則漫心醉之，不知己踏足之處……人情風土之異，西國學術等豈能盡用之於東洋哉。[21]

西村主張回歸儒教的道德規範。雖然他沒有特別指明自己偏愛哪個學派，但從他強調將所學道德付諸實踐，或許意味著他推崇王陽明的學說。不過，西村並沒有試圖掩飾儒教和西方哲學的缺點，也承認佛教和基督教各有值得採納的優點。最重要的關鍵在於創建現代日本的道德規範，一旦形式確立，便能隨時向其他思想體系借鑑。[22]

西村提倡的道德論並沒有讓人意外之處。他主張重視教育和救濟窮人，鼓勵投資有利於國家的事業；另一方面，他批評日本男性在四五十歲便早早退休而不持續對社會做出貢獻的

「隱居」制度，相較之下西方人民則是直到高齡都過得充實而有意義。他不贊成早婚，因為尚未發育成熟的夫婦生下的子女容易生病，進而導致整體民族的體能衰弱；再加上早婚往往有多產的傾向，是造成家庭貧困的原因之一。此外，西村也反對奢侈，尤其排斥在婚葬儀式上鋪張浪費。[23]

很難想像會有人不同意他的多數觀點，各方人士對於西村的演講比起單純地認同，甚至可以說是舉雙手贊成。接受過儒學教育的人——大多為年齡在四十歲以上的士族——紛紛響應找回舊有風俗的號召；與西村同樣曾為明六社成員且主張革新的文部大臣森有禮也被《日本道德論》深深打動，以至於想拿來當作中學以上學校的課本[24]。然而，這本書卻激怒了伊藤博文，他認為書中內容誹謗政體，阻礙了政治進步。他派人請來森有禮，痛斥他竟對此書大加讚揚。得知伊藤不悅，西村承諾進行修訂，隨後刪除了部分批評政府西化政策的言論。然而，他已經挑戰了政府的功利主義。西村的著作相當於第一個反對伊藤政策的聲明，成為不久後日益崛起的極端民族主義開端。

一八八六年另一個值得提及的事件，便是英國貨輪諾曼頓號（Normanton）沉船事件。十月二十三日，諾曼頓號從橫濱出航前往神戶，卻在隔天於和歌山縣外海觸礁沉沒。儘管英國船員悉數獲救，但他們並沒有對二十五名日本乘客及十二名印度船員伸出援手，導致他們全數溺水身亡。在這起事故被廣泛報導的同時，日本民眾強烈抗議英國船員明顯的種族歧視行為。十一月五日，諾曼頓號船長德雷克（John William Drake）在位於神戶的英國領事館接受審訊，卻被認定沒有過失而獲得開釋。

剛開始，一心想著討好外國人的日本政府並沒有提出抗議，但隨著全國各地的不滿聲浪逐漸高漲，政府無法再置之不理。報紙為在諾曼頓事件中喪生的罹難家屬募款；早已被公然炫耀白人至上主義的行徑激怒的群眾之間也發起了各種演講。至此，日本政府才正式要求英國對船長進行審判（由於治外法權，日本無法干涉）。十二月八日，審判在位於橫濱的英國領事館進行；德雷克船長因過失殺人罪名被判處監禁三個月，其他英國船員則無罪釋放[25]。然而，諾曼頓事件一直留在日本人的記憶裡，甚至被譜寫成一首歌曲流傳後世[26]。

儘管一些精通海事法的日本人認為判決公平，但對德雷克船長的輕微懲處顯然讓大多數日本人難以釋懷[27]。不論是諾曼頓事件還是西村關於日本道德的演講，都彰顯了一種與鹿鳴館代表的崇洋態度背道而馳的趨勢，奠定了翌年世間對政府更加劇烈的抨擊。

一八八七年初的新年儀式在各方面都按照傳統進行，只有一點除外：在接受宮中成員的新年祝福時，皇后第一次穿上了正式的洋裝大禮服，自此以後洋裝便成了皇后在這類場合的慣例服飾。諾曼頓事件的不滿呼聲似乎還沒有傳進宮廷，與外國皇室之間交換禮物的風氣依然興盛[28]。拖延已久的新皇居建造計畫終於開始進行，但財政問題卻浮上檯面，威脅到完工的進度。

一月二十五日，天皇和皇后動身前往京都，參加同月三十日在孝明天皇陵墓舉行的二十周年忌日[29]。這次出訪最值得注目的便是皇后也一同出席，除此之外的巡遊、視察學校和參觀名勝古蹟則與天皇先前的巡幸沒有什麼差別。天皇夫婦一直在京都待到了二月二十一日。

二月二十四日，天皇與皇后回到東京，重返各項例行活動。皇后先是視察了工部大學和陸軍士官學校[30]，於四月陪同天皇觀摩近衛軍的演習；她如今已然成為官方活動(甚至是軍事演習)上不可缺少的角色。

一八八七年三月，皇后下賜華族女子學校兩首鼓勵充實德行涵養的和歌。第一首的開頭如下：

純淨金剛鑽
願磨倍璀璨
勸君今勤勉
日後顯真德[31]

隨後這首歌被配上旋律，成為華族女子學校的校歌；充滿懇切教誨的曲調同時也讓人想起基督新教的讚歌。然而，親歐派的政府首腦似乎完全沒受到這種對美德的呼籲所影響，一如既往地頻繁出入鹿鳴館[32]，希望透過討好外國人與精通西方禮儀，為日本贏得西歐先進國家的友誼和尊重。他們深信克服日本財務和軍事弱點以及維持國家獨立的最好方法，就是證明日本是一個與歐洲共享相同文化的近代化國家。為此，他們穿得像歐洲人，像歐洲人一樣用餐，極盡一切想消除社會上的陳舊事物；不僅如此，還引進了西方的法律制度、信奉基督教，試圖讓英語成為官方語言；甚至有人（為提升日本民族的身體素質）準備娶歐洲女性為妻[33]。

為滿足鹿鳴館的虛榮而不斷流出的財富與大多數國民的貧困生活形成了鮮明對比，激起一波波反對的聲浪。嚴以律己的儒學者元田永孚多次試圖會見伊藤，以表達自己對大肆建造豪華的西式建築和舉辦奢侈宴會的不滿，但伊藤總是以繁忙為由拒絕見面。一八八七年五月，勝海舟提出了一份題為《二十一條時弊》的意見書，嚴厲譴責為了吸收西方文化而破壞日本既有美德的瘋狂行徑。在幕末時期，他為掌握航海和艦炮射擊技術而學習荷蘭語，並曾擔任日本第一艘橫渡太平洋的船艦「咸臨丸」的船長。勝海舟絕非一個不知變通的儒學者，但政府的西化政策對日本社會風俗帶來的負面影響令他相當憤怒，其程度甚至不輸給元田。他認為正是國家如此明目張膽地浪費財富才導致道德敗壞。

與此同時，第二十六次條約改正會議於一八八七年四月二十二日舉行，會上決定對外國人做出極大讓步，以期達成終止治外法權的目的。他們同意在交換的新條約獲得批准後兩年內向外國開放日本全國；日本國民享有的權利和特權將擴及在日外國人；日本的司法制度會在兩年之內於各個方面遵循西方的標準；政府會把所有法律翻譯成英文（英文譯本將視同正本），並在十六個月內送交各國政府；在日本全面開放後，領事法庭可繼續維持三年，負責審判外國人涉及案件的多數法官也將由外國人擔任。[34]只要能夠結束令人憎惡的治外法權、象徵性地被認可具有平等地位，日本似乎準備屈服於外國提出的任何要求。

然而，並不是所有日本人都願意做出這般讓步。剛從歐洲回國的農商務大臣谷干城（一八三七—一九一一）目睹當時的道德墮落後震驚不已[35]，並對此毫不諱言地發表了看法。當伊藤聽說谷讚揚盧梭等法國民權論者以及抨擊政府的傳聞，便認定他深受煽動性民權思想的毒害。得知此事的天皇對於一名閣員持有這種觀點深感不安，於是命令佐佐木高行直接詢問谷干城的政治主張。

篤信國粹[*2]的谷干城很快便說服佐佐木相信他絕非一名民權論者。但到了七月，谷干城在辭任前夕嚴厲抨擊了政府的政策，要求立刻停止一切修改條約的動作，並呼籲採取措施扭轉道德淪喪的局面。和西村相同，谷對那些沉迷於鹿鳴館舞會的人士的頹廢和奢侈感到憤慨；他為百姓遭受的苦難忿忿不平，因為他們的血汗錢被白白地浪費在國家的西化政策上。谷力勸伊藤應當迅速中止修改條約的不當舉措，並向內閣提出了相同的看法，與井上馨展開激烈的爭論。他絲毫不顧有人反對，一味固執己見，批評政府的政策是在「貪一時之名，不顧百年之害」。井上等人強調，為撤銷治外法權修改條約有其必要性，但是谷卻反問，修正案難道不會讓外國人有更多機會干涉國家內政？他痛斥外務省獨斷專行，故意不徵詢其他大臣的意見私下做出決定，恐將犯下嚴重錯誤。[36]

伊藤和井上氣得立刻反駁，眼下日本正處處都以西方先進國家為模範，因此修訂法律使其與西方法律相符也是理所當然的。意識到內閣不會接受他的建議，谷干城決定放手一搏。七月二十日，他覲見天皇，詳細上奏了反對條約改正的理由以及必須糾正當前墮落時弊的原因；同時也請求天皇就修約一事聽取宮中顧問官的意見，並特別推薦諮詢近期剛從歐洲回國的黑田清隆。天皇仔細傾聽，但一言不發。谷干城退下後，隨即提交了辭呈。

從谷干城的請願可以看出他很清楚宮廷裡對政府有所批判，包括佐佐木高行、土方久元和元田永孚等天皇身邊的顧問早先都曾發表過類似觀點。當他們得知從海外歸國的谷對於修改條約有疑義，便決定與他攜手合作，並招攬其他志同道合之人。許多在政府具有影響力的人物（包括黑田清隆）都公開反對條約修正案。

當天皇徵求元田的意見時，元田表示自己認為谷干城已盡其忠誠之言，一語道破當下弊端的核心，舉國上下想必沒有人不會認同他的想法。元田相信，除非立刻停止為了修改條約

*2 指一個國家的國民性或是文化精髓。以強調民族優越性和宣揚自身傳統文化為理念的意識形態便是國粹主義，是一種極端民族主義思想。

而向外國做出妥協，否則後果將不堪設想。[37]

大約就在這個時候，擔任內閣法律顧問的法國人布瓦索納德（Gustave Boissonade）也站出來表示反對條約修正案。他試圖向井上馨提出異議，卻未受到重視；他向司法大臣山田顯義陳述立場時，山田也拒絕發表意見，因為這超出了他的管轄範圍。同一時間，深深懷疑修約可取性的內閣圖書寮長官井上毅（一八四四－一八九五）秘密拜訪了布瓦索納德，聽取他關於條約改正的觀點。布瓦索納德確信這會給國家帶來極大的弊害，並說服井上毅盡其所能擋下修正案。

布瓦索納德堅持不懈地向內閣提交意見書，解釋為何必須停止修約。他主張若以現行提案締結新約必定會有損日本的顏面、威脅到國家安全，以至於貶低國家地位。此外，他也對條約修正案的內容進行抨擊；以其中採用外國法官的條款為例，這代表政府必須支付能令他們滿意的薪水，進而導致國家經費大量外流。他最後警告，一旦新條約獲得批准，不滿國家利益與名譽受損的日本人民也許會群起反抗，而這恐怕將招致外國的干涉。[38]

七月十二日，井上毅寫了一封信給井上馨，闡明條約修正案的不妥之處，宣稱這將使日本淪落為一個半獨立國家。他還預測國內將分裂成支持修約派和反對派兩大陣營，其對立可能引發公開衝突，成為禍源。最後，井上馨被迫承認其方案招來了混亂，如果自己不針對當初的讓步進行修正就這樣一意孤行，顯然會導致國家面臨危機。在七月十八日的會議上，井上馨告知各國代表，日本政府已經決定對條約中有關裁判管轄權的條款進行改動。

九月十七日，伊藤辭去宮內大臣一職，但仍保留內閣總理大臣的職位。起初，天皇不願受理伊藤的辭呈，並拒絕他推薦讓黑田清隆接任的提議。如今《皇室典範》尚未確立，皇室財產也還沒有制度化，而伊藤是唯一一個可以有效處理這些問題的人。至於黑田，由於性格上的因素，天皇並不希望他長期在宮中任職。天皇向元田永孚徵詢意見，元田回答說，儘管從原則上而言，皇室和政府的一致性對於君主立憲國家來說是再好不過的事情，但這也要看是由誰來擔任這個角色；例如中國的諸葛亮、普魯士的俾斯麥都是德才兼備之人。伊藤雖見多識廣，但德性稍嫌不足，如果繼續留在宮中很有可能會拖累皇室。元田勸天皇接受伊藤的請辭。[39]

天皇不願失去伊藤，但最後還是同意讓伊藤辭職，並任命土方久元接任宮內大臣，黑田則被任命為農商務大臣。元田提議罷免井上的外務大臣一職，該提議亦於九月十六日實施。此後便暫時由伊藤兼任內閣總理與外務大臣。[40]

儘管這些政治變動令天皇相當困擾，但他這一年並非完全身陷愁雲慘霧。八月二十二日，園祥子生下天皇的第四個兒子猷仁親王。八月三十一日，在嘉仁親王九歲生日這天，他被正式封為儲君，成為皇后的嫡子。當晚在宮中舉行了宴會，除了天皇、皇后、皇太后和嘉仁親王以外，另有三十九名皇族和宮內官員一同出席。天皇龍心大悅、盡情放鬆，把賓客一個個召至身邊賜酒，還親自為皇太后、皇后和嘉仁斟酒。在酒精的作用下，不久後宴席上便歡聲四起，天皇甚至吩咐眾人唱歌跳舞。根據《明治天皇紀》的記述，「蓋君臣愉樂之狀如此者，未曾有之。」[41]確實在明治的一生中，如此歡樂的時光可謂少之又少。

・第四十章・

帝國憲法

一八八八年，明治天皇因病無法主持絕大多數的儀式，或是出席野外演習和畢業典禮。最嚴重的一次疾病是從二月七日一直持續到五月五日，他被診斷出罹患了卡他性肺炎[1]。在脫離險境後，御醫建議天皇前往海邊氣候宜人的地方療養，但他和往常一樣，因為君王的責任感而拒絕離開宮廷[2]。同一年晚些時候，天皇染上了重感冒，卻由於太過討厭醫生以至於不願聽取任何醫療建議。在許多情況下，尤其是天皇生病時，皇后會充當天皇的代理，像是接見暹羅的使節、出席軍艦下水儀式或者視察東京帝國大學醫科和理科的設施。

至今為止，御醫的醫療成果其實並不理想，但天皇仍執著於傳統漢方醫學，不願意撤換御醫[3]。十一月十二日，儘管御醫竭盡所能救治（在最後一刻還請來了陸海軍的軍醫），又一位皇子猷仁親王因腦膜炎去世。九月，園祥子產下一女（天皇的第六個女兒）；宮中按照往例舉行了慶生宴，但在場的大多數人或許都回想起這之前已有多名皇室子女夭折，並不禁懷疑他們祝福剛出生的昌子內親王健康長大的舉杯儀式究竟能發揮多少效用。

在新年年初，天皇一如既往地接受了這一年最初的課程：由福羽美靜講授《日本書紀》

景行天皇之卷、元田永孚講解《中庸》的一節，以及西村茂樹講授亨利．惠頓（Henry Wheaton）的《萬國公法》（*Element of International Law*）裡有關「自主之權」的論述[4]。這些課程主題的選擇如實反映了天皇教育的內容仍力求在日本歷史傳統、中國道德觀念和西方實學之間取得平衡。

在這個時期有助於我們更加貼近天皇真實面貌的幾件事情中，有一件特別令人感興趣。當時宮內大臣土方久元認為有必要重新製作一幅天皇近期的肖像，用來取代由內田九一於一八七二年拍攝的照片，以便贈送給外國君王和貴賓。於是他拜託受雇於印務局的義大利畫家艾德亞多．契索尼（Eduardo Chiossone）為天皇繪製一幅逼真的肖像。儘管最簡單的留影方式無疑是拍照，只可惜天皇始終不喜歡照相，因此只好作罷。不久前，伊藤博文也曾多次懇請天皇拍一張新的照片，但每次都被拒絕。意識到天皇不太可能改變主意的土方只好請契索尼偷偷地為天皇素描，同時承諾要是事情出了差錯自己會承擔所有責任。

在取得侍從和其他官員的同意後，土方等待著一個合適的時機。機會最終在一月十四日降臨，這天天皇剛好要外出用餐。躲在拉門背後的契索尼用炭筆仔細地勾勒出天皇的容貌、姿勢和談笑時的表情[5]；土方對他完成的肖像畫相當滿意，決定找人翻拍後向天皇展示。他先是就沒有事前獲得允許請求原諒，然而天皇看著肖像照不發一語，既沒有讚許，也沒有批評。雖然土方很想知道這番沉默所代表的意義，卻又不方便直接詢問天皇。此時，宮廷正好收到了歐洲某國希望獲贈天皇照片的請求。土方於是奏請天皇在契索尼的肖像畫照片上簽名，而天皇也照做了，這才讓他大大鬆了一口氣，並將此舉解釋為天皇很滿意這幅肖像。[6]從此以後，契索尼的肖像畫照片（以原始素描為基礎翻拍）被分發給外國皇室乃至於日本全國各地的學校，好幾個世代的學童們都曾對著這張「御真影」[*1]致上最高的敬意。這幅肖像畫是如此逼真，以至於大多數人都以為它是一張照片。[7]

一八八八年二月一日，天皇任命大隈重信擔任外務大臣。如前所述，大隈的前任者井上馨因遭眾人反對其條約修正案而被迫辭職，但他仍盼望大隈能代他實現這則重任[8]。在指名由大隈接任的過程中最大的難關，便是說服內閣顧問官黑田清隆；自北海道開拓使出售公有財產事件以來，黑田和大隈之間的關係變得相當惡劣。

總理大臣伊藤博文同意幫助勸說黑田。大隈所屬的立憲改進黨雖然不像自由黨那麼激進，但仍提倡進行伊藤反對的改革[9]。儘管如此，伊藤還是跨越了政治上的不相容，勸黑田支持大隈。他的勸說也確實奏效了：某日，黑田突然出現在大隈的宅邸，為過去發生的事情致歉，並承諾將來會保持合作[10]。

黑田的舉動讓大隈相當感動，然而，他卻因為入閣可能會為立憲改進黨帶來不利影響而

*1 對天皇照片的敬稱。

躊躇。作為接任的條件，大隈提出了以下三點：在召開國會後的七八年內，成立一個由國會成員組成的內閣；議員選舉的參選資格不得高於地方議員；確保一切進展有序而穩定。[11]大隈還要求如果以上條件獲得同意，應將這些承諾昭告天下。伊藤有好幾個月的時間都不願意接受這些條件，以至於只好繼續兼任外務大臣，但最後還是選擇妥協，大隈這才終於上任。

在終止治外法權方面，大隈的決心並不輸給井上馨。他將井上的方案加以修改後提出的修正案版本仍然包括允許外國人在日本國內自由旅行、居住和擁有不動產這一備受爭議的條款，但限縮了外國人法官的角色，並且新民法的正本也將採用日語而非英語[12]。然而，這些改動並不足以安撫政府中的反對修約派，大隈的提案在一八八八年與一八八九年的大部分時間成為眾人撻伐的目標。

這段期間，天皇於一八八八年四月二十八日設立了樞密院。他在詔書中聲明：「朕今察選元勳及練達之人，諮詢國務、倚其善導輔佐之力為必要，故設樞密院，以之為朕至高顧問之府」。[13]

樞密院的主要功能在於商討與制定憲法相關的諸多事項[14]，其成員皆是對國家有功的年長者（年齡在四十歲以上），包括議長和副議長在內共有十五人。隨著立憲政體的創立，樞密院將作為內閣和國會的中間機構並為天皇提供諮詢。

伊藤是樞密院的主要倡議者，他堅信憲法必須由天皇制定與頒布。天皇的權威是神聖不可侵犯的，做出的裁斷也應當被視為最終決定。樞密院扮演的角色便是引導天皇做出正確的裁決，特別是當政府和國會發生意見衝突的時候（例如是否罷免大臣或解散國會）。

為了強調這個新機構的重要性，伊藤辭去總理大臣一職改任樞密院議長，並按照伊藤的推薦由黑田清隆擔任其接班人。雖然天皇並不想讓伊藤辭去總理大臣一職，但還是批准了將他調往樞密院，這大概是因為伊藤是唯一一個能夠勝任議長職位的人[15]。除了生病的時候以外，天皇的固定出席也更加強化了樞密院會議的重要性；天皇通常在會議上只管仔細聆聽，不發一語，但偶爾會在之後召見議長進行提問[16]。隨著進入炎熱的季節，舉行會議的房間有時會變得悶熱難耐，但明治似乎絲毫不受影響，孜孜不倦地聽取議事。

天皇願意花時間聆聽那些想必讓人覺得荒謬又重複的辯論多少令人感到不可思議，然而與一成不變的宮中儀式和接見無數外國賓客的乏味程度相比，明治或許從中發現了一些值得注意的事情。在樞密院進行的各種討論可能有助於天皇了解自己在日本未來發展的過程中所扮演的角色。

一八八八年四月，伊藤向天皇提交了憲法草案。早在一八八四年，伊藤便曾作為宮中設立的制度取調局局長，針對憲法進行調查。伊藤命井上毅、伊東巳代治、金子堅太郎等人負責調查，並請來太政官雇用的德國人羅斯勒（之後成為東京帝國大學的法學教授）擔任顧問，卻因為過於繁忙而沒有取得預期中的進展。一八八六年，伊藤開始專心致力於起草憲法，並讓井上、伊東和金子三人分工合作，由井上毅擔任起草人。

伊藤曾在維也納研究憲法，因此他的看法多半也反映了他在當地的所學所得，即立憲政體中「基軸」的重要性。一八八八年六月十八日，伊藤在樞密院發表的演講中提到，歐洲立憲政體的萌芽可以追溯到遠古時代，並經歷了好幾個世紀以來的穩步發展，使得人民相當熟悉這一制度；不僅如此，宗教也成為歐洲國家的基軸深入人心，促進團結。相較之下，日本的宗教（佛教和神道）力量仍不足以統合民心，無法作為國家的基軸，因此日本唯一能仰賴的基軸便是皇室。在起草憲法之際應始終將這一事實銘記在心，尊重天皇擁有的至高權力，而非加以束縛。於是「君權」便成了伊藤等人所擬定的憲法草案的基軸。[17]

與憲法相關的討論一直延續到一八八八年的最後，儘管其他問題（如爭取撤銷治外法權）並沒有因此遭到遺忘，卻也遲遲未見進展，直到十一月日本與墨西哥交換了一份條約，承認墨西哥人在日本國內的居住權和土地所有權，但不包括治外法權。這是日本與曾簽訂不平等條約的當事國締結的第一個平等條約，但其他條約國並沒有跟進；英國和法國甚至根據現行條約中的最惠國待遇條款，要求同享墨西哥獲得的所有特權。然而該條約並沒有發揮多大效果，畢竟當時日本國內只有一位墨西哥人。[18]

鄰近年底，新的宮殿宣告竣工，皇族預定於一八八九年一月十一日遷入新宮殿。從一八七三年起，明治及許多皇族成員便一直生活在擁擠的臨時宮殿內。一向不喜歡奢侈浪費的天皇當初甚至不願意考慮建造新的宮殿，但最終因為日本君主需要一個更加體面的住所來彰顯國家威信的意見而妥協。

耗費鉅資打造的新宮殿意在展示日本皇室的威嚴，讓大多數造訪的外國人都為之震撼[19]。宮殿的東側還特別預留了可以讓天皇履行公務的空間，比方說坐在鍍金的玉座上接見外國賓客。位於西側的和風建築是天皇的私人居所，後方則是舉行典禮儀式的神殿。各個建築以日式風格的走廊相連，四周可見庭園環繞。

明治顯然對新宮殿的景觀沒有什麼興趣。子爵日野西資博回憶道，用於裝飾走廊的人造花就這麼被放置了三四年的時間直到褪色，但天皇似乎未曾留意過。在明治駕崩之際，這些人造花已變得骯髒不堪，只好將其燒毀處分。[20]宮殿雖配有電線供辦公的房間使用，但天皇卻拒絕在其私人宮殿裝設電燈，也許是因為擔心短路可能引發火災。由於只能使用蠟燭，多處天花板被燻成黑色，宮殿的狀態尤其到了天皇晚年已經劣化得相當嚴重。

眾人列隊從臨時皇居遷往新宮殿，天皇和皇后在親王和內閣成員等高官陪同下於上午十點出發，一個小時後抵達目的地。沿路上學生們整隊高唱國歌〈君之代〉，軍樂隊也在新宮殿前奏樂相迎。當隊伍來到架在宮殿周圍護城河上的二重橋，空中放起了白天的煙火，現場的大批群眾隨之高呼萬歲。

一八八九年，天皇的健康狀況比去年好轉，不過偶爾仍會因病無法參與國事。這是他在位期間最忙亂的年份之一，官員們接二連三地奏請天皇進行裁斷，其中堪稱難題的便是關於陸軍中將谷干城。谷無疑是一位精明能幹之士，只可惜喜好爭鬥，曾與伊藤博文和井上馨針鋒相對，以致辭任農商務大臣一職（正如前述）。如今距離他離職已經過了一年半，懷疑他可能暗中有所企圖的政府於是派出密探監視他的行動。

天皇擔心谷干城遲早會步上江藤新平和西鄉隆盛的後塵，聯合其他心懷不滿的人士發動叛亂，認為最好的辦法就是將谷干城納入樞密院來限制其行動。一八八八年十二月，天皇派元田永孚拜訪谷干城，探明他是否願意在樞密院任職。然而谷堅定地拒絕了。

為了勸說谷干城改變主意，既是教育嘉仁親王的老師[21]且與谷有老交情的曾我祐準隨同元田多次拜訪。在得知天皇殷切地希望他接受任命後，谷干城感動得留下眼淚，但仍強調自己不能違背向同志們立下的誓言，即成為上院議員闡明反對政府的信念[22]。事到如今若是他接受任命進入樞密院，將會失去同伴的信任。他堅稱採取反政府立場並不代表不尊崇皇室，日本的反政府勢力（與德國的社會主義者或俄國的無政府主義者不同）仍對天皇忠心耿耿，並請求讓政府停止打探他的一舉一動。[23]

樞密院依然持續進行著各種討論。一八八九年一月，伊藤提議將憲法草案翻譯成歐洲語言，藉此根據外國法律專家的意見進行改良。他深知無論多麼仔細地制定新憲法仍無法避免招來批評，但至少要極力避免因為設想不夠周到而把缺陷留給後代子孫。即使發布憲法的時日已迫在眉睫，伊藤仍在最後一刻提出修正，例如建議在憲法中明定皇位繼承人僅限男子。[24]

二月五日，樞密院通過了《皇室典範》、《大日本帝國憲法》、《議院法》、《眾議院議員選舉法》和《貴族院令》，並分別製作了三份副本，將其中兩份上呈至天皇。[25]六天後，在同時也是神武天皇即位紀念日的二月十一日這天，天皇在賢所[*2]宣告《皇室典範》和《大日本帝國憲法》的制定。明治在向皇祖皇宗宣讀的禱文中，將今日能實現如此大事歸功於先祖的諄諄教誨，並發誓遵守憲法的規範。隨後，天皇前往皇靈殿敬拜祖先，再次宣讀了禱文。

接著在鄰近中午時分舉行了憲法發布儀式，由天皇當眾宣讀憲法。皇室成員、內閣成員、高官顯貴、各府縣知事、法官、其他國家機構的高層代表以及外國公使齊聚一堂，聆聽天皇發表敕語。天皇不僅向皇祖皇宗表達了敬意，也稱頌祖宗先代的忠良臣民，並宣誓作為其子孫將與臣民一同廣揚帝國光榮於內外，以永久鞏固先祖之遺業。[26]

在敕語之後，天皇將《大日本帝國憲法》交給總理大臣黑田清隆，象徵著天皇將憲法賜給了國家。擔任皇室御醫的德國醫生貝爾茲如此描述這次儀式：

*2 指宮內供奉神器八咫鏡的場所，以前稱為「內侍所」。與皇靈殿、神殿並稱「宮中三殿」。

諸位大臣和高官排列在天皇面前偏左的位置，身後則是貴族。其中，我認出德川龜之助，若不是王政復古，他現在應該是幕府將軍；而出身薩摩的島津侯是現場唯一一個保持日本舊式髮型的人（儘管穿著一身西裝），這是多麼奇妙的光景！緊鄰天皇右手邊為外交使節團，會客廳周圍的走廊擠滿了其他高官和一些外國人；皇后身後則跟著內親王和侍女，她身穿粉紅色的歐式禮服，拖著裙襬。從玉座的兩側各走上來一名達官顯貴，其中一位是前太政大臣三條公。兩人都捧著一份文書，三條手上的正是憲法。天皇接過另一份文書，加以攤開後大聲宣讀，內容主要在闡述天皇決定主動向國民下賜早已承諾的憲法。之後，天皇將憲法正本交給黑田首相，黑田滿懷敬意地接下了。天皇隨即點了點頭，帶著皇后和隨侍離開現場。整個儀式大約只經過了十分鐘，其間外頭燃放著煙火、鐘聲四起，整場儀式始終莊嚴而出色。唯一的缺點就是正殿雖然豪華精美，卻因為漆成了紅色而顯得昏暗。[27]

一八八九年頒布的《大日本帝國憲法》是當時亞洲最先進的憲法，甚至比許多歐洲國家的憲法更加自由。但是，這部憲法對於天皇「神聖不可侵犯」的地位及其絕對權力的強調，表明它與主權在民的精神依然相去甚遠[28]。儘管如此，憲法的頒布象徵了日本代議制度的開始；在同一天公布的詔書中，天皇表示將於一八九〇年召開國會，屆時憲法也會即刻生效。

作為儀式的一環，天皇向伊藤博文授予了新制定的旭日桐花大綬章。儘管事前有人建議

(為了平衡向長州出身的伊藤授予勳章一事)也應該頒發勳章給總理大臣黑田清隆(來自薩摩),且元田也表態支持,但明治還是拒絕了[29]。為了在這個美好時刻努力彌補過去的創傷,許多因謀反罪名而獲判死刑的人們不僅得到大赦,甚至獲贈勳章:西鄉隆盛被追贈正三位官階,吉田松陰則被追贈正四位。

就在同一天,正當文部大臣森有禮準備從家中前往參加憲法頒布儀式時,一名男子上門求見。森有禮請人代為接待,然而就在他即將離開宅邸時,該名訪客卻突然撲向森,用刀將他刺成重傷,隨後當場被擊斃。據查實,這名行刺者西野文太郎聽說森有禮在參拜伊勢神宮時不但沒有脫鞋就進入了神殿,還用手杖掀起簾子偷看安置在裡面的神鏡而激憤不已,認為他的行為褻瀆了神靈並有辱皇室,於是下定決心行刺。

在西野身上發現的斬奸狀中,寫著他曾前往伊勢神宮查證森有禮是否真的做出不敬的行為,並確信了傳言不假(但是,文部次官在森有禮死後進行了調查,顯示此事完全是空穴來風。)隔日,森有禮傷重不治。天皇致函表達悲痛之情,除了讚許森有禮的功績,並追贈他為正二位。[30]

頒布憲法的激情冷卻之後,政府又轉身投入其他未完的政務中,特別是有關修改條約一事。大隈認為有必要打破歐洲和美國當局針對亞洲各國採取的聯合行動,決定與各個國家進行單獨談判。一八八八年十一月,大隈先是向德國提出修約,十二月又交給美國公使一份修訂後的條約草案,希望能夠迅速得到美國政府的批准,並承諾不論其他國家如何回應,美國人民都將受惠於新條約賦予的利益。如果他國政府拿出最惠國條款來主張自己也應該享有同樣好處，日本政府將告知這些國家除非同意取消治外法權，否則不會提供他們相同的待遇。

大隈很清楚若是不能說服歐洲國家同意修改條約，與美國簽訂新約將毫無意義。但如果他把日本將與美國簽訂新條約一事告訴其他國家，或許就可以刺激他國政府積極爭取達成類似協議。[31]

大隈與美國公使理查·哈伯德（Richard B. Hubbard）簽訂的《友好通商及航海條約》象徵了日本朝廢除治外法權邁出了一大步。該條約於二月十一日（即公布憲法的同一天）生效。之所以急於簽署條約，是因為日本擔心新的共和黨政府可能不願承認民主黨的哈伯德所採取的行動[32]。

不出所料，即便日本已經盡了最大努力進行勸說，英國仍然反對修約。一八八八年十二月二十九日，大隈再次提醒英國公使，表示英國是日本最重要的輸入國，兩國之間的貿易額已經高達日本對外貿易總額的三分之一。在日的外國人中有一半都是英國人，他們的利益已經遠遠超過任何其他國家。據大隈所言，日本人從未忘記巴夏禮爵士在明治維新時的恩情，但是如果英國繼續阻撓修改條約，感恩之情也會轉變成仇怨之意。假使英國接受修約，其他國家勢必也將跟進，日本人肯定會打從心底感激英國的支持。至此日本這個有著四千萬人口、十八萬精兵和擁有數十艘軍艦的新興國家將樂於成為英國在遠東的同盟國。

儘管大隈百般勸說，英國還是無意答應日本的請求。英國方面指稱日本的法律不符合西方標準，條約修正案中也存在著許多漏洞。如果日本真的希望外國人遵從日本司法，就應該立刻開放日本內陸。等到五年後，只要日本確立了法院體系、完成法典的編纂並對法庭能夠有效運作做出擔保，英國自會廢除領事法庭並終止治外法權。至於修改關稅，英國也列出了類似的條件。[33]

駐美特命全權公使陸奥宗光是第一個來自日本一方對修訂後的條約提出質疑的人。他指出根據條約內容，在往後至少十二年內大審院都必須任用數名外國人法官，但這顯然與帝國憲法第二十四條和第五十八條相牴觸[34]。雖然大隈回應兩者不相衝突，但有關外國籍法官的爭議仍然持續。

一八八九年六月十一日，日本與德國簽署了新約。德國直到最後一刻都要求日本做出更多讓步，但經日本駐德公使西園寺公望與德國外交部長俾斯麥(Herbert von Bismarck)交涉，最終俾斯麥同意妥協。日本政府對於這次成功相當滿意，於是請求各國的駐日公使向本國政府轉呈修訂後的條約草案。[35]

與美國和德國的成功談判並沒能終結日本國內反對修改條約的呼聲。對此立憲改進黨的黨報《郵便報知新聞》以改正條約問答為主題連載了十四篇文章，作者矢野文雄(一八五〇—一九三一)的目的在於消除人們對新條約內容的擔憂。例如，一些人擔心任用外國籍法官可能造成其他國家干涉日本內政，但是矢野認為，這些法官的聘任和解聘權完全由日本人民掌握。

再者，如果這些法官歸化日本，也就不會有所謂外國干涉的風險。面對那些深怕向外國人開放日本內陸或購買土地會威脅到日本主權的意見，矢野則主張國際關係必須平等；日本民眾已經能夠在其他國家自由旅行、購買土地，因此不允許外國人享有同等權利將有失公平。至於外國人可能會買下大量日本土地的疑慮，矢野表示日本還有很多更加有利可圖的投資，實在不用太擔心外國人會搶著購買地產。[36]

雖然矢野提出的論據很有說服力，但民間反對修約的聲浪卻日漸高漲。天皇派元田永孚去找大隈，要求他說明修改後的條約條款是否真如外界所言違反了帝國憲法。大隈否認，元田於是力勸天皇與伊藤商量。七月二十四日，天皇召見伊藤，詢問他對歸化法和雇用外國法官的看法。起初伊藤很贊同大隈的修訂方案，並建議天皇予以承認；但是隨著批評的聲音越來越激烈，伊藤開始動搖。二十九日，當天皇再次召見伊藤時，伊藤的態度轉趨悲觀（他推辭說自己因病無法覲見）；他預計未來困難重重，並坦言自己沒有權宜之計。[37]

關於修改條約，仍有許多問題亟待解答。首先，如果某個大國拒絕接受修訂後的條約，那麼與該國簽訂的現行條約應當被視為無效嗎？目前看來，最重要的「大國」英國完全沒有想要考慮修改條約。不出所料，日本承認美國人在內陸通商的權利後，英國按照最惠國待遇的條款要求享有同等利益。對此，大隈果斷拒絕，認為此事早已有過討論，修約交涉因此陷入僵局。與此同時，日本於八月與俄國簽署了修訂後的條約。

八月十四日，以副島種臣為首的數名高層官員造訪了外務大臣的官邸，與大隈研議修約問題。樞密顧問官鳥尾小彌太（一八四七—一九〇五）提起外國法官一事，主張聘用外國人擔任法官是違反憲法的，並質疑為什麼日本如此積極地保護外國人的利益，而對自國人民的利益漠不關心。大隈承認此類批評有其道理，但也強調治外法權對日本造成的傷害遠遠超過如今研擬的讓步所帶來的害處。如果日本希望擺脫主要危害，做出幾分讓步也是無可避免的。鳥尾接著追問大隈是否真的打算貫徹修約一事，大隈回答自己有此決心，但如果天皇不願批准新條約，一切也就到此為止。鳥尾反駁說，大隈如今唯一該做的就是辭職並中止修改條約。[38]

修約反對派的人士並非僅限於政客。來自各府縣的群眾紛紛前往東京，要求取消修約。八月十八日，各類團體（包括反政府的報章雜誌）的代表召開了一個全國性的「反修約論者聯盟」會議，吸引了超過一百八十人參加。他們還從二十五號開始連續三天舉辦大型演講會，並於二十二日成立了反對條約修正（和全面西化）的組織「日本俱樂部」。部分報導對修約展開大肆抨擊，甚至有人試圖透過天皇信任的樞密顧問官（特別是元田和佐佐木高行）上訴天皇。不久之後，便出現了要求大隈下臺，甚至彈劾大隈的呼聲。[39]

抗議的聲浪甚至逐步染上了公然排外的色彩。雇用外國人法官的提議尤其遭受猛烈批評，人們反問道：「嗚呼，昔日攻擊幕府之諸賢，何勇於面對幕府而怯外國？」如果修訂後的條約生效，國家還有可能保持獨立嗎？[40]

井上毅致函總理大臣黑田清隆，敦促他停止修約交涉。井上毅曾在一開始支持採用歸化日本的外國人法官，但他現在確信除非徹底放棄修改條約，否則國家將面臨無法挽回的浩劫。他抱著辭任的決心向黑田請願，但未果。井上毅也寫信給司法大臣山田顯義，回憶起一八八三年臥病在床的岩倉具視曾吩咐他千萬不要忘記只要外國人要求享有法律特權，就絕對不可允許外國人在內陸居住，國家的命運將取決於這兩者的平衡。井上擔心，如果日本繼續進行修約，國權的擁護者會變得越來越情緒化，愛國人士很可能與愚蠢的政客聯手發起排外運動。如此一來，日本恐將遭受和埃及一樣的命運。41

原先看似支持修約的天皇現在也憂心忡忡。他召見大隈，詢問與英國交涉的情況以及簽署條約後與俄國的關係。大隈向天皇保證，儘管困難重重，但他確信很快就能與英國簽訂新條約，然而天皇並未信服。目前為止在天皇看來，黑田把所有事情都交由大隈處理，而大隈則是獨攬大權掌控了國家的走向，這令他擔心交由唯一一人處理此事是否真的安全。當初伊藤建議修正條約時並沒有提到這可能與憲法相牴觸，因此天皇才同意修約；問題是現在應該怎麼做？是要乾脆放棄爭取修約，還是再次審視條約的修訂內容？天皇於是命令伊藤提出解決方案。42

伊藤無計可施，然而反修約派的態度變得越來越強硬，要求天皇罷免大隈。此時，許多憂國人士也紛紛提出警告；西村茂樹列舉了反對修約的理由，認為歐美人狂暴不羈的天性將促使他們藉此變本加厲地展開侵略。如果日本人只顧著讚嘆外國人的學問、受其財富迷惑，甚至聽信他們的甜言蜜語或是宗教而誤入歧途，就等於是落入了外國人設下的圈套，必將使日本重蹈印度、土耳其與埃及等國家的覆轍。考慮到日本在國力強弱、人民智愚、財產貧富等方面與西方的差別，一旦認可外國人在內陸的居住權以及土地所有權，則多半只有外國人受益，對日本國民卻是百害而無一利。百年之後，所有的地主都會是外國人，現在的地主則會淪為佃農；自建國數千年以來一直由皇室掌管的土地亦將落入外國人之手，由他們掌控工商業的實權，把日本人當成奴隸一樣對待。當然現行條約並非毫無缺陷，但跟修訂後的條約相比，給日本造成的傷害要小得多。現有的條約意在隔離外國人，然而新條約卻企圖縮短與外國人的距離，恐將造成國家陷入危難。[43]

儘管因為精通西方體制而獲選為天皇的侍講，西村對外國人的評價卻相當苛刻。多年來，治外法權一直被認為體現了最值得日本憎恨的西方優越主義，然而西村卻覺得比起日本為終結治外法權所做出的犧牲，這根本不值一提。諷刺的是，完全不把日本人當作受害者的英國，對於德國願意做出巨大讓步換來微薄的利益感到吃驚不解[44]。

十月三日，越來越擔憂事態發展的天皇派人告知黑田應盡速與伊藤會面，以決定是否要繼續推動條約的修訂。儘管黑田下定決心會排除萬難實踐行動，但原先表態支持修約的伊藤此時卻已失去徹底執行的勇氣，並以生病為由拒絕會見任何人[45]。一直以來備受天皇信任的顧問官佐佐木高行向天皇報告反對修約的聲浪持續高漲，如果不趕快做出裁決，他預計將導致國內動盪。但天皇仍想著等到與英國的談判告一段落後再行決定，同時也期盼伊藤、黑田和大隈商議的結果。

在天皇親自出席的情況下政府成員召開了會議，然而任何一方都不願意改變自己的觀點，事態陷入膠著。對達成共識失去信心的部分官員再三懇請天皇做出定奪，然而天皇似乎不願在伊藤提出具體方案之前採取行動。贊成與反對兩派都試圖尋求內務大臣山縣有朋的支持，但山縣只建議此事應當延期。

十月十八日，大隈遭到一名「愛國者」襲擊。這天，當大隈剛開完會正準備返回官邸時，一名男子突然跳出來朝他的馬車裡扔了一顆炸彈。大隈因此身受重傷，替他治療的貝爾茲醫生認為只有對大腿進行截肢才能保住一命。貝爾茲在日記中說道：「大隈付出了多少辛勞與本領才總算實現所有日本人長久以來的宿願，現在卻被當成出賣國家的眾矢之的飽受斥責。這些毫無根據的言論最終導致了企圖刺殺他的卑劣行徑。樞密院議長伊藤伯爵已在幾天前請辭，他真是一隻狡猾的老狐狸！」[46]

大隈最終從傷病中復原，但他失去了左腿，而修約一事至少目前看來已然擱淺。貝爾茲憤怒地寫道：「要是聽了日本人的傳言或是閱讀日本的報紙，多半都會以為是外國人一心想要促成修約，還強迫日本人接受他們的提議！……一年以後當人們總算看清真相，到時想必又會再次要求修改條約。」47

黑田表示願對修約失敗負起全責，並向天皇遞交了辭呈。他推舉山縣作為接班人，但是在山縣願意接受任命之前，將暫時由無可非議卻有些欠缺行動力的三條實美擔任總理大臣。

隨著大隈辭去外務大臣，修改不平等條約的爭議也宣告結束，至少在目前看來是如此。

・第四十一章・
修學習業

一八九〇年的元旦，如今三十九歲的天皇跟去年一樣並未舉行四方拜。雖然記錄顯示天皇抱病，但從他花了很多時間聆聽與憲法和其他重要大事有關的辯論，與其說是因為生病，或許他只是厭倦了例行儀式。不過，儘管有時會怠於參加儀式，但在這一年天皇比以往都更熱情地投入公務，幾乎一日無休；侍從長德大寺實則曾在七月十七日的日記中寫道：「近日，雖炎熱如焚，聖上日日出御座，親裁萬機，無倦怠之色。」[1]

儀式性工作已經成為相當耗費時間的事情。天皇不僅需要頻繁接見外國賓客，重複一成不變的歡迎或送別之詞，加上日本皇室積極地想與外國皇室有所交際，因此每當歐洲皇室有子嗣誕生時天皇都得發信祝賀。而更令人乏味的是，一旦獲悉外國君主或其他皇室成員辭世時，都必須進行哀悼。由於大多數歐洲皇室之間存在著血緣或姻親關係，因此舉行哀悼是可以理解的；然而，一月八日威廉一世的妻子奧古斯塔（Augusta）皇后逝世的消息儘管對明治天皇而言並沒有重大意義，宮廷卻為此哀悼了二十一天。此外在一月二十日，得知義大利奧斯塔（Aosta）公爵辭世的日本皇室再次舉行了為期六天的哀悼。由於天皇這些「表兄弟姐妹」的頻繁離世，宮中不得不制定與服喪期間相關的規定，即把外國分成大國（俄國、英國、德國、清朝及義大利）和小國（荷蘭、西班牙、比利時、夏威夷、瑞典、葡萄牙等）。當大國的君主、配偶和王儲辭世時將哀悼二十一天，小國的話則不超過三天[2]。

眼下，天皇最擔心的事情就是皇太子的身體健康。儘管園祥子在二月產下了第七皇女，但皇位繼承人嘉仁親王的健康狀況仍是他擔憂的源頭。

另一件令人憂心的問題是原堂上華族（高級貴族）近年來面臨的困境，其中有許多人已經陷入貧窮。解決方案之一便是任命他們為神道的神職人員，然而往往效果不彰。皇族中最能言善辯的朝彥親王也屢次挑戰天皇的耐心，懇請他給予其階級特殊的待遇。四月，天皇行幸京都，對當地窮困潦倒的華族深表同情，於是向他們下賜了一萬日圓[3]。

雖然這些事情與天皇有直接關係因而十分重要，但他的關心主要還是聚焦於政治上，特別是預定在七月一日舉行的眾議院大選，這可說是亞洲國家史無前例的創舉。當然，去年引發激烈爭論的修約問題並沒有遭到遺忘，只是隨著時間流逝幾乎毫無進展。一月二十九日，於去年十二月二十四日就任的外務大臣青木周藏（一八四四—一九一四）向天皇上奏了一份將提交給各條約締結國的修約備忘錄。宮內大臣土方久元深信，除非天皇能主動推行這次修正方案，否則交涉成功的機會幾乎是微乎其微；為了贏得民眾的全面支持，天皇的行動將至關重要。

深切憂慮此事的天皇諮詢了伊藤博文和佐佐木高行。常年擔任顧問官的佐佐木堅稱內閣是最適合處理修約問題的機構，並從政體和敬神思想論述日本與歐美國家之間國情並不相同。天皇評論說，內閣成員或社會上流人士的想法與一般民眾顯然存在著鴻溝，藉此批判了那些自稱代表全體國民發言的官員。他提出的質疑甚至讓極端保守的佐佐木也深受感動。

天皇繼續針對開設國會的未來工作與伊藤商議。他提出了一些相當切中核心的新問題：比方說即便某項議案在行政上有其必要性，但國會卻未能通過的話該如何是好？伊藤回答道，要是無法取得國會同意就什麼事也做不成；在此情況下，內閣成員應盡一切努力獲得國會認可。天皇隨後又問道，如果貴族院和眾議院意見不一，或者國會和內閣無法取得共識的話又該怎麼解決？伊藤回答說，這時樞密院就必須發揮關鍵性的作用。[5]

儘管天皇提出的問題並不深奧，但從中可以看出他對政治抱有極大關心，這在內閣成員身上亦是如此。先前正如天皇曾經抱怨過的，至今為止閣員們時常缺席內閣會議，但現在他們有義務每場會議都參加，因身體狀況無法出席者則必須事先告知他人；當某位大臣提出議案進行商議時，他應當向在場的其他人陳述說明和看法，並指明當中特別需要注意的事項。這些舉措無疑是希望能提高內閣會議的效率。[6]國家高層的會議第一次找回了專業性，而非只是有名無實、相互嘲弄或切割政治利益的場所。伊藤對議會程序的研究總算展露出成果。

二月八日，青木將備忘錄交給各個與日本締結條約的國家，聲稱確保平等將是日後簽訂任何條約的必要條件。隨著召開國會和憲法實施的日期逐漸逼近，前幾任外務大臣懷著促成修改條約的希望而提出的讓步顯然已不合時宜。既然日本擁有了立法機構和憲法，就不應再被看得比西方先進國家還要落後。青木對先前井上馨和大隈重信提出的讓步做了四項改動：一、取消在大審院任用外國法官的承諾；二、撤回對日本法律的編纂實施進行調查與公布的條款；三、取消授權外國人擁有不動產的協議；四、在授權外國人享有與日本人相同權利的協議上增設些許限制[7]。青木補充說，儘管他很清楚三十年前賦予外國的某些特權無法在一朝一夕之間全部廢除，但日本今後不會再容許任何傷害國民利益或有損日本主權尊嚴的條約。

想也知道歐洲國家（尤其是英國）不太可能接受日本單方面的更動，但去年強烈反對修約的聲浪使得日本不得不建立一個新的談判基礎。修約一事並非單純置之不理便能解決的問題，天皇已向元田永孚表達了他對去年交涉失敗的不滿，元田則將此轉告給樞密院。然而，在透過外交手段並未帶來多少進展的情況下，日本轉而著手改革法律制度，以便駁斥歐洲國家對其國民可能會受制於日本舊式或不成文法律的憂慮。

三月十八日，天皇決定重組法院，這是今年諸多改革中的開端。二十七日，經過長時間的籌備工作後，天皇頒布了民法。早在一八七六年，天皇就指派民法編纂委員會起草法典，並於一八七八年完成初稿。但政府對此並不滿意，於是派人考察國外的立法和政治理論，以期編纂出一部更好的民法。一八八〇年，司法省雇用的法國人布瓦索納德貝受命起草法案；

一八八六年，該草案送交審議後進行翻譯，隨後又經過數次修訂加緊完成，直到這個時候才總算獲得元老院和樞密院的批准。[8]此外民事訴訟法和商法也與民法一同頒布。這些進展照理來說應該足以讓外國人相信日本司法絕非專橫不公，然而他們卻依然毫無意願實現日本人對於平等的渴望[9]。

我們無從得知天皇對司法制度的改革有何反應。也許天皇已經把心思全部投入在即將前往愛知縣視察的大規模演習上。三月二十八日，天皇乘坐火車前往名古屋，在沿途歷經多次休憩後，於當天下午五點抵達目的地。名古屋市民熱情地歡迎天皇的到來；除了燃放至空中的煙火，沿街點亮的紅色燈籠以及在天皇行經路線上設立的松枝拱門都突顯了民眾的熱忱。此次名古屋之行並不算在巡幸之列，多半是因為這次行幸的目的是為了觀看演習，而非體察人民的生活；但對於提高天皇的聲望來說，名古屋行幸所發揮的作用其實不亞於巡幸。

演習以模擬「東軍」(日本)和「西軍」(侵略者)之間的戰爭為形式進行。西軍因擁有強大的艦隊而得以控制沿海，並成功從各個島嶼和沿岸地區登陸。東軍的使命是防衛東京灣等地，阻止從各個方向逼近的西軍攻勢。三月三十日晚上開始下起的暴雨阻礙了演習進度，到了三十一日雨勢仍不見停歇。儘管如此，天皇還是冒著風雨進行視察，一點也不在意路面上的泥濘。

剛開始，「戰爭」似乎有利於東軍，但作為侵入者的西軍在乃木希典等精明軍官的指揮下持續穩住態勢，這也許讓更期待侵略者被擊退的天皇有些失望。經過五天在海陸雙方的戰鬥之後，演習宣告結束。在此期間，也留下了不少奇聞軼事，例如天皇在當地一所小學裡吃午餐的時候把課桌當成餐桌，喝茶時還用上了學生專用的茶碗[10]。

而後皇后在名古屋與天皇會合，一同前往京都。連接東京和京都的鐵路已於一八八九年十月竣工，因此行幸也變得比以往方便許多。當天晚上抵達京都御所時，他們發現櫻花盛開，不禁激起了天皇的懷舊之情。仍將京都視為故鄉的天皇於是創作了一首和歌：

今訪故鄉櫻盛放
鶯啼懷舊上心頭[11]

才剛抵達不久，天皇與皇后便前往孝明天皇的陵前祭拜。之後皇后視察了一間聾啞學校，天皇則在一所中學裡觀看了體操表演和軍訓課程。四月九日，應京都府和滋賀縣知事的真誠邀請，天皇和皇后視察了近期完工的疏水工程，以此得以將琵琶湖的水引入京都。[12]

四月十五日，維多利亞女王的三子康諾特公爵亞瑟王子及其夫人瑪格麗特（Louise Marguérite）順道訪問了東京。幸運的是此時天皇和皇后正在京都，因而免於慌忙接待這些重要貴賓。他們並不急著返回東京；由於擔心自己一直忽視了海軍，天皇於四月十八日離開京都，前去觀摩在神戶港舉行的海軍閱兵式。之後，他拜訪了位於吳和佐世保的兩座主要軍港，皇后則前往奈良參觀了市內和郊外地區的主要神社。兩人直到五月六日才返回東京。

在此期間，公爵和其夫人乘坐人力車，一路購買古董、欣賞櫻花，享受在東京度過的時光。英國公使夫人瑪麗．弗雷澤（Mary Fraser）寫道：

> 確實，公爵夫人是一名熱情的觀光客，她唯一害怕的似乎就只有錯過一般遊客可能體驗到的一些有趣經歷。在一行人抵達之前，他們已派人傳話表示以非官方的形式進行訪問，以便盡可能自由地觀光。[13]

天皇直到公爵夫婦即將於五月八日出發前往溫哥華的兩天前才返回東京。在出航的當天早上，小松宮彰仁親王來到兩人下榻的英國公使館，呈上天皇和皇后贈送的禮物。日本人在拜訪時極度守時，因而常常把外國人嚇了一跳，而如今他們也依然承襲了這個傳統。弗雷澤夫人回憶道：「在八點四十分的時候，小松宮親王毫無預警地抵達了，然而公爵和公爵夫人都還沒有為如此提早的拜訪做好準備。」[14]

康諾特公爵夫婦的此次訪問在沒有任何意外或引起騷動的情況下順利結束，顯示出日本對於接待重要外賓已經達到一定的熟習程度。就在他們離開後不久，新上任的總理大臣山縣有朋便對內閣進行了重大改造，象徵著日本政壇的新時代已經到來。改革實際上早在去年底，當山縣決定讓非薩摩出身的人士擔任警視總監時就已經開始；多年來，警視廳一直由薩摩派閥所掌控，導致了各種濫用職權的現象。山縣決定在開設國會之前改變這種局面，於一八八九年十二月任命來自土佐的田中光顯（一八四三—一九三九）擔任警視總監。

這次任用雖然打破了先例，卻沒有帶來多大的變化，畢竟土佐藩（今高知縣）本就是長期獨佔內閣之位的西國四藩之一[15]。但山縣的下一步動作更大；他讓兩名並非出身西國四藩的人士入閣，即擔任文部大臣的芳川顯正（來自阿波，今德島縣），以及擔任農商務大臣的陸奧宗光（來自紀州藩，今和歌山縣）[16]。這些任命遭到了西國四藩政客的反對，甚至天皇也對此有所保留。天皇一直都不太喜歡陸奧，並懷疑他自「十年前的事件」之後是否依然值得信任[17]。天皇還補了一句，認為芳川明顯缺乏人望，並敦促山縣在拔擢這些人之前再三思量。

對此山縣回答，在獄中度過的歲月已經足以讓陸奧贖清罪行。如果今天不給予他一個與其才能匹配的職位，他可能會加入籌劃反政府活動的某些在野政黨。山縣向天皇保證，絕不會讓陸奧重蹈覆轍，否則他願意負起全責。至於芳川，與他已是舊識的山縣強調他雖然尚無法承擔內務大臣的重責，但絕對具備足夠能力應付文部大臣的工作，並承諾一定會親自加以指導。山縣主張自己完全了解教育的重要性，這也是為何他三番兩次勸說文部大臣榎本武揚制定未來的教育目標，只可惜榎本優柔寡斷，一事無成；但若是任命芳川擔任文部大臣，他肯定能制定出即使大臣改朝換代也無須進行更動的教育體制。天皇最終批准了他的決定。[18]這次任用確實相當成功，天皇對山縣的能力留下了深刻印象，並在六月提拔他為陸軍上將。

在一個實施選舉的立憲政體開始運作之前，仍有許多問題堆積如山。選舉前夕的六月二十八日，制定了《行政訴訟法》；兩天後，在最後一刻有人提議限定樞密院和內閣的活動範圍，以便確立新選出的國會在政治上的職權。

第一屆眾議院議員選舉於七月一日按照《眾議院議員選舉法》的規定實施。該法由天皇於一八八九年二月十一日頒布，這天也正好是憲法發布的日子[19]。本次選舉包含除了北海道、沖繩和小笠原群島以外的全國選區，總共會選出三百個席位；選舉權方面則有嚴格限制，不僅女性並不具備投票權，男性選民的資格也受制於年齡、戶籍和財產，即必須是年滿二十五歲且在當地府縣居住滿一年以上的永住者，並繳納至少十五萬日圓以上的稅金。這意味著在將近四千萬人口中只有四十五萬零三百六十五人有權參與投票，佔整體的比例約為百分之一．一四。儘管放棄投票也不會受到任何處罰，但具投票資格者的投票率卻高達九成五，顯示出國民對於選舉確實抱有極大的興趣。[20]

雖然不久前國內才發生過嚴重紛爭，但令人驚訝的是，選舉卻在毫無暴動的情況下順利舉行。儘管有些不識字的人在投票時可能使出一些小手段，但整體來說幾乎沒有違法的情事發生[21]。然而正如學者梅森（R. H. P. Mason）所評論的：「相較於兩年後的第二屆大選，這次選舉期間政府並沒有濫用行政或司法權力來打敗對手。法律是中立的，且由警察以及行政和司法機關公正地執行。」[22]

文獻中並未提及天皇對於選舉的任何反應。即使不會帶來直接影響，但我們也很難想像天皇會對結果漠不關心。從天皇持續努力勸說伊藤博文接受貴族院議長一職或再次就任樞密院議長，表明了他確實很關心政府的未來。起初伊藤執意拒絕，但最終還是答應接受貴族院議長的職務，條件是允許他在第一會期後辭任[23]。

議會政治的採用更加擴大了原先的集會結社自由。七月二十五日，政府頒布了一條法律，簡化召開政治集會或組織結社的流程，但同時也禁止婦女和未成年男女參與政治集會或政黨；在會期召開的期間，禁止民眾在議院方圓十二公里以內舉行戶外集會或大規模活動。[24]

這段時期的皇室歷史出現了另一個特徵，即分布在全國各地的皇室所有地以及新編入皇室的財產數量有逐步增加的傾向[25]。土地和收入的增加自然強化了皇權；儘管天皇本人幾乎從不利用被納為皇室新領地的園場、溫泉或觀光勝地，這些財產卻多少有助於安撫天皇身邊的人，令他們無須擔心明治天皇會陷入過去幾位先帝曾經歷經的貧困窘境。

國會直到十一月二十九日才正式召開，這中間的幾個月內出現了各種緊急改革意見。九月二十四日，以佐佐木高行為首的高層政要向總理大臣連署，請求設置一個專門管理神道祭祀事宜的政府機構。該機構將負責國家的宗教祭禮、儀式以及文武百官的宣誓等，其長官將由皇族名門中選出，以彰顯該職務的崇高地位。此人將負責輔佐天皇，並承辦各種祭祀的重責大任。佐佐木深信為了維護國家秩序，首要之務便是維持亙古不變的國體，而崇敬神靈正是國體不可或缺的一部分。為了鞏固民心的團結，則必須拓展忠君愛國的皇道。他主張明治天皇的神聖統治所存在的最大不足，就是缺少一個負責敬奉皇室祖先和祭拜天地神祇的高級政府機構。26

山縣於是將此建議提交內閣討論。一開始，讓眾人同意在宮內省之下設置神祇機構似乎並不困難，然而宮內大臣土方久元雖然原則上贊同佐佐木的意向，卻也指出了實際操作上的困難度。根據佐佐木的方案，所有神社都將歸由該機構管轄，但是日本全國有逾三萬座神社，如果加上非正規的神社總數甚至超過八萬，究竟該如何進行管理？面臨這一難題，內閣選擇了最保險的方式——將該建議交由天皇裁斷。

天皇轉而向伊藤博文諮詢。伊藤回答說，崇敬神祇當然相當重要，但若要設立新的官制則事情非同小可，應當由內閣成員進行深度討論後交由天皇定奪。宮內次官吉井友實徵詢了三條實美的意見，結果三條反對佐佐木的方案，認為新設機構將消耗不少經費，並警告這只會徒增神官的數量。其他內閣成員也紛紛提出反對意見；他們擔心如果提案通過，可能導致外國人懷疑此舉是出於排斥外來宗教的政治考量，或者引發國內的佛教徒質疑政府有意將神道推為國教、打壓佛教。在當今議會政體成立之初，把宗教和政治混為一談並非明智之舉。

對此佐佐木回應道，敬奉祖先即是皇國的國體。設置神道機構是為了確立神祇崇拜為皇國固有之道，並保障宗教自由[27]。這件事情最後無疾而終，但神道和國家之間的特殊關係將在未來幾年扮演極端重要的角色。

進入十月之後出現了一個新的進展，雖然微小卻間接產生了長期的影響力。當初天皇和皇后的照片僅頒發給官方創辦的學校，到了這個時期則已遍及各鄉鎮的一般小學和幼稚園。教職員和學生會在三大節日對著照片鞠躬，以此培養忠誠和愛國之情[28]。恐怕大多數老師和學生至少在一開始都接受這項義務是一種愛國行為，只不過奉拜一張照片而非國旗或其他象徵的事實隨後導致一些人因宗教或其他理由拒絕對其致敬。但在那些敬拜御真影的人們心中，卻已經種下了崇拜天皇、甚至是將天皇神格化的種子。

十月三十日，天皇筋疲力盡地視察完軍事演習，從茨城縣歸來後立刻頒布了《教育敕語》。長久以來，天皇都特別關注教育，並鼓勵儒學顧問元田永孚編寫課本，將「忠孝」作為教育的基礎教化年輕人。儘管元田承認日本為了在面臨列強威脅的世界中保持獨立和尊嚴，有必要採納和模仿西方的文物及制度，但他仍感嘆當今的趨勢已經忽略了國體的本質和教育的淵源。在一次縣知事會議上，地方長官們紛紛建議文部大臣終結過分推崇西方的傾向，改為鼓勵重視本土道德，同時盡快制定新的教育方針。[29]

同樣擔憂教育現況的天皇早先便曾命令文部大臣榎本武揚編纂一份教育箴言，供學生常時誦讀和銘記。榎本花了幾個月的時間嘗試編寫，但了無成果。芳川顯正接任後，天皇再次下令編寫，於是他便草擬了一份體現天皇心願的敕諭初稿。其內容大致上在闡明忠孝仁義是日本之道，這些美德既易於學習，又容易實踐，且實際上正是日本國體的本質與教育的根基，更是我國教育政策唯一的依歸。30

然而此處有關教育方針的明顯缺陷在於儒家色彩過於濃厚（至少當時的人視之為儒學思想），使得內容乍看之下沒有任何新意或符合日本的特徵。確實，很難想像會有人否認忠孝被稱作日本國體本質的理念，因此若是想要在教育政策上展現日本獨到的性格，唯一的方法就是強調皇室的重要性。而事實上，在擬定《教育敕語》的時候也的確採用了這個策略。

被眾人公認為專門解決這類問題的井上毅（他被視為伊藤博文的智囊）在接獲諮詢後，提出了各種反對理由。首先，教育敕語不可與政治上的敕語或者適用於軍事教育的軍令同等規格，並認為在敕語中提到敬天尊神的用語有可能招來宗教紛爭，應當極力避免。他還建議，敕語的內容不應如同哲學一般艱澀難懂或帶有政治色彩，而是以淺顯易懂為原則，其語氣也不該試圖取悅某個派系而惹怒其他人。但井上也承認，要規避這些風險甚至比打造一座空中樓閣都要難上許多。31

從井上的大致觀點可以明顯看出，他的評論大多是負面的，於是在這之後他自己起草了一份底稿。他先是拿給元田過目，並根據元田的意見再次擬寫了第二份草稿。山縣和芳川最後決定採用井上的第二稿，並針對文體進行些許改正後將臨時草案呈交給天皇。天皇仔細地閱讀，表示對一些地方不是很滿意，尤其是草案中關於忠孝仁義等德行的段落。八月二十六日，元田將草案交還井上，並傳達了天皇的意見。井上和元田兩人經過無數次推敲對內文進行增減，最後總算完成定稿，於十月二十一日上交天皇審閱。天皇仔細斟酌一字一句，直到二十四日才予以批准。

《教育敕語》的篇幅雖小而簡潔，但使用了不少冷僻的漢字，使得其原文甚至比英譯版還要難以理解：

> 朕惟我皇祖皇宗，肇國宏遠，樹德深厚。我臣民，克忠克孝，億兆一心，世濟厥美。此我國體之精華，而教育之淵源亦實存乎此。爾臣民，孝於父母，友於兄弟，夫婦相和，朋友相信，恭儉持己，博愛及眾，修學習業，以啟發智能，成就德器。進廣公益，開世務，常重國憲，遵國法。一旦緩急，則義勇奉公，以扶翼天壤無窮之皇運。如是，不獨為朕之忠良臣民，亦足以顯彰爾祖先之遺風矣。[32]

毫無疑問，在開頭必定提到皇祖皇宗正是日本式文書的特色。儘管此處說起忠孝美德就如同自古流傳下來的教誨一般，但不僅日本古代文獻《古事記》並沒有加以強調，理學的集大成者朱熹的學說也未必視之為真理。朱熹當然宣揚孝道的重要性，但相較於對國家的忠誠他更推崇尊敬長輩（例如弟弟尊敬兄長）的美德。此外，《教育敕語》也並未體現朱熹強調格物（推究事理）的重要性；它強調的不是學術上的卓越，而是日本人自建國以來世世代代都對皇室忠貞不渝。敕語在結尾部分闡明：

> 斯道也，實我皇祖皇宗之遺訓，而子孫臣民所宜倶遵守焉。通之古今不謬，施之中外不悖。朕與爾臣民，拳拳服膺，庶幾咸一其德。33

《教育敕語》中雖然提到天皇希望臣民「修學習業」，卻幾乎沒有任何關於現在或未來教育內容的描述。作為天皇底下良善的臣民，他們被要求「重國憲，尊國法」，「一旦緩急則義勇奉公」，但除此之外敕語並沒有觸及其他與教育有密切相關的問題。是要對所有國民都實行義務教育嗎？若是如此，又會普及到何種程度？女子是否能與男子接受相同類型和程度的教育？西學（科學、法律、醫學等）是否和道德教育一樣重要？日本的傳統工藝技能屬於教育的一環嗎？而體育又是否重要？光從內容來看，《教育敕語》顯然並沒有比明治天皇在年少時發表的《五條御誓文》更加進步。

然而，《教育敕語》（不同於《五條御誓文》）不僅廣受好評，還備受推崇。就在才剛頒布不久的一八九一年一月，高中教師內村鑑三[*1]（一八六一——一九三〇）被要求（和其他老師及學生一樣）「按照佛教和神道所規定的在祖先牌位前鞠躬的方式」，向天皇署名的《教育敕語》低頭行禮。內村在該事件發生兩個月後寫給一位美國朋友的信件中回憶道：

我根本就沒有做好心理準備面對如此奇怪的儀式，因為這完全是校長的新發明。我被排在第三個上臺，所以幾乎沒有時間好好思考。秉持著身為基督徒的良心，我在猶疑之際採取了相對安全的做法，也就是當著六十名教師（全都不是基督徒，除我以外的另兩名基督徒教師正好缺席）和一千多位學生的面，堅守立場而沒有鞠躬！這對我來說是個恐怖的瞬間，因為我立刻明白了自己的行為會帶來怎樣的後果。[34]

當學校的友人勸他行禮時，內村回答說：「一位良君比起頒布訓誡讓臣民為之行禮，不如賜予民眾每天在日常行事中應當遵守的箴言」。但最後，不希望解雇他的校長擔保說鞠躬並非意味著崇拜，這才讓內村決定「看在學校、校長和學生的份上」行禮。[35]想當然也有其他人和內

*1 日本明治～大正時期的思想家、宗教家。曾就讀札幌農學校，於在學期間受洗。一八八四年留學美國，歸國後擔任教職。提倡不受特定教派或神學束縛、純粹以《聖經》為本的「無教會主義」。著有《我如何成為基督》、《代表的日本人》等。

村一樣認為「這種儀式愚蠢至極」，然而當周遭所有同事都決定遵從時，單獨拒絕自然需要一定的勇氣。無論內心有多麼抗拒，大多數人最終都還是選擇鞠躬行禮，並齊聲讚揚「文明的偉大根基」。36

《教育敕語》的影響並沒有立即顯現。十一月初，文部大臣芳川顯正發表了一段有關高等教育的聲明，當中他沒有提及《教育敕語》的理念，而是指出大學集中於東京的傾向令人憂心。當時據說東京約有五千名大學生，這與全國的數字比起來比例相當失衡。一些私立大學甚至與政黨建立了聯繫，有的學校則一心只向英國、法國或德國學習，絲毫不顧及日本傳統。欠缺教育素養的年輕人漫無目的地學習法律或政治學的片面知識，隨後便深陷於紙上談兵的泥沼之中，從未想過替國家謀求更多的福祉。37

十一月二十九日，日本舉行了眾望所歸的議會開院式。當天早上，天皇於十點三十分從皇居出發前往貴族院，在熾仁親王、宮內大臣三條實美、總理大臣山縣有朋、樞密院議長大木喬任等高級官員陪同下抵達議院，由貴族院和眾議院的議長在門前迎接。兩院的議員早已齊聚一堂，各國公使和使館的其他官員、親任官、*2 獲頒一等勳章的人士和貴賓也都就定位。天皇在式部長*3 的引導下進入會場，侍從手捧著劍和玉璽站在一旁，親王和其他隨員也一同列隊。天皇就座後，在場的所有人深深行禮；總理大臣隨後奉上敕語文書，由天皇大聲宣讀。透過敕語，天皇對登基二十多年來在建立內政制度上所取得的成就表示滿意，並希望藉此使外國人了解日本帝國的榮光以及人民的忠誠勇敢。他很高興看到對外交流日益深厚，也期望能擴大通商，使國家的繁盛更上層樓；同時也希望促進與各個條約締結國之間的友好關係。[38]

雖然這番敕語的語調比《教育敕語》更加國際化，卻同樣也把日本國民的進步歸功於皇祖皇宗。貴族院議長伊藤博文走上前，從天皇手中接過文書。所有在場人士再次鞠躬，天皇點頭示意。之後天皇退席，儀式宣告結束。

第一屆帝國議會的召開象徵著許多人（尤其是大隈重信）的夢想終於得以實現，甚至就連通俗文學的作者也對即將開設的國會感到極度興奮。這段期間，一種新型態的小說——即一八八〇年代的政治小說——在日本得到廣大讀者支持，他們多半都滿懷欣喜地期待日本有一天也能像西方列強一樣，由一個能保證所有國民的自由並提供更優質生活的國會來主導國家。只可惜，許多擁有如此遠大夢想的人很快就因為現實中針對議事程序的無聊爭鬥而感到幻滅；如今日本無疑朝著民主邁進了一大步，但前途卻籠罩在一片陰影之中。

＊2 《大日本帝國憲法》下最高階級的官吏，由天皇親自任命，包括內閣總理大臣、樞密院議長等等。
＊3 式部為明治初期的官職名稱，負責掌管儀式祭典。

·第四十二章·

大津事件

一八九一年的元旦，天皇按照傳統舉行了新年儀式，卻在兩天後染上了重病。一場流行性感冒席捲全國，甚至連皇室都沒能倖免。許多女官率先病倒，接著是皇后，最後波及到天皇。天皇因此臥病在床長達四十天。儘管這段期間他仍持續聽取各種政務報告，但一直要等到二月十六日天皇才重新恢復辦公。

這場流行病也讓天皇身邊出現了犧牲者。一月二十二日，元田永孚在發病一周後離世。當天皇得知元田身體不適，便立刻派貝爾茲醫生前去問診，並多次關心元田的病情。二十一日傳來元田病危的消息，為表揚二十多年來擔任侍講和儒學顧問所做出的貢獻，天皇授予了他男爵爵位和從二位官階。明治派出樞密院顧問官井上毅到元田的病床前傳達這個消息。據說「永孚感泣，合掌稽首謝天恩厚重」，不久後病逝。

元田向天皇傳授了教育的重要性以及應該忠誠履行天職的儒學理念。即便在成年後，天皇仍會和元田商量國策並尊重他作為導師的意見。儘管元田（和早期的儒學者不同）對西方頗有了解，但他基本上仍屬於保守派，不願認同新知識的價值。在這方面，他似乎沒有對明治造成影響，但天皇之所以抱持盡忠職守、克勤克儉以及與民同甘共苦的決心，確實在很大程度上要歸功於這位導師。得知元田的死訊時，伊藤博文勸天皇不要安排繼任者。「永孚之業僅永孚能為之。雖碩學博識者亦不能代。」[1]

這次流感一直持續到二月。二月十八日，三條實美病逝。就在前一天，天皇得知三條病情惡化，認為有必要在三條臨終前與他見上一面。沒等到隨行人員全部召集，天皇便和三位侍從出發前往三條的宅邸，身邊僅有兩名近衛官和三名騎兵擔任護衛。天皇早已事先透過宮內大臣下達詔書，稱頌三條的功績並授予他正一位官階，因為他擔心如果親自發布諭旨，三條可能會勉強自己起身接旨，反而導致病情加重。在進入病房後，天皇詢問三條狀況如何。三條絲毫沒有提及自己的病情，而是對天皇長年來的厚愛表達感激，並懇請天皇寬恕他只能躺臥在床相迎的無禮舉動。

天皇在短暫探視後便離開了，但隨後向三條送上一份敕書，當中描述了三條對他的情義，就如同自己的良師慈父。這番話不禁讓人回想起他在岩倉具視去世之際所說的哀悼之詞，然而他對二者的感情無疑有著微妙的差別。在維新之前，三條本是激進的尊王攘夷派公卿。一八六三年，他硬是逼迫孝明天皇違背自身意願參拜石清水八幡宮，並在同一年因為反對朝廷的公武合體政策而與另外六名激進公卿一同逃往長州。那時明治年紀尚幼，或許並不能理解這些忤逆他父親的作為，但無論如何，他還是很早就原諒了三條。

維新之後，三條變得與之前截然不同。以優柔寡斷出名的三條似乎無法做出果斷的決定；相較於岩倉、木戶或伊藤，明治對三條的依賴確實要少得多。三條之所以能在政府中居於高位，主要是因為他出身高級公家。為建立新政府做出貢獻的公家可說是少之又少，也因此十分看重家世門楣的明治天皇或許對三條有著超出他實力之上的評價。三條去世後，天皇以國葬之禮將其葬在東京的護國寺。儘管三條並沒有做過任何迎合百姓期待的事情，但據說聚集在道路兩旁的人群在送葬隊伍經過時仍是泣不成聲。[2]

由於天皇和皇后雙雙抱病，每年通常會在年初舉行的第一場御歌會被延後至二月二十八日。這年天皇以「社頭祈世」為主題創作了新年和歌：

願求永保民安泰
護國之伊勢神靈[3]

這首和歌題為「述懷」，在以傳染病和兩位親信離世為開端的一年，天皇或許藉此表達了他對未來的憂懼。然而，更糟糕的事情卻還在後頭。

一月九日，身患流感的天皇接獲俄國皇太子尼古拉二世計劃訪日的消息，這自然讓他相當高興。儘管日本曾與俄國就北方諸島的所有權問題發生衝突，但俄國畢竟是近鄰，保持兩國的友好關係是至關重要的。雖然明治曾接待過其他外國皇族，但尼古拉是至今所有貴賓中最重要的人物[4]。作為沙皇亞歷山大三世（Alexander III）的長子，尼古拉有朝一日將成為君臨俄國的皇帝，也是世界上最大國家的統治者。

尼古拉將與其表兄希臘的喬治（George）王子結伴同行，堪稱是當時俄國政府最有力的人物塞吉・威特（Sergei Yulyevich Witte）伯爵曾在其回憶錄中寫下兩位王子此次出行的背景：

> 當他〔皇太子〕已成年……皇室決定送他出國，以增進他在政治方面的成長。這時，沙皇亞歷山大三世有意派遣皇太子前往遠東；皇太子在弟弟喬治的陪同下踏上了旅程，但喬治卻不得不在中途歸國，因為他出現了肺炎的症狀，可能是起因自感冒或者在這方面不夠小心。皇太子的另一位同行者是希臘的喬治王子，然而他的行為實在稱不上是俄國皇子們的榜樣。[5]

日本為這次訪問做足了準備。外國貴賓們在東京的下榻處將設在有栖川宮熾仁親王位於霞之關的西式宅邸，甚至投入了兩萬日圓的鉅額經費進行整修[6]。英國公使夫人瑪麗・弗雷澤曾如此描述東京對俄國皇太子即將來訪所表現出的興奮之情：

為了這次外國皇族的訪問，日本做了非常充分的準備工作。位於海邊的宮殿[7]全都重新裝潢，甚至設置了凱旋門和各種燈飾，並打算舉辦盛大的宮廷舞會。天皇似乎想讓他的貴賓同時感到光榮又盡興。[8]

四月二十七日，尼古拉皇太子一行人抵達長崎。他們於去年十一月離開聖彼德堡，在奧匈帝國的主要港口的里雅斯特登上軍艦帕米特・佐瓦號（Pamiat Azova），先是一路停靠了埃及、孟買、錫蘭、新加坡、爪哇、西貢、曼谷、香港、廣州和上海等地。尼古拉也預計在訪問日本各地後前往海參崴，參加連接當地和哈巴羅夫斯克的烏蘇里斯克鐵路的開工儀式[9]。派遣年僅二十三歲的尼古拉出訪遠東的決定也如實反映出俄國對東亞的興趣日益濃厚。

在長崎，尼古拉受到了國賓級的禮遇。由熾仁親王的弟弟威仁親王（一八六二—一九一三）率領的接待團在皇太子訪日期間全程陪同。此次接待可謂陣仗浩大，每個細節都經過縝密規劃，就連皇太子一行人遊覽各地的期間應該提供哪些茶點也安排得面面俱到。[10]

不過，年輕的尼古拉似乎有比點心更令他嚮往的東西。在登陸長崎的前一晚，尼古拉閱讀了皮耶・羅迪的小說《菊子夫人》（*Madame Chrysanthème*），這似乎激起他想要一位臨時的「日本妻子」的願望。在抵達長崎的當晚，尼古拉會見了駐紮在稻佐地區的八名俄國海軍士官，並得知他們都娶了日本妻子。他感慨：「我也想效仿他們。」隨即又補充說：「但在紀念耶穌受難的聖周前夕有這種想法實在令人羞愧。」[11]

五月三日是復活節，因此在這之前一周尼古拉預計將在禱告中度過。得知此事的日本政府於是選在五月四日以後才安排官方活動，但尼古拉迫不及待地想要參觀市區；他沒有專心地待在船上禱告，而是坐著人力車偷偷跑去觀光[12]。乾淨整潔的街道與房屋以及友好和善的人民都讓尼古拉大開眼界。他每到一處，都有日本的便衣警察尾隨在後負責保護其安全，並一五一十地向上頭報告尼古拉去了哪裡、買了哪些東西[13]。尼古拉效仿羅迪，在右手臂上刺了一條龍的紋身；這整整花了他七個小時，從晚上九點直到隔日淩晨四點。[14]

五月四日，從宗教因素中獲得解放的尼古拉受到長崎市民的熱情歡迎。三十多年來，俄國太平洋艦隊和長崎的長期交流使得當地人對俄國人態度十分友善，尼古拉也在日記中表示很驚訝有這麼多人會說俄語。當天，長崎縣知事舉辦了豪華的日本宴席來招待尼古拉；飯後，他和希臘王子欣賞了有田燒和其他日本工藝品，接著參觀長崎最具代表性的神社諏訪神社，而後返回了軍艦。然而當天晚上，尼古拉和喬治偷偷溜上岸前往稻佐，會見了常駐此地的俄羅斯軍官及其日本妻子。藝伎為他們表演舞蹈，尼古拉也在日記中提到所有人都喝了一點酒。[15]

警察的機密報告書中有關當晚盛宴的具體細節，尼古拉並沒有在日記中提及。根據報告，俄國人找來五名來自丸山的藝伎為酒宴助興，席間藝伎們翩翩起舞，兩位王子則唱起俄國歌曲。當天深夜，他們造訪了一間名為諸岡松的女性所經營的西餐廳，直到淩晨四點才返回軍艦。其他消息指稱諸岡在自家宅邸二樓為兩人安排了一場秘密盛宴，但與此事相關的女性人名仍有爭議[16]。尼古拉相當不捨得離開長崎，他尤其對城市的乾淨整潔讚譽有加。

下一個訪問的地點是鹿兒島，但薩摩仇視外國人是人盡皆知的事實，因此這個安排總讓人覺得有些奇怪。從島津忠義拒絕剪髮或拒穿西式服裝便不難看出他相當保守，而且還很討厭外國人；然而當他得知俄國皇太子將要訪問日本時，卻決定邀請對方前來鹿兒島。尼古拉一行人於是在五月六日抵達當地。

島津忠義的接待方式相當傳統。當尼古拉抵達忠義的宅邸時，忠義和一百七十名身穿著傳統甲冑的年長武士出門迎接。武士們在忠義六歲的兒子忠重的領導下跳起武士的舞蹈，忠義本人則表演了騎馬射箭[17]。鹿兒島流的款待讓尼古拉相當開心；尤其值得高興的是他在市內幾乎沒看到其他歐洲人，證明這塊土地還沒「遭到破壞」。他享用了正統的日本料理，但最令尼古拉中意的還是島津忠義的守舊性格，這與他的品味不謀而合。

然而，並非所有俄國人都為之打動。與皇太子同行的烏夫托米斯基(E. E. Ukhotomskii)王子認為鹿兒島是武士和排外主義的發祥之地，也是神道和封建傳統的溫床。他覺得武士舞蹈不僅曲調陰鬱，他們發出的喊聲更是不堪入耳[18]。然而尼古拉與島津家族建立的關係在往後仍繼續維持了好幾年。當天傍晚，俄國軍艦從鹿兒島啟程。

五月七日和八日是在海上度過的。帕米特・佐瓦號從下關海峽進入瀨戶內海，於九日中午過後抵達神戶。在花了大約兩個小時參觀神戶市區之後，皇太子一行人坐上前往京都的火車，並於當天傍晚抵達。尼古拉很喜歡京都，他把京都比作日本的莫斯科，因為這兩個城市都曾是國家的首都。他下榻在有著近代化風格的常盤旅館，卻拒絕使用特地為他準備的西式客房，選擇了傳統的和室房間。當晚，尼古拉突然表示他想看看「京女郎」的舞蹈，於是他被帶往位於祇園的中村樓，一直待到淩晨兩點才返回旅館。

第二天的行程以觀光和購物為主。尼古拉參觀了京都御所、二條離宮和最大的兩座佛教寺廟——東本願寺和西本願寺等許多地方，還欣賞了飛鳥井家族表演的蹴鞠和弓術。他看似對眼前的一切感到欣喜，更不用說尼古拉所到之處都受到人群的歡迎。他花了一萬日圓買下許多藝術品，在西本願寺則捐出兩百日圓救濟貧民。每次進入建築物之前，尼古拉都會詢問是否需要脫鞋，如此細心的表現讓日本民眾對他印象深刻。

次日上午，尼古拉和喬治一行人從京都出發，前往大津欣賞琵琶湖和周圍群山的美景。尼古拉身穿條紋毛料西裝，戴著一頂灰色的圓頂高帽，坐上了人力車。在京都府和滋賀縣邊界處設有一座松枝拱門，上頭交錯插著日本、俄國和希臘的國旗。當一行人穿過拱門，沿路上便能看到包括大津衛戍步兵隊長、滋賀縣警局長以及大津地區的官員、教師和學生在內的人群夾道相迎。[19]

當延伸超過一百公尺的人力車隊伍緩緩進入大津，如同尼古拉造訪過的其他城市一樣，當地的群眾隨之高聲歡呼，揮舞著旗幟。隊伍首先來到三井寺，這群外國賓客們在此參觀了寺院的珍寶，並聽了有關寺院悠久歷史的介紹。他們先是從寺院遠眺琵琶湖的美景，隨後便前往湖邊登上汽船保安丸。這艘裝飾有花枝綠葉的船隻朝著唐崎駛去，當一行人靠近目的地的時候，空中開始放起了白天的煙火(雖然看不見但有聲響)迎接他們的到來。在唐崎神社參觀過甲冑的展示品之後，皇太子等人再次乘坐保安丸回到大津。[20]

在縣政府用過午餐的尼古拉一行人於下午一點半踏上了返回京都的歸途。載著滋賀縣、京都府警察長官以及縣知事的四輛人力車在前頭為隊伍開路，尼古拉坐在第五輛人力車裡，喬治和威仁親王則分別坐在第六與第七輛。[21]由於早有謠言流傳這天俄國皇太子可能會遭遇不測，因此沿路上警備森嚴。隊伍勉強通過被群眾包圍的狹窄街道，就在來到離縣政府約六、七個町區的地方時，一名警員在跳出來的瞬間便拿著軍刀朝皇太子的頭部砍了過去。最初的一擊砍落了皇太子的帽子並劃傷他的前額。尼古拉在日記中寫道：

> 我乘坐人力車沿著原路踏上歸途。我們在路邊擠滿人群的狹窄街道上左轉，此時我的右側太陽穴傳來一陣強烈的痛楚。我轉頭一看，一個面目醜惡到令人反胃的警員用雙手揮舞著軍刀，準備朝我進行第二次攻擊。在下一個瞬間，我跳下人力車踩在鋪裝過的路面上，大聲

喊道：「你知道你在做什麼嗎？」這名歹徒繼續追著我跑，附近沒有人試圖阻止他。我一邊用手按住流血的傷口，一邊倉皇逃跑；我本想隱身在人群之中卻做不到，因為民眾也陷入驚慌失措，四處逃竄。

我在逃跑途中再次回頭，看見喬治跟在這名歹徒後面。在跑了大約二十公尺遠之後，我在一條窄巷的轉彎處停下來轉身察看，很慶幸地發現一切都結束了：我的救命恩人喬治用他的竹拐杖擊倒了歹徒。當我靠近的時候，我看到人力車車伕和幾位警官抓著歹徒的雙腳，其中一人正用軍刀朝他的脖子揮去。

在場所有人都一臉茫然。我無法理解為何喬治、我跟這個瘋狂分子會被拋下，沒有任何人願意伸出援手。然而我可以理解為什麼隨行人員沒有過來幫我，因為有栖川宮殿下坐在隊伍裡的第三輛人力車上，他可能根本不清楚發生了什麼事。為了讓他們安心，我盡可能地久站著。22

照理來說，尼古拉的記錄應該最有公信力，但是其他目擊者的證詞卻證明了他所言有誤。他說是喬治擊倒了警員，並且當時附近沒有人出手幫忙，然而這其實並不準確。在審判時，目擊者證實喬治的確是第一個阻止歹徒的人，用的正是當天買來當紀念品的竹拐杖。然而竹拐杖並沒有擊倒歹徒，只是讓對方退縮，使得尼古拉的人力車車伕有機會制服歹徒。倒下時，軍刀從這名警員的手中滑落，喬治的一位車伕便撿起軍刀朝歹徒的脖子和背部砍下去。這兩名車伕在救助俄國皇太子時所發揮的關鍵作用到後來也得到廣大日本民眾甚至是俄國人的認可[23]。

尼古拉敘述中的錯誤可能歸因於他當時極度動搖和受了傷，但從他後來賜予車伕的獎賞可以看出他確實承認他們勇氣可嘉。儘管如此，在每年五月十一日的大津事件紀念日這天，尼古拉在禱告時仍會感謝喬治（而非車伕）救了他一命。[24]

然而我們可以推測，被人群拋棄的感覺使尼古拉對日本人有所埋怨，認為這些群眾關心自身的安危勝過從一個瘋子的手中拯救兩個手無寸鐵的人命。他在日記中並沒有明顯地表露出這種情緒，反而只提到當他看見日本民眾沿街而跪、雙手合十，為降臨在他身上的災難致歉時很受感動[25]。此外在遇襲後不久，他還立刻安慰威仁親王，說自己雖然受了輕傷，但絕對不會因此厭惡日本。[26]

然而，威特伯爵在其回憶錄中對皇太子的反應做了完全不同的解讀：

> 在我看來，這次襲擊讓皇太子對日本和其人民產生了敵意和蔑視。這從官方報告裡便能略見一二，因為他在當中稱日本人為「狒狒」。
>
> 如果不是因為他認為日本是一個令人厭惡又卑劣，而且靠俄國巨人的一擊便能摧毀的軟

> 弱民族，我們也不會採用一項導致我國與日本爆發慘烈戰爭的遠東政策。[27]

威特自身對尼古拉二世抱持的「敵意和蔑視」可能使他在敘述時有所渲染，但他非常了自己的君王，不太可能捏造出這些偏見。從這個角度來說，如今看來無足輕重的大津事件說不定正是引發十三年後日俄戰爭的重要導火線。

行刺未遂的消息最初傳到東京時被極度誇大。據瑪麗．弗雷澤所言，第一手電報是這樣描述的：「頭部兩處重傷，難以癒合。」之後隨著新的電報傳來，她得以如此轉述：「可憐的皇太子身受重傷，但似乎並不如那些驚慌失措的人所描述的那般嚴重。」[28]即使後來所有人都得知尼古拉從輕傷中痊癒，日本人民受到的衝擊仍難以平復。

民眾的第一個反應多半是出於恐懼。很多日本人擔心皇太子遇襲將導致與俄國開戰，而在這種情況下日本絕不是這個橫跨歐亞大陸的龐大帝國的對手。另一方面也有人擔憂這件事嚴重打擊了日本作為一個近代文明國家的聲望。瑪麗．弗雷澤對這次事件的描述如下：

> 要是發生在歐洲，這將被視為一場巨大的不幸，但也就僅此而已。歐洲人不會從中得出任何推論；面對該國的驚慌失措，對方也不會使勁炫耀這條傷疤，並藉此呼籲各個文明國家

不應與該國締結友誼、做出簽訂條約這種荒謬的行徑，或是妄想與該國保持平等關係。但這所有的一切都令可憐的日本為這道傷痕深感苦惱，其中最讓她痛苦的便是國家榮譽的損傷。理應受到天皇歡迎的貴賓如同遭到了背叛。29

明治收到的關於大津事件的第一手消息，來自於威仁親王在行刺二十分鐘後發出的電報。他告知俄國皇太子受了重傷，並要求立刻派出陸軍軍醫總監橋本綱常。一小時後，威仁向天皇發送私函，敦促他前往京都。天皇聞訊震驚不已，在與總理大臣和其他閣員商議後，立即指派能久親王奔赴京都，同時命令橋本和包括御醫在內的數名醫生一同趕往現場。他也隨後通知威仁親王，自己將於隔天早上親自前往京都慰問皇太子。明治還向尼古拉發送了一封電報，對「親友」遇襲深表惋惜和憤怒，並祈求他早日康復。對此皇太子回函表示，讓天皇擔心他深感愧疚，同時強調傷勢並無大礙。明治甚至親自發函給沙皇亞歷山大三世，告知皇太子受傷的事情；皇后也同樣向俄國皇后發出了類似的信函。30

天皇按計畫動身前往京都，於早上六點三十分從新橋站出發。當晚抵達後不久，他便前往俄國皇太子養傷的旅館求見。俄國公使拒絕了明治的請求，解釋說深夜造訪不利於病人休養。像這樣被拒於門外想必是明治一生中少有的經驗，但當時他並未堅持，而是告知明早再來探視。天皇派來的醫生也在這時請求診察皇太子的傷勢，卻同樣遭到俄國人醫生拒絕，理由是傷口並無異狀，不希望拆除繃帶，而且皇太子也不想讓其他醫生進行檢查。翌日，日本醫師團再次求見遭拒，加上皇太子將於這天轉移至帕米特．佐瓦號軍艦，他們就此失去了為皇太子診療的機會。[31]

第二天一早，天皇離開下榻的御所，前往旅館探望尼古拉。喬治王子接待了天皇，帶他前往負傷的皇太子所在的客房。天皇先是對事件的發生深表遺憾，並同情尼古拉的父母遠在國外肯定十分擔心。他向皇太子保證一定會立刻嚴懲兇手，並希望皇太子康復後能訪問東京，並繼續遊覽日本各地的名勝風景。尼古拉回答說，即便如今受了點輕傷，自己依然很感謝天皇和日本民眾展現的厚愛。至於是否訪問東京，他必須等待俄國方面的指示。[32]

當天下午，尼古拉從京都轉往神戶。他遵照母后的命令，準備回到帕米特．佐瓦號軍艦養傷。天皇得知皇太子正準備返回軍艦時大吃一驚，因為這意味著尼古拉將不會訪問東京。他派遣伊藤博文請求俄國公使勸說皇太子留下，但公使解釋俄國民眾非常擔心皇太子的安全，尤其沙皇和皇后更是擔憂不已；儘管皇太子本人有意造訪東京，但他不得不聽從父母的安排。最後，公使含淚希望伊藤能懇請天皇把皇太子當作親生兒子一般陪伴他前往神戶，以確保其人身安全[33]。伊藤同意傳達公使的請求，並說天皇宅心仁厚，想必不會拒絕。

天皇雖然很失望，但還是同意了公使的請求。他令馬車停在皇太子的旅館，載著尼古拉一同前往火車站。在喬治王子和威仁親王的陪同下兩人乘上了御用火車，不僅列車上戒備森嚴，從車站到帕米特．佐瓦號停靠的港口沿路上都有士兵嚴陣以待。抵達神戶後，天皇一路送皇太子前往碼頭，並握手告別。

這並不是天皇與尼古拉最後一次會面。五月十六日，尼古拉致函明治，表示自己將遵照父皇的旨意被迫於十九日離開日本[34]。天皇招待尼古拉於十九日在神戶共進午餐，但尼古拉因為被醫生告誡不要離開軍艦而婉拒。尼古拉於是反過來邀請天皇在軍艦帕米特．佐瓦號上共進午餐，天皇立刻答應了。內閣成員得知此事時極為震驚，他們都回想起朝鮮的興宣大院君是如何遭清朝綁架至船上，就這麼被運往清國監禁了三年，因而堅信俄國人（當時停靠在神戶港的俄國軍艦多於日本）將會擄走天皇。面對閣員的反對，天皇平靜地表示自己無論如何都將前往，說道：「露國（俄國）乃先進文明大國，豈敢為如爾等憂慮之蠻行？」

五月十九日，在熾仁親王和能久親王的陪同下，天皇登上了俄國軍艦。午餐進行得很順利，之後俄國公使也表示他第一次聽天皇如此高聲談笑。當天皇為大津事件道歉，皇太子回應說每一個國家都有瘋子，但無論如何自己只受到輕傷，因此陛下無需多慮。用餐時，他們還按照俄國的抽菸風俗，向彼此遞菸[35]。當天下午兩點，天皇離開軍艦；幾個小時後，軍艦便朝海參崴駛去。能久親王遵照天皇的旨意，登上八重山號軍艦為俄國軍艦送行，直至下關。[36]

天皇親訪俄國軍艦一事平安落幕。也許這次親訪不僅促成雙方交流，也多少抹去了尼古拉腦海中的苦澀回憶。對天皇而言，此行需要極大的勇氣，同時再次表明無論大臣們的意見為何，明治都會毅然決然地做自己認為必要的事情。

與此同時，日本國內對大津事件的焦慮情緒逐漸升溫，其中心情最受影響的人便是皇后。弗雷澤夫人寫道：

> 在此期間，有一個人既無法幫助遭遇不幸的年輕皇太子，又無力懲處行刺者，那就是勇敢又溫柔的皇后。她忘記了至今為止的自制心以及符合其身分面對任何場合都展現出的高度冷靜，在那個悲慘的晚上坐立不安，以淚洗面直至天明……她心中只擔憂著那位年輕人和他的母后。37

整個日本似乎都陷入了深沉的悲傷與苦惱之中。小泉八雲[*1]在其名為〈勇子：一段追憶〉(*Youko: A Reminiscence*)的文章中寫道：

> 市內異常靜謐，人們似乎在舉行一場嚴肅的哀悼，連叫賣的商販也比平常壓低了嗓門。

*1　本名派屈克．拉夫卡迪奧．赫恩(Patrick Lafcadio Hearn，一八五〇—一九〇四)，是出生於希臘的作家。曾輾轉在愛爾蘭、英國、法國接受教育，於一八九〇年前往日本，與小泉節子結婚並歸化日本國籍，改名小泉八雲。其學術淵博，精通英、法、希臘、拉丁、西班牙以及希伯來等多種語言，在促進東西文化交流上貢獻非凡。

平時從清晨到深夜都人滿為患的劇場小屋與各處的娛樂設施、展示會也全數關閉，就連花的展覽也不例外；所有宴會場所亦是大門深鎖，藝伎街區上聽不見一絲三味線的弦音；居酒屋裡沒有人大聲飲酒狂歡，客人們全都刻意低聲交談。大街上擦身而過的一張張面孔，已不見平時慣有的笑容。布告欄上貼著公告，說明所有宴會和娛樂活動將無限延期。[38]

小泉八雲隨後繼續描繪「全民自發性想要彌補錯誤」的舉動：人們不論富貧都紛紛獻上自身最貴重的傳家寶和財產，送往帕米特．佐瓦號。而其中最讓小泉感動的是「一位名叫勇子的侍女，這個名字在昔日是象徵著勇敢的武士之名。」他寫道：

四千萬人沉浸在憂傷之中，卻都無法與她的悲嘆相比擬，然而西方人又怎麼可能完全理解箇中的緣由？我們只能模糊地推測，她的身心已被感情和衝動所支配。[39]

五月二十日，勇子在京都府廳割喉自殺，享年二十七歲。人們在她身上發現了遺書，其中一封的內容（根據小泉八雲的描述）如下：「民女獻上微軀賤命，以此謝罪，懇請天子勿再傷憂懊惱。」[40]不久，人們為她建了一座紀念碑，以此緬懷[41]。

來自日本全國各地贈送給帕米特·佐瓦號的慰問品數量據說多到「足以讓軍艦因此沉沒的程度」[42]。此外，日本民眾還向皇太子送出上萬封信函，表達對大津事件的愧疚和遺憾之情[43]。

與向俄國皇太子致上的深刻同情相比，日本人對刺殺未遂犯津田三藏只懷有無盡的恨意。山形縣金山村甚至通過了一項法令，禁止村裡的任何居民以津田作為姓氏或者以三藏為名[44]。雖然津田只是一介基層員警，但他出生在一個代代作為醫生侍奉伊賀國大名的士族家庭。生於安政元年十二月（換算成西曆約為一八五五年一月）的津田[45]小時候在藩校就讀，曾學習中國經典和武術；一八七二年津田入伍，隨後在西南戰爭中表現出色，獲頒七等功勳，並晉升為中士[46]。一八八二年，他在退伍後成為一名警察，先後任職於三重縣與滋賀縣。人們對他的印象多半是沉默寡言、不善社交[47]。

津田的動機立刻引起了人們的熱議。貝爾茲醫生對此做了簡潔的說明：

> 也許行刺者只是像黑若斯達特斯（Herostratus）一樣渴望出名[48]，但無庸置疑的是，這當中想必與多年來日本對俄國有增無減的仇恨之情脫不了關係。看著俄國不斷壯大甚至吞併周遭弱小的鄰國，都讓日本人焦慮不已。[49]

其他資料則指稱津田的動機主要有三，一是因為不滿樺太島被割讓給俄國；二是堅信俄國皇太子此行的目的在於刺探國情，為侵略日本做好準備；三則是對尼古拉沒有先前往東京會見天皇，而在長崎和鹿兒島等地遊覽感到惱怒[50]。然而最有趣的解釋，是津田篤信謠言認為西鄉隆盛並沒有死，並將和俄國人一同回到日本。參加過西南戰爭的津田不希望西鄉歸來，他甚至擔心自己在戰爭期間的功績可能遭到剝奪[51]。

在法庭上，津田透露自己原本打算在當天早些時候於三井寺負責警備的時候行刺。尼古拉和喬治為了更好地眺望風景，乘坐人力車前往因一八七八年明治行幸而得名的御幸山。山上建有一塊紀念碑，是為了紀念在西南戰爭中陣亡的大津將士；津田看著碑文，不禁拿自己昔日戰時的榮耀與今日卑微的員警地位相比較，激起了他對外國訪客的怨恨。為了一解心中的憤慨，他決心刺殺俄國皇太子。就在這時，兩名外賓出現了；他們並沒有對陣亡將士紀念碑表現出絲毫的敬意，只顧著向車伕打探風景。在津田看來，他們的提問證明了兩人是以偵查為目的，這讓他更加憤怒。然而，他不確定這兩個人誰才是皇太子，同時也回想起警察署署長曾向他們強調皇太子這次出訪相當受到天皇重視，因此決定推遲行動[52]。之後在遊覽唐崎的時候，津田雖然有機會在近距離行刺，但終究沒能下手。直到尼古拉一行人準備離開大津時，津田意識到這是他最後的機會；如果就這麼讓尼古拉活著離開，那他終有一天會以入侵者的身分歸來。這便是津田付諸行動的原因。[53]

很顯然津田的刺殺計畫是早有預謀的。幾乎所有人都認為應該立刻將他處決，但唯一的問題在於該引用刑法的哪一條規定。元老和閣員們都認為除非處決津田否則俄國不可能釋懷，到時結果會如何可想而知。他們確信只有對津田處以極刑才能安撫沙皇和俄國民眾。根據刑法第一百一十六條規定，凡企圖加害天皇、皇后或皇太子者一律處死；問題是這條規定是否能夠適用於外國皇室成員。

五月十二日，總理大臣松方正義（一八三五—一九二四）和農商務大臣陸奧宗光會見了大審院院長兒島惟謙，警告他傷害俄國的感情將造成大患。但兒島認為沒有任何理由能夠說明第一百一十六條的規定適用於外國王子，並堅決維護司法的權威。對此松方反駁，有國才能有法，如果因為過於強調法律的重要性而忽視國家的存亡實乃愚蠢之舉。陸奧也指出刑法第一百一十六條只說了天皇，但沒明指是日本天皇，因此該規定應當適用於所有君王。結果兒島回答，元老院在一八八〇年修改刑法草案時便將「日本天皇」的「日本」刪去，因為「天皇」的稱號本來就只有用來尊稱日本君主。兒島拒絕做出讓步。

第二天，兒島會見了大審院的其他法官，所有人都一致認為「天皇」僅指日本天皇。對此，司法大臣甚至威脅將頒布可凌駕於刑法的戒嚴令。同一天，負責審理津田一案的大津地方法院院長表示應當按照刑法第二百二十九條和第一百一十二條為其定罪，即適用於一般人的謀殺未遂罪，最重將判處無期徒刑。

然而問題並沒有因此解決。面對種種威脅，兒島不得不為擁護日本司法挺身而出。他指出根據俄國法律的規定，企圖謀殺外國君主的懲罰要比企圖謀殺沙皇寬大得多；若是按照德國刑法，該罪也頂多判處一年以上，十年以下徒刑。由此可見就算判處津田無期徒刑，實際上也已經比其他國家的刑罰都還要嚴厲。[54]他堅決主張如果隨意曲解法律來適應特殊情況，就等於是在破壞憲法。針對若是不處決津田便可能導致俄國使出報復性手段的警告，兒島則反駁說俄國並非蠻夷之邦，更何況也毫無跡象顯示俄國有意報復。外國人總是抱怨日本法律不夠完善和法官的能力不足，而如今正是證實日本尊重法律的大好機會。

五月二十日，兒島和大審院的其他法官前往御所覲見天皇，並接獲敕語：「今次露（俄）國皇太子之事為國家大事，應多加注意盡速處理。」眾人對這段意有所指的話顯然有著不同的詮釋，一些人將「注意」看作是不要激怒俄國的忠告，另一些人則認為天皇是在勸戒他們不可隨意篡改新憲法[55]。至於對兒島來說，他把這番話解釋成自己必須與試圖讓第一百一十六條適用於外國皇室的內閣對抗到底。

為了讓七名法官認同津田三藏的罪行適用刑法第一百一十六條，閣員們各自向來自同一藩閥的法官施壓。乍看之下他們似乎關說成功，但最終還是敵不過法官們的良知：七名法官中有五人反對適用第一百一十六條。五月二十四日，就在開始審判津田的前一天，兒島告知司法大臣山田顯義，不可能適用第一百一十六條的規定。

山田大為震驚，內務大臣西鄉從道也因此大動肝火，要求兒島詳細說明具體原因。兒島回答說，法官們也只是尊重天皇的旨意行事；今天若是採用第一百一十六條等於是打破了刑法規定且違反憲法，不僅會在日本歷史上留下千年無法抹滅的汙點，同時還褻瀆了君王的美德。此外，法官不公不義的惡名也將遺臭萬年。

西鄉反駁道：「余本不知法律論，然若果如卿所言，不出處分，則有悖聖旨。且露國艦隊湧至品川灣，一發之下我帝國成微塵，至此法律非保國家和平之具，而成破壞國家和平之具。」他接著補充，這次事件令陛下痛心不已，而他和其他人之所以前來拜見也是因為陛下的旨意。他逼問兒島說難不成法官們連聖旨也無意服從，但兒島依然毫無退縮之意。[56]

當山田和西鄉等人意識到兒島不會改變主意時，便試著接近其他法官，卻遭到刻意迴避。五月二十五日，津田三藏的審判如期舉行；大審院毅然決然地做出判決，判處津田無期徒刑。當判決的消息傳到俄國時，俄國當局並沒有派出軍艦前來炮擊品川。事實上，俄國公使已經向外務大臣傳話，如果判處死刑將由沙皇請求天皇減輕刑責。[57]津田被送往北海道監獄，於一八九一年九月三十日因肺炎去世[58]。

大津事件並沒有像大部分政府閣員擔憂的那樣引發戰爭。這次刺殺未遂確實有可能導致尼古拉形成反日偏見，從而成為十三年後日俄戰爭的導火線之一，但對此觀點仍有許多爭議。大津事件最重要的成果是強化了日本司法的權威，而這顯然都是多虧了兒島惟謙的勇氣。他本人並沒有因為與政府唱反調導致立場艱難，還在一八九四年成為貴族院議員。兒島的日記中關於大津事件的描述在其有生之年遭禁，直到一九三一年才得以出版[59]。兒島無疑是日本近代史上的英雄之一。

雖然當時生活在日本的外國人對受傷的皇太子深表同情，但他們對俄國仍抱持懷疑態度。貝爾茲醫生曾寫到日本人在一八七五年把樺太島割讓給俄國是個愚蠢的決定，並把位於駿河台的巨大東正教教堂看作是俄國日後可能侵略日本的前兆，說道：「這座教堂之所以荒謬，是因為東京除了公使館的工作人員外，根本沒有半個俄國人。」[60]

也許針對刺殺未遂事件最具同情心的評價來自小泉八雲。他在一八九三年八月二十六日寫給友人西田千太郎的信中說道：

> 話說回來，我覺得後世將會用更寬大的眼光評斷津田三藏。他的罪行僅僅是出於「過度忠誠」。他因為失去理智而採取的瘋狂行徑若是在對的時機和名分之下本應具有至高無上的意義；在他眼前的，是一個來自連英國都為之戰慄的強大軍事力的化身，這份強大甚至足以讓西歐各國集結超過一百五十萬人的軍隊與之抗衡。他想必看見了，或者認為自己看見了(也許他確實看透了，但只有時間能證明一切)日本的敵人。因此他想都沒想，只憑著一股直覺便刺了過去。[61]

·第四十三章·

條約改正

在大津事件引發的騷動平息後，一八九一年餘下的時間顯得相對平靜。就在俄國皇太子尼古拉待在九州的期間，日本國內發生了一次巨大的政治變動，起因於山縣有朋奏請辭去總理大臣一職。他自從三月染上流感以來，儘管疾病已經痊癒卻仍感到身體不適，於是推薦讓貴族院議長伊藤博文擔任接班人。當天皇意識到山縣心意已決，便一同加入了說服伊藤接任的行列。當時早已遞交貴族院議長辭呈的伊藤正在關西地區旅行，天皇趕緊派出使者追上伊藤，敦促他返回東京。

四月二十七日，天皇接見伊藤，表明了任命他為總理大臣的意向。但伊藤果斷拒絕了。他回憶起自己在一八八一年大隈重信提議召開國會時就曾表示反對，認為當時準備工作尚不充分，民眾的素養也還不夠成熟；因此他提議等他出國考察過各國憲法和政治制度後再行開設國會，也有幸獲得天皇恩准。待他回國後，雖然順利制定了憲法與召開國會，然而人民的知識水準依然低下，憲政體制的實行仍舊舉步維艱。伊藤確信，現今無論誰來擔任總理大臣都無法做到長期留任；如果他強行上任，則有可能成為暗殺的目標。伊藤強調自己的性命不足為惜，但萬一他遭遇不測，又有誰能協助皇室維持政府運作？1

伊藤推舉了內務大臣西鄉從道或大藏大臣松方正義作為更合適的人選。在得知西鄉婉拒之後，天皇便看準了要讓松方接任；即便松方也在一開始就拒絕，天皇卻不願接受他的推託之詞。五月六日，松方就任總理大臣。在他上任短短六個月內，國會紛爭不斷，到了十二月眾議院宣布解散，並在隔年初進行改選。

一八九一年七月，清朝北洋水師提督丁汝昌謁見了明治天皇。這次謁見可以說是一種禮尚往來的東方傳統，然而清朝艦隊的六艘軍艦（比日本海軍的任何一艘軍艦都要強大）仍引起了不少日本民眾的恐慌。

此次清朝艦隊來訪，對於接受傳統教育的日本人來說確實是展示他們有多麼理解中國文化的契機。許多人敬稱中國人為「兄長」2，丁汝昌和其他清朝高級軍官所到之處都受到盛情款待，甚至完全融入日本的各種場面，這是歐洲人絕對無法達到的境界。日本的文人學者與這群外國賓客共享了以中國詩歌交流的樂趣，而能有如此餘興也是因為漢字超越了國界，且清朝和日本都有崇尚文人雅士的觀念。也許參與了這些友好活動的人做夢都沒有想到，日本和清朝會在短短三年後掀起一場慘烈的戰爭。

一八九一年夏天，最值得天皇欣喜的消息大概就是八月七日園祥子產下了他的第八個女兒允子。如今天皇已有皇太子、昌子、房子和允子內親王這四個孩子。在失去了眾多早夭的子女之後，天皇總算能體會看著自己的孩子長大成人的喜悅。

十月，天皇向俄國皇太子尼古拉送上一套鎧甲、一把太刀、一把短刀、一副弓箭以及天皇自己的照片，並附上一封書信[3]。這些禮物多半是用來表示對大津事件的歉意，而除此之外，年內接下來的時間算是相安無事。

一八九二年最初的大事便是二月十五日舉行的眾議院選舉。天皇為國會的未來深感擔憂。他向松方表示擔心如果總是由相同的議員連任，可能會不斷導致國會面臨解散的局面。因此天皇建議應當提醒地方官員多多鼓勵優秀的民眾參選。

在所有閣員中，最把這番話放在心上的便是內務大臣品川彌二郎（一八四三—一九〇〇）。他向地方官員傳達政府的方針，並敦促選出公正中立的賢士。品川似乎認為至今與政黨關係密切的官員都應該加以免職[4]；他命令警察嚴加取締恐嚇或賄賂行為，認為這都是政黨慣用的伎倆。然而與他的指示背道而馳，一八九二年的選舉可以說是日本歷史上最腐敗的一次，而其中最招人埋怨的違法者不是別人，正是品川自己。

與前年的和平選舉不同，一八九二年的選舉充斥著暴力和縱火事件。民黨（在野黨）和吏黨（政府支持的政治勢力）之間發生激烈衝突，各地死傷頻傳[5]。高知縣第二選區甚至有暴徒奪走投票箱，佐賀縣也有部分地區在當天無法進行投票。一般認為這些違反法紀的行為都是品川策劃的，他把反對政府的政黨都視為必須鎮壓的不忠之士。儘管此次選舉充滿了陰謀和暴行，民黨一派仍拿下了眾議院的多數席位，以一百六十三席對抗吏黨取得的一百三十七席[6]。

選舉結束後不久，得知各種恐嚇和暴力行為的天皇為此憂慮不已，便派遣侍從前往違法情事最為嚴重的四個縣：石川、福岡、佐賀和高知[7]。五月六日，日本召開了新一屆的帝國議會。五月十一日，貴族院通過一項與干涉選舉相關的決議：

> 眾議院議員選舉，不得以官吏職權干涉，此乃不言自明之論，故政府於理應無須訓誡。然今年二月，行眾議院議員選舉之際，官吏干涉競爭，激起人民之反動，遂至流血之慘狀。此事為眾人所視、眾口所述，以至各地怨忿官吏干涉選舉，有敵視官吏之狀。今政府宜速處置，必示民庶以公正。若忽之，實害國家之安寧，其極者招至不可挽回之災。故本院茲此建議，希冀政府深省此事，即刻處理，遏止其於將來。[8]

關於此次選舉，閣員之間的觀點出現對立。松方決定拜訪伊藤諮詢意見，但是伊藤卻搶在這之前向陸奧發函，抱怨每當內閣發生糾紛時，松方總是找他尋求解決辦法。伊藤拒絕在現階段參與此事，建議松方及其內閣成員在徵詢他的意見之前，先針對日後的方針達成共識。松方等人在商議後得出結論，認為要克服這場危機的唯一辦法就是由伊藤組建內閣。他們懇求伊藤答應，卻遭到回絕。[9]

伊藤好幾次試圖辭去樞密院議長一職，使得問題變得更加複雜。通常在這種情況下，伊藤會用生病當作藉口，但這次天皇卻不接受，因為他擔心一旦失去最值得信賴的人在政府中為其效勞，前途將令人堪憂。三月十一日，天皇派遣侍從長德大寺實則前往伊藤的府邸傳話：「朕知卿陳情之極切，但朕望常於咫尺間倚卿輔佐，期許卿加餐靜養以慰朕。解樞詢之職朕不允也。」10這讓伊藤相當感動，急忙進宮撤回辭呈。

品川彌二郎自認在選舉期間的種種行為都是出於忠誠，因而對內閣的反應十分不滿。他確信自己採取了正當的行動，為自己的初衷遭到曲解感到憤慨，於是決定辭職11。在帝國議會才剛召開的時期就得面臨閣員更迭讓松方相當困窘，他請求山縣幫忙慰留品川，但品川心意已決，並交給山縣兩首能傳達其心境的和歌。第二首如下：

天地為證誓忠心
卻忘自愚當羞愧12

同一天，品川以健康狀況為由請辭，獲天皇恩准。各方人士（當然包括伊藤）都被視為內務大臣的候選者。其中最有力的候補當屬副島種臣，但天皇認為他年事已高，不太適合肩負如此重責大任，擔心副島可能中途辭任。天皇推薦河野敏鎌，然而松方指出副島的聲望遠在河野之上，河野在地方官員之間並不受信任。儘管天皇反對，松方還是決定任命副島擔任內務大臣。[13]

透過這段插曲可以看出明治（儘管很少公開表達政治觀點）密切關注著政府官員的一舉一動，對於他們的能力也有獨到的判斷；然而就算天皇干涉任命事宜，也未必能如其所願。

長期擔任顧問官的佐佐木高行在其日記中明確記錄了天皇對政府主要人物的看法。例如，在三月十九日的一次談話中，天皇就曾坦言：「品川雖正直，然狹量而無耐心。會議上亦曾憤慨涕泣，卻不知明辨事理。近日，當伊藤質詢選舉之不法行為，責其干涉選舉之事實，品川為此情緒激昂，因聽聞伊藤欲辭職組織政黨，直呼：『君組織政黨關余何事，然若有過激之言論，余將以戒令處分君』。對此伊藤怫然作色，曰：『以內務大臣之職權，豈可隨意處分伊藤？』二人互罵不止。」[14]

在品川和伊藤爭論之際，明治顯然非常專注地傾聽。他對這兩個人以及副島、後藤象二郎和陸奧宗光等人的評價都同樣直白且具有啟發性。佐佐木是天皇身邊少數能讓他自由傾訴己見的人物之一，而佐佐木也同樣會向天皇坦明自己的想法，儘管語氣總是充滿敬意。

正如天皇所預料的，副島並沒有留任很長的時間。他在六月請辭，並改任樞密院顧問官，這是對辭職或遭到罷免的大臣採用的一貫做法。個人與政黨之間的爭論成了政治上的常態，對此井上毅得出結論，只有天皇才是安定政局的唯一希望。他懇請天皇下達「大號令」，率先為國家指引一條應當遵循的道路。他尤其向以節儉出名的天皇提議減少各類儀式的無謂開支，企圖削減宮廷一成的經費轉為擴充海軍之用。15

原則上，天皇自然同意了井上的節儉方案，畢竟他是個寧願修補制服也不願新買一套的人。然而即便如此，周遭習於奢侈的作風讓他不得不做出符合禮數的回應；當他訪問大臣或其他政要的宅邸時，也會不禁期待受到相應的款待，而把開支的問題拋諸腦後。例如在七月四日，天皇訪問了後藤象二郎位於高輪的宅邸。按照慣例，他必須向後藤贈送不少禮物，包括一組精雕細琢的銀杯、一對琺瑯花瓶以及一千日圓，並分別送給後藤夫人及其子女兩匹縮緬布與其他贈禮；後藤則回贈天皇一把日本刀、一個朝鮮茶葉罐和一隻陶製的狸貓擺飾。到了下午，當時知名的能劇表演者觀世銕之丞、寶生九郎和梅若實一同演出了能劇，晚飯過後又有各界公認的大師桃川如燕和西幸吉分別表演了說書與薩摩琵琶[*1]。除了這些特殊的娛樂表演外，宮內省的樂師也會整日演奏日本和西洋音樂助興。夜晚時分，數以千計的燈籠搖曳著亮光，樹下則燃起了篝火；成千上萬的螢火蟲被放生至池邊，描繪出一幅宛如圖畫般美麗的

*1　日本傳統的音樂形式之一，也可指稱用來演奏的樂器本身。起源於十六世紀後期的薩摩一帶，演奏時以琵琶自彈自唱，並以木撥彈奏。

光景。天皇直到午夜過後才離開後藤的宅邸，而皇后則在第二天拜訪時受到了同樣的款待。[16]儘管天皇崇尚簡樸，但後藤奢華的款待無疑讓他十分盡興。

不到一周後的七月九日，天皇訪問了鍋島直大的宅邸。這次款待的規模雖然不及後藤，但在依照慣例交換禮物之後，鍋島仍安排了武術比賽、晚宴、魔術和說書表演等，只不過沒有能樂演出。[17]儘管天皇的親訪受到宅邸主人的熱烈歡迎，卻對推行節儉政策毫無益處。

不久之後，天皇再一次召見宮內大臣表示打算節省宮廷經費，以便籌集建造軍艦的資金，但同時又強調有兩個方面可以不惜成本，即用於皇祖皇宗的祭祀和維護山陵的費用，以及皇太后的日常開支。得知宮中實行節儉政策的皇太后曾主動提出將自身的經費削減十分之一，天皇卻憤怒地拒絕了，要皇太后無須為此事多慮。[18]

無論如何，天皇和皇后顯然並沒有把大量的皇室資金都投注在自己身上，而是用來扶弱濟貧，或者提供給遭逢火災等災害的村鎮重建學校。同時，皇室也有義務保護和振興藝術。例如在七月十二日，皇后向準備參與芝加哥世界博覽會的日本婦人會捐贈了一萬日圓，用於提升日本展覽品的品質[19]；此外，他們也提供資金給長久荒廢的佛寺修繕建築物和美術品，或是在皇室成員（即使是遠親）結婚與修建新宅時饋贈禮物。即使天皇和皇后只希望過上簡樸的生活，他們仍然需要足夠的資金來履行各種公共義務。

一八九二年最重要的政治展開，便是隱居於小田原一直在幕後操縱政府的伊藤博文重新復出。伊藤曾再三拒絕重新擔任總理大臣，七月底松方辭任之後，伊藤立刻稱病離開東京，返回小田原。看起來伊藤似乎（像從前一樣）逃避任職，但當天皇派出宮內大臣請他返回東京時，伊藤顯然認為自己就任總理大臣的時機已經成熟。不過，他希望所有元老[*2]都能加入內閣成為他的助力，而這個請求也得到了天皇的恩准。伊藤內閣的成員包括山縣有朋（司法大臣）、黑田清隆（遞信大臣）、井上馨（內務大臣）、大山巖（陸軍大臣）、後藤象二郎（農商務大臣）、陸奥宗光（外務大臣）、河野敏鎌（文部大臣）、仁禮景範（海軍大臣）和渡邊國武（大藏大臣），實在很難想像還有比這些人更為能幹的內閣人選。[20]

當伊藤走到天皇跟前接受總理大臣的任命時，他承諾「大事悉數唯從聖意，他事則由自身盡承其責」。天皇答道：「卿所言善，朕無意干涉何事，唯奏聞之際告知意見即可。」相較於前任內閣，伊藤內閣不僅更有效率，把持政權的期間也相對較長。然而十一月的時候伊藤乘坐的人力車與馬車發生碰撞事故，導致其頭部和臉部有多處撕裂傷，直到隔年二月才恢復進宮參見天皇。[21]

一八九三年在如今已成慣例的形式下揭開序幕：天皇沒有舉行四方拜，大多數新年儀式

*2 元老並非法律明定的官職，用來指稱在日本帝國時代負責為天皇提供諮詢，或是參與推舉總理大臣人選等國政要事的資深政治家，對於國家決策有著極大影響力。包含伊藤博文、黑田清隆、山縣有朋以及井上馨等人。

都由式部長鍋島直大代為主持。該年度的第一堂講課是關於英國歷史、儒家經典《禮記》的節選和《萬葉集》[*3]的詩歌。天皇一如往年前往青山御所向皇太后拜年，今年第一場御歌會的主題則是「巖上龜」。

一切都顯得風平浪靜。然而，一月十二日眾議院通過削減官員薪俸和建造軍艦的預算案讓新年的喜慶氣氛戛然而止。儘管政府不斷呼籲節儉，但一直以來這兩個領域都不被允許削減經費。如今包含其他刪減項目在內，政府提出的預算已經比原先減少了百分之十一。眾議院議員認為減薪是合理措施，不會導致官員辦事效率低下，此外在國防政策尚未抵定的情況下擴大海軍規模似乎有些為時過早。對此大藏大臣渡邊國武（一八四六—一九一九）卻反駁削減文官薪俸將會影響行政機關的機能。雙方毫不讓步，眾議院隨後休會了五天。這是政府和議會第一次正面衝突，也帶出了一個根本上的疑問：政府是否有權自行決定其認為至關重要的事情，即使這會違背憲法賦予議會的特權？[22]

決定只能訴請天皇出面的眾議院議員於是提交了一份由一百四十六人連署的請願書，此時天皇宣布暫停會議直至二月六日[23]。二月七日，眾議院議長星亨（一八五〇—一九〇一）在奏文中強調議會做出削減預算決定的正當性，並懇請天皇維護憲法賦予議會的權利。同一天，眾議院經表決後同意提出彈劾內閣和懇請天皇出面調解的請願書[24]。伊藤本想勸說眾議院重新考慮，認為沒必要增添天皇的煩惱，但眾議院仍以二百八十一票贊成、一百零三票反對通過了這項決議。

顯然，唯一能夠結束這場衝突的人只有天皇。雖然天皇經常被歷史學家描繪成一個有名無實的傀儡，請求天皇裁斷也確實在傳統上只是一種儀式性手段，但這種做法卻並非徒具形式且毫無意義。如今的情況正是能印證這一點的眾多例子之一，天皇的裁決將成為各方都必須尊重的唯一決定。

二月九日，在伊藤提交的文書中，他建議天皇從兩條道路中擇一。一是命令眾議院和政府進行談判以達成和解。如果眾議院未能遵守該命令，或者談判無法取得預期結果，則解散眾議院；二則是立即解散眾議院。翌日，天皇發布詔書，重申了自己的看法。面對當今列強的威脅與日俱增，日本有必要強化軍事防備；因此，他決定削減宮廷開支，在六年內每年提撥三十萬日圓用於軍備。同一期間所有文武官僚的薪俸也將減少百分之十，以補貼建造軍艦的費用。25

眾議院恭順地接下聖旨，並承諾與政府達成和解。二月十四日，貴族院議員也同意將百分之十的薪俸用於建造軍艦。天皇的決定代表了一種折衷方案：削減官員的薪俸是按照眾議院的提議，但把省下的資金用來建造軍艦卻並非眾議院的意志。皇室同樣自願削減整體百分

*3 《萬葉集》是日本現存最早的詩歌總集，收錄出自西元四世紀至八世紀中葉的長短和歌。

之五到十五的開支，而一開始不在削減對象內的皇后也堅持在接下來六年內把個人經費減少兩成。[26]

一八九三年，眾議院的另一項重要任務就是修改條約。與列強在幕府日漸衰微的時期所簽訂的不平等條約已經成為日本人心中長年的積怨，每一個人都期望著終止治外法權和恢復關稅自主權。然而，日本為實現這些目標而必須付出的代價卻屢屢成為阻礙。甚至有部分人士斷言，比起允許外國人控制日本國土和人民的生活，還不如忍受治外法權帶來的屈辱。

一八九二年五月，眾議院草擬了一份有關廢除治外法權和外國關稅控制的議案上呈天皇。其最終目標是要締結平等條約，為此提案中允許外國人在日本內陸居住，但不承認外國人對土地或者礦山、鐵路、運河與造船廠的所有和經營權；此外，還將要求各締約國提供最惠國待遇。[27]然而該提案卻因為議會解散而胎死腹中。十二月，在新議會召開之際，這份議案再次浮上檯面，並於一八九三年二月經政府要求而召開的秘密會議上進行討論。

儘管進展甚微，但修約一事並沒有被遺忘。七月，內閣通過了一項主張終結治外法權的條約修正案。外務大臣陸奧宗光認為一路走來為修約所做的努力是一段失敗的歷史，而失敗的原因始終源於內政，即日本人無法做到彼此協調。他親自草擬了一份新的通商航海條約，並交由內閣審議。在擬寫條約時，陸奧除了以一八八三年的《英意條約》為根據，同時參考了

《日墨條約》的內容，這兩個條約都是以平等為基礎簽訂的。他提議最好讓新條約在簽署當下的五年後生效，以便給予新舊條約充分的過渡時間。28

陸奧認為，達成目標的最好辦法便是與各國分別談判。他首先選擇與長期以來反對簽訂平等條約的英國進行交涉，推選駐德國全權公使青木周藏作為談判人。此一決定獲得了天皇批准。九月，青木會見了（當時正在倫敦休假的）英國駐日公使休·弗雷澤（Hugh Fraser），開始著手進行與英國政府磋商的準備工作。

修改條約絕非易事。生活在日本的外國人多次抗議日本禁止他們居住在內陸，並把這種限制與日本人可以在西方主要國家自由旅行和生活的情況相比較。一些深怕允許外國人與他們共同生活會引發災禍的日本民眾甚至因此對外國人施暴，宣稱要透過暴力讓外國人明白自己並不受歡迎。然而，這些舉動卻讓日本政府更加為難，畢竟外國人一直都很擔心如果撤銷治外法權，日本司法無法有效懲治這類暴力行為。可是，修改條約對大多數日本人而言確實具有精神上的重大意義，意味著日本作為一個近代化國家獲得了認同。

支持修約派和（比起允許外國人在內陸居住還不如）延長現有條約派的對立貫穿了整個一八九三年。問題的核心顯然在於大多數日本人仍普遍存在排外傾向。十二月，當陸奧審閱提交給眾議院與修約有關的各項提案時，對其內容感到相當錯愕。他評論道：

此等諸案視外國人為異類，恰如露西亞〔俄〕國待猶太人，背離我開國之皇道。故政府於此際，應斷然明示維新以來之開國主義方針，鎮壓對立之非開國主義。若坐而視之，其勢力將彌漫全國，恐惹內外交涉之大亂，以至當下著手交涉條約改正之巨大阻障。今政府再無一日可躊躇逡巡。29

十二月十一日，陸奧在內閣會議上提出此事希望商討對策，但內閣優柔寡斷的態度令他感到氣憤，因而打算辭職。此時伊藤出面提醒陸奧過於躁進並無法解決眼前的重大問題，勸他再三深思熟慮。陸奧在冷靜下來之後，收回了辭職宣言。

反對修改條約的呼聲在眾議院內持續發酵。十二月十九日，提倡延長現有條約的一派提出建議，呼籲政府闡明日本在現行條約中的權利和義務，同時附上了一份聲明，描述日本若是放寬對內陸的限制會如何導致外國人做出為所欲為的舉動。

眼看爭論愈演愈烈，天皇於是下令帝國議會休會十天。在辯論期間益發嚴重的意見對立讓天皇心煩不已，他經常派遣侍從旁聽議事，並要他們在針對重大問題出現糾紛時，隨時透過電話彙報情況。30

十二月二十九日，議會重新召開。陸奧發表了反對維持現有條約的聲明，再次堅稱自維新以來，政府的基本政策就是建立一個開放而進步的國家。延續現有條約等於違反了這一國策，何況這些條約早已不適合自首次簽約以來逐漸發展的社會現況。眼下正是摒棄舊幕府採取的「鎖攘主義」政策，收回先前喪失權利的大好時機；而給予外國人現有條約中並未規定的某些特權作為回報也是理所當然的。此外，日本不應忘記，如果外國人可以在國內自由旅行，他們的消費也將為內陸的居民帶來利益。若是日本希望修改條約，首先就必須讓外國人體會到日本取得的進步，而這只有遵循開國的方針才可能實現。最後，陸奧請求眾議院撤回維持現行條約的提案，卻並未得到回應。天皇於是再次頒布詔書，下令議會休會十四天。[31]

十二月三十日，內閣總理大臣伊藤和樞密院議長山縣有朋覲見了天皇，隨後眾議院遭到解散。在此之前，伊藤就曾奏請天皇下令休會，以便阻止眾議院通過維持現行條約的決議。這正是天皇下令休會十四天的原因，然而眾議院卻毫無重新考慮的跡象。至此伊藤認為除了解散眾議院以外已無計可施，天皇於是在同一天宣布解散眾議院。

天皇得出了和伊藤相同的結論，也就是無論休會多少次，都不太可能改變眾議院的態度。不久後他曾向佐佐木高行傾訴，認為政府和眾議院之間的衝突是因為國會的開設實在太過倉促。[32]從此刻起，天皇的政治觀點明顯變得保守；他開始覺得自己引以為傲的兩項成就——頒布憲法和召開國會——似乎都為時過早了。

·第四十四章·

對清宣戰

一八九四年元旦，天皇再次缺席四方拜和其他例行儀式，改由其他官員代為操持。事到如今大概已經沒有人會為天皇未能親自主持這類儀式感到驚訝；近年來，天皇經常拒絕出席儀式，有時抱病稱恙，有時甚至沒有任何理由。人們似乎已經忘記，在過去幾百年來主持這些儀式本是天皇最重要的職責。

對宮廷的人來說，這個時期最令人印象深刻的事情多半是皇太子進宮向天皇拜年。在這一年裡，皇太子拜見天皇的次數變得更加頻繁（每個月數次次），足見二人的關係比以前親密許多；在此之前，他們之間與其說是親情，還更像是靠著宮廷禮節才有所維繫。當然，每當皇太子生病時都令天皇十分憂慮，不過他真正擔心的或許並不是兒子本身，而是皇位繼承的問題。明治的其他皇子都在嬰兒時期夭折，儘管嘉仁親王身體虛弱，卻越來越有可能成為他的繼承人。看著不像自己小時候那樣健康活潑的獨子，天皇說不定偶爾也會感到些許遺憾。

但無論如何，仍有必要為皇太子在未來登基前做好準備。天皇認為兒子應當接受正規教育，正如我們先前所見的讓他和其他貴族子弟一同進入學習院就讀，而不是像至今為止的皇室成員一樣接受個別指導。皇太子稱不上是個用功的學生，然而就算缺乏勤奮好學的資質，也不代表他就能夠停止學習。在明治看來，下一代天皇不僅需要深諳日本和中國的歷史文化，同時也要精通西方相關的學問；除此之外身為皇太子還必須擅於書法，遵循古典形式創作和歌[1]。儘管天皇費盡心思安排皇太子的教育事宜，但首要考量仍是嘉仁的健康狀況，因此他的學業時常因生病或醫生認為東京的嚴寒酷暑不宜繼續上學而中斷。

面對很少展現慈愛的父親，皇太子似乎有些膽怯。明治常常擺出嚴肅冰冷的面孔，按照傳統儒家思想推崇的父親形象來對待兒子。或許他是在模仿父親孝明天皇對自己的嚴格態度，但並沒有像孝明天皇那樣每天親自指導兒子創作和歌。事實上，明治天皇貌似從未直接參與繼承人的教育。

一八九四年，嘉仁親王進宮覲見的次數明顯增加，可見父子之間的親情終於萌芽。該年年底發生的一些事情也成了最好的證明：一八九四年十一月十七日，皇太子為了拜見父皇抵達廣島（在甲午戰爭期間明治暫時移往靠近前線的廣島）。他於次日上午十點三十分出現在大本營，在和天皇簡短交談後，便一同前去觀摩一匹滿洲馬。隨後，他們登上天守閣，欣賞廣島一帶的秀麗風光；一位宮內省官員負責擔任嚮導，利用望遠鏡和地圖介紹附近的風景名勝，之後父子兩人一起享用了午餐。一直以來都有點擔心天皇是否真的寵愛皇太子的隨侍人員對於天皇慈愛溫柔的態度感到十分高興，還立刻將此事稟報皇后。但是，這般罕見的親密舉動並沒有影響天皇履行自己的職責；在十一月二十四日皇太子啟程返回東京之前，明治也只有兩次機會能與他共進午餐[2]。

儘管皇太子實際上很少與父皇共度時光，但從一八八七年起，他時常與天皇皇后一起被描繪在錦繪之中。其中也有皇太子站在父母中間的構圖，彷彿是在強調皇室家庭的和諧[3]。此外，從一八九四年慶祝天皇和皇后結婚二十五周年的慶典也能窺見天皇一家的家庭生活。在此之前，日本君王的結婚紀念日並非普天同慶的節日，但是，當天皇得知外國皇室有慶祝「銀婚」（結婚二十五周年）的習慣，他很高興地接受了舉辦慶典的提議。為確保典禮順利進行，政府成立了委員會研究外國的具體實例，並宣布慶典將於三月九日舉行。

作為紀念，當局準備了金與銀製的紀念勳章，上頭雕有皇室的菊紋以及象徵吉祥的成對的鶴[4]。當天購買紀念章的人被允許終生佩戴此章，並可以傳給子孫後代。三月九日，政府還發行了一千五百萬張紀念郵票，成為日本發行紀念郵票的開端。

慶典在賢所、皇靈殿與神殿舉行的儀式中揭開了序幕。天皇和皇后都沒有出席這些儀式，而是由皇太子、親王和內閣成員一一進行敬拜。皇室近衛炮兵隊和海軍軍艦紛紛發射禮炮。上午十一點，天皇和皇后現身於鳳凰之間[*1]，接受現場兩百多名皇族和閣員夫妻的祝賀。天皇身穿正裝，並在胸前佩戴了琳瑯滿目的勳章；皇后則穿著一套白色禮服，搭配簡單的飾物和皇冠，裙襬上還飾有用銀線繡成的花鳥圖案。隨後，法、英、德、俄、美、比利時、朝鮮和奧地利的公使紛紛代表各自的元首獻上祝辭，天皇和藹地予以回覆。

到了下午兩點，天皇和皇后共乘馬車前往青山練兵場參加閱兵式。當天皇夫婦離開皇宮時，以東京帝國大學的學生為首的各個團體在宮殿正門前排成數列高聲歡呼，街上也擠滿了想一睹天皇和皇后風采的群眾。兩點四十五分左右，兩人抵達了儀式場地，由彰仁親王等人負責迎接。各部隊舉槍致敬，軍樂隊奏起了國歌。在接見過現場的皇族大臣與外國政要之後，天皇和皇后再次坐上馬車並將車篷敞開，先在歡聲簇擁下繞行場地一圈，隨後觀摩了閱兵式。

慶典持續了整整一天，最後以舞樂表演和宴席作結。雖然官方並未使用「銀婚」一詞5，不過期間用來互相贈送的禮物仍以銀製品居多。那些無緣參加慶典但被允許向天皇夫婦進獻賀禮的一般民眾雖然很少送上銀製品，禮物的品項卻是五花八門，諸如詩歌、清酒、醬油、魷魚乾、刀劍、繪畫、陶器、漆器、盆景等等。選自皇族、內閣大臣以及經常參加宮廷歌會的男女各二十五人（因應二十五周年而採用該數字）也以「鶯花契萬春」為主題獻上了和歌。整天下來筋疲力盡的天皇和皇后直到凌晨一點四十五分才就寢。6

*1 鳳凰之間是皇居內用來謁見或舉行儀式的場所。

銀婚慶典帶來的歡愉氣氛久久沒有散去，直到三月二十八日傳來了朝鮮政治家金玉均在上海一家日本旅館遭到暗殺的消息。從日本時便一路陪同金玉均的這名刺客是奉朝鮮保守派領導人之命痛下殺手，因為他們十分憎恨屬於開化黨派的金玉均。

在一八八四年朝鮮政變失敗之前，金玉均曾在日本生活過。一八八一年初次訪日後不久，他便與福澤諭吉成為朋友。福澤大力支持朝鮮的開化黨，並認為日本應當引領朝鮮和清朝走上近代化的道路。[7]然而在一八八五年，當意識到開化黨無力掌控朝鮮政局之後，福澤發表了著名的《脫亞論》。在文章中，他主張與其坐等鄰國實現開化，倒不如脫離它們的隊伍，與西方先進國家共進退。

一八八四年十二月，金玉均和另外八名朝鮮志士逃往日本，他們全都是堅信朝鮮應當仿效日本走向近代化的開化黨人士。這幾名朝鮮人為自己取了日本姓名，並穿上了西式服裝，試圖討好日本的領導階層[8]；他們多半期待受到日本政府的禮遇，卻只獲得了最低限度的庇護。一八八五年二月，朝鮮政府向日本派出使節，要求交出金玉均。在日本政府拒絕後，朝鮮便派遣刺客進入日本，刺客身上還攜帶著有國王高宗署名的刺殺金玉均及其同黨朴泳孝的命令書[9]。得知暗殺陰謀的金玉均於是向總理大臣伊藤博文和外務大臣井上馨報告此事，井上便致函朝鮮政府要求召回刺客，並承諾將金玉均驅逐出境。

當時金玉均留宿在橫濱大飯店。井上命令神奈川縣知事強行把金玉均從歸屬治外法權的飯店押往三井家的別墅。一八八六年六月，內務大臣山縣有朋命令知事以威脅日本治安和阻礙外交和平為由，要求金玉均在十五天內離開日本。[10]儘管金玉均身為親日派，但日本政府仍視他為包袱，擔心他的滯留可能會在日本軍備尚未做好準備之前引發一場戰爭[11]。最後，金玉均沒有被驅逐出境，而是被移送到偏遠的小笠原群島上的父島，在那裡度過了兩年孤苦無依的流亡生活。當地的氣候嚴重損害他的健康狀況，因而又被流放至北海道，直到一八九〇年才獲准返回東京。[12]靠著眾多日本支持者的援助，金玉均才得以在流亡歲月中活了下來。

一八九四年三月，已經放棄爭取日本政府的協助以推動朝鮮開化的金玉均動身前往上海，目的在於會見李鴻章。他與曾擔任駐日公使的李經方（李鴻章之子）頗有交情，並在其回國後繼續保持書信往來。金玉均期望李經方能安排自己與他的父親，同時也是清朝最有權勢的人物見面，同時強烈希望向這位老練的政治家提出他的計畫，即聯合東亞三國之力，共同抵禦西方列強的侵略。[13]

雖然有人警告金玉均此次出行相當危險[14]，但他深信哪怕只有五分鐘的時間，只要能有機會見到李鴻章就值得冒一次險。[15]

住在大阪的朝鮮人李逸植為他負擔了這趟旅行的資金（以及金玉均在日本欠下的債務）。李逸植還交給金玉均一張匯票作為他在清國的旅費，但也告訴他如果要兌換成現金就必須讓洪鐘宇同行，這個人是一位才剛從法國留學回來的朝鮮人[16]。除此之外，金玉均的日本朋友和田延次郎也將一同前行。

三月二十七日，金玉均抵達上海。第二天，當和田外出時，金玉均正躺在床上看書，這時洪鐘宇突然闖進房間朝他開了兩槍。金玉均從床上逃往走廊時背後又身中一槍，成了致命的一擊。這位充滿才氣、漂泊不定卻富有魅力的犧牲者享年四十三歲。[17]

和田為金玉均買了一具棺材，與載他們前來上海的「西京丸」的船長商量好將靈柩送回日本。然而在出發前一晚，日本領事館的官員命令和田在得到指示前不可出航。當和田表示拒絕，領事館便通報租界當局，由警察將靈柩扣押並移交給清政府[18]。接獲暗殺消息的李鴻章於是下令派出軍艦威遠號將靈柩和刺客送回朝鮮，可見清朝和日本政府似乎都急於擺脫這位棘手的理想主義者。

靈柩抵達朝鮮後，朝鮮政府肢解了金玉均的遺體，把他的頭顱和手腳與寫有「謀叛大逆不道罪人玉均」旗幟一同懸掛在木樁上，並將軀幹置於一旁[19]。然而如此殘忍的處刑並不足以消除朝鮮政府的心頭之恨，就連金玉均的家族也全數遭到處決[20]。至於洪鐘宇則受到了英雄般的歡迎。

金玉均遇刺的消息使得日本人群起激憤，並把仇恨的矛頭指向形同幫兇的清朝。外務次長林董（一八五〇—一九一三）曾在其回憶錄中表示，數個月後日本與清朝爆發的戰爭顯然有受到金玉均遇刺以及清朝牽涉其中的事實影響[21]。

福澤諭吉對金玉均深表同情，同時不滿清朝將靈柩引渡朝鮮，也很厭惡朝鮮政府可恥的分屍行為。他譴責清朝違反了規定由日清兩國共同維護朝鮮秩序的《天津條約》，認為清朝的弊病在於「其芯已腐敗為朽木」，只因滿族統治者食古不化、拒絕進取。福澤預言，如果清朝繼續視朝鮮為藩屬國，將無法避免發生衝突；此外要是再不尋求改進之道，清朝能否繼續保持獨立也令人十分存疑。[22]

儘管如此，當時日本並沒有與清朝開戰的直接理由，直到朝鮮宗教團體東學黨發動的叛亂成為點燃戰火的契機。一八九四年四、五月間，東學黨在全羅道和忠清道等地揭竿起義[23]。東學的創始人崔濟愚（一八二四—一八六四）生前力勸大眾抵制西方文化，提倡復興朝鮮本土信仰，也就是所謂的「東學」（即與「西學」相對）。雖然崔濟愚從原則來說反對儒教，因為儒教也是一種源自中國的外來思想，但他的教義實際上結合了儒教、佛教與道教理念，並且把基督教當作最大敵人。[24]東學運動之所以遭到朝鮮政府強力打壓，比教義更大的原因是他們獲得了農民的廣泛支持，這讓當局深怕農民會因此受到煽動群起造反。

最終崔濟愚遭到逮捕，甚至被當成天主教徒斬首。東學黨的一些宗教儀式在表面上看起來與當時受朝鮮迫害的羅馬天主教十分相似，結果警察反而讓這位反基督教的狂熱分子「殉道而死」。失去了教祖的東學黨雖然被迫潛入地下活動，卻仍保有對農民的影響力。對這些人來說，東學黨的吸引力並非神秘的符咒或咒文，而是實現平等與現世利益的承諾本身。[25]

即便遭到取締，東學黨的人數依然不斷增加，到了一八九三年已經完全掌控了朝鮮半島南部。同年一月，東學黨的新領袖崔時亨召開一場東學信徒的大型集會，提議為崔濟愚洗刷汙名，並要求政府解除抵制東學黨的禁令。三月，由東學信徒組成的代表團前往漢城，請求撤銷崔濟愚的罪名；他們在王宮大門前伏地上訴三天三夜，訴請國王為他們的教祖平反。[26]雖然請願並未成功，卻已經充分展示了東學黨信徒的強大信念。從這時起，東學黨主張排外運動的呼聲日益高漲，最初只針對歐洲人的矛頭如今甚至指向了日本。農民對歐洲人的概念相當模糊，卻都曾與狡詐的日本商人打過交道。這些日本商人買斷他們的米穀，還向他們放高利貸。

朝鮮政府對東學黨的畏懼反而讓信徒的行動變得更加膽大妄為，甚至開始在外國公使館和領事館的牆上張貼驅逐洋人的標語，或是對著館內大聲咒罵[27]，就連清朝公使館也同樣受到波及。清政府代表袁世凱察覺到這些舉動極有可能演變成更大的騷亂，便緊急致電李鴻章，請求派出兩艘軍艦支援。李鴻章於是立刻派遣「靖遠」、「來遠」二艦趕往仁川。至於日本公使館也做好了迎擊的準備，全副武裝地嚴陣以待。

陸奧宗光針對甲午戰爭爆發的來龍去脈所做的觀察具有相當重要的意義，因為他不僅是個明察秋毫的事件觀察者，同時也作為外務大臣積極參與了決策。在他所著的戰爭記錄《蹇蹇錄》[28]中，開頭首先概述了東學黨之亂：

或視之為混雜儒、道之宗教團體；或視之為政治改革希望者之團體；或視之為一群好鬥不逞之徒。今在此研究其性質實無必要，姑且從略。總而言之，以此為名之亂民，於明治二十七年〔一八九四年〕四、五月間，自朝鮮國全羅、忠清兩道各地蜂起，劫掠所在民舍，驅逐地方官，其先鋒本部前進京畿道，全羅道之首府全州府亦一時落入其手，行徑確實頗為猖獗。[29]

日本對東學黨初期取得的成功反應不一。一些人支持向朝鮮派軍，支援無能的朝鮮政府鎮壓叛亂；另有一些人則認為東學黨是將受苦的朝鮮人民從腐敗的政府手中解救出來的改革者。近幾年來，部分學者貶低了東學黨之亂在宗教意義上的重要性，認為儘管它披著宗教的外衣，但就本質來說只是一場農民運動[30]。

起初根據觀察，東學黨看起來並沒有強大到足以推翻現有政權，然而當東學黨接近漢城時，驚慌失措的朝鮮政府急忙請求袁世凱幫忙鎮壓叛亂。六月二日，陸奧從日本駐朝代理公使杉村濬那裡得知朝鮮向清朝求援的消息，於是立刻在內閣會議上建議派遣「足量的兵力」前往朝鮮半島，以便維持當地日清勢力的均衡。內閣一致同意，由總理大臣伊藤進宮請求天皇裁斷。天皇隨即表示同意：「今次朝鮮國內內亂蜂起，其勢猖獗，故為保護寄留當地之我國國民，派遣軍隊」。[31]

六月五日，恰巧請假返日的駐朝公使大鳥圭介（一八三三—一九一一）受命返回朝鮮，並接獲指示要求他盡全力保全國家名譽、維護與清朝的勢力均衡，但仍應以和平解決為第一優先。陸奧寫道：「倘若日清發生衝突（中略），我國將盡可能以被動地位自居，萬事讓清朝成為主動方。」[32]

清朝政府透過駐日公使汪鳳藻照會日本政府，清朝根據朝鮮國王的請求，將向朝鮮派遣「若干」軍隊以便鎮壓東學黨。據陸奧所言，汪鳳藻「見日本官民爭執逐日激烈，因而妄斷日本無暇應對他國事務」。

日本國會內不斷上演的激烈爭鬥讓清朝留下了日本內政混亂的印象，這種政治現象對清朝而言實屬陌生。就連伊藤博文也被針對他個人以及其內閣毫無間斷的攻擊所激怒，向天皇說明縱使自憲法實施以來已經過了五年，國家前途大計仍不免「歧路亡羊」，各政黨只顧著爭相反對政府，就算會對國家的未來造成危害也毫不在意。作為解決之道，伊藤請求天皇召見所有黨派的領導者，敦促他們聽從聖意盡其本分[33]。目前尚不清楚伊藤是否真的提交了這份報告，但總之天皇並沒有做出任何回應。

即便清朝注意到日本國會存在著巨大分歧，卻很難體會（就連憤慨的伊藤有時候也會忘記）日本人所懷有的強烈愛國精神。一旦國家遭受其他國家威脅，這種精神足以掃除一切歧見。清朝自認陸海軍的實力遠勝過日本，而實際上很多日本人也是這麼認為的。林董寫道：「日清戰爭（甲午戰爭）前，日本人口頭恥笑清人之固陋，然實甚恐之。」[34]

六月七日，陸奧致電日本駐北京代理公使小村壽太郎（一八五五—一九一一），指示他將日本政府打算依據《天津條約》向朝鮮派兵一事告知清朝。對此清朝主張這次出兵完全是應朝鮮請求協助鎮壓叛亂，是為了保護屬國而採取的行動。日本政府顯然不可能裝作沒看到「屬國」二字，陸奧於是在答覆中強調「我政府未認朝鮮為清朝屬國」[35]。在接下來發生戰爭的期間，日本也從未停止堅持這一點，儘管事實上朝鮮尋求保護的對象是清朝而非日本。

六月九日，大鳥率領三百多名海軍抵達仁川後返回漢城，隨後日本又派來一個大隊的陸軍。在此期間，東學黨士氣受挫，實際上已經停止進逼漢城，而直接原因正是清軍的出現。大鳥發現漢城意外地平靜，便勸告政府無需再向朝鮮派遣更多日軍，但陸奧卻沒有因此改變想法，認為「若危機瞬發之時，兵力優劣將決定成敗」[36]。六月十一日，陸軍少將大島義昌率領一支混合旅團從宇品港前往仁川。十五日，東學黨之亂似乎幾近平息，但是日清兩國的軍隊都毫無撤離朝鮮半島的跡象。[37]

在這個節骨眼上，伊藤提議兩國聯手鎮壓叛亂，在平定亂事後各自派出特派員幫助朝鮮改革內政，尤其是改善財政和軍備；如果清朝不願合作，日本將獨自挑起這一重擔。伊藤將該提案上奏天皇，然而天皇似乎對必要時日本將單方面採取行動的但書（由陸奧追加至伊藤的原始提案中）感到不安。天皇派侍從前去詢問陸奧的意圖，陸奧於是進宮做了詳細解釋，天皇才終於准奏。38

正如陸奧所預料，清朝不願意接受該提案。六月二十一日，清朝公使提出了清政府拒絕日本提案的三個理由：

> 第一，朝鮮內亂現已平定。如今清軍已無須代朝鮮政府討伐亂黨，清日兩國合力鎮壓叛亂一事，可作罷論；第二，日本政府為朝鮮謀善後之策，用意雖善，然改革應由朝鮮自行負責……最後，《天津條約》明文規定，叛亂一經平定，清日兩國即刻退兵。故當下雙方理應相互撤兵，實無必要再議。39

雖然清政府所言毫無反駁餘地，但陸奧仍主張「依我政府所見，如不去除朝鮮內亂根柢之禍因，則無法安穩」。他告知清政府說日本不可能下令軍隊立即撤離朝鮮；對於處於如此悲慘境地的朝鮮，日本無法袖手旁觀，否則將有違鄰國之間的友好情誼。六月二十三日，山縣有朋發表意見，斷言日清之間的戰爭已無法避免。

六月二十六日，大鳥圭介覲見了朝鮮國王，力主朝鮮進行內政改革的必要性。二十八日，他詰問朝鮮當局，朝鮮到底是獨立國家還是清朝的藩屬國。這個問題讓朝鮮政府陷入恐慌，而且經過幾番議論後也沒能得出結論。正在此時，大鳥接獲日本政府的訓令，上頭強調除非擺脫清朝的影響力，否則不可能期望朝鮮實施改革。毫無疑問，這促使大鳥強硬地要求朝鮮給出答覆。六月三十日，朝鮮政府最終表明自己是個獨立國家。[40]

七月三日，在得到朝鮮是個獨立國家的聲明後，大鳥謁見了朝鮮國王，提議對當局的行政、司法、財政、軍制和教育進行全面改革。朝鮮政府如今仍以保守的事大黨為主要勢力，不僅敬畏清朝也反對改革；然而，大鳥的提案有日本的軍力作為後盾，使得朝鮮無法拒絕。國王發布了罪己詔，除了反省多年來的惡政，也對接連不斷的內亂表達悲憤，將所有的錯誤歸因於自身的失德和官吏的瀆職。接著他成立了一個改革委員會，命令成員與日本公使進行商議。[41]

日本的元老們相繼站出來支持開戰。當伯爵松方正義得知內閣沒能在前一天的會議上就與清朝開戰做出決定，便於七月十二日拜訪了伊藤博文，向他表示政府的遲疑不決令人擔憂。松方宣稱清朝的傲慢自大與日俱增，並譴責清朝在朝鮮犯下的各種蠻橫言行，痛惜日本政府不趕快利用這個天賜良機履行使命。伊藤認為宣戰的理由仍不充分，但松方卻宣稱包含反政府人士在內的全體民眾都一致支持開戰。他深信若是沒能在接下來幾天採取行動，將無法安撫動盪的民心，也無法保證外國列強不會插手干預。事到如今撤離在朝鮮的軍隊將有損日本的威信，並再次導致國內人心離散。最後，松方威脅伊藤如果無視他的建議，就再也不用相見。

伊藤同意考慮松方的意見，但是和不在政府為官的松方不同，伊藤還肩負著身為總理大臣的職責。此外，與天皇關係密切伊藤很清楚天皇不想開戰，因為他擔心一旦發起戰爭很可能會讓第三國有機會出手干涉。[42]

李鴻章請求俄國調停，俄國欣然答應。俄國對朝鮮的興趣主要源自希望在朝鮮半島獲得一個不凍港，而這也成為影響未來幾年當地情勢發展的重要因素。日本感謝俄國參與調停，聲稱只要狀況允許，日本會即刻從朝鮮半島撤兵。[43]

對此，英國也表達了維持東亞和平的願望。一八九四年四月，英國政府終於同意修改條約。儘管英國拒絕放棄治外法權成為日本長久以來的心頭之痛，但如今英國即將成為第一個認同日本平等地位的大國[44]。當時的英國首相威廉・格萊斯頓（William Gladstone）在成立新內閣時表明繼續在日本保留領事裁判權並不妥當，並且認為予以撤銷對於加強兩國友好關係而言已是當務之急。然而當七月十七日英國提出參與調停時，已經決心開戰的日本並未理睬英國的提議，甚至故意提出清政府明顯不會接受的條件，例如凡清朝在朝鮮增派軍隊，都將被視為挑釁行為。英國政府抗議這一條款違背了《天津條約》的精神，日本卻回答這並非英國可以置喙的事情。英國因此放棄了對調停做出努力。[45]

七月二十三日，日本混合旅團於黎明時分進入漢城。當他們靠近王宮時，朝鮮士兵突然開火。日軍予以反擊，之後進入王城內，趕走了朝鮮軍隊並取而代之。朝鮮國王於是急召父親興宣大院君出面主導政局。儘管興宣大院君曾經抱有強烈的反日情緒，但遭清朝監禁的經歷讓他改變了看法；他引見了公使大鳥，並告知朝鮮國王已經將國政改革交由他全權負責，承諾今後在採取任何措施之前都會事先徵詢大鳥的意見。七月二十五日，興宣大院君宣布廢除清韓條約。[46]

日清第一次衝突發生在七月二十五日，日本艦隊遭遇了兩艘駛向牙山的清朝軍艦（巡洋艦與炮艦各一），雙方不宣而戰。清朝軍艦不僅未向日本國旗致敬，還全體做好了戰鬥準備。當雙方艦隊相距大約三千公尺時，清朝巡洋艦濟遠號先行開火，三艘日本軍艦予以反擊。經過一個多小時的激戰，濟遠號遭到重創撤退；另一艘炮艦在擱淺後遭到放棄。此時，另外兩艘船艦逼近，一艘是清朝軍艦操江號，另一艘則是承載千餘名清軍奔赴牙山的英國商船高升號。在隨後的戰事中，操江號懸起白旗表示投降；浪速號艦長東鄉平八郎（一八四八—一九三四）命令高升號起錨跟隨浪速號行駛，但因為高升號抗命不從而將之擊沉。最終高升號船長和另兩名英國官員獲救，清朝船員和千餘名士兵皆墜海溺亡。起初商船被擊沉的消息惹惱了英國人，但英國的國際法權威卻辯稱日本採取的行動在戰時並無不妥。這個問題於是被擱置不議，因為這麼做才有利於英國政府[47]。

七月二十九日，陸軍少將大島義昌率領的混合旅團在成歡附近遭遇清軍，第一次陸戰爆發。日本的記錄依舊描述是由清軍先行開火，日軍只不過是反擊而已。不管怎麼說，日本在這次戰鬥中大敗清軍，並佔領了牙山。

八月一日，日本對清朝宣戰。天皇發表了宣戰詔書，鞭策軍隊「於陸海與清國交戰，努力達國家之目的，若於國際法所限之內，則期以一切手段各盡其職。」[48]

毫無疑問地，日本民眾對戰爭表現出極大的熱忱。自十六世紀豐臣秀吉出兵朝鮮以來，這是日本軍隊第一次在海外與外國人交戰。這場戰爭似乎讓日本確認了自己在世界各國間的新地位，相較之下清朝則宛如日本過去試圖摒棄的一切的化身。在日本人看來，清朝是一個「無知蒙昧」的老大之邦，得意於過去的輝煌，而不顧今日的成就。

啟蒙思想的先驅福澤諭吉曾在一篇文章中闡述了與清朝開戰的必要性，認為這場戰爭將開拓清朝人一直以來被頑固愚昧的滿族統治者所蒙蔽的視野。他視清朝干預朝鮮為一種妨礙文明開化的無恥暴行，因而這場戰爭與其說是兩國之間的爭鬥，不如說是「為世界文明」而戰。[49]

一八九四年八月，日後改以反戰論者而聞名的內村鑑三用英文發表了一篇題為《日清戰爭之義》(*Justification of the Korean War*)的論文，主張「這場日本和清朝之間發動的戰爭」是一場正義之戰[50]。他寫道：

日清戰爭〔甲午戰爭〕是一場決定運命的戰爭，即是否應當如同西方長久以來所遵循的那樣，以「進步」作為支配東亞的法則，還是讓曾由波斯帝國、迦太基*2、西班牙以及清帝國（只希望這是史上最後一例）所助長的「退步」之風永久橫亙於東洋。日本的勝利對於東方六億居民而言，將意味著政治、宗教、教育和通商的自由。51

內村還在結尾宣稱：「日本是東方『進步』的擁護者，除了不共戴天的敵人清朝（一個無可救藥地仇視進步的政權）以外，又有誰不希望日本獲勝？」

隨著各種捷報傳回日本，日軍在朝鮮的首場勝利被畫成錦繪陸續發行，在全國掀起一陣愛國潮流。成歡之戰也造就了兩位英雄，他們的事蹟被各方藝術家描繪紀念，國內外的詩人也作詩加以稱頌。第一位烈士是大尉松崎直臣，他在腿部中彈後仍繼續戰鬥，直到另一顆子彈打中他的頭部，在死前說了一句「被打敗了」。但松崎的名聲很快就被同樣在一八九四年七月二十九日戰死的士兵白神源次郎52給掩蓋；據說，白神儘管身負槍傷仍繼續吹響軍號直到生命的盡頭，屍首被發現時，他的嘴唇甚至還貼在軍號上。不久，坊間便開始流傳許多以這位號手的事蹟為主題的詩歌和錦繪。例如，文學博士外山正一曾創作一首名為「吾乃吹號手」的

*2 古代位於非洲北海岸（今突尼西亞）的城市，最終因為敗給羅馬而滅亡。

長篇詩歌，其中一段如下：

岡山縣人白神源次郎，
一位吹響軍號之人。
人云，彼乃一介吹號手。
彼云，吾乃一介吹號手。[53]

詩中這一節並沒有提到白神並非士族階層，而僅僅是一個吹軍號的應徵士兵。實際上，甲午戰爭的英雄大多數都是出身卑微的平民；這些士兵展現了一直以來被認為是士族階級才會有的英勇行為，證明了全日本國民其實都具備勇敢和忠誠的美德。

八月十一日，天皇正式在皇靈殿向皇祖皇宗奉告宣戰詔敕，同時派遣高層官員前往伊勢神宮和孝明天皇陵報告宣戰一事。數天前，就在天皇發布宣戰詔敕後沒多久，宮內大臣土方久元覲見天皇，詢問天皇打算派誰擔任前往伊勢神宮和孝明天皇陵的敕使。天皇回答：「無須此儀。今次戰爭素非朕之本意，然臣等奏戰爭不可避，故而許之。若以此奉告神宮及先帝陵，朕甚苦。」土方聞言大吃一驚，勸道：「陛下既許可宣戰詔敕，今卻出此言，或為不妥也。」這讓天皇勃然大怒，說道：「無須多言。朕不欲復見汝。」土方只好惶恐地退下了。[54]

回到官邸後，土方認真地思考了當前情勢。天皇早已向海內外公布宣戰詔敕，陸軍和海軍也都踏上了征途。天皇向來言而有信，也因此他一想到天皇所言很可能影響今後戰事的發展就不禁發愁。土方本想諮詢伊藤，卻又擔心這只會讓事情變得更加複雜。當晚，他甚至因為過於苦惱而徹夜難眠。然而到了隔天一早，侍從長捎來天皇的聖旨，命令土方盡快提出派往伊勢和京都的敕使人選。土方立刻進宮求見，發現天皇的態度與昨晚完全相反，心情似乎相當開朗。他上奏了兩位敕使人選，在獲得批准後感動地落淚退下。

顯然在考慮過整體情況後，天皇也意識到事情發展至此已經無法回頭。但是，明治為何如此抗拒宣戰？也許正如他之前所述，是因為擔心戰爭可能招致外國干預，從而陷日本於不利；又或者他只是不想看到眾多日本國民為了戰爭犧牲，甚至於擔心日本終究不是清朝的對手。畢竟外國媒體一致預言，一旦日本喪失了首場戰事因為萬全的訓練與作戰準備而具備的優勢，這場戰爭將由清朝大獲全勝[55]。然而一切也有可能只是因為天皇長期接受儒家教育的薰陶，所以不想與造就了聖賢的國家開戰。

我們或許永遠無法得知明治不願將對清宣戰一事告知神靈與皇祖的原因，但他確實在第二天早上改變了主意，並且從此刻起直到戰爭結束為止，對於日本在亞洲大陸和周邊海域的戰事都投注了相當堅定的熱情。

·第四十五章·

旅順大屠殺

眼看日本與清朝的戰事進展順利，不久後，日本政府便就勝利後應對朝鮮採取何種方針展開議論。一八九四年八月十七日，陸奧宗光在內閣會議上提出了四項方案：

一、對外宣布朝鮮獨立以及改革內政的必要性，至於朝鮮未來的走向，則應完全任其自主決定。

二、在名義上承認朝鮮為獨立國家，但由日本政府直接和間接地永久或長期扶植朝鮮政權，並竭力保護朝鮮免於外侮。

三、若朝鮮無法自主維持獨立，且日本顯然很難單獨保護朝鮮之時，則應由日本和清朝共同維護朝鮮領土的完整。

四、若第三項方案不可取，則讓朝鮮成為類似歐洲比利時和瑞士一樣經強國認可的中立國。

內閣認為現階段採用固定政策仍為時過早，因而決定暫時以第二方案作為大致的策略方向。[1]

為實踐友好支持朝鮮的方針，八月二十日，天皇命令樞密院顧問官西園寺公望前往朝鮮，向國王高宗贈送禮物和信函。信中寫到明治天皇高度關注朝鮮的近況，並相信朝鮮國王的英明決斷必能穩固國基，帶領國家走向繁榮昌盛。作為友誼永固的象徵，天皇還贈送了一把太刀和一對花瓶。對此朝鮮國王同樣表示很高興天皇有意強化日朝之間的情誼，並感謝他派遣日軍維護朝鮮獨立。[2]

日本政府的擔憂在於外國會如何看待日軍在朝鮮採取的行動。外務大臣陸奧宗光向全權公使大鳥圭介以及日本駐朝鮮的陸海軍指揮官下達了相同的指示，提醒他們必須極力避免任何侵犯朝鮮自主權的行動，即使這意味著軍事上的不便或效率降低；如果真不得已得向朝鮮政府提出要求，也必須確保這些請求不會有損朝鮮作為獨立國家的顏面。最後，他強調朝鮮並非日本的敵人而是盟友，因此凡是購買軍事或其他物資，都應當支付足以滿足對方的代價；無論何時，都絕對不可以給人留下劫掠的印象。

八月二十六日，日本和朝鮮簽署了同盟條約，約定兩國合作將清軍逐出朝鮮領土，並鞏固朝鮮獨立，一同追求日朝雙方的利益。

如前所述，天皇起初不希望日本與清朝進入交戰狀態，然而沒過多久他便全心投入了軍隊最高指揮官的職責。集政治和軍事大權於一身的天皇經常需要對各種事情做出定奪；甲午戰爭期間，日本召開了近九十次的御前會議，與會者除了軍官將領，伊藤博文也在天皇的要求下列席。[3]作為一名文官，伊藤所在乎的就只有獲勝，以及他國出手干涉的可能性，尤其是當戰事拖延之際[4]。值得欣慰的是，與英國的修約談判最終取得了成功，令人痛恨的治外法權的廢止已近在眼前[5]。

九月一日，天皇接見了參謀總長熾仁親王。熾仁親王奏請將大本營遷往廣島，以便加強與在朝軍隊的聯絡。遷移大本營的提議最初由伊藤提出，並以（位於其故鄉長州）最接近朝鮮的港口城市下關為首選，然而軍方卻支持遷往第五師團司令部的所在地廣島。廣島是連接東京與當地宇品港的鐵路位於西邊的終點，也是赴朝軍隊的出發地。把大本營遷往廣島雖然能強化與前線的聯絡，卻阻礙了與大多數仍留在東京的各國公使之間的協商。[6]

九月八日，天皇下令將大本營遷往廣島，而他作為最高統帥自然也會一同移駕。同行者除了侍從、御醫和書記官等人，總理大臣伊藤博文也奉命隨行。[7]

九月十三日，天皇乘坐火車離開東京。許多達官顯貴在新橋站為其送行，通往車站的沿路上則有士兵、學生和一般民眾夾道列隊，在天皇的馬車經過時高呼「萬歲」。當御用火車經過各個村莊時，村民也會排列在軌道兩旁向天皇致意。天皇先是在名古屋過了一夜，於第二天早上前往神戶。由於神戶仍住有不少中國人，當地採取了極為嚴格的海陸警備措施，但天皇本人卻對可能出現的危險毫不在意；當晚，他一邊欣賞中秋的明月，一邊與隨侍談笑到深夜。天皇處變不驚的態度無不令周遭的人留下深刻印象。[8]

九月十五日傍晚抵達廣島後，天皇立刻前往設立於一棟簡樸雙層木造建築內的大本營[9]。明治的辦公室、衛浴和更衣室都位在二樓，其餘的房間則被用來當作隨行人員的住所和軍議室。天皇起居室的與眾不同之處在於其座位後方擺著一面金屏風，以及分別用來安置神聖的寶劍、勾玉和御璽的兩張桌子，他將在這個房間裡辦公、用餐和就寢。每天早上起床洗漱時，侍從會將他的床具移開換成桌椅；除了從東京帶來的桌子、椅子和一些物件外，房間裡沒有其他傢俱，牆上的唯一裝飾品是一座粗製濫造的鐘。[10]後來房間裡才漸漸有了一些裝飾品，包括吳駐軍的下級士官獻上的人造花以及從前線獲得的戰利品。

但天皇並不想把他的住所弄得比現在更加舒適。侍從建議天皇使用扶手椅或者（隨著天氣漸冷）加設暖爐，但天皇卻反問「難道前線也能找到這些東西？」而加以拒絕。當其他人提議擴建大本營好讓房間變得更寬廣，他再次拒絕，不想只為了讓自己感覺舒適而進行擴建。他說：「思及出征將卒之勞苦，何來不便之處？」[11]

就在天皇遷往廣島的同一天，駐朝日軍攻擊了駐紮在平壤的清軍陣營。雙方的兵力在人數上幾乎旗鼓相當，均為一萬兩千多人，但若是想要成功進行包圍戰，照理來說進攻的一方需要比防守方多出三倍的兵力，更別說清軍的裝備比日軍更加先進[12]。除了人員和裝備上的不利，日本部隊也早已因為行進平壤的漫長征途而筋疲力盡；儘管如此，日軍還是在清晨發動了全面進攻。

清軍頑強抵抗。儘管日軍佔領了數處陣地，但主要的堡壘實在過於牢固，難以攻克。在一決雌雄之際，一名日本士兵翻越城牆，打開了北側的玄武門，日軍隨即蜂擁而入。城內包含駐平壤總司令葉志超在內的大多數清軍眼看戰事對他們不利，便棄城逃往靠近清朝邊界的鴨綠江方向。一名清朝軍官因其有勇無謀的行徑而為人們銘記：左寶貴認為投降有失光彩，於是穿上清朝皇帝御賜的正裝，帶領士兵衝入敵陣，最終被日軍的砲火擊中而戰死疆場。[13]這次戰事日軍有一百八十人死亡，超過五百人負傷；清軍則損失超過兩千名士兵，六百多人被俘。平壤是清軍在朝鮮最後的基地，自此戰火便轉而延燒至清朝境內。

平壤戰役造就了一位英雄，他就是打開了玄武門的一等兵原田重吉。因這次促成日軍獲勝的功勳，他當場被晉升為上等兵，儘管這種程度的嘉獎似乎跟他表現出的非凡勇氣並不相稱。後來，原田還獲頒金鵄勳章，甚至成為許多錦繪作品的題材，用來長久稱頌他的勇敢行徑——不論是為了從城內打開城門而翻牆的他、在城內與清軍戰鬥的他，還是站在城牆上對著燃燒的城市陷入沉思，一旁盡是剛被打倒的清兵[14]。人們也透過歌曲歌頌他的功績，例如其中一首的部分段落如下：

穿越過彈丸如雨，
似猿猴般登上城牆，
這個身段矯健的人，
正是原田重吉氏。[15]

原田的事蹟也被改編成名為《海陸連勝日章旗》的戲劇，由尾上菊五郎扮演主角原田（在劇中叫做「澤田重七」）在歌舞伎劇場上演。然而對原田本人來說，英雄的稱號顯然讓他有些吃不消。他在戰爭結束後把金鵄勳章拿去變賣，用換來的錢舉杯痛飲；他也曾一度親自登上舞臺，重現自己當時的英雄事蹟。原田自暴自棄的原因之一，很可能是他發現自己並非第一個翻越城牆的人。其實早在他之前，就曾有一批敢死隊越過城牆，原本被認為已經戰死的隊員之一松村秋太郎卻在後來活著回到了日本。日本當局擔心這件事會傷害原田的榮譽，於是禁止松村公開此事。[16]

在得知佔領平壤後，天皇向前線送上祝賀，稱讚士兵忠誠英勇。該敕諭透過電報傳至第五師師長野津道貫，野津回覆道：「將校下士皆感泣，誓將更加奮進，以一死酬奉聖恩」。[17]

隨著陸戰告捷，緊接著日本也在海上取得了重大勝利。九月十七日，就在平壤陷落後的第二天，日本聯合艦隊與清朝北洋水師在黃海海域展開激戰。這是雙方第一次以蒸汽動力船進行海戰。日本艦隊由十一艘軍艦組成，由坐鎮旗艦「松島」上的海軍中將伊東祐亨（一八四三—一九一四）擔任司令；另一方面率領十二艘軍艦的清朝艦隊噸位與速度皆略遜於日本，但其中兩艘鐵甲艦（「定遠」和「鎮遠」）被認為是東亞目前最強大的軍艦[18]。清軍的指揮官中除了一名德國少校外，還包括數名英美軍官。

在交戰的當天早晨，日本艦隊在海平面上發現一縷煙柱，並隨著煙柱的數量增加，確認他們遇上了清朝軍艦。下午一點左右，定遠號在距離大約三千公尺的地方開火，日本予以猛烈回擊。包括松島號在內的日本船艦受到嚴重損身，然而清朝軍艦也並非毫髮無傷，有三艘被擊沉。雖然兩艘鐵甲艦設法撤退到了旅順口，但是朝鮮以及華北周邊海域的制海權都落入了日軍之手。[19]

這次海戰也同樣誕生了一位英雄。一名松島號上的水手被清軍發射的炮彈擊中而身受重傷，他在垂死之際詢問一旁鼓勵他的軍官：「定遠號還沒有沉嗎？」歌人佐佐木信綱於是用這句話作了一首詩，並配上樂曲，成為戰爭期間催生的眾多歌曲中最令人難忘的作品。歌曲的結尾如下：

> 定遠尚未沉沒乎？
> 此語話短意深長。

為國效勞忠誠民，
長久銘記永在心。
定遠尚未沉沒乎？
句句真心出肺腑。
為國憂愁忠貞民，
滿懷熱血刻胸襟。[20]

和先前提到的吹號手以及翻牆的勇士一樣，這名水手在日本軍隊中的地位並不高。透過稱頌他們不朽的事蹟，使得戰勝清朝成為日本全體民眾的榮耀，而不是（像日本更早以前的戰爭一樣）專屬於武士的勝利。

天皇雖然是統帥，但並不干涉戰事指揮。他之所以移步廣島，是為了展現自己與軍隊同在的決心，以便激勵士兵達成英勇行為和愛國偉業[21]。這也是他為何願意忍受各種不便，或是反對任何前線士兵無法享受的奢侈行為。他拒絕讓皇后或女官為其服侍，也是因為前線並沒有女性負責打理一切。這時在天皇身邊的，就只有不善家政的侍從[22]。

當沒有來自前線的急務時，天皇的消遣便是蹴鞠或射箭，或者欣賞隨侍們為了替他排解無聊而獻上的廣島各地的刀劍與美術品。天皇偶爾也會請擅於繪畫的隨從按照指定題目創作，有時甚至會自己提筆作畫。侍從日野西資博回憶道：「陛下的畫稱不上非常出色，但若是能獲賜一張，必將視之為珍寶。然而，陛下總是在畫成後立即撕毀，因而不曾有機會收下，實在可惜。」[23]

讓人驚訝的是，天皇在駐留廣島期間並沒有創作很多和歌[24]。但他確實在成歡之戰後創作了一首軍歌〈成歡役〉，部分歌詞如下：

我勇猛之將士，
踏敵我之屍體，
奮勇激昂向前。[25]

這首歌後來經過配樂，於九月二十六日的晚餐上由軍樂隊演奏。但天皇對樂曲並不滿意。兩天後，樂隊採用了加藤義清創作的〈軍號之音〉的旋律；天皇非常喜歡這首曲子，幾乎每天晚餐後都會下令演奏[26]。天皇還以「成歡站」為題創作能劇腳本，並命令內務省官員櫻井能堅為其作曲，於完成後在天皇面前表演[27]。

十月十八日到二十二日在廣島召開的臨時帝國議會為天皇在此地的生活添增了幾分生氣。這次會議是由遞信大臣黑田清隆和內務大臣井上馨向伊藤博文提案，認為天皇親自主持開院式會比在東京讓其他人代為宣讀詔敕更有激勵議員的效果，於是政府也這麼安排了。在宣布召開議會時，天皇對清朝忘記維護東亞和平的義務而招致今日事態深表遺憾。既然戰火已經點燃，日本就會戰鬥到達成目標為止。他期許帝國臣民齊心協力獲得全面勝利，迅速找回東亞和平並藉此宣揚國家的威望。[28]

議會基本上都在討論如何籌集戰爭資金，最後同意發行一億日圓的公債來彌補赤字。雖然各派議員的觀點不盡相同，卻都以獲勝為共同目標，並對天皇親自守望軍隊的行動表達感激之情。

正當帝國議會在廣島召開的時候，日本第一軍的部隊朝著鴨綠江岸行進，於十月二十四日渡河。清軍奮力抵抗，但日軍在交戰的過程中可謂「連戰連勝」。十一月二日，天皇出席了在臨時議事堂舉辦的勝利祝宴；建築內部牆壁上還掛著袁世凱自吹自擂、李鴻章泣不成聲以及左寶貴戰死沙場的畫像。宴會之後，則上演了能劇和狂言表演[29]。到了翌日，天皇在夜晚慶祝自己誕辰的宴會上親自演唱了《熊野》[30]。

十一月八日，美國駐日公使愛德溫・鄧恩（Edwin Dun）交給外務大臣陸奧宗光一封來自美國政府的函件：

> 日中之間這場令人遺憾的戰爭並未危及到美國在亞洲的戰略。美國將對交戰雙方抱持不

偏不袒、重視友誼、嚴守中立的態度，衷心希望謀求兩國福利。若戰爭延長，乃至無法制止日本的海陸攻勢，與東亞局勢有利害關係的歐洲列強難保不會提出有損日本未來安全和福祉的要求。美國總統對日本一向懷有最真誠的友好之情，在不損害中日兩國聲譽的前提下，美國欲為維護東方和平居中仲裁，望貴國告知是否同意。[31]

在這些言詞背後，我們可以感受到美國對英國一貫抱有的不信任，以及希望日本將其視為在領土或其他方面都對東亞沒有野心的友好國家。儘管陸奧表示感謝美國提出的調停，但他（在徵得政府和天皇的許可後）答覆道：「自交戰以來，帝國軍隊連戰連捷，目前無需乞助貴國政府特意協助，以終止戰爭。」陸奧認為，「察清國之情勢，今若非遭逢更多打擊，則難真心悔悟，或感誠實講和之必要。而我國內，主戰氣焰仍未減卻，即今開講和端緒，亦時機尚早」。[32]

雖然陸奧向鄧恩保證，日本並沒有打算「乘勝獲得超出這次戰爭應得的合理回報」，然而其他人卻是野心勃勃。山縣有朋針對朝鮮的未來向天皇提出一份建議書，坦言維護朝鮮獨立和防止清朝干涉是極其困難的事情。他提到日本已經和朝鮮簽訂一份秘密協定，在釜山到漢城之間修建鐵路，但是光是這樣並不足夠。如果不將鐵路延伸至平壤北部的義州，日後必定後悔莫及。義州乃戰略要地，日本應在此設立據點，才能把清朝的影響力減到最低；何況連結釜山至義州的鐵路也是直通印度的大道，日本若是想要稱霸亞洲，就必須即刻修建這條鐵路。[33]

雖然山縣的建議沒有獲得承認，但自第二軍於十一月六日攻佔金州城後，山縣便積極主張日本向亞洲大陸擴張的必要性。清朝無力阻止日軍深入國境，渴望盡快結束戰爭。據報告指出，李鴻章已經決定無論日本提出怎樣的賠償條件都願意議和，甚至懇請德、俄等國幫忙打探日本議和的條件。德國公使拒絕居中調停，建議清朝直接與日本政府談判；俄國公使也給出了同樣的回答。

下一場激戰的發生地旅順口是清朝北洋水師的母港，防禦十分牢固。十多年來，清朝不惜鉅資打造堅不可摧的堡壘，使當地被譽為世上三大要塞之一。這裡有近萬人以上的清軍駐守[34]，擁有約一百五十座炮臺。十一月二十一日早上六點四十分，日軍發起進攻。雖然第一道防線相當難以突破，不過一旦瓦解之後清軍的抵抗便瞬間崩潰，幾乎所有的守兵都敗退而逃。清朝最引以為傲的旅順口要塞於是輕易地被遭到日軍攻陷。[35]

就在日本和美國簽訂新的通商航海條約的十一月二十二日，美國駐北京公使田夏禮（Charles Denby，一八六一—一九三八）向駐東京的鄧恩發出電報，聲稱清朝政府已經全權委託他直接展開議和。清朝提出的條件是承認朝鮮獨立，以及提供合理的軍費賠償[36]。然而日本政府將該提議（陸奧指責這是在「討價還價」）解釋為清朝並非真心謀求和平；他們答覆說，如果清朝有心和睦相處，就應該正式委派全權特使讓日本傳達停戰條件。

一切看似都對日本有利。就在此時，目擊了旅順佔領經過的外國記者所發出的一連串報導不僅衝擊了國際社會，更一度嚴重威脅到日本作為近代化文明國家的名譽。

第一個對日軍攻陷旅順後的行徑進行報導的是倫敦《泰晤士報》的駐外記者湯瑪斯·柯文（Thomas Cowen）。在離開旅順口後，他於十一月二十九日抵達廣島，並在第二天會見了外務大臣陸奧。柯文詳細描述他親眼目睹的恐怖場景，這令陸奧十分震驚。是夜，陸奧向外務省事務次官林董發出一封電報：

> 《泰晤士報》記者從旅順口歸，今日與其會面。彼人言日軍戰捷後，舉止相當粗暴，殘殺俘虜，殃及平民乃至婦女，此類言論似為事實。彼人稱此事實不僅歐美各記者目睹，各國艦隊軍官，尤其英國海軍少將亦親眼所見。37

柯文質問陸奧，日本政府打算如何善後。陸奧回答，如果報導屬實將令人不勝悲痛，但是在接獲第二軍司令官大山巖將軍的報告之前無法輕易斷言。他認為日本軍隊素來軍紀森嚴，會犯下如此罪行實在難以置信。即便事情屬實，也必定有其原因；只要能知道理由，也許就有辦法減輕罪狀。陸奧要林董務必將手上的所有消息都向他彙報。

十二月三日，《泰晤士報》刊登了柯文的第一篇戰事報導。文章以日本官方對這起事件的看法作為開頭：清兵脫去軍裝，換上民服，並在身上藏有炸彈等武器；平民也加入了戰鬥，他們從屋內向外開火，因此日軍認為有必要殲滅他們。更讓日軍惱羞成怒的是，遭到俘虜的日本士兵被活活燒死或砍斷手腳的屍體慘狀。

之後，柯文描述了自己的所見所聞。在日軍宣告獲勝後的四天，他一直都待在旅順。儘管城內已無人抵抗，但幾乎所有男性都遭到虐殺，一些婦女和兒童也不幸遇害；日軍甚至洗劫了整座城市。正如柯文曾向陸奧形容的，他目睹了許多被扒光衣服、雙手綁在背後的清朝人俘虜遭日軍揮劍亂砍。有的開腸剖肚，有的則被砍斷四肢；許多屍體都有部分燒焦的痕跡[38]。

日本政府對刊登在外國報紙上的這類新聞做出的即刻反應，便是透過外媒散播有利於日本的報導[39]。不僅收受賄賂的路透社發表了親日的文章，包括《華盛頓郵報》在內的不少外國報紙也被收買，刊登了對日本有利的內容[40]。當時，有許多外國記者都受到了日本政府的資金援助[41]。

日本軍方也從這個時期開始審查媒體報導。政府擬定了十項要求，在「勤錄忠勇義烈之事實，獎勵同仇敵愾之志氣」下面另有四個注意事項，違反相關規定者將受到相應的處罰。[42]

然而，紐約報紙《世界報》的駐外記者詹姆斯．克里曼（James Creelman）發表的一篇簡短電訊稿卻引發了全世界對旅順屠殺事件的關注：[43]

十一月二十一日，日軍進入旅順，殘忍無情地屠殺了近乎全城的市民。毫無防備且手無寸鐵的居民在家中遭到虐殺，屍體被砍去四肢，慘狀無以言喻。毫無節制的殺戮整整持續了三天，整座城市籠罩在這場駭人聽聞的暴行之下。

這是日本文明的第一個汙點。日本人在這次事件中再次墮落成為蠻夷之輩。日本試圖將殘虐行為正當化的藉口全都是赤裸裸的謊言。若是知道了細節，文明世界無疑會為之戰慄。

外國隨軍記者由於無法忍受眼前的慘況，便集體離開了軍隊。[44]

對此，日本媒體藉由放大檢視清軍狡猾至極的策略為日軍辯護，強調清兵即使在脫下軍服、換上平民服裝後仍然頑強抵抗，就像隱藏在人群中的瘋狗一樣危險，因此日軍只好在被反咬一口之前將其斬除[45]；日媒也反覆提到「被俘日兵的屍體遭到殘忍對待」，暗示這是造成日軍心生仇恨的一大原因[46]。

關於「大屠殺」，有人聲稱英國在印度犯下的罪行更為殘忍；不僅如此，毛利人也曾在紐西蘭遭到虐殺，近期隸屬於鄂圖曼帝國的保加利亞部隊對亞美尼亞人的殺戮行動甚至遠比今天東亞的情況嚴重得多。在美國德州，人們甚至用私刑處死了一名黑人，只因他渴望獲得良好教育。然而之所以引用這個可悲的案例並非（像人們預期的那樣）意在說明種族歧視的存在，而是用來印證文明人（例如美國的實施私刑者或日本人）很難對野蠻人（如黑人或中國人）產生憐憫之情。[47]

柯文、克里曼和《北美評論》的維利爾斯（Frederic Villiers）這三位記者對旅順大屠殺的詳盡報導震驚了世人。他們見證了日軍逢人就殺的景象，即使對方已無意抵抗。跪在地上乞求饒命的老人被刺刀刺死，頭顱也被砍下；倉皇地逃往山上的婦女與孩童也遭到追趕的日軍開槍射擊。這是一場無差別的殺戮，只要是會動的物體，哪怕是一隻狗、一隻貓或是一頭迷路的驢子，都無一倖免。根據柯文所見，沒有人從家中朝日軍開火，但日本人仍毫不留情地亂槍掃射。正如照片所示，街道上布滿了屍體，血流成河。外國特派記者也表示，當下沒有一具屍體看起來像是士兵或是攜帶著武器。[48]

日軍沒有俘虜任何人，儘管日本官方宣稱有約三百五十五名受到人道對待的俘虜會在不久後被送往東京[49]。十二月四日的《萬朝報》上刊登了一篇自問自答的文章，針對為何這次俘虜相對較少的問題，認為如果日本陸海軍有意俘虜清兵，他們愛抓多少就抓多少；然而，就算抓獲大量的俘虜也只是徒增麻煩而已，因此第二軍才把攜帶武器或者試圖反抗的人全部殺害，導致俘虜人數少之又少。[50]

事實上，確實有少數清朝人沒有被殺害，大概是因為日軍需要他們幫忙掩埋屍體。這些人獲得一張白布或白紙，上頭寫著「順民勿殺」、「此人不可殺　應某某隊之命」。[51]

儘管國際法禁止軍夫[*1]攜帶武器，但日軍底下的軍夫仍大幅參與了屠殺行動。於是當陸軍再也無法否認屠殺行為的時候，便將一切暴行怪罪到喝醉酒的軍夫身上。此外，陸軍上將大山也嚴正否認日軍有從旅順民宅劫掠財物。[52]

十一月二十三日的新嘗祭[*2]這天，日本人在旅順的造船廠舉辦了慶宴。到了宴會的最高潮，眾人將大山巖和其他高級軍官抬起來拋向空中，慶祝勝利。當晚，第二軍的法律顧問有賀長雄拜訪了外國記者。有賀曾是東京大學的高材生，被評為是唯一能完全理解歐尼斯特・費諾羅薩（Ernest Fenollosa）的藝術講座的學生[53]，但此刻的他卻是日本軍隊的辯護者。有賀要求維利爾斯憑直覺判斷過去幾天發生的事情是否算是一場大屠殺（massacre），這時維利爾斯雖然沒有做出正面回答，但他在文章中使用了別的詞來形容該事件：「冷血的屠殺」（cold-blooded butchery）。[54]

如果當時沒有外國記者，這次慘烈的事件也許永遠不會被記錄下來[55]。旅順大屠殺如今仍然是段苦澀的記憶，讓人不禁思索並非禽獸的人類為何會做出如此殘忍的行徑。也許是激烈的戰鬥以及眼前（或聽聞）殘缺不全的同胞屍體激化了士兵的情緒，讓他們一時拋棄了理智，將生而為人的道德與個人信念全部轉化為一種只受殺戮本能支配的集體情感[56]。

如果西方人讀到有關歐美軍隊在世界一隅屠殺當地原住民的報導，可能也只會輕描淡寫地認為這是為了教導野蠻人過上文明生活所必須採取的行動。然而他們在得知日軍犯下的暴行時，卻又有部分人士認定這證實了日本雖然有著迷人的景色和風雅的藝術，但依然是個不值得平等待之的蠻夷之邦[57]。

美國參議院對日美條約的批准立刻受到了這起事件的影響。十二月十四日，公使栗野慎一郎致電陸奧：「美國國務卿[58]告知本人，倘若關於日軍在旅順屠殺清人之傳聞屬實，必定造成參議院決議困難重重。」陸奧即刻回電栗野：「與旅順口一事相關之報導皆誇大其詞，雖多少無益之流血殺戮確有其事，然帝國軍向來紀律嚴明，勢必當下因受刺激而為之。」參議院在拖延許久之後，才終於繼續處理條約事宜。有鑑於日本人在中國的行徑，部分參議員反對廢除治外法權；而隨後提出的修正案據陸奧所述，等於是「在實質上讓整個條約作廢」[59]。直到一八九五年二月，美國參議院才批准了條約。

克里曼確信，包含陸軍上將在內的其他將領都有注意到連日的屠殺行動[60]，但身在廣島的天皇似乎不知道詳情。天皇身邊的人顯然不可能拿這種會讓帝國軍隊蒙羞的事情來增加他的煩惱，再加上天皇很少看報，即便真的詳細地閱讀內容，看到的也全都是反駁外國記者報導

＊1　在軍中負責伙食、打掃、搬運等雜務的勞役，不具有軍人身分。
＊2　由天皇將年度新收成的稻穀獻給神明，表達感謝與祈求豐收的祭典。

的文章；比起自己的國民，他並沒有理由更相信外國人的說法。

關於戰事，天皇能就近獲得的了解多半來自於各種為了取悅他而獻上的戰利品。當中雖然也有藝術品，但主要還是以清朝的服飾、旗幟等物品居多。最值得一提的戰利品則是一對駱駝，最初發現的士兵先是將牠們獻給了山地將軍，而後由山地連同一隻丹頂鶴一起敬獻給天皇[61]。駱駝於十一月二十九日抵達宇品，天皇便在高興之餘提議將駱駝送給侍從堀河康隆[62]。這讓堀河感到相當困惑，誠惶誠恐地婉拒了這份莫名的大禮[63]。到了翌年二月，駱駝被當作是來自皇太子的禮物送進了上野動物園[64]。

明治天皇曾以旅順口戰役為主題做了兩首和歌：

炮聲四起勇無懼
仇敵堅城誓破盡
凱歌盪世穿雲霄
精兵破壘松樹山[65]

這是在得知攻陷旅順口後，天皇最直率的感情表現。

‧第四十六章‧
馬關條約

歷經旅順慘敗後，清朝再次試圖終結這場戰爭。在李鴻章的提議下，任職於天津海關稅務司的德國專員德璀琳（Gustav Detring）帶著李鴻章致伊藤總理大臣的書信前往日本。信中提到，清朝皇帝之所以命令李鴻章派遣德璀琳奔赴日本，是因為德璀琳「在中國任職多年，證實其忠誠且值得信賴」。德璀琳此行的任務是尋求議和，並根據李鴻章的授意「探明恢復和平、重修舊誼的條件」[1]。李鴻章還附一封給伊藤的私函，提起幾年前兩人曾在天津會晤的情誼，並堅信伊藤和他有著共同的信念。

一八九四年十一月二十六日，抵達神戶的德璀琳立刻透過兵庫縣知事請求會見伊藤，卻斷然遭到拒絕，聲稱德璀琳並不具交戰國代表的資格[2]。他利用法理上的藉口拒絕會見使者，表明了日本政府在現階段根本無意結束這場形勢對日本有利的戰爭。

與此同時，第一軍在山縣有朋的指揮下越過鴨綠江進入清朝。隨著補給線已拉長至極限，山縣被迫面臨一個艱難的抉擇——是繼續向前挺進，還是就地設置冬營待命。大本營贊成後者，認為此時正是轉攻為守的絕佳時機；然而第一軍的軍官們卻堅持深入清朝境內，除了因為不想輸給在旅順口大獲全勝的第二軍，同時也擔心長時間的待機可能嚴重影響士氣。早先山縣（於十一月三日）向大本營提交了三種策略，並表示將聽從大本營選定的任何一個方案：一是從山海關一帶登陸，並確保進軍北京的據點；二是在遼寧半島集結軍隊，於沿岸的不凍港設立一處補給基地；三則是向北進軍，進攻奉天（今瀋陽）[3]。

這三個方案都遭到大本營駁斥，對此深感不滿的山縣於是在十一月二十五日下令第三師團進攻作為陸上交通要衝的海城。山縣無視大本營命令的行為激怒了伊藤博文，於十一月二十九日奏請天皇頒布敕令，把山縣召回日本。雖然官方對外聲稱是因為山縣罹患胃病，天皇也表示擔心他的身體狀況，但真正的意思卻是在命令山縣立刻返國，讓天皇親自聽他上奏前線情勢。[4]

然而，這時第一軍已經抵達海城附近，並遭遇目前為止清軍最頑強的抵抗。十二月十三日，日軍佔領海城，但是清軍並沒有像先前一樣立刻棄城潰逃，甚至五度試圖奪回海城[5]，頻頻讓日軍在擊退時陷入苦戰。一時之間，清軍甚至看似即將扭轉頹勢[6]；其中最重大的一次威脅發生在二月底，當時清軍主將劉坤一制定了一個作戰計畫，研擬調動十萬大軍包圍位於海城的日軍。然該計畫遭到清軍大本營的反對，因而沒有獲得大清皇帝批准。清朝的最高指揮部沒能採用劉坤一的方案，或許使得日本免於面臨一場決定性的戰敗。

相較於敵軍採取的軍事行動，更讓前線日軍苦不堪言的是嚴寒的氣候。數百名士兵飽受凍瘡的折磨。十二月十九日，第三師團於黎明時分離開海城，意圖襲擊前往牛莊的清軍，但路面超過三十公分的積雪嚴重阻礙了行軍。日軍勇猛作戰，一舉拿下好幾個防禦堅固的陣地。然而清軍仍頑強抵抗，到了傍晚日軍便因為激戰和寒冷而筋疲力盡。隨著夜幕降臨，師團長桂太郎（一八四八—一九一三）命令軍隊立刻返回海城，但士兵們早已疲憊不堪，直到隔天早上才總算抵達海城。

在甲午戰爭期間創作的大量錦繪中，最打動人心的正是那些描繪了士兵身處滿洲的嚴寒與冰天雪地的作品。畫中的士兵們時而圍繞著篝火，時而持槍橫臥在雪地裡瞄準目標，有時則翻身上馬，和馬匹一起忍受酷寒的折磨。[7]當初因為來不及準備冬裝，日軍在天寒地凍之下仍穿著夏季的制服，馬匹也沒有裝上用來在冰上行走的馬蹄鐵；儘管如此，日軍仍繼續向前挺進。

德璀琳最終未能會見伊藤，清朝只好透過美國駐北京公使田夏禮和美國駐日公使鄧恩傳話，請求日本開出議和的條件，辯稱無法在條件未知的情況下派出全權使節。對此日本政府表示在與具備正當資格的全權代表會晤之前，日本無意透露議和的條件[8]。清政府於是再次透過兩位美國公使表達願意遵從日本的意見委派全權代表，同時建議雙方在上海會面，但日方卻堅持會談必須在日本國內舉行。清朝提議以往來便利的長崎作為談判地，日本當局則主張在廣島舉行，並承諾會在清朝代表抵達後的四十八小時內展開談判。[9]

儘管清朝急切地希望結束戰爭，但清朝全權代表直到一八九五年一月三十一日才抵達廣島。日本政府雖然任命伊藤博文和陸奧宗光擔任日方代表，然而從一開始便有人不滿清朝派來的代表職位和身分都偏低，懷疑清朝是否真心想進行談判。此外，日本也發現清朝代表並沒有攜帶全權委任狀，只有一份國書和清朝皇帝委任這兩名人士擔任使者的敕諭，且上頭並沒有明確說明兩人的權限。清朝皇帝顯然希望這兩名代表透過電報隨時呈報談判的進展，並在採取下一步行動前等待他的指示。日本請求清政府以書面答覆是否授權其代表進行議和談判的一切權限，結果在二月二日送來的公文中，清朝承認這兩人並不具有自行判斷的權力。伊藤於是隨即宣布談判無法繼續進行。[10]

即便在會談期間，日軍仍於一月二十日從山東半島北側的榮成灣登陸，繼續向清朝北洋水師最後的據點威海衛進軍。二月二日，第二軍毫不費力地佔領了威海衛，而日本聯合艦隊也成功圍困了港內剩餘的北洋軍艦[11]。只不過，來自劉公島炮臺的猛烈砲火卻讓日軍的攻勢不如預期順利。二月五日晚上，日本的魚雷艇設法偷偷接近劉公島，從只相距五十到一百公尺的距離發射魚雷，擊沉了清軍的旗艦[12]；二月六日，日本魚雷艇再次發動夜襲，導致兩艘清朝軍艦嚴重受損。七日，日本軍艦對灣內的劉公島和日島進行砲轟，在命中日島的彈藥庫後發生爆炸，讓清軍頓時戰意全失[13]。

二月九日正午時分，日軍的砲火擊中了靖遠號的彈藥庫，導致船艦因爆炸而沉沒。定遠號艦長見狀，立刻下令自毀軍艦（該艦早已遭到毀壞），隨後舉槍自殺。次日，北洋水師倖存的各艦艦長一同勸說海軍提督丁汝昌投降。丁汝昌雖然主張戰鬥到底，卻無人贊同，於是他只好向聯合艦隊司令官伊東祐亨傳話表示降伏。早在這之前，伊東便曾勸丁汝昌投降，並用英語寫了一封勸降書，好讓丁汝昌的外國顧問也能參與討論。部分內容如下：

閣下：

應時局不幸之變遷，以致彼此為仇敵。然今日戰事非個人恩怨，只期昔日情誼猶存，足以向閣下保證，今有幸發出此文，其動機出自一片真心，絕非僅止於勸降。14

當伊東收到丁汝昌表示願意投降的文書時，他出於禮節讓使者帶回了葡萄酒、香檳和柿餅以示安慰。二月十二日早上，高掛白旗的清朝砲艦「鎮北」帶著丁汝昌致司令長官伊東的正式請降書，駛向日本聯合艦隊的旗艦「松島」。作為交出威海衛地區所有的軍艦和兵器的交換條件，丁汝昌要求日本保障清軍和外國顧問的安全。十六日，丁作詩一首，表示願為北洋水師全軍覆沒負起全責，隨後服毒自殺。

丁汝昌的末路感動了不少日本人，就連浮世繪畫家也滿懷同情地將他的臨終時刻描繪下來。在水野年方的作品中，丁提督手持毒杯，凝望著港口附近燃燒的船艦；而右田年英也同樣透過錦繪刻劃出這位滿臉惆悵的男子無力地坐在椅子上盯著遺書，一旁的桌子上則放著一小瓶毒藥。

在獲悉丁提督自殺的消息後，司令長官伊東命令聯合艦隊的船艦降半旗以示哀悼，並禁止奏樂（重大儀式除外）。他詢問負責處理投降事宜的清朝官員，可以承載最多人的是哪一艘船艦。該官員答道，除了「康濟」以外其餘都是不適合運送部隊的軍艦，但原為運輸船的康濟號大概可以承載兩千人。伊東隨後坦言，雖然在談及如何處理丁提督的靈柩之時，清朝官員建議可與其他靈柩一同用清朝的平底帆船載往海上，然而伊東卻說：「彼乃北洋水師長官……雖一朝戰敗，如置提督之柩於一葉帆船，非日本男兒所能忍受。余為慰提督之靈，特止收容『康濟』號，以任貴官自由處理。若載提督靈柩後尚有餘地，不妨搭載士官以下等。」[15]

根據一名外國記者員的報導，「日本艦隊向他們英勇可敬的敵手獻上了一段感人的悼詞。當載有靈柩的康濟號緩緩出港，所有日本船艦都降半旗致哀，並隨著船隻前行，從伊東伯爵的旗艦不斷鳴放禮炮致敬。停靠在威海衛的歐洲軍艦也同樣降半旗，緬懷這位已故海軍提督的英勇表現。」[16]

伊東對戰敗的敵人展現了前所未有的寬容。他不僅允許清朝利用康濟號盡可能地撤離軍隊，還同意讓當地居民自行選擇是否離開威海衛。威海衛之戰不僅以日本的勝利告終，也在旅順的悲劇事件之後重新發揚了武士道精神。

作為最高統帥的天皇想必沒多久便得知日軍獲勝的消息，只不過除此之外他的日子似乎過得相當單調。他多次出席政策會議，卻（正如他參加制定憲法的會議時）幾乎從不發表意見。一八九五年的元旦並沒有舉辦慣例的宮廷儀式，但天皇觀看了蹴鞠比賽[17]，並令一名官員為他朗讀《平家物語》。這大概是新年之初為天皇講課的傳統上第一次出現由天皇自選的作品。

一八九四年十二月，有栖川宮熾仁親王染上傷寒。每當他看似痊癒的時候，病情卻總是再度復發。他甚至離開廣島，前往位於兵庫縣的舞子別墅邸專心養病，只可惜效果不如預期。天皇向來日不多的熾仁親王授予了菊花章和金鵄勳章，讓他成為第一個獲頒金鵄勳章的人。儘管盡全力搶救，熾仁仍於一月十五日病逝。為避免對軍隊帶來負面影響，他的病情一直秘而未宣，直到二十三日官方突然公布了他病危的消息。隨後其遺體被送回東京，然而就連天皇也不知道他已經病逝；二十三日，當天皇派人探視親王，這才終於得知熾仁的死訊。熾仁的國葬於一月二十九日舉行，當下天皇還賜贈了一對楊桐樹枝[*1]，而這也是天皇第一次在非自身子女的葬禮上贈送此等禮物[18]。

*1　日文漢字寫作「榊」，是神道中常用於祭祀的植物。

我們無從得知天皇在知道熾仁病故後的感受，但打擊肯定不小，畢竟他又失去了一名自維新時期就隨侍在側的顧問。作為熾仁的後繼者，彰仁親王於是被任命為參謀總長[19]。

三月十九日，皇后抵達廣島。在大本營侍奉天皇的人都知道侍從們無法勝任照顧天皇的職務[20]，因此一直希望皇后能親自來訪。最後，天皇總算恩准，皇后於是帶著一群女官同行，其中包括天皇最寵愛的權典侍千種任子和園祥子[21]。由於權典侍幾乎從未踏足宮中之外，這次長途旅行對她們來說是一次前所未有的體驗。

我們很難想像在歐洲可以找到像皇后這樣心胸寬大的女性。她一心以天皇的需求為重，甚至帶著將代替她為丈夫侍寢的其他女人與之隨行。在官方記錄中，沒有任何跡象表明此前天皇在廣島有女性陪侍，也看不出來天皇在見到兩位寵妃後有何反應。根據子爵日野西資博回憶，皇后在逗留廣島期間都住在大本營後面的建築裡，但天皇從她抵達後卻有將近一個月的時間都未曾前去探訪，而是像以前一樣待在自己的房間。某天晚上，天皇拜訪了皇后的住處，自此以後天皇夜夜往返，直到隔天早上才回到大本營。

抵達廣島後的第二天，皇后立刻表示想去訪問供傷兵療養的醫院。御醫建議她休息幾日再去，但從三月二十二起，她便每隔一天就去醫院安慰受傷的士兵。皇后熱心探望病房的情景也被描繪在錦繪之中，一旁纏著繃帶的傷患則滿懷敬畏地跪坐在病床上。皇后就這麼在廣島待了一個多月。

就在皇后抵達廣島的同一天，以李鴻章為首的清朝代表團抵達下關[*2]，為結束戰爭與日本展開談判。這一次，日本已毫無質疑全權代表資格的餘地，畢竟李鴻章可是清朝的重臣。至於日本選擇下關當作談判地點的原因之一，是因為自從一八六四年西方列強組成聯合艦隊炮轟此地以來，各國對於這個地名也有了一定的認識[22]。

清朝代表抵達後的第二天，談判開始。日方代表是伊藤博文、陸奧宗光等人。這次雙方順利地交換全權委任狀，同一天，李鴻章也正式申請停戰，正如他在幾個月透過駐清美國公使提出的請求。

三月二十日，伊藤博文列出停戰條件：日本佔領大沽、天津、山海關及其周邊的堡壘；位於這些地區的清軍須將所有武器和軍需品移交日軍；天津到山海關的鐵路由日本軍官管理；在停戰期間，清朝須承擔日軍的軍事費用。如果清政府對上述條件有異議，必須另外提出可行的方案，日本不會再考慮其他提議。這般苛刻的條件讓李鴻章錯愕不已，他請求給予三天時間考慮。

三月二十四日，李鴻章、伊藤及各自的幕僚在下關的餐館春帆樓會晤。李鴻章撤回停戰提議，表示希望改為即刻進行議和；伊藤承諾將於次日提出議和條件。然而就在結束會談返

*2 古稱「赤間關」，亦得稱「赤馬關」或「馬關」。

回旅館的途中，李鴻章被一位名叫小山豐太郎的兇徒開槍擊中臉部[23]。

刺殺未遂的消息隨即傳到位於廣島的大本營。天皇聞訊後十分心慌，立刻指派兩名軍醫總監前往下關為李鴻章治療，皇后亦派出護士帶著她親自製作的繃帶。次日，天皇頒布敕諭，表示即便日本正在和清朝交戰，發生這般襲擊事件依然令人相當悲痛和遺憾；他宣布將依法懲處犯人（已被捕），並勸戒所有臣民不得再有任何損害日本聲譽的舉動[24]。

在試圖刺殺李鴻章的事件發生之前，李鴻章經常在日本的錦繪裡被描繪成一個老態龍鍾的長者，用來象徵軟弱無能又狡猾的中國人，此外甚至還有嘲笑他的歌曲。然而，這次遇刺引發了不少日本民眾的同情，大批禮物和慰問書信源源不絕地湧入下關。陸奧宗光回憶道：「曾對李鴻章放難堪雜言者，今突然痛惜李之境遇，出言過其實之諂媚言辭。更有甚者，列李既往功績，斷言東方日後安危全繫於李之生死。」[25]

日本社會對於此次刺殺未遂的反應與大津事件有所不同，因為人們不太需要擔心清朝會進行報復。但是這仍可能影響到日本因戰爭勝利而獲得的國際聲譽，讓李鴻章藉機博得西方同情，為第三國的介入提供了絕佳機會。[26]

陸奧意識到有必要採取大動作，以使清朝和其他各國相信日本是真心對此次襲擊感到痛心，因而極力主張無條件答應李鴻章提出的停戰數周的請求。伊藤也同意陸奧的觀點，並力勸內閣成員和大本營答應停戰，即便有人認為停戰將對日本不利。在獲得天皇恩准後，陸奧於三月二十八日帶著停戰協議草案來到李鴻章的病榻前。草案的序言部分寫道：「大日本皇帝陛下鑑於今回不幸事件已礙議和談判之進行，茲向全權公使下令，承諾暫時休戰。」27

雖然陸奧解釋「停戰完全是出於天皇陛下的好意」，但天皇在此發揮的作用可說是微乎其微，他所做的就只是批准了草案而已。該草案最初由陸奧擬定，而後由伊藤上呈天皇裁斷；序言中的那番話，則多半是為了提升天皇在清朝人眼中的權威形象。28總而言之，李鴻章欣然接受了停戰協議，並表示雖然他因為負傷無法親自出席談判會議，但若能在病房裡舉行他願意隨時奉陪。三月三十日，雙方簽署了停戰協定，規定所有陸海軍部隊即日起停戰三周。

四月一日，日本代表向李鴻章轉交了議和條約的草案。當中的條件十分嚴苛，除了承認朝鮮為獨立國家外（清朝在數個月前已接受了這項提議），還要求清朝將奉天省南部、臺灣和澎湖列島割讓給日本。除此之外，清朝還必須向日本賠償三億兩白銀，並允許日本國民在清朝享有通商特權。

李鴻章使盡一切手段降低日本的要求。他先是主張「我國與貴國齊心協力，防堵西洋文化之浪潮，並集結黃色人種以與白色人種相抗衡」29，但並未奏效。對於日本提出的條件，李鴻章警告：「今擬請所讓之地，如果勒令中國照辦，或使兩國子孫永成仇敵，傳至無窮矣」。

接著，李鴻章對日本要求的鉅額賠償提出質疑，強調是日本先挑起戰端還侵佔了中國土地。即便如此，他還是願意（正如他之前轉告美國公使的那樣）給予賠償，但金額必須合理。要求如此鉅款將伴隨高度的風險，一旦日後中國無法如數償還，便很有可能再次挑起戰火。在文書的結尾，他懇請日本大發慈悲：

> 本大臣回顧服官近五十年，今自知來日無多，為君民盡力之事，恐終於此次和局……所以力盼兩國從此永固邦交，相安無事，以求共榮。願貴大臣深思其策。[30]

只可惜，這番言論沒能打動日本。日本代表提醒李鴻章，日本是戰勝國，而清朝是戰敗國。一旦談判破裂，六七十艘日本船艦將載著待命的軍隊一同奔赴戰場，屆時恐怕北京也難逃危機。伊藤要求李鴻章給出是否接受日方條件的明確答覆。

清朝代表於是提議修正，希望縮減割讓給日本的領土範圍，並將賠償費用減少至一億兩白銀。李鴻章還建議，如果日本和清朝日後再起爭端，應請求第三國居中調停；若無法就調解人達成共識，則由美國總統指定人選。[31]

四月十日，日本提出最終方案，再次要求清朝答覆接受與否。他們將割讓的領土範圍縮減至遼東半島、臺灣和澎湖列島，並將賠款減少至兩億兩白銀，其他條款保持不變。儘管李鴻章再次試圖尋求讓步卻未果，他只好接受了日本的條件。四月十七日，雙方簽署了議和條約（即《馬關條約》）。陸奧評論道：「發揚我國威光，增進我民福祉，東洋天地再開泰平盛世，皆仰賴我陛下之威德。」[32]

四月二十一日，天皇發布詔書，宣布日清恢復友好關係。在開頭，天皇表示自己堅信只有和平盛世才能使國運昌隆，並以維護和平為繼承自皇祖皇宗的至高使命。這是他自即位以來的目標，但不幸的是清日兩國仍爆發戰爭，不得不經歷將近十個月的激戰。他接著感謝所有為勝利作出貢獻的人，尤其是身經無數苦難的軍隊：「今成果雖賴朕祖宗之威靈，然若非百僚臣庶忠誠勇武精誠以貫，安能至此？」[33]

在詔書的結尾，天皇告誡日本國民切莫因勝利變得傲慢自大、恣意藐視他國，從而喪失友邦之信任。他希望與清朝簽署議和條約後，能恢復兩國的友好關係，睦鄰之情更勝於往昔。[34]

無論此番聲明是否由天皇親自撰寫，想必都反映了他的真心。事實上明治自己也表明，（正如詔書所宣告的）戰爭的勝利與日本對外威望的提升並不完全歸功於自身的權威和德行，而是多虧了國民的努力和犧牲。他沒有因為（以二十世紀西方統治者的姿態）戰勝可恨的敵人或者弭除清朝對朝鮮獨立的威脅而志得意滿，反而祈禱兩國能夠恢復被這場不可避免的戰爭中斷的昔日情誼。天皇對增進日清和睦關係的期盼，或許也解釋了他為何在得知政府決定向清朝宣戰時大發雷霆。

在議和條約簽署後，天皇表示打算訪問京都。他一直以來都很喜愛這座古都，在廣島這段處處受限的生活或許讓他很期待重回御所暫住。出發日期於是定在四月二十七日。

四月二十三日，俄國、德國和法國公使拜訪了外務次官林董，告訴他三國政府反對將遼東半島割讓給日本。俄國沙皇在信件中表明，日本領有遼東半島不僅會讓朝鮮獨立有名無實，還會危及北京，將有礙維持遠東的永久和平；因此俄國政府基於友好立場勸告天皇政府放棄佔領遼東半島[35]。想當然爾，日本對於俄國所謂的友情不可能照單全收。

三個歐洲列強皆對清朝領土抱持野心，也都懷疑日本想在亞洲展開擴張。該同盟以俄國為首，其財政大臣塞吉．威特伯爵在四月十一日召開的對日政策特別會議上強調，日本作為戰勝國有權獲得一定的賠償，且俄國也有意認同清朝割讓臺灣的條款，但會不惜一切代價（甚至在必要時動用武力）將日軍逐出遼東半島[36]。威特建議如果日本不願讓步就採取直接行動；早從三月底開始，日本便不時獲悉俄國在海參崴集結海軍，並於敖德薩進行出兵準備。[37]

俄國也邀請法國和德國加入同盟，其中法國的加入至少從表面上來說令人匪夷所思，因為到目前為止法國在清朝的利益都集中於南方。當法國得知英國拒絕加入同盟，曾一時迷惘是否應該退出，但最後還是決定不要跟自己的盟友俄國作對。在拓展東亞勢力上總是不落人後的英國之所以沒有加入同盟，也只是因為議和條約目前看來並沒有損害到他們的利益。至於德國則是希望透過加強與俄國的聯繫來削弱法俄同盟，同時藉由對清朝施恩以期獲得在中國建立軍事據點的機會。

對此日本人的普遍反應自然是慌亂至極。來自歐洲最強三國的威脅讓戰勝以及簽署議和條約所帶來的喜悅瞬間冷卻。四月二十四日，伊藤列出了日本應當採行的三個策略：一、即便會樹立新的敵人也在所不惜，果斷地拒絕三國的勸告；二、召開列強會議商討遼東半島問題；三、接受三國的干涉，將遼東半島交還清朝，以示仁慈。[38]

內閣成員在商討策略時一致否決了第一個方案。如今陸海軍的精銳部隊都出兵清朝，日本國內可以說是毫無防備；此外，軍隊經過十個月的戰爭已經相當疲憊，物資更是極度缺乏，眼下日本根本無力對抗俄國，更別提應付三國同盟。第三個方案雖然足以展現日本恢宏的氣度，卻也可能被當成是在畏懼歐洲勢力，因而遭到駁斥。內閣於是私下同意採用第二個方案，然而實際上卻沒能安排任何會議[39]。最終日本只好不情願地採用了第三個方案。

儘管英國和美國都宣稱保持中立，日本基本上仍判斷美國是自己人。比較令日本驚訝的是，原先毫無立場的義大利表明會無條件支持日本。

俄德法三國的做法不盡相同，但他們都確實堅持各自的主張。相較於俄國和法國客氣的態度，德國公使則是痛批日本無視德國善意的建言，擅自締結一份要求過多的條約，而這當然會招致德國政府的反彈。對此林董反問，假使日本不願讓步，德國難道打算以戰爭要脅？德國公使於是趕緊退讓，自認應從記錄中刪除他的不當言論。然而，公使採取了威脅態度仍是無庸置疑的事實。[40]

四月二十七日，天皇從廣島啟程前往京都，從此京都便成了大本營的所在地。天皇對於三國干涉還遼沒有任何反應，顯然他也只能接受放棄遼東半島[41]。日本民眾仍然不知道來自三國列強的要求，家家戶戶在從廣島到京都的沿路上都高掛國旗慶祝勝利。人們向天皇乘坐的火車致敬，發自內心地高呼「萬歲」；各個車站也都擠滿群眾，以歡呼喝采迎接天皇。

已於前一天抵達京都的皇后站紫宸殿前的階梯上迎接天皇。這是近幾年來天皇第一次回到京都御所，他滿懷欣喜地遊覽了御所內的建築和花園。他對著隨侍講述各個宮殿的歷史，指出孩提時他曾玩耍的地方；他爬上庭院裡父親孝明天皇命人打造的小山丘，撿起一塊石頭拂去上面的灰土，隨即交給侍從武官託他妥善保管。面對天皇流露的孝心，讓這名侍從武官不禁感動落淚。[42]

明治顯然滿心期待回到京都，以至於當政府宣布將於五月二十九日把大本營遷回東京時，他甚至以部分軍隊高層尚未從清朝凱旋為由拒絕離開。但隨著最後一批將士班師回朝，繼續滯留京都的理由便不再管用。五月二十九日，天皇動身返回東京。

然而，戰爭尚未完全結束。根據議和條約的條款，臺灣將被割讓給日本，然而到目前為止日軍還沒有從臺灣登陸。海軍上將樺山資紀（一八三七—一九二二）奉命從清朝手中接管臺灣，當務之急便是盡快宣示日本對臺灣島的所有權。期待三國干涉還遼再次上演的清朝，請求樺山延後前往臺灣，但早已看穿清朝用意的日本政府加以拒絕，認為臺灣的情況與遼東半島截然不同。五月十七日，樺山從京都出發前往臺灣就任。[43]

臺灣的居民當然不希望島嶼成為日本的囊中物。在得知議和條款之後，島上暴動頻發，雖然日本早有預料臺灣人會有所抵抗，卻無從判斷需要多少兵力進行鎮壓。政府決定派出由於較晚出動而未能實際參戰的近衛師團，於五月二十二日和二十三日前往臺灣。就在這時，日本接獲清廷通知，表示清政府已於五月二十日召回駐在臺灣的文武諸官，意味著當地已經形同無政府狀態。[44]

當臺灣居民意識到不會再有外國干涉時，部分仕紳宣布建立「臺灣民主國」，由前臺灣巡撫唐景崧擔任大總統。他們設計了一面藍底黃虎旗，並向全島和西方列國宣布新共和國的獨立。當時，島上約有五萬名清軍，以及數量相當的非正規軍——在危急時刻拿起武器作戰的農民。

五月二十九日，近衛師團在能久親王的指揮下於基隆附近登陸。六月三日，日軍佔領基隆。大約有兩三千名所謂的「賊兵」發起抵抗，其中至少有兩百人死於第一次交戰。唐景崧得知戰鬥失利，於六月六日和千餘名清兵棄職逃往廈門；七日，日軍攻下重鎮臺北。直至六月二十五日，臺灣北部已大抵平定，但南部地區仍不時發生武裝抗日行動。海軍上將樺山不忍臺灣民眾遭受如此苦難，便致函勸說抗日領導者投降，但遭到拒絕。[45]

日本似乎沒有預料到會花這麼多的時間平定臺灣。傷亡人數不斷增加，七月九日，皇后向傷兵贈送了她親手製作的三千個繃帶。到了八月三日，日軍總算鎮壓了臺北到新竹一帶的民兵，但估計臺灣南部還有將近兩萬名反抗軍。十月二十一日，日軍的先遣部隊攻入抗日軍最後的據點臺南，至此才終於控制臺灣全島。[46]

這次戰爭造成慘重傷亡，雖然只有三百九十六名士兵在戰鬥中喪生，卻有一萬兩百三十六人死於熱帶疾病[47]。因瘧疾去世的人包括能久親王[48]在內，但他的死訊直到十一月四日才對外公開。在這段期間，天皇大加讚賞親王在戰場上的英勇行為，並授予菊花章頸飾和金鵄勳章、晉升他為陸軍上將，就好似他還身在人世一樣。等到官方宣布能久親王去世的消息後，天皇下令為這位昔日的反叛者舉行國葬並獻上悼詞，讚揚他畢生對軍事做出的貢獻[49]。

在激戰過後，日本獲得的巨大戰果便是拿下臺灣。喪失遼東半島讓日本的愛國人士無不義憤填膺，留下難以平復的怨恨，但日本如今確實成為了一個在其歷史上未曾有過的「帝國」。在各種聲明中，天皇被推舉為帶領戰爭走向勝利的核心人物，而大多數日本人也確實都這麼認為。在海外，天皇同樣廣受前所未有的稱讚；一八九四年十二月，《紐約太陽報》的一篇社論在開頭寫道：

> 於今年年初，人們仍對天皇所知甚少；但如今時至年末，他卻是各國君主中最受矚目之人。熟知其偉業的人都不曾懷疑他是一位稀世的明君，不僅完成了維新大業，終結封建制

度，隨後又頒布憲法、開創國會，在採納歐洲文明的同時，仍不忘保存自己國家的傳統習俗。他整頓海軍、陸軍，使日本一躍成為東亞最強大的國家，同時推動產業發展……

最後文末則強調過去世界上都從未出現一位像他這樣的君主。50

一八九五年四月，另一家美國報紙刊登了以下報導：

從芝加哥世界博覽會（於一八九二至九三年舉行）開始，外國人逐漸對日本文化有所認識，但也僅限於日本產出的精美陶器、茶葉和絲綢。然而，自去年日清交戰以來，掀起了一陣崇尚日本的潮流，人們的話題無不圍繞著日本打轉……更滑稽的是，隨著日本女性服飾開始流行，許多人即便服裝不合身也穿著出席宴會，同時大肆稱頌日本取得的勝利，如同在誇耀自己的國家一般。51

明治時期的思想家岡倉天心曾語帶諷刺地寫道，當日本沉浸於和平而優雅的藝術時，被外國人視作蠻夷之邦；然而一旦在戰場上取勝，這些人卻把日本當成文明國家看待。52

· 第四十七章 ·

乙未事變

與清朝的戰爭，名義上是為了維護朝鮮獨立。一八九五年五月十日，天皇在與清朝簽署議和條約不久後發表的詔書中聲明：「朕顧及和平，至竟於清國交兵，無非為永遠鞏固東洋平和之目的」。五月三十日，朝鮮國王高宗致函明治天皇，感謝日本承認朝鮮獨立。[1]

然而，如果日本以為打贏一場為使清朝承認朝鮮獨立的戰爭，就能讓朝鮮感激涕零並加強與日本的關係，他們終將從這種錯誤的想法中醒悟過來。朝鮮宮廷的親俄派勢力強大，其中包括在一八八四年起義失敗後流亡日本十年的內務大臣朴泳孝。一八九四年十月二十日，在駐朝公使井上馨的調解下，朴泳孝得到國王高宗的特赦並獲准返回朝鮮[2]。井上想必是希望此舉能讓朴泳孝成為日本的堅定盟友，但或許是因為朴泳孝(和金玉均一樣)在日期間未曾受到禮遇，所以他並沒有因此心生感激[3]。

井上曾暫時返回日本，並於六月十一日覲見天皇。他的目的在於說服政府改變對朝政策，否則朝鮮很可能會落入俄國的控制之下。七月初，井上就對朝政策提交了一份有關舉債、修建鐵路、架設電報線路、提高漢城守備以及限制日本人渡朝的意見書。他首先指出近期的戰爭讓朝鮮人民無論在體力還是財力上都精疲力竭，因此提議從清朝將向日本支付的賠款中提撥五百到六百萬日圓資助朝鮮；其中三百萬日圓是必須償還的貸款，剩餘資金的一半用來援助朝鮮王室，另一半則當作政府振興產業的資金[4]。他還建議在漢城至仁川之間鋪設鐵路，並把日軍架設的電報線路讓給朝鮮，但仍由日本管理；此外，井上也主張有必要駐紮兩大隊的日軍守衛王城，只不過這必須要由朝鮮國王明確提出請求。最後，他警告要特別留意近期前往朝鮮的日本人；據井上所言，這些人多半素行不良，引發了朝鮮人民的反日情緒，因此必須嚴密監控他們的一舉一動[5]。

井上馨似乎相當關切朝鮮的國民。即使現代的韓國學者常常嚴厲批判日本在朝鮮的行動，卻對井上做出的努力讚賞有加[6]。鹿鳴館的名媛同時也是井上妻子的武子夫人甚至與日本的公敵閔妃交好[7]。確實，當初如果井上繼續擔任駐朝公使，也許就能避免這一年後來發生的事變。

井上曾打算按照日本的開化政策來改革朝鮮政府。他的接班人三浦梧樓（一八四六—一九二六）認為井上的計畫之所以失敗，是因為朝鮮當局根本沒有理解進行財務和其他方面改革的必要性。舉例來說，日本的財務顧問主張有必要先建立預算，並把開支控制在限額之內，但這卻激怒了朝鮮國王。至今為止不論國庫是否充足，高宗仍習於隨心所欲地花錢；儘管他在聆聽說明償付能力重要性的長篇大論時頻頻點頭，但總是過沒多久就又回到習以為常的奢侈浪費之中[8]。

三國干涉還遼的成功，讓朝鮮人民明白地意識到日本並不像他們自己所宣稱的那樣強大。這段期間，閔妃與俄國公使卡爾・韋貝（Karl Ivanovich Weber）夫妻相當要好；閔妃的殷勤態度讓韋貝十分滿意，並希望藉機剷除日本在朝鮮宮廷的影響力。他透過別人向閔妃灌輸日本與閔氏家族過去水火不容的歷史，強調即便人們說朝鮮和日本相鄰，但事實上兩國之間隔著一片汪洋大海，親密度絕對不及與朝鮮接壤的俄國。而且從地理位置上來說，很顯然朝鮮和俄國才更適合當盟友。不僅如此，俄國還是世界上最強大的國家，先前俄國成功迫使日本歸還遼東半島便是最好的證明。俄國不會危害朝鮮的獨立，也不會干涉朝鮮內政；對朝鮮來說，依靠俄國才是最妥善的策略。同為君主專制國家，俄國毫無疑問會維護朝鮮的君權。[9]

七月六日，向來聽從閔妃指揮的高宗突然剝奪了朴泳孝的官職，以企圖謀反的嫌疑將其逮捕[10]。朴泳孝設法逃走，但這也意味著此後再沒有人能夠牽制閔妃。此時井上馨正好返回朝鮮，他立刻感覺到氣氛有變，於是決定自己當前的要務不再是推行政府改革，而是取悅國王和閔妃。井上先是奏請謁見朝鮮國王，表示日本政府將向國王捐贈三百萬日圓，也試著加深與閔氏一族的交情來討好王妃，甚至與原本的盟友開化黨保持距離[11]。然而儘管他做了種種努力，井上卻很快地意識到如今就連厚禮也無法打動朝鮮宮廷；宮中依舊瀰漫著濃厚的反日親俄氛圍。井上於是主動請辭。

七月十九日，三浦梧樓被任命為駐朝特命全權公使[12]。據說他起初非常不願意接任，表示自己對外交不在行，沒有能力勝任該職。過去也曾拒絕擔任駐法公使的三浦對於這次委任同樣再三推辭，但最終還是因為政府施壓而選擇接受。只是即便在接受之後，他仍然不知道政府到底期待自己做些什麼；他認為有必要釐清政府的意圖，是要讓朝鮮獨立，或者吞併朝鮮，還是打算與俄國共同支配朝鮮？三浦請求政府告知明確的方針[13]，然而他接到的唯一指示卻是山縣有朋要他立刻前往朝鮮赴任。在毫無明確指令的情況下，三浦只能根據自己的判斷做出行動。

九月三日，三浦向高宗遞交委任狀。儘管他聲稱不知道日本政府希望他做什麼，但選擇一位前軍人擔任公使顯然意味著日本當局期望他在井上的友好援助策略已經失信的情況下，對日本的敵人採取強硬的行動。三浦是井上親自推薦的接班人，雖然臥病在床的陸奧宗光表示反對，政府裡的長州派卻促成了這次任命。

當三浦前往朝鮮時，有多名顧問官一同隨行。其中包括激進主義者岡本柳之助，他深入涉及了暗殺閔妃的計畫，同時也曾經是改革派人士金玉均的朋友。得知金玉均在上海遭到暗殺後，岡本立刻從日本奔赴上海試圖取回金玉均的遺體，免得遭到視他為眼中釘的朝鮮、日本或者清朝的凌辱[14]。儘管他最終未能趕上，卻依然是這位朝鮮友人的忠實朋友——岡本之所以參與暗殺閔妃的陰謀，正是受到彼此日本帝國主義思想和實現朝鮮改革的信念所驅使。

抵達朝鮮後不久，三浦進宮拜見。他在自我介紹時將自己描述成一位毫無軍功且不擅於外交辭令的軍人，這反而讓朝廷留下了好印象。他表示若無國王召見，他將留在公使館抄寫佛經[15]，坐賞當地的自然美景。有機會的話，也希望能親手抄寫一段《觀音經》獻給閔妃[16]。

正如他宣言的，三浦很少離開公使館。他幾乎每天讀經念佛，因此也被稱為「念佛公使」[17]。然而實際上他卻在私下謀劃暗殺閔妃一事。雖然尚不清楚三浦在離開日本前得知了多少關於閔妃的消息，不過可以確定的是在他抵達漢城後，公使館的成員和日本人居住地的領導者告訴他閔妃是個強硬的反日派且痛恨改革。在身為軍人所培養出的率直思考下（加上日本政府也沒有下達反對指令），三浦自然認為打破現狀的唯一手段就是除掉阻礙日朝關係發展的最大因素——閔妃。

三浦原訂在一八九五年十一月執行暗殺，但在獲悉朝鮮國王（多半是聽從閔妃的提議）打算解散訓鍊隊後，便決定將日期提前。訓鍊隊是一支接受日本軍官訓練且裝備精良的部隊，由約八百名士兵組成[18]。對三浦來說，這支親日軍隊是暗殺計畫中不可或缺的一部分，因此無論如何都要在隊伍解散前實行[19]。

根據三浦的計謀，日本人將完全撇清暗殺閔妃的責任，並對外宣稱她是在興宣大院君發動政變期間遇害。（按照與清朝簽訂的議和條約駐紮在王宮附近的）日軍會負責支援，但殺害閔妃的任務將交給身在漢城的日本暴徒執行。朝鮮方面只有訓鍊隊參與，整個計畫除了極少數的日本人以外都完全保密[20]。

儘管為此有必要獲得負責發動政變的興宣大院君的同意，但三浦卻沒有向其透露暗殺閔妃的意圖。十月五日，岡本柳之助（應三浦的要求）以想要在返日前致上敬意為名訪問了興宣大院君。其間，他坦承即將舉事，並詢問興宣大院君是否答應日本公使館提出的四項「約定」。第一是承諾今後的活動僅限於宮中事務，不得干涉政治；第二和第三是關於將來閣員的任命，第四項則是讓大院君的孫子赴日留學三年。[21]

興宣大院君對這些條件有何反應，至今仍不得而知。後來在廣島對參與閔妃暗殺計畫者進行審判時，其中一人供稱興宣大院君欣然同意了所有條件，且一字不改[22]；然而，岡本卻回憶剛開始興宣大院君以自己年老力衰為由，無意參與任何革新，並希望能讓他安享天年。在經過一番說服後，大院君才終於點頭答應[23]。翌日，岡本動身前往仁川。得知岡本離去的閔妃也因此放下了心中疑慮。[24]

負責動員民間人士的主要人物則是日文報紙《漢城新報》的社長安達謙藏（一八六四—一九四八）。據說三浦曾在赴任後不久便找上安達，說：「我們總有一天要去抓狐狸，不知道你手下有多少壯士？」安達察覺到「狐狸」可能是指閔妃，回答說手下有人，但都是他從日本帶來的新聞人士，個個性情溫和；如果三浦需要身強力壯的年輕人，他只要向故鄉熊本發送密電就能輕易召集[25]。三浦表示沒有這個必要，並告誡安達關於這段話務必保密。安達於是開始在當地召集志願者，但並沒有告訴他們這次行動的目的。十月七日下午，三浦派人緊急召來安達，表示因為情況有變所以必須在今晚實行計畫。安達立刻向其他同伴坦白要暗殺閔妃，眾人也毫不猶豫地同意參加。

十月八日淩晨，一群日本浪人和員警（其中有人身穿朝鮮巡警的制服）[26]闖入興宣大院君的宅邸，其中還包括秘密從仁川返回的岡本柳之助。相關人士曾證言當時興宣大院君面露喜色地迎接日本人並前往王宮[27]，然而事實上當日本人抵達時他早已入睡，根本沒料到日本人會在當晚來訪。即使在被喚醒後，他依然神情恍惚，慢吞吞地準備出發。浪人們擔心再這樣拖延下去可能會使在天亮前暗殺閔妃的計畫泡湯，便強行把興宣大院君拖出室外，塞進轎子裡。在前往王宮的路上，興宣大院君停下乘轎，要岡本承諾不會傷害國王和王太子[28]；然而我們並不知道這時的興宣大院君是否意識到身邊這群人其實打算暗殺閔妃。

當興宣大院君的轎子抵達王宮時，天色已逐漸明亮。六十多名浪人和日本衛兵（一些身穿便服）在此會合。他們翻越宮牆並打開宮門，在進入後隨即遭遇來自侍衛隊士兵的散亂射擊，但很快地便加以擊退。在朝鮮當局發表的《開國五百零四年八月二十日事變報告書》中，描述了浪人們闖入國王和閔妃宮室後的情形：

> 日本人軍官率領三十多名浪人，手持刺刀闖入宮殿。他們搜索各室，逢宮女便揪其頭髮拖行，加以毆打以詢問王妃所在。多人均目睹此情景，包括負責護衛陛下的外國人士巴津，當時他正待在前院。士巴津親眼看見指揮部隊的日本軍官，目擊了他們對朝鮮宮女的暴行，他本人也多次被質問王妃的下落，且因為不願開口而面臨生命危險……
>
> 在展開地毯式搜索後，浪人們發現正試圖藏身的王妃，遂將其捉拿，揮刀砍殺。雖然身受重傷，但不確定王妃當下是否立即死亡。儘管如此，他們仍用絹製的被單包裹屍體，橫躺於木板之上搬至前院。在日本浪人的指揮下，屍體被移往附近鹿園的樹林中，和堆在周圍的新柴一同澆上煤油，點火引燃……
>
> 至此，受人敬愛與尊崇，同時也是王太子殿下生母的朝鮮王妃遭到殘忍殺害。為湮滅罪證，其遺體亦付之一炬。[29]

朝鮮官方的報告書並沒有誇大謀殺的情景。在日本和朝鮮開庭審判時，目擊者皆證言日本人對國王和王太子使用了暴力。強行進入國王宮室的入侵者逼迫國王和王太子說出閔妃的下落，一旦拒絕回答便遭到粗暴對待，甚至是刀槍威脅。宮女們也被要脅告知閔妃的藏身之處，但聽不懂日語的她們只能不斷地發出驚恐的悲鳴。[30]

在擺脫試圖阻攔的國王後，入侵者繼續往裡面衝，甚至殺了前來阻擋的宮內府大臣李耕植。在閔妃的宮室裡，他們殺害了三名容貌姣好的宮女，卻不知道誰才是閔妃，因為當中沒有人親眼見過她；於是，他們把其他宮女和王太子拖來房間進行指認。31

目前仍不清楚殺害閔妃的犯人究竟是誰。雖然岡本柳之助被控以謀殺閔妃的罪名，但其他人也都聲稱是自己下的手。一位名叫寺崎泰吉的藥商曾回憶他和另外兩位日本人同伴闖入閔妃宮室的情形：

深入王城，進入○○的宮殿時，有宮女二三十名。我們將之一一放倒，隨後檢查了床鋪下方，發現一位穿扮得和其他宮女相仿，但神態從容不迫、散發貴氣之人，想必她就是○○。我們抓住她的頭髮拖出藏身處，但不出所料，她絲毫沒有驚慌之色……我朝她的頭部砍去，正揪住其髮的中村也因此被劃傷手部。由於瞄準了頭部，一擊便足以致命。其他人批評我太過魯莽，在還沒確認她是否為○○之前便將其殺害；不過後來證實她的確就是○○。

寺崎大肆吹噓自己的功勞，而他的同夥們也是如此，儘管當中有些人其實根本不在閔妃遇害的現場。32

當閔妃一死，浪人們便偷走了她的財物。日本領事內田定槌報告說：「佐佐正之奪去閔妃隨攜之香袋及多樣貴重品，其他侵入者亦自王妃宮室盜取種種品項。」33

據說在砍傷閔妃兩三刀之後，他們還剝光她的衣服查看了她的私密部位，而後才把屍體抬往庭院焚燒。當時閔妃已經四十五歲，外表卻似乎看起來不超過二十五六歲。閔妃是一位傲慢又腐敗的女性[34]，因此了解她平時作風的朝鮮人民就算贊同她反日的立場，也不太可能抱持著「敬愛與尊崇」，只不過她遭到殺害的方式實在過於殘忍。與日本人的期望背道而馳，閔妃的死並沒能解決日本在朝鮮的問題。一名朝鮮外交官曾說：

> 儘管日本官員企圖將對事件的責任減至最低，但在當時西方人的眼中，這種做法卻給日本帶來更多的危害。日本在一夕之間喪失了從甲午戰爭以來在朝鮮建立的影響力，而且實際上一直到等到與俄國進行了另一場更大規模的戰爭後才有所回復。[35]

暗殺的消息緩慢地傳至外界，要不是有訓練侍衛隊的美國教官戴伊（William M. Dye）和俄國電氣工程師士巴津（Aleksey Seredin-Sabatin）這兩位外國人目擊者的存在，這起事件恐怕永遠不會被世人所知[36]。顯然他們把親眼目睹的事實告訴了其他人，傳聞於是在漢城的外國人居住地之間逐漸傳開。

美國和俄國公使拜訪了三浦，要求做出解釋。三浦態度鎮定，還略帶嘲諷地指出他們的腿在顫抖。三浦說道：「各位如今並無國民居留此地，但我卻不同。關於這次事件我對本國政府負有不可推卸的責任，但實在沒有理由接受你們對我的質詢。日本確實很可能涉及此事，然而在查明是否完全由日本人所為之前無法妄下定論。朝鮮人時常刻意模仿日本人，認為如果不這麼做可能會遭到輕視，所以他們也常常使用日本刀。正因如此，我們必須調查明這中間到底有多少真正的日本人，又有多少假冒者；若僅僅因為言行表現得像日本人且佩戴著日本刀就斷言這些人是日本人，恐怕是太早下結論了。但這些都是我的責任，沒有道理回應各位的質疑。」[37]三浦拒絕接受更多質問。

巧合的是，《紐約先驅報》的著名記者柯克李爾(John Albert Cockerill)上校當時正好人在漢城。在從戴伊那裡得知謀殺的消息後，他試著報社發送電訊稿，但三浦卻向電報局施壓，禁止報導流出國外。十月十四日，消息才終於抵達華盛頓。日本公使館被要求確認這則報導，並發表了以下聲明：

> 僅收到消息，指稱朝鮮王妃提出解除武裝和解散部隊的命令讓部分朝鮮兵得知後異常激動，於是隨著大院君的帶領向王宮進發。急件的公文並未提及王妃是否被殺，不過從內容推測，王妃恐怕已經遭逢厄運。[38]

三浦想讓世人相信這起事件純粹是朝鮮的內政問題，即興宣大院君借助不滿閔妃下令解散的朝鮮軍隊之力發動了政變。[39]若不是兩位外國目擊者知道三浦沒有說出真相，也許世人真的會相信這番彌天大謊。三浦向東京發送的第一通電報（於十月九日送達）措辭含糊，以至於日本政府懷疑他是否有所隱瞞；來自外務省給天皇的報告也同樣曖昧不清，讓天皇感到相當不安[40]。據說，侍從武官川島令次郎向他奏報此事時，天皇皺著眉頭說道：「梧樓為一旦決意，則言出必行之人」[41]。顯然明治已經猜到三浦是這起事件的幕後黑手。

十月九日傍晚，天皇派川島前往參謀本部探明漢城發生的事件，並命令陸軍進行調查。負責接待川島的副指揮官承諾會立刻派人前往漢城調查。十三日，天皇下令禁止國人在未經許可的情況下前往朝鮮，因為他擔心「無謀之輩」可能會引發新的外交事端[42]。十月十七日，三浦梧樓被召回日本，並由經驗老道的外交官小村壽太郎接替他的職位。

十月十九日，一名朝鮮特使帶著朝鮮國王的書信以及進獻給天皇和皇后的禮物抵達東京。信中，朝鮮國王對日清兩國簽署議和條約表示欣喜，並感謝天皇基於鄰國情誼促成朝鮮獨立和政府改革。而後，特使收下了天皇和皇后回贈給國王的禮物。[43]在如此敏感的時期進行禮物交換之際，彼此也都刻意隱藏了心中複雜的情緒。

十月二十一日，伊藤博文決定派遣井上馨作為特使前往朝鮮。他認為這次的暗殺事件不僅違背了日本政府迄今的政策，也引發國際社會非同小可的反應。為此，他對井上的權限和職責做出明確指示，以免將來產生誤解。井上的使命在於就閔妃遇害向朝鮮國王表達日本皇室的惋惜，並對日本人涉及此事致上歉意[44]。

關於日本今後的對朝政策，伊藤認定幫助朝鮮改革內政或是強迫朝鮮人民推動改革不會帶來任何益處，因而決定逐步實行不干涉主義，將朝鮮事務交由朝鮮人自己處理。他認為日本在朝鮮事務上應處於被動；如果有必要採行積極措施，常駐公使也必須在事前請示日本政府。

十月二十四日，天皇接見了完成使命後即將返國的朝鮮特使，對閔妃之死表示遺憾[45]。同日，三浦梧樓由於赴任朝鮮期間違反了政府命令而正式遭到除職。十一月五日，三浦也被取消了身為華族的特權。

閔妃的死幾乎讓所有相關人士都遭受無妄之災。朝鮮國王不僅失去了美麗的妻子，還被迫在一份詔敕上署名，當中譴責閔妃「壅蔽朕之感覺，強奪國民；混亂朕之治世，出賣官職爵位」，並剝奪閔妃的「王妃」頭銜，將其貶為庶人。[46]暗殺事件的首謀者三浦落得顏面盡失的下場；伊藤博文為使日本獲得世界列強對等的認同而制定的遠大構想因為這次魯莽的行動而受挫，井上馨改革朝鮮政府的願望也因新採行的不干涉政策無疾而終。此外，由於閔妃被殺，連帶讓俄國喪失了在朝鮮宮廷的影響力。[47]

唯一對事態進展感到滿意的，恐怕只有興宣大院君了。在「他」成功發動政變後不久，大院君要求高宗將閣員替換成他選出的親日派人士[48]。負責護衛國王的侍衛隊被編入訓鍊隊，這讓國王實際上形同囚禁之身；國王無奈地答應了一切要求，但深怕遭到毒殺，因此除了來自外國公使館的食物他一概不碰[49]。

儘管如此，要求懲處涉案日本人的輿論壓力日漸高漲，三浦再也無法佯稱日本人並未參與此事。他不得不著手進行調查，結果決定重懲「數名」人員，並將二十多人逐出朝鮮。由於日本在朝鮮享有治外法權，負責辦案的並不是朝鮮人，而是深入涉及這起事件的某位警方高層所率領的日本警察。[50]

據說，三浦的另一名顧問柴四朗[51]從興宣大院君那裡獲得了六千日圓，作為贈送給「恩人們」的謝禮。但這些錢多半不是出自興宣大院君，而是三浦為了證明興宣大院君才是事件主謀者所使出的手段[52]，同時也是用來收買那些被放逐的人的封口費。然而日本政府卻拒絕附和這種做法，要求在新任公使小村壽太郎抵達之前，不得對涉案人士進行處置。所有涉嫌參與事件的人都將被送回日本接受審判，這也等於是在對外表明日本政府決定遵守國際法。

嫌犯被分成三隊遣送日本——浪人、三浦公使和其部下、以及其他人士。他們分別於十月十九日、二十日和二十一日離開漢城。船隻一路駛向廣島縣的宇品港，在抵達軍隊檢疫站後，他們先被帶去沐浴，之後便根據逮捕令依蓄意謀殺罪和共謀罪加以上銬[53]。

在抵達宇品時，三浦也受到了同樣的待遇。想當然三浦非常氣憤，甚至拒絕與身分低於閣員的人說話。他被護送至一個相當舒適的牢房，在那裡關押了九十天。[54]

一八九六年一月十四日，軍事法庭對被控參與暗殺閔妃的日本士官召開審判。一月二十日，廣島地方法院針對岡本柳之助、三浦梧樓和杉村濬等人進行初審，最終卻因為「沒有充分證據證明被告確實犯下了其謀劃的罪行」，宣告將他們無罪釋放。

法院對於事實認定的詳述在某種程度上算是相當準確。判決中明確指出是日本人（而非朝鮮人）策劃和實行了襲擊王宮和暗殺閔妃的計畫，舉例來說：

三浦梧樓進一步向日本駐漢城守備隊長馬屋原務少校本下達指示，命令他部署訓鍊隊和召集帝國軍隊作為援軍，以便協助大院君入宮。三浦還召見嫌疑人安達謙藏和國友重章，要他們集結同黨在龍山與岡本碰頭，負責擔任護送大院君入宮時的護衛。三浦表示，要剷除過去二十年來讓朝鮮王國陷入苦海的禍根全靠這次行動，並煽動他們進宮後除掉閔妃。[55]

這份判決甚至還提到，岡本對著齊聚於大院君宅邸門外的同黨一聲下令「入宮後，根據情況處置狐狸」，顯然有意煽動同夥殺害閔妃；接著也寫到岡本等人從光化門闖入宮中朝深處宮殿前進，但記述到此便打住了。法院雖然掌握了足以證明三浦等人涉嫌重大的證據，卻似乎無法踏出宣告他們有罪的最後一步。儘管日本法官盡全力維護身為司法人士的正義，但最後還是屈服於政府，宣判被告無罪。

一八九六年二月十一日，高宗逃離將其囚禁的王宮，向俄國公使館尋求庇護，證明了三浦對朝政策的失敗。這次逃跑經過縝密計劃，根據《開國五百零四年八月二十日事變報告書》所言：

陛下沒有向宮中官員或者內閣相關人士透露自己的意圖。宮中守備森嚴，但陛下趁著清晨利用宮女使用的乘轎從宮殿東門出逃，王太子同乘一轎。宮女與出入王宮的女性習慣乘此轎出入，守衛因此認為轎中一定是女人，於是不疑有他允許通行。

陛下和王太子沒有帶上護衛，宮內人士皆以為他們正在熟睡，並未發現兩人已不見蹤影。陛下和王太子立刻奔赴俄國公使館，約於七點二十分抵達。隨後陛下立刻召集了對其忠誠之人並發表敕令，罷免多數舊內閣成員，責難六位閣員之過錯……舊內閣總理大臣金弘集、農商工部大臣鄭秉夏雖未在譴責之列，卻遭警務廳逮捕，在騷亂喧嚷中遇害、暴屍街頭，被群起激憤的群眾擲以石頭和凌辱。[56]

國王高宗並沒有公開他向俄國公使館求助的理由，但他顯然聽說了興宣大院君打算廢黜國王、立其孫子為王的傳聞。國王無法饒恕日本人謀殺閔妃的罪行，他在俄國公使館發出的第一份聲明便是呼籲嚴懲兇手。

罷免親日派內閣是或許高宗至今為止採取的最大膽的行動。幾個月以前，日本在朝鮮的勢力似乎還很強大，如今卻降到了最低點。俄國公使館成了朝鮮政府的核心，雖然日本公使小村在謁見王國時力勸他返回王宮，但國王置若罔聞。不僅日本人訓練的軍隊遭到解散，在朝鮮政府任職的大多數日本人顧問也被解雇。

這些事情自然讓日本亂了陣腳。對日本官方來說，朝鮮國王亡命俄國公使館不僅嚴重打擊了日本的野心，也危及到朝鮮的獨立，是攸關東亞未來的重大事態。儘管如此，三浦梧樓並沒有因為這次失態受到懲處，而是繼續走上了一段輝煌的政治生涯。一八九七年二月，國王高宗離開俄國公使館，回到王宮。八月，他將年號改為「光武」，並於十月宣布改國號為「大韓帝國」[57]。令人感到諷刺的是，一個不具軍事才能的國王卻偏偏選擇了在這種局勢下稱帝。

・第四十八章・
英照皇太后

一八九六年一月一日，明治依然沒有按照慣例主持新年儀式。如今邁入四十五歲的他顯然早已對傳統儀式失去了興趣。此時盤踞在他心頭的不是過去，而是日本將來在列強互相角力的世界中所扮演的角色。雖然日本戰勝了長久以來視為前輩的中國，但這次勝利並沒能結束東亞的緊張局勢。朝鮮的情勢依舊一片混亂且危機四伏；此外儘管表面上已經平定臺灣，但當地的抗日行動仍然此起彼落。唯一值得欣喜的，也許就只有日本重新與清朝交好，這一點我們也能從天皇在本年度第一場御歌會上創作的和歌中看出端倪：

普天盛世樂洋洋
直驅山林路正開 [1]

一月二十五日，昌子內親王和房子內親王在御養育主任[*1]佐佐木高行之妻貞子的陪同下進

*1　負責天皇皇子、皇孫的養育工作。

宮[2]。在謁見結束後，皇后召見貞子，告訴她儘管天皇的其他子女（包括皇太子）大多體弱多病，但只有兩位內親王看起來很健康，這讓天皇倍感欣慰，總是不忘讚賞佐佐木夫妻的努力。天皇確實很關心這兩個女兒，卻直到該年年末的十二月二十九日才再次找到機會接見她們。當天在拜見父皇時，兩位內親王展現了她們在閱讀、社交和繪畫方面的成果。[3]

即便天皇有許多國事在身，但他在幾乎整整一年的時間裡完全沒有去探望自己的女兒，不免讓人感到意外。明治的多數子女都年幼夭折，皇太子更是頻頻生病，他想必非常渴望看到兩位健康的女兒。九月初，佐佐木坦承自己在照料兩位內親王上已是力不從心，便詢問打算何時讓她們返回皇居。他憶起在一八九一年以前，內親王們要拜見天皇並非難事，然而近年來機會卻逐漸減少，到了今年甚至只有一次獲准謁見。佐佐木試圖向天皇表達自己的遺憾，只可惜遲遲沒有成功。過了九月中，佐佐木帶著內親王進宮，期待天皇會很開心看到孩子們成長茁壯，然而天皇再次拒絕了接見[4]。也許明治覺得對子女表現出特殊的關愛與他的身分不符，結果卻讓他看起來像是一位冷酷無情的父親[5]。

兩位內親王的教育在整個一八九六年都是個令人費心的問題。一月，佐佐木高行被告知昌子內親王將在暑假過後於赤坂離宮由香川敬三撫養，他則繼續照顧房子內親王，並負責撫養預計在五月出生的新生兒。對此他表示抗議，認為自己與妻子已經上了年紀，恐怕難以勝任撫育另一個孩子的重任，更何況房子內親王的年紀也已經不需要他隨時看管；總之，他認為將兩位內親王分開並非明智之舉。天皇只好同意由香川敬三照顧兩位內親王，但仍堅持讓佐佐木撫養他的下一個孩子。也許在歷經眾多子女早逝後，天皇認定兩位內親王之所以能夠順利成長都是多虧了佐佐木的悉心照料。6

孩子們能夠存活下來當然值得歡喜，但問題是她們都是女孩，而能繼承皇位的卻只有男子。一八九六年四月，侍從長德大寺實則懇請天皇冊封更多側室。他解釋道，人們都在暗自擔心能繼承天皇衣缽的皇子人數太少，子嗣越多將有利於增進皇室的繁榮、鞏固國家興隆的基礎。山縣有朋、松方正義等多位愛國忠臣也曾反覆與德大寺討論這個問題，認為應當請求天皇盡快增加側室，以確保將來有皇子能夠加入並統帥軍隊。

等到大本營解散恢復和平後，德大寺才開口跟天皇提起這件事情。他解釋增加側室的人數不是為了讓天皇享樂，而是實踐對皇祖皇宗的孝心。然而，天皇並沒有採納這個建議。

天皇的最後八個孩子均由權典侍園祥子所生。其中有六個是女孩，四個存活了下來，另外兩個男孩則都不足兩歲便夭折。腦膜炎的詛咒甚至一直延續到天皇的最後一個孩子，即第十女多喜子內親王；一八九九年一月十一日，不到一歲半的喜子離開了人世。德大寺和其他政府官員的看法或許並沒有錯，如果天皇垂幸更多女子，說不定就能獲得更多繼承人。然而（與持續至今的謠言相反），儘管天皇把皇位繼承看作至關重要的大事，卻從來沒有打算建立一個佳麗三千的後宮。從他對皇太子，即未來的大正天皇採以十分嚴苛的教育方式來看，顯然明治並不贊同君主以其傳統享有的特權恣意妄為。

一八九六年五月十一日，園祥子產下天皇的第九女聰子。嬰兒不是男孩想必讓眾人有些許失望，不過這也代表由皇太子繼承皇位似乎已成定論。在慶祝聰子內親王誕生後的第二天，宮廷宣布從今以後皇太子將固定於每周六進宮謁見。

有關華族子弟的教育問題也在這個時期被拿出來重新審視。至今為止從學習院畢業的學生多半會成為軍官或貴族院議員，但是在一八九五年被任命為學習院院長的近衛篤麿（一八六三—一九〇四）認為，學習院也應該培養未來能前往歐洲赴任的外交官，於是提議修改課程。提案於一八九六年六月獲得批准，增加的科目有社會學、西方外交史，東方外交史、國際公法，國際私法以及外語，但同時也刪除了東西方哲學、日本和中國文學、藝術等「無用」的科目[7]。這麼一來即便是年輕的華族，也必須接受更講求實用性的現代教育。

讓明治忙到抽不出時間探望女兒的原因同時來自內政與外交。在外因中，最讓人費心的自然是朝鮮的情勢。朝鮮國王高宗在一八九六年整年都繼續待在位於漢城的俄國公使館，絲毫沒有要返回王宮的跡象，即便他的長期逗留顯然已經對俄國人造成困擾。眼看俄國在朝勢力持續增長，為了維持在當地保有的影響力，日本只能與俄國協議一同保障朝鮮獨立，並答應共同監督朝鮮內政。五月十四日，日本全權公使小村壽太郎和俄國全權公使韋貝就此簽署了一份議定書；雙邊皆同意勸告朝鮮國王盡速返回王宮，任用開明穩健之人擔任大臣以施行仁政。[8] 此外也約定限制各自駐留於朝鮮的兵力，一旦朝鮮情勢穩定下來就必須全數撤離。

一八九六年五月，尼古拉二世舉行加冕儀式，這成為日俄兩國就朝鮮未來進行商談的大好機會。天皇派出山縣有朋作為特命全權大使參加典禮。五月二十二日，山縣在謁見沙皇之際上呈來自明治天皇的國書。在收下書信時，沙皇稱讚能勝任這一使命且具備特殊資格之人非山縣莫屬。不過，沙皇大概並不知道山縣曾在去年四月強烈建議外務大臣陸奧宗光與俄國結盟。對山縣而言，日本如今已無法單獨維持在東亞的霸主地位，而他確信一八九一年俄國皇太子訪日時深受日本的友好情誼所感動。雖然當時不幸發生了大津事件，但俄國並沒有以此作為採取敵對行動的藉口，反倒展現了他們亟欲建立友好關係與促進兩國利益的意向。山縣力勸政府改變外交政策，主張日本應該結盟的對象不是英國，而是俄國。[9]

雖然山縣的建議沒能開花結果，卻也沒有遭到遺忘。就在他被告知獲任特使出席加冕典禮之際，也接到指示要他利用這次機會就扶持與捍衛朝鮮獨立與俄國進行初步會談。謁見沙皇後的第二天五月二十四日，山縣會晤俄國外交大臣羅拔諾夫（Aleksei Lobanov-Rostovskii），並交給他一份關於兩國將來在朝鮮展開合作的協議草案。山縣並不知道，羅拔諾夫早在幾天前與（也來出席加冕典禮的）李鴻章達成中俄密約。這次秘密協定的主要內容是清朝同意俄國修建一條從西伯利亞行經蒙古和滿洲北部到達海參崴的鐵路；作為交換，俄國承諾將保衛中國領土，以防止日本侵略[10]。當然，羅拔諾夫沒有提及此事，而是與山縣針對朝鮮財務危機等問題達成了協議。

這份日俄議定書另有兩項秘密條款。一是若朝鮮發生危及和平秩序的重大動亂或者有類似徵兆，兩國可以根據協定額外向朝鮮派兵。在此情況下，為防止雙方軍隊發生衝突，應在彼此之間劃定緩衝地帶；第二則是在朝鮮訓練出一支能保衛自身的軍隊之前，日俄兩國可以在朝鮮駐紮相同數量的兵力以保衛當地居民。[11]然而俄國並沒有遵守與日本合作的承諾；相反地，他們單獨掌控了訓練朝鮮軍隊和財政管理等事宜，甚至用俄國人取代了朝鮮政府中的英國顧問。

對天皇來說，內政問題更是讓他焦頭爛額。外務大臣陸奧宗光在五月底因健康欠佳辭職[12]，總理大臣伊藤於是索性利用這次機會把內閣的其他成員一併替換。他任命松方正義擔任大藏大臣，大隈重信擔任外務大臣。內務大臣板垣退助知曉此事後，宣稱如果大隈踏足內閣，自己就要辭退。伊藤只好考慮任命松方一人，但松方卻表示除非同時任命大隈，否則他不會接受這一職務。伊藤面臨兩難的境地，如果無視板垣的反對，同時任命大隈和松方，將造成內閣與自由黨決裂；但是假如他不指名大隈，又會切斷自己與另一個同樣重要的黨派——進步黨的聯繫。由於無法做出抉擇，伊藤在八月二十日稱病請辭。

現在，這個難題落到了天皇手上。結果他選擇任命松方和大隈兩人，但也受理了伊藤的辭呈，即便伊藤是他最信任的政治家。在選出新的總理大臣之前，天皇任命樞密院議長黑田清隆兼任臨時總理大臣。任用大隈和松方的決定引發諸多猜測，例如有人認為此舉是為了將長州派閥排除於新內閣之外[13]。長州派的領袖山縣也被要求與新內閣的其他成員商議接任伊藤的人選。事實上，天皇原本打算任命山縣擔任總理大臣，但是山縣聞訊後卻予以婉拒，說自己有病在身，難以勝任如此重責。

似乎沒有人願意接替伊藤擔任總理大臣。不想進一步介入此事的天皇於是將人選交由元老們決定。此時，警視總監園田安賢（一八五〇—一九二四）感嘆竟無人願意接下總理大臣的職務，向天皇上呈了一份意見書，認為現在不是謹守「謙德」的時候，力勸天皇明白地向世人展示他的個人權威。正如德國皇帝曾宣稱：「我就是德意志帝國的內閣首相」[14]，園田希望天皇也能主宰內閣，不應該把大臣的任命交給元老。他強調儘管內閣大臣在形式上是由天皇任命，實際情況卻並非如此：無論是否為天皇所信任，誰都能夠在內閣佔有一席之地。內閣如今成了引發無止盡衝突擾亂國家秩序的殿堂，但要是天皇能夠親自主導，又有誰敢違抗？園田敦促天皇親政並任命值得信賴的人士協助自己，認為這才是天皇當下最緊迫的任務。[15]

一直以來，建立天皇獨裁的體制都是維新的理想之一，只不過隨著頒布憲法和國會的成立，這個理想被逐漸遺忘，取而代之的則是將天皇視為不可侵犯的最高權威，而不積極參與政治事務的觀念。原則上，天皇的權力是絕對的，但他很少選擇行使這種權力；園田感嘆的

「謙德」反倒成為天皇應當採行的立場。文獻中並沒有記載天皇對這份意見書作何反應，也可能他根本沒有予以回應。值得慶幸的是，明治與專橫的德意志皇帝截然不同[16]。

因指名新總理大臣而引發的危機，最終靠著任命松方正義擔任總理大臣兼大藏大臣得以收場。松方起初非常不願意接受任命，因為他並沒有想出任何解決方案來應對政府面臨的各種難題。經過一番深思熟慮，松方以一貫的惶恐姿態拒絕了天皇的指名。然而，天皇不接受否定的答覆，指示松方與黑田好好商量，最後松方只好答應接任。九月二十日，新內閣宣誓就職，成員幾乎都是熟悉的面孔。天皇特別關心陸軍大臣的選任，提醒松方現在正值擴充軍備，並繼續向臺灣增派軍隊的時候，因此新大臣必須能與參謀本部取得共識，並且有效率地處理陸軍事務。於是，松方任命了在過去第一屆松方內閣時期也曾出任陸軍大臣的高島鞆之助。[17]

內閣中最有爭議的人物莫過於大隈重信。他不僅提倡言論、集會、出版自由，也主張陸軍的擴充應以十二個師團為限，並從中派出三個旅駐紮臺灣。他還建議重整財政，聲稱如果這些意見不被接受就拒絕接任。大隈的意見自然遭到不滿限制擴充軍備的陸軍大臣反對，但最後眾人還是同意妥協。

十月，出版自由面臨了最初的重大考驗。在大阪發行的一份雜誌列舉了宮內大臣土方久元的種種惡行並加以痛罵，一個月後這篇文章因為被報紙《日本》轉載而廣泛傳開。土方提交了辭呈，同時譴責文章純屬捏造，聲稱這玷污了皇室的尊嚴。他要求松方和內閣成員嚴厲懲處誹謗者。嚴懲恐怕意味著禁止或者（至少）暫停雜誌和報紙的發行，甚至將對當事人以大不敬罪名和侮辱官吏罪論處。

松方召開內閣會議，表決是否給予禁止或暫停發行刊物的行政處分。大隈表態反對，因為這違反了政府推行出版自由的原則，但其他閣員則認為停刊是不可避免的。另一方面，在研究過這起事件可能涉及的法律問題後，司法大臣清浦奎吾堅持反對行使司法處分；這篇文章雖然造謠中傷宮內大臣，卻沒有直接批評皇室，因此不構成不敬罪。此外，就算以侮辱官員的罪名起訴作者，也只會把事情鬧大，使得被告及其辯護人有機會在法庭上抨擊宮內省，進而真正褻瀆了皇室的尊嚴。

松方隨後告知土方，內閣決定不對此事做出行政或司法處分。土方當然非常生氣，不過侍從長和黑田清隆一同好言相勸，表示一定會採取行政處分。最後，該雜誌被勒令停刊，報紙則暫停發行。然而土方的怒氣並未因此平息，認為處罰仍然過輕；一般民眾則是對內閣提倡出版自由卻又做出背道而馳的舉措感到相當失望。[18]

十二月，天皇在貞愛親王的府邸見證了甲午戰爭最後的餘韻。這天舉辦了特別的表演，由當時兩位出色的能劇演員寶生九郎和梅若實演出《小袖曾我》等劇目。應天皇要求，梅若實和寶生九郎分別吟唱了天皇作詞的歌曲〈成歡站〉以及皇后的〈平壤〉[19]；這兩首歌重新經過梅若實譜曲，內容皆在讚揚日本軍隊的驍勇善戰。有鑑於朝鮮如今已恢復平靜，天皇於是在十二月二十一日解除了渡朝禁令。

整體而言，在過去兩年與清朝交火的激動情緒平息後，一八九六年對明治來說成了相當枯燥的一年。天皇似乎再一次變得消極孤僻，他沒有參加一八九七年元旦舉行的任何傳統儀式，前來拜年的各國公使也是由皇后代為接見。

新的一年才剛開始，身體狀況一直不太好的皇太后便染上了重感冒。一八九七年一月八日，她突然感到全身惡寒、咳嗽頻頻，以及胸口劇烈疼痛。陸軍軍醫總監橋本綱常在診察後，判斷她罹患了卡他性肺炎。十日，曾數度為皇族進行治療的貝爾茲醫生對皇太后進行了檢查，結論和橋本醫生的診斷一致。貝爾茲警告說，皇太后的病情已經相當嚴重，一旦併發心臟病或肺水腫就可能會有生命危險。[20]

一月十一日，天皇和皇后向御醫詢問皇太后的病情。他們早先被告知皇太后只是感冒，如今卻得知她命在旦夕，不禁大吃一驚。雖然兩人決定前往青山御所探視皇太后，卻遭到御醫等人勸阻，因為他們自己也身患感冒，並不適合前去探望。但天皇仍堅持要和皇后在早上九點三十分出門。此時，傳來了皇太后病危的消息，天皇和皇后於是立刻在八點五十分沒等隨行人員集齊就出發了。

一踏進病房，天皇便跪著前進到皇太后的病榻前。看到皇太后憔悴的模樣，他無法抑制悲痛，不禁哽咽痛哭。皇太后躺著迎接他，而天皇只能看著她並不斷地哭泣行禮。同樣留下眼淚的皇太后讓侍女向天皇和皇后表達謝意，感謝他們前來探望，並解釋說自己無法下床向他們行禮。天皇的隨侍擔心待得太久可能加重皇太后以及天皇和皇后的病情，便敦促天皇和皇后告辭。不久，兩人便離開了病房。

當晚，皇太后病逝，享年六十四歲。自一八六七年一月孝明天皇駕崩後，她守寡了整整三十年。儘管天皇十分清楚他的生母是中山慶子（現尊稱為「二位殿」），但名義上皇太后被認定為他的母親，而他也一直都對皇太后抱持孝心。皇太后的死讓明治打從心裡感到悲痛，這不僅是出於情感上的羈絆，也是因為皇太后是連結他與自身童年時光最後的人物之一。儘管明治身邊的人常常因敬畏和感激而哭泣，但他本人卻很少流淚。這一次，他的眼淚肯定不是因為後悔自己沒有做好兒子的本分；在父親明天皇過世後，他確實盡了一切所能確保皇太后能過得隨心所欲，不論是盡情享受旅行、欣賞能劇表演、還是參加藝術展覽。

在皇太后病逝後的五天裡，天皇下令暫停朝事，並宣布自皇太后薨日起服喪一年。宮中人士都將穿上喪服，其餘民眾則停止歌舞音樂三十天。國旗隨著黑色飄帶一同升起以示哀悼，此外從薨逝起算的十五天內以及出殯下葬當日將停止執行死刑。[21]

部分人士提議為皇太后規劃一場盛大的葬禮，以彰顯皇室當今的榮耀。負責處理大喪事宜的官員也認為孝明天皇的陵墓太小，應為皇太后修建更大的陵墓。對此，天皇提出自己的看法：「皇妣葬禮固需莊重，然凡事必有其度，不可過度誇張而超先皇。」[22]

起初，國會將葬禮的預算設定在八十萬日圓，但威仁親王為表重視天皇的意願，要求減少預算，最終以七十萬日圓定案。天皇和皇后由於感冒尚未痊癒，加上御醫擔心寒冬氣候可能加重病情，他們並沒有參加在京都舉行的葬禮，而是由彰仁親王及其王妃代為出席。

天皇下令，自此以後尊皇太后為「英照皇太后」。這個極其例外的尊號無疑反映出他對皇太后的感情；在此之前，皇太后或皇后被追封諡號的例子可說是少之又少[23]。「英照」並非出自佛教，而是取自唐代詩人李德裕的詩作〈潭上紫藤〉[24]。之所以採用這一諡號，是因為皇太后出身藤原家族。

二月二日，英照皇太后的靈柩從青山御所移往京都的大宮御所。皇室成員、閣員、樞密院議長、外國公使夫妻都參加了出殯儀式。儘管病情尚未好轉，天皇和皇后仍希望前往青山御所做最後的道別，但御醫堅決不准他們在這種冷天下出門。

葬禮於二月七日舉行。送葬隊伍一路從大宮御所延伸至月輪山葬儀會場，場面令人感動。四頭牛拉著靈車，由身穿正裝的皇族顯貴徒步跟在後面，隊伍兩側可見手持楊桐樹枝、錦旗、長戟或者火把的神官，作為儀仗隊的近衛軍、第四師團與海軍士兵則在前後護送。第四師團的野戰砲兵定時發射禮炮，軍樂隊演奏起用於皇室葬禮上的哀樂〈哀之極〉。

當送葬隊伍抵達位於泉涌寺前方的夢浮橋時，道路變得狹窄，只得把靈柩移至人工搬運的輦轎上。當晚十點，隊伍抵達月輪山，於十一點開始舉行喪禮。靈柩被安放在會場的中央，送葬者則列席於左右。隨後，人們從兩側依序上前在靈柩前行禮，並獻上一根楊桐樹枝。當時場面想必非常莊嚴而動人，即便哀悼的對象是一個一生中只有在場少數恭敬鞠躬的人才熟知的女性。就連維多利亞女王的葬禮可能都沒有這麼讓人印象深刻。

也許葬禮本身最讓人驚訝的地方，在於它缺少了佛教元素——沒有僧人、沒有吟誦佛經、也沒有焚香[26]。過去，神道的神官由於害怕沾染上死亡的汙穢而不願主持葬禮，但是隨著維新以後佛教失勢，神道的喪葬儀式便日漸興起。

二月八日凌晨十二點十二分，葬禮結束，但下葬儀式直到五點三十分才舉行，並於十一點五十五分結束。葬禮上唯一一位前來致敬的外國人大概就只有朝鮮國王派來的特使李夏榮，他在靈柩前獻上了一對裝有人造花的花瓶。此舉也讓日本人不勝感激。在接見李夏榮時，天皇感謝他帶來朝鮮國王的悼詞，並於日後下賜勳一等的旭日大綬章。一八九七年十一月二十二日，在為閔妃(即明成皇后)舉行國葬之際，日本也同樣派遣公使出席，並獻上悼詞和一對銀製香爐。[27]

無法參加京都葬禮的天皇與皇后在四月十九日一同前往英照皇太后陵前哀悼致敬，並在當地逗留了四個多月。他們原本計劃於五月中旬返回東京，此時卻傳來東京爆發麻疹疫情的消息，御醫為了預防萬一便建議他們延期。天皇顯然十分享受待在古都的時光，即使聽說疫情漸趨穩定也無意打道回府。直到八月二十二日，在確認痲疹疫情已經結束後，天皇才依依不捨地離開京都。[28]

在出發的當天早上，專車原訂於八點五十五分出發，但天皇突然宣布將出發時間延後二十分鐘。理由至今不明，也許他只是希望能夠盡量在京都多待一會。遞信省運輸課表示很難更改時刻表，天皇卻不悅地反駁道：「此為特別御召列車，何故無法調動時程？」最後，當局只好推遲了列車的出發時間。天皇很少展現如此任性的一面，也恐怕（和其他時候一樣）在第二天就感到有些後悔。

一八九七年，讓天皇備感困擾且一路影響到將來的另一起國內事務，便是足尾銅礦造成的汙染事件。三月二十四日，日本政府對此成立了調查委員會，發現汙染對環境造成的危害以及為當地居民帶來的痛苦已經無法用言語形容：渡良瀨川及其支流的魚群幾乎滅絕，大量的水旱田瀕臨荒廢。加上近年來洪水頻發，損失逐年增加。在每一次議會上，眾議院議員田中正造（一八四一—一九一三）都描述了該地區的慘況，呼籲採取防範和救濟措施。然而政府和礦山經營者對此無計可施，導致當地居民甚至出現大舉進京直接向政府請願的跡象。[29]

就在調查委員會成立前不久，農商務大臣榎本武揚微服出巡足尾，視察銅礦汙染造成的影響。當地的悲慘景象讓他深感震驚，決定引咎辭職[30]。在得知足尾的情況後，天皇相當憂愁。四月七日，德大寺實則按照天皇要求向群馬、栃木、埼玉和茨城縣的知事發函一封，詢問他們認為導致輿論沸騰的原因究竟是去年洪災導致毒害蔓延而起，還是應該回溯至首次發現污染會帶來可怕後果的一八九二到九三年。

當時，部分人士將汙染歸咎於濫伐樹木導致土石崩落堵塞河床，河水因此流動不暢引發潰堤，才讓沉澱的有毒物質隨著氾濫擴散。各縣知事被要求向上級單位據實以告，不得有任何隱瞞。[31]

根據內閣委員會的報告，政府在五月二十七日向礦山經營者古河市兵衛發出一份內含三十七個條項的命令書，要求他設置沉澱池、過濾和濾煙室等設備，以避免污水外流、降低煙煤污染。古河必須在一百五十天內完成所有改善工程，直到竣工之前都不得繼續採礦。如果他不願遵從這些命令，將被勒令停業。[32]

十一月二十七日，內閣認為足尾銅礦汙染事件的調查工作已大致完成，於是解散委員會，並要求相關單位繼續監督預防措施的進度並設法補救受災地區[33]。然而汙染問題一直持續到明治時代後期都未獲解決，可見當時政府的污染對策並沒有得到嚴格執行。日本人極度渴望建立一個近代化的富強國家，以至於他們甚至對環境污染視而不見，即便是像足尾銅礦這樣極端的例子。

十一年前的一八八六年，末廣鐵腸（一八四九—一八九六）發表了《雪中梅》，這部作品後來也被譽為明治時代最優秀的政治小說。故事背景設定在二〇四〇年（明治一百七十三年），開頭便描寫了為慶祝帝國議會成立一百五十周年而鳴炮奏樂的情景。插畫所描繪的未來的東京矗立著無數冰冷的磚瓦建築，隨之延伸的高大煙囪也冒出陣陣黑煙。鐵腸用充滿熱情的文字寫道：「電報線如蛛網般分布，汽車往來八方，路上的電燈明亮宛如白晝。」34

光是想像一個如此不宜人居、充斥著工業污染的城市，可能就讓不少今日的讀者感到渾身戰慄，然而鐵腸卻深信這正是他的讀者所盼望的未來，將吐出濃煙的煙囪視為進步的象徵。也許他認為，東京只要越來越接近西方最偉大的城市倫敦，日本人就能過得更幸福。

侍從日野西資博也曾在其回憶錄中提到：

每當陛下行幸關西地區，而列車即將經過大阪，陛下都會說道：「煙都已近……我們來到煙之都了。」只要接近大阪，陛下總會往窗外眺望，對著眼前無數升起的煙柱露出滿意的神情。35

無論對明治天皇還是末廣鐵腸來說，「煙都」都是個讚美之詞。但足尾銅礦事件卻是一次殘酷的告誡，不斷提醒著世人追求進步將以環境和人命作為代價。

‧第四十九章‧
藩閥終焉

一八九七年底，內閣再一次面臨危機。絲毫不顧政黨意向的總理大臣松方正義在沒有事先取得政黨合意的情況下，企圖於國會上通過法案。面對樞密院議長黑田清隆的質疑，松方表示自己只是遵從天皇的聖意為國事鞠躬盡瘁，因而無須顧及政黨的向背或是國會的可否。眾議院於是對內閣提出不信任案，松方也奏請解散國會[1]。然而就連閣內也有不少反對他的呼聲，使得松方進退兩難。

一八九七年十二月二十五日，松方解散國會，並向天皇請辭以示為內閣的不和負責。其他內閣大臣也接連表明辭意。天皇要松方等待進一步指示，同時命令其他大臣先不要離開東京。這時的天皇肯定想起了以前發生過好幾次的尷尬情況：當他亟需大臣們的建議時，這些人卻總是隱身在偏遠的鄉村。為了迴避天皇的命令，大臣們常常以不在東京當作僅次於身體抱恙的藉口。

天皇意識到如今國會已無法避免解散或者至少休會的命運，也很清楚沒有辦法動搖松方辭職的決心。同一天，即十二月二十五日，他指派德大寺實則前往黑田清隆的府邸告知來龍去脈，希望黑田能提出善後措施。黑田以生病為由表示要三四天後才能進宮，對此天皇似乎認定黑田是在裝病。三個小時後，德大寺再次帶來天皇的口信造訪黑田邸，說明國會即將解散，總理大臣也已請辭，要求黑田立刻進宮商量後續事宜。但黑田鎮定地答道，他將於十二月二十八日進宮。二十六日，德大寺致函黑田，告知天皇對他拒不進宮相當惱火，要求他於明日（二十七號）即刻進宮，黑田這才答應。由此可見，雖然大臣們總是不斷聲稱絕對忠於君王，卻會在情況對自己不利的時候無視天皇的意願。

黑田認為他沒有立場干涉總理大臣的選任，但還是提議伊藤博文或山縣有朋作為合適的人選。這次危機本身看似與先前內閣和總理大臣的更迭並無太大差別，卻隱含著不言而喻的重大意義。來自薩摩藩的松方無法善盡總理大臣的職務，同樣出身薩摩的黑田於是推舉了來自長州的伊藤或山縣為接班人。儘管政黨在國會中有著一定地位，但繼任者支持的政黨卻不是影響舉薦人選的主因；無論伊藤或山縣傾向哪個黨派，總理大臣候補的首要考量一直都在於具備眾人認可的能力（即便這些能力不一定能應對政府當前面臨的難題），且必須出生自日本政界領導人輩出的薩長兩藩。雖然目前總理大臣的政治立場並非考慮因素，但這種情況即將面臨改變。

當晚，宮內大臣土方久元遵照天皇的命令向伊藤發出電報，請他第二天進宮。伊藤當時人正在大磯的別墅，他回電說自己從去年辭職後就不再熟悉國內外情勢，如果天皇向他諮詢只怕會誤導陛下的聰明才智。此外，伊藤也強調近來眼疾尚未痊癒，因此希望能延後進宮覲見的時間。[2]

十二月二十八日，天皇派遣侍從前往黑田邸，表示自己打算任命伊藤接任總理大臣，要求黑田負責向伊藤轉達此事並描述內閣當今面臨的困境，勸說伊藤接受任命。當天，黑田立刻前往大磯拜訪伊藤，希望他遵照天皇意願動身上京，好讓天皇寬心。伊藤被這些話深深打動，於是點頭答應。[3]

十二月二十九日，伊藤抵達東京後即刻進宮。天皇表明了召見伊藤的原因，對此伊藤表示他非常清楚事態的嚴重性，將考慮組建全新的內閣。

和往年一樣，明治沒有主持一八九八年的新年儀式，而是由他人代理。得知伊藤患上感冒的天皇派侍從前去問候，並按照慣例送上一打葡萄酒和十隻鴨子，期盼伊藤能夠更加盡力為國效勞。

山縣也在新年拜訪伊藤，敦促他透過組閣展現雄心壯志。次日，伊藤在回信中坦言自己生性激進，井上馨則是太過情緒化，動不動就掉眼淚；他擔心這些缺點可能導致內閣崩盤。相較之下，山縣在擔任總理大臣期間展現了恩威並重的才能，伊藤於是請求山縣幫助。[4]

一月八日，伊藤在組閣之際奏請天皇召開御前會議。他早有打算尋求山縣和西鄉從道的協助，也有意邀請進步黨領導人大隈重信擔任閣僚，以便鞏固與政黨的關係。但在一八九七年底，伊藤和大隈商談入閣的可能性時，大隈並沒有輕易答應。他不僅要求擔任內務大臣，還想讓另外三名進步黨成員坐上主要大臣的職位。伊藤實在無法接受這些要求。[5]

接著伊藤轉向與自由黨建立關係。他拉攏板垣退助，只不過板垣也要求讓他擔任內務大臣。伊藤拒絕了，認為如果讓政黨黨首擔任內務大臣，很可能影響到之後選舉的公正性。一月八日，他在謁見天皇時坦言自己沒能獲得政黨的支持來鞏固新內閣。儘管組閣失敗，但東亞的緊張局勢以及國內外的諸多問題已不容推遲新內閣的成立。因此，伊藤力勸天皇召集元老討論這一情況，而他將在會議上提出自己的觀點。

一月十日的御前會議上，伊藤對東亞局勢表達了悲觀的論述。俄國從西伯利亞向清朝施壓，並佔領遼東、大連和旅順口；雲南地區被法國佔領，英國控制了長江入海口。此外德國還打算侵佔膠州灣和山東地區，英國軍艦也正威脅著仁川港。如果英國和俄國發生衝突，日本又應該站在哪一邊？他認為，有鑑於日本兵備未實、財務未整，最好的辦法就是保持中立以維護自身安全。

山縣和其他元老都支持伊藤的論斷，天皇也表示同意。過去，天皇在其親臨的討論中通常都保持沉默，但現在的他已經會明確表達自己的觀點。眾元老一致同意伊藤是唯一有能力處理目前危機的人，支持他組建新的內閣。除了前一屆內閣的海軍和外務大臣留任外，他們決定讓井上馨擔任大藏大臣、桂太郎出任陸軍大臣、西園寺公望為文部大臣，由芳川顯正擔任內務大臣。最終，伊藤決心接受任命，松方則在一月十二日卸任。

在迎來三月十五日舉行的眾議院大選前，內務大臣芳川召集各地方長官，向他們說明大選的重要性。他列舉了選舉程序中的弊端，認為有必要加強取締以確保選舉人都能夠以自由意志進行投票。上一次的選舉有多麼缺乏公正性已是不在話下，不僅候選人使用金錢、禮物、支票或財產買票，以暴力或恐嚇威脅選舉人以及搗亂投票所和選舉會場的事件亦是層出不窮。雖然這些行為都被嚴厲禁止，但違法行為卻越來越猖狂。眼看一個月後選舉在即，政府必須盡全力確保選舉能夠公平進行。除了候選人不應該靠賄賂收買選票，選舉人也不應該屈服於暴力或脅迫[6]。二月八日，天皇發布了緊急敕令，禁止參與選舉的人員攜帶刀劍槍枝、長矛或棍棒等武器。

經過選舉的結果，自由黨獲得九十八席、進步黨九十一席、山下俱樂部[7]四十八席，剩餘六十三席則由其他少數黨和無黨派人士取得。政府與自由黨在先前組建第二屆伊藤內閣時透過任命板垣為內務大臣而開啟的合作關係並未就此結束，即便伊藤早已拒絕將板垣納入他的新內閣。選舉過後，自由黨再次要求讓板垣入閣，否則他們將在國會上製造糾紛；然而內閣成員也反過來威脅說如果要為了板垣撤換一位閣員，他們將全數辭職。四月十五日，伊藤致函自由黨二度拒絕任命板垣，並聲稱會斷絕與該政黨的合作關係。[8]

國會於五月十九日召開。二十六日，政府提出一項針對地租、所得和酒的增稅法案。

早在去年，松方內閣就因為稅收嚴重不足的問題提出增加地稅和酒稅的議案，但是國會卻在還沒有進行表決前就解散了。如今伊藤內閣再次提交這份法案，在六月十日的國會上以二百四十七票對二十七票由反對方獲得壓倒性勝利否決了該議案。隨後，伊藤便解散了眾議院。9

內閣和國會之間的僵局導致事態朝著意想不到的情況發展：昔日互為政敵的自由黨和進步黨合併成立了一個新的政黨「憲政黨」。在六月十六日召開的集會上，大隈和板垣就兩黨合併的迫切原因發表演講；二十一日，為了迎接第二天的新黨成立，兩黨宣布解散。結黨聲明如下：

> 憲法頒布、議會開設以來近十載，此間議會解散已及五次之多，不僅憲政實績全無，政黨之力亦未大伸，是以藩閥余弊依然固結，故破朝野協和，致國務遲滯。舉國忠愛之士深慨嘆之。今吾等鑑內外之形勢，斷然解散自由、進步兩黨，廣號召同志，組織一大政黨，更始一新，以期憲政之完成。茲此宣言。10

在新黨提出的九項綱領中，最重要的便是第二條的「樹立政黨內閣，嚴明閣臣之責任。」

即今後將由選自最大黨的總理大臣組建內閣，取代過去天皇從立下維新功業的薩摩或長州人士中任命總理大臣的慣例。

隨著憲政黨成立，伊藤第一時間的反應便是集結各方實業家與愛國志士親自組建自己的政黨。他很快獲得了其他內閣成員的支持，但他們也指出為了在接下來的選舉中吸引選民，伊藤應該遊說全國以闡明政府的政策。面對選舉在即，黑田清隆承諾如果伊藤組織政黨，他就算拖著這副老朽的身軀也會跟隨伊藤前往各地演講。

當井上馨拜訪山縣尋求支持時，山縣回答道：「會同志以組黨並非不可，然由政黨組織內閣將破壞明治政府之歷史，悖逆帝國憲法之精神，若遂行之，恐將走向西班牙、希臘諸國命運。」[11] 由於山縣堅決反對伊藤的構想，使得黑田不再支持組黨，伊藤也因此只好放棄這個計畫。

在憲政黨成立後，決心排除萬難維持現有政治體制的陸軍大臣桂太郎會見山縣、井上和西鄉(從道)，告訴他們說如果無法實現組織政黨的願望，伊藤就打算辭職，這實在令人遺憾。他認為假使伊藤無意出面掌控政局，那麼元老就必須挺身而出。要是議會繼續跟政府作對，則可以不斷將其解散，有必要的話甚至可以考慮中止憲法。[12]

被此番局面搞得焦頭爛額的天皇於是在六月二十四日召見伊藤、黑田、山縣、西鄉、井上和大山(巖)。席間伊藤說道，既然大隈和板垣組建的新政黨在議會中佔有多數席次，除了讓他們組建內閣以外別無他法。山縣和黑田對此大力反對，他們確信如果讓大隈和板垣組閣，放任內閣基於一介政黨的綱領運作的話，將與日本的國體相抵觸，且嚴重違背了帝國憲法的精神。

他們當著天皇的面爭論不休，卻討論不出個結果。變得更加焦慮的天皇於是在會議結束後召見伊藤，表明了自己的看法。他認為，伊藤應該繼續擔任總理大臣，並跟至今為止一樣向自由黨謀求合作。伊藤回答說此非可行之道，因為如今兩黨已經合併。他自認目前最好的辦法就是交給大隈和板垣來收拾當下困難的局面。伊藤不僅向天皇請辭，還請求收回他的爵位和頭銜。[13]

六月二十五日，天皇召見山縣、黑田、大山、西鄉和井上，告訴他們伊藤辭意已決。眾人只好同意將後續事宜交由大隈和板垣處理，七位內閣大臣也立刻請辭。當晚，伊藤私下與大隈和板垣見面，向他們簡單說明了極其嚴峻的國內外局勢。他說自己已經向天皇推舉他們兩人，因為他們握有眾議院的多數席次，可以輕易通過必要的法案解決當前危機。最後，他奉勸兩人一旦接到天皇任命應當即刻答應。第二天，大隈和板垣回覆伊藤儘管責任重大，但他們將義不容辭。六月二十七日，天皇命令大隈和板垣成立新內閣。兩人宣誓必會竭盡所能，以報皇恩。[14]

六月二十八日，大隈和板垣進宮向天皇上奏，表示已經完成了內閣大臣的選任工作。天皇一邊看著名單，一邊詢問這些人的性格特徵。由於大多數都是政黨黨員，因而沒有仕途、位階或授勳經歷可以參考，但天皇還是想好好了解他們的背景。大隈和板垣於是輪流對每個人進行描述；天皇看到尾崎行雄(一八五八—一九五四)的名字時大吃一驚，質疑幾年前尾崎曾遭受懲戒處分，至今尚未赦免，為何會推舉此人擔任閣僚？[15]隔天，當大隈和板垣再次進宮，天皇重申內閣大臣為國家要職，一旦上任就必須盡心盡責，絕不能耽誤國事。這也許是在間接批評尾崎。

伊藤如今確信由國會的多數黨組建內閣已成必然，即便這意味著由薩摩和長州獨掌大權的時代即將結束，以及自維新以來便與他關係密切的舊友們將不再主宰政壇。眼下從未有過的事態發展讓天皇憂心不已，松方後來曾告訴友人說：「未曾見聖上憂色如此之深」。[16]

政黨內閣才剛剛成為現實，就有人推測它不會長久。以這次內閣來說此番推論確實不假：隈板(取大隈、板垣各一個字來稱呼)內閣註定走上瓦解的運命，只不過理由並不是因為其成員出身政黨，而是大隈和板垣的政治理念根本互不相容。六月三十日，天皇主持了新內閣的任命儀式。在宣誓就任的人當中，由大隈擔任總理大臣兼外務大臣，板垣任內務大臣，尾崎行雄則任文部大臣。

上任後不久，大隈召集地方知事解釋了政黨內閣的特性，並承諾會公平選舉以及改革各縣行政。他強調選舉是立憲政體的精髓，為確保公正性必須嚴加控管，以防像先前選舉時的暴力、賄賂、恐嚇等違法行為再次發生。[17]

七月十四日，佐佐木高行帶著他照料的兩位內親王進宮。佐佐木是天皇少數能夠推心置腹的說話對象，這天在獲准覲見後，他表示自己能夠想像陛下近期因內閣更迭一事有多麼煩憂。天皇回答道：「今次內閣大變革如海嘯急襲，其勢難以抵抗。此全為時勢所致，故聽伊藤之奏請，命大隈、板垣組織內閣。而朕初以為大隈乃進步黨首領，板垣為自由黨總理，今將共率憲政黨云云，盡信憲政黨為二人指揮，大臣等人選取決於二人。然絕非如此，二人對其黨可謂無力，其意不受重視，人選悉由黨本部決定，且自由、進步兩派未能調和，自由派推薦則進步派謂之不可，進步派推選則為自由派否決。而大隈、板垣亦無計可施，常為黨人操縱，為其要求所苦。二人於內閣之間暫獲安穩，然一度歸官邸，常為數十黨人擁之請託強要諸事。朕最初以為委任大隈、板垣，則可處理相應庶務、遂行國政，實為謬誤也。」[18]

佐佐木問道，內閣現狀的確令人堪憂，如此聯合政權是否真能處理好國家事務？天皇表示雖然世事難料，但看起來確實很有問題，尤其最糟糕的大概就是文部大臣。「世評前大臣及次官之中，外山正一學識淵博，菊池大麓長於事務，濱尾新無傑出才幹。新大臣尾崎行雄與濱尾不相伯仲，或有些許才能，然若面臨文部之難局，期振興教育甚難也。」[19]天皇針對尾崎行雄的辛辣諷刺，似乎反映出他個人對尾崎有很深的成見。

七月八日，沙皇尼古拉二世的表弟基里爾．佛拉迪米洛維奇（Kiril Vladimirovitch）大公訪問日本。他受到天皇和皇后的熱情接待，儘管這類國賓訪問如今已是見怪不怪，因而很少引起宮廷的特別關注。八月五日，板垣勸說大隈辭去外務大臣，因為當初是為了便於接待俄國大公才讓他身兼此職；現在既然大公已經結束訪問，就應該放棄兼任，保持閣內兩黨的勢力均衡，並推舉星亨或江原素六（一八四二—一九二二）擔任外務大臣。然而大隈不願辭職，從而引發了這個聯合政權的首次衝突。他們最後決定將此事交由天皇裁決，而天皇認為應該讓大隈繼續兼任外務大臣。他們當然都遵從了天皇的決定，但兩個黨派之間的裂痕卻逐步加深。

憲政黨內部的第二次衝突始自前進步黨派提議廢除警視廳。板垣列舉了各種不應廢除警視廳的理由上呈給天皇，而實際上天皇也沒有採取任何行動。在這次以及後來發生的衝突中，自由黨派的表現逐漸背離追求自由主義的傳統，基本上甚至變得比進步黨更為保守。

八月十一日，文部省廢除了一八八一年以來所有意在限制集會、言論與結社等自由的省部命令、通達、訓令和內令等等。作為徹底實行這番舉措的理由，文部大臣尾崎行雄主張過去的省部命令早在相關法律頒布後變得毫無意義，其他為了矯正時弊的命令也隨著時勢推移而不再發揮效果。當然，其中仍有一些規範值得留下，但教育的問題本來就應該交由地方長官、校長以及老師來解決。尾崎深信這些命令是舊時代思想的遺物，希望通過廢除它們達到教育改革的目的。20

八月二十二日，尾崎在帝國教育會夏令講習會的閉幕式上發表演說，其中顯然有一段話不太恰當。他說儘管日本不太可能實行共和體制，但如果成真的話總統候選人多半會來自三井或三菱財閥。也許他是想用這種方式來表達在當時拜金主義橫行的情況下，終有一天（這兩大財閥所象徵的）巨大財富將會支配這個國家。尾崎的無心之言給了他的政敵一個質疑其愛國精神的絕佳機會；他們質疑身為文部大臣的人怎麼能口無遮攔地談論日本建立共和政府的可能性，認為他的言論擺明有意破壞國體。《東京日日新聞》也義憤填膺地對尾崎進行猛烈抨擊。發現演講內容遭到報紙竄改的尾崎非常生氣，於是將演說的速記記錄公諸於世以證明報導有誤，然而對手卻聲稱他對記錄動過手腳。譴責的聲浪益加高漲，尾崎的演講頓時成為政府內外的爭議焦點。[21]

八月二十五日，侍從長德大寺實則致函尾崎，要求他提供演說的草稿。但由於當時是即興演講，尾崎便把速記記錄加以謄清後上交[22]。侍從長的這番請求表明天皇已經得知尾崎做出不當發言的傳聞，並希望查明事情的真偽。天皇還私下派遣岩倉具定（一八五二—一九一〇）傳話給大隈：「行雄為共和云云之演說，引起世論喧囂，恐難測將來引惹如何之難事。如此大臣甚難信任，應速辭退。」

在克服了敬畏和惶恐的心情後，大隈打算親自進宮向天皇說明情況，然而岩倉具定說道：「既有宸決，卿奏聞亦無益處。若有要奏之事只管告余，將代為上奏。」大隈問道：「臣亦不得信任乎？」岩倉回答：「非余所知。」岩倉回到皇居後，向天皇稟報了他與大隈的談話。天皇說：「今回之事只限文部大臣，與他大臣並無關係，汝可將此一同告知，而後令行雄請辭。」23

天皇對尾崎演講中的不當措辭所做出的反應，可能會讓今日的讀者覺得有些過於誇張。誠然，即使只是提到將來日本發展出共和政體的可能性，也會被明治視為對萬世一系的皇統構成威脅而令他不悅。然而，尾崎這番諷刺言論的矛頭明顯不是針對君主政體，而是針對唯利是圖的財閥。自從尾崎參與一八八七年的事件以來，明治似乎就對他抱有強烈的反感；我們之所以能知道天皇這時的反應，都是多虧了佐佐木高行的日記。他記下了從數年前開始天皇對身邊人士的種種批評，而這還是第一次有人能讓天皇如此露骨地厭惡。

天皇的命令對議會政治來說是個麻煩。假如今天他是個絕對專制的君主，那就算他下令砍掉尾崎的腦袋，或者不經審判便把尾崎流放到某個荒涼的小島也沒有人能阻止。然而，日本有憲法、有內閣，且組成內閣的人士並非天皇的奉承者，而是有著獨自綱領的黨員。岩倉具定擔心大隈可能會以此為由拒絕遵從天皇要求罷免尾崎的命令，但當他發現大隈從未打算違背天皇旨意時，不禁大大鬆了一口氣。

起初，天皇秘密派遣岩倉和德大寺將他給大隈的諭旨告知陸軍大臣桂太郎。桂將這一消息轉達給海軍大臣，兩人一同商討了後續對策。如果天皇在總理大臣提出請求之前擅自解除某個大臣的職務，媒體勢必會對此大做文章，讓民眾懷疑罷免背後別有內情。

很快地，便有傳言說尾崎是遭到侍從等天皇親信的告發。佐佐木高行直截了當地詢問德大寺這是否屬實。德大寺回答說，儘管尾崎的演講令他十分惱怒，但他一直都避免向天皇提及此事。不過，內務大臣板垣退助認為尾崎的發言大有問題，因此要求大隈做出處分。

當時改革派報紙《萬朝報》上出現一篇社論，直指那些抨擊尾崎的「愛國者」是「偽勤王」、「偽忠臣」，一名文部省官員高田早苗也沿用了《萬朝報》的觀點發表演說。人們猜測這都是尾崎在背後指使，板垣於是命令警視廳進行調查。儘管警察似乎沒有找到他們共謀的有力證據，板垣卻認定《萬朝報》的社論和高田的演講都是尾崎一手策劃，不斷催促大隈懲處尾崎。

由於大隈沒能給出令人滿意的答覆，板垣於是向天皇彈劾尾崎，從而導致天皇命令大隈免去尾崎的職務。佐佐木質問宮內大臣田中光顯，尾崎是否因侍從向天皇告發而遭罷免。田中答道，最直接的原因是板垣的彈劾，在他背後牽線的則是陸軍大臣桂太郎和參謀總長川上操六。此外據田中所言，桂和川上頻繁拉攏他對尾崎的去留發表意見，但他以宮內大臣不應該插手內閣人事為由再三拒絕。

佐佐木詢問的每一個人都異口同聲地認為是板垣彈劾了尾崎[24]。軍方之所以煽動板垣並不只是為了罷免尾崎，而是打算讓以山縣為首的內閣勢力取代大隈內閣。陸軍大臣桂太郎（在毫無證據的情況下）聲稱尾崎的「共和演說」使全國的軍隊彌漫著詭譎的氣氛，企圖藉此向內閣成員施壓；內務大臣板垣也提出虛假的報告，指稱各地人心動盪。[25]

桂太郎在自傳中寫到，他曾敦促大隈勸說尾崎立刻向天皇負荊請罪。他確信天皇寬宏大量，不會對尾崎懷恨在心，但要是錯過了謝罪的時機，可能會牽連到總理大臣。大隈照本宣科地說服尾崎，尾崎於是立刻進宮認錯，乞求原諒。然而這時的他犯了一個錯誤：尾崎試圖解釋自己為何發表那段演講，聽起來就像在為自己的言論開脫，結果讓天皇十分不悅。尾崎終究還是辭職了。雖然桂太郎貌似為尾崎道歉沒有奏效感到遺憾，不過以一個當初為了達成目的故意把事情鬧大的人來說，他的說法未必可信。[26]

在尾崎離職後，接下來就必須選出文部大臣的繼任者。對此憲政黨的兩派仍舊無法達成共識。板垣推舉了教育家江原素六，並提出一個條件：如果大隈不支持江原，就可以讓大隈任意指名自己中意的人選，但作為交換大隈必須辭去外務大臣，並由星亨接任。然而大隈對這些建議一概不理，直接進宮推薦了犬養毅（一八五五—一九三二），獲得天皇認可。十月二十七日，犬養毅正式就任文部大臣，大隈也絲毫沒有要辭去外務大臣的跡象。

不出所料，這讓板垣惱羞成怒。他在覲見天皇時譴責大隈言而無信，宣稱若是任命犬養毅擔任文部大臣，他和另外兩名閣員只能選擇辭職。十月二十九日，在前自由黨的集會上，黨員們決定解散目前的憲政黨，成立一個將前進步黨派排除在外的憲政新黨[27]。板垣更向天皇提交了一份詳述心中不滿的辭呈。

事態發展到這個地步，讓天皇苦惱萬分。他不希望板垣離開內閣，於是派出侍從岩倉具定慰留板垣。不幸的是，天皇一貫信任的顧問伊藤博文當時人正在清朝，山縣和井上也不在東京；為獲得更好的建議，他就憲政黨分裂一事向黑田和松方徵詢意見。天皇擔心如果讓前進步黨的成員取代這三名已經辭職的前自由黨閣員，只會更加激起自由黨派人士的不滿。問題在於，如今究竟應該維持由兩黨共同代表招攬新閣員，還是接受內閣總辭、重新組閣？

然而大隈不打算辭職，希望由前進步黨成員接替這三名已經辭職的前自由黨人士來維持內閣。十月二十九日，他求見天皇提出此案；但天皇並不認同大隈的提議，而是支持桂太郎的意見——勸說板垣留任。另一方面，希望結束政黨內閣的黑田暗自欣喜尾崎的演講提供了絕佳的契機，當板垣宣布辭職時，黑田便大力反對讓大隈繼續擔任總理大臣。他向陸軍和海軍大臣尋求協助，最終迫使大隈在十月三十一日（依照慣例）以患病為由請辭；前進步黨派的閣員也在這之後全數辭職，只剩下無黨派的陸軍大臣和海軍大臣留任。天皇在受理辭呈後，召見黑田、松方和大山巖商量後續對策。[28]第一屆政黨內閣就此瓦解。

十一月一日，山縣回到東京。隔天，他和黑田、西鄉、松方及大山進宮接受天皇諮詢，討論該如何成立新內閣。天皇提出了幾個問題：是否應該成立非政黨內閣，像過去一樣試圖在不借助政黨的情況下推動國會通過立法？還是說由最大黨和元老共組聯合內閣的話會更容易通過國會表決？山縣沒有做出直接答覆，認為一切均取決於天皇打算讓誰來組建內閣。

在遇上艱難的決斷時，天皇通常會尋求伊藤的意見，而這次也不例外。他向身在清朝的伊藤發出一通緊急電報，令他立刻歸國。黑田擔心伊藤回來後會再次推薦由大隈擔任總理大臣，於是趕在這之前敦促山縣一同提議立刻罷免大隈並任命新的總理大臣。天皇最終同意，但前提是山縣和黑田必須告知伊藤前因後果。

十一月五日，儘管大隈還沒有正式辭職，天皇便命令山縣組閣。仍然希望獲得伊藤支持的大隈緊急向清朝發出電報。另一方面，黑田和山縣上奏天皇表示應當盡快任命新的內閣，以便在下一次帝國議會召開時發揮作用，同時強調有必要成立一個超越黨派的內閣。桂太郎則告訴山縣，他認為前自由黨成員多半淳樸善良而易於操控，新成立的內閣應該尋求這些人（現在是大隈的政敵）支持[29]。十一月八日，山縣奏報天皇關於內閣的人選，其中青木周藏擔任外務大臣，松方正義任大藏大臣，西鄉從道則是內務大臣。同一天，大隈及其內閣成員（桂太郎除外）全數辭任。

對於天皇來說，一八九八年並非美好的一年。他不僅比以往都還要更加涉入錯綜複雜的政治事務，也依舊不斷擔心著皇太子的健康和教育。按照日本的算法，皇太子今年二十歲了；這意味著他已經成年，但他的教育卻因反復發作的疾病而嚴重耽誤。伊藤深知改善皇太子的身體狀況是當務之急，只不過精神方面的發展也不容忽視。他因此力勸皇太子旁聽議會，以此更加了解政治和軍事問題。[30]皇太子本人似乎也有意認真履行自己的職責，他在六月第一次接見了外國外交官，親切地和他們握手交談。

不過，明治仍得時常勸誡他的兒子。當他得知皇太子以能力不足為由解雇身邊近臣時感到相當憂慮，於是訓斥了皇太子，說這並非對待臣子之道。如果皇太子不滿身邊侍臣的服侍，應當私下告知宮內大臣，並等待天皇進一步的命令。[31]

十一月，皇太子被擢升為陸軍兼海軍少校。去年天皇並未准許這類晉升，認為皇太子的年紀尚不足以擔此重任，但今年他做出了讓步。[32]想當然皇太子無法履行伴隨著軍階而來的義務，即便在這一年後半他的健康狀況有了顯著改善[33]。

這一年，天皇最愉快的經歷大概就是觀摩在大阪地區舉行的大規模軍事演習。無論天氣如何，他都固定在每天早上五點起床，奔赴「前線」觀摩由南軍（試圖奪取大阪的外國侵略軍）和北軍（保衛大阪的日軍）上演的模擬戰爭。演習結束後，他對成果感到滿意，但同時也提醒軍隊：「時運日新，決不可有一瞬苟且偷安，應日益精進以期他日之功」[34]。

只可惜我們無法得知更多天皇的內心感受，畢竟他在這一年創作的和歌雖然技巧嫻熟，但在感情表現上卻流於形式。不過，也許下面這首和歌確實吐露了他的心聲：

細聽五月雨落響
即便宮中愁苦多[35]

·第五十章·
義和團之亂

為結束治外法權而進行的長期鬥爭在一八九九年終於結出碩果，日本獲得了和其他世界大國平起平坐的地位。不過，對於邁入人生第四十八個年頭的明治天皇來說，這一年最重要的事情卻是與修改條約無關的私事。

新年伊始便不吉利。一八九九年一月，就在英照皇太后過世正好滿兩年的同一天，天皇最小的女兒喜子內親王夭折。他下令降半旗致哀，公私立學校都必須停課，並且按照慣例禁止在東京和周邊地區舉辦歌舞。只不過在天皇以「田家煙」為主題創作的新年和歌中，並沒有流露出一絲的悲傷之情。

這一年皇太子首次參加了年度第一場御歌會；顯然，眾人莫不期待著已經成年的皇太子能夠創作和歌。皇太子的教育在這一整年中也備受討論，所有人都商討著該如何在不影響健康的情況下提升他的學習進度。皇太子與其父親的關係仍然拘謹而疏遠，甚至在他和眾姊妹進宮時也很少獲准謁見。二月，打算前往鎌倉避冬的兩位內親王進宮與父皇告別，但天皇因為身患感冒拒絕接見。反倒是皇后雖然也生了病，卻仍堅持要與她們見上一面。1

後宮女官們無法理解為何天皇堅持不見自己的女兒，因為他明明連她們的和服樣式等瑣碎小事都會關注，可見其父愛之深。女官們常常懇請天皇多加接見內親王，但他並不聽勸。

佐佐木高行認為，天皇之所以表面看似冷漠，是因為他接受了儒家教育。天皇自幼研讀並崇尚中國的經典著作，謹記著國家興亡的道理。他拒絕採納後宮的建議，大概是因為他曾從書上得知，有不少皇帝皆由於聽信女眷之言而引發禍患。佐佐木坦言，天皇也許過度謹慎，有時就連身邊人士的正確建議也一概拒絕，但這總比聽從後宮之言而導致宮廷動盪要好得多，倒不如說天皇正試圖排除這項積年惡習。儘管佐佐木所言有理，天皇接見自己的女兒也不太可能導致國難，讓人覺得他似乎有些不知變通。

一八九九年二月，御醫們建議天皇為了健康著想，最好去京都生活一段時間。他們請求侍從長德大寺實則說服天皇未果，於是又找上宮內大臣田中光顯。田中在謁見之際直率地坦言御醫認為天皇日益肥胖，如果不多加運動來減肥的話，很可能引發心臟疾病。他殷殷勸戒：

陛下乃一國之主，萬民所倚，身軀為陛下之一身，亦非陛下之一身。陛下努力攝養，非只為己身，實為天下蒼生。然今年政務煩劇，聖躬〔龍體〕甚勞，陛下若在東京，恐寸暇不許。臣聞，二十八年〔一八九五年〕結日清議和之局，大纛〔大旗〕由廣島旋京都，駐蹕一月餘，此間朝夕運動，健康甚勝。蓋京都為陛下降誕之地，山川風物皆為舊識。即遊故園，必適聖躬也。東京宮城，自陛下遷徙後雖及三十年，然本為幕府之古城，雖有廣闊園池，不乏風趣，終非陛下舊識。守衛亦嚴，難享逍遙自便。昨年陛下統監陸軍特別大演習於攝泉〔攝津、和泉〕之野，置大本營於大阪，未行幸相距僅十餘里之京都。當時人或言之，陛下幸大阪而未幸京都，乃陛下不愛京都，然實有前二十八年之事，蓋知非此意。伏願容御醫之奏請，暫幸遊京都，恢復聖體健康。

田中自知這番話忠言逆耳。天皇面露慍色，回道：「御醫局長之請，朕非無謂而拒之。京都為朕故園，如卿所知，為朕常愛之所，然以此為由即可遊乎？雖能療養一身，致政務停滯又該如何？去年朕以大演習統監幸大阪，若為愛京都之情所驅而遊故園，恐至不欲還東京，故加自制，卿等為何不解？卿之所奏，固非無理，然朕若廢一日政，則累百司，故不能為一身之攝養，廢一日之政務。朕只應孜行帝道，盡天職。為此死，則達朕之所望，可謂足矣。」

天皇表情漸漸緩和，繼續說道：「卿等為朕憂慮之所，亦可安心。自今實踐運動，圖健康之回復。卿等無須煩憂。」自此以後，他偶爾會在皇居的庭院裡散步或者做做運動，只是過沒多久就放棄了。2

但天皇依然對自己的體重問題很敏感。據侍從日野西資博子爵回憶，天皇因為在《中央新聞》上讀到一篇提及天皇體重超過七十七公斤的文章而不再讀報。他因此怒氣沖沖地抱怨：「要是報紙刊載了實情則無妨，然謊言無以為忍。朕將再也不讀報。」[3]

儘管如此，從天皇於一九〇五年寫成的和歌可以看出他雖然不滿報導有誤，但偶爾還是會閱讀報紙：

眾讀新聞天下事
若無謬誤更是欣[4]

很顯然，天皇的體重增加與他不再騎馬有關。過去騎馬一直都是他最喜歡的消遣活動，而如今工作似乎成了他唯一的興趣。我們不清楚天皇每天究竟花多少時間待在辦公室裡，但他似乎沒有像同時期的奧匈帝國皇帝法蘭茲．約瑟夫（Franz Josef）那樣從清晨到深夜都坐在辦公桌前審閱公文。他依舊嗜酒成性，而且從清酒轉喝葡萄酒；從他宴請來訪外賓的晚宴菜單來看，他的胃口也依然很好。[5]

此時，宮廷私事中最令天皇費盡心思的便是為剛成年的皇太子找一個對象。他希望在皇族裡找到人選，但如果沒有合適的，也可以考慮出身上級華族家庭的女孩，再不行的話則從公爵或侯爵家挑選[6]。早在一八九一年，天皇就曾令德大寺實則挑出一些出身高貴且與皇太子年齡相仿的女孩到高輪御所作為昌子和房子內親王的玩伴，同時進一步指示佐佐木高行觀察這些女孩的外貌和品性。結果當中有一人脫穎而出，她就是第十師團團長貞愛親王的女兒禎子。此外，華族女子學校的校長下田歌子也極力推薦禎子，宮內大臣土方久元於是將這一切稟報天皇。禎子被選為皇太子妃似乎已是十拿九穩。

一八九六年十二月，天皇夫婦造貞愛親王的府邸，親自與禎子見了一面，卻直到一八九九年二月才召開第一次正式會議，討論禎子是否為太子妃的合適人選[7]。會議上，他們發現禎子曾在兩年前罹患闌尾炎。雖然她已經完全康復，但御醫提供的健康診斷書卻提到在她的右胸聽到肺泡呼吸音。這讓他們有些擔心，儘管大多數醫生都認為這個問題應該會在兩三年之內消失[8]。然而天皇還是十分苦惱，擔心禎子的健康可能會威脅皇族子嗣的延續。一八九九年三月二十二日，他指派宮內大臣前往貞愛親王府邸，解除了將禎子迎為太子妃的私約。

這件事似乎沒有讓皇太子感到失望；事實上，他或許根本不知道父皇已經在幫他物色對象。皇太子依然尚未從一八九五年生的那場大病中完全恢復過來，學業進度亦不如預期。侍從抱怨皇太子任性善變，難以取悅；他對西方事物的沉迷也讓天皇覺得相當棘手。他明明還沒有打好傳統學問的基礎，卻喜歡在交談中刻意穿插幾個法語單詞[9]。皇太子對西方的著迷很可能是受到他這段期間獲得的外國勳章所啟發，包括西班牙的金羊毛勳章、法國的榮譽軍團勳章以及丹麥的大象勳章[10]。

此時皇太子最值得注意的行動就是他經常造訪位於葉山和沼津的別墅。他在往後幾年如同強迫症一般刻意遠離東京，大概是因為不喜歡天皇及幕僚們在宮中悉心營造的嚴肅氛圍。

一八九九八月四日，新修改的條約開始生效。同年八月二十八日，天皇為慶祝修約成功舉辦了一場祝宴。在宴會上，天皇和皇后舉杯祝福在場的各國公使的君主身體健康，並與賓客們一一握手。治外法權宣告結束，只不過不是伴隨著炮聲，而是開啟香檳軟木塞的聲響。這本應是舉國上下共同歡慶的時刻，但人們的反應卻只是默默地認同。

雖然許多外國居民對於領事法庭不再提供保護抱持強烈恐懼，然而事實上並沒有發生大規模的逮捕、沒有手持法律細則的日本警察強行搜查，也沒聽說有外國人遭到拷問。隨著時間過去，以往的種種擔心被證明是毫無根據，外國人也開始思考為什麼他們以前會覺得要是失去治外法權這一盾牌，就會受到殘酷的對待。然而即便迎來了新的時代，外國人仍很難拋棄他們的優越感；至於日本則是為了向外國人證明有資格管理好自己的國家，在做出種種努力之餘累積了不少壓力與怨恨。正如一位英國學者的評論：「雙方的心態已經根深柢固，一時難以改變」[11]。這也是為什麼治外法權的廢止沒能帶來明顯的喜悅之情。

八月二十一日，天皇決定讓皇太子與九條道孝公爵的四女節子結婚，但由於皇太子的健康狀況不穩定，婚禮於是被迫推遲到翌年春天舉行。皇太子直到一九〇〇年二月才得知婚期已定，當天天皇派遣岩倉具定帶著一封簡短的敕書到葉山拜訪皇太子，通知他被選為皇太子妃的女性之名。[12]

侍奉皇室的貝爾茲醫生於一九〇〇年三月二十三日寫道：

> 今日召開了與皇太子有關的重要會議，即討論他的健康狀況，看看能否確定在五月舉辦婚禮。我和橋本、岡一致認為可行，不過仍存在些許擔憂。譬如，皇太子的體重依然無法恢復到去年的水準。我們向天皇奏報時沒有提起這件事，否則只怕天皇會以恢復皇太子的體重為優先。伊藤侯爵、有栖川宮親王以及皇太子的侍從都認為婚禮不能再延，因為皇太子已經決定一反東方的普遍習俗，不會在成婚前碰觸其他女性。有鑑於此，不論是為了大局或皇太子個人，我認為盡早成婚禮才是良策。[13]

一八九九年十月，皇太子乘坐軍艦從沼津前往神戶、廣島、小豆島以及江田島等瀨戶內海沿岸地區，並在一年後積極地拜訪九州各地。這些旅行讓皇太子更加了解自己將來要統治的國家，也強化了他與臣民之間的聯繫，但其艱辛程度和重要性卻遠遠不及明治統治初期的巡幸。旅行如今變得容易許多，國家也迅速邁向工業化，正如皇太子視察的八幡的鋼鐵廠和長崎的三菱造船廠就是最好的例子。

一九〇〇年五月十日，舉行了皇太子嘉仁與九條節子婚禮。五月八日，天皇託人送給皇太子一套束帶裝和一把寶劍，此時他的生母柳原愛子也正好前來探望，皇太子於是請她代為謝恩。據說，皇太子第一次得知愛子才是他的親生母親時既驚訝又沮喪，因為他一直都以為自己是皇后所生[14]。他的反應在女官之間流傳開來，甚至傳到了愛子的耳裡。她是明治的所有側室中最為貌美且聰慧的女性，卻因皇太子身體羸弱而受人指責（她也感到相當自責）。她的名字甚至很少出現在《明治天皇紀》裡。[15]

五月九日，就在大婚的前一天，皇后授予節子勳一等寶冠章，這是皇室女性所能獲得的最高級勳章。為了慶祝這次喜事，天皇夫婦捐贈了八萬日圓給東京市以及兩萬日圓給京都市，用以教育事業[16]；此外天皇還向主導日本啟蒙運動的福澤諭吉提供五萬日圓的獎勵，並附上讚揚其教育貢獻的詔書。

隔天清晨，天皇派人向宮中賢所稟報皇太子成婚的喜訊。早上八點四十分，皇太子和皇太子妃在賢所進行敬拜。皇太子向神靈獻上祈禱文，夫婦倆按照禮節在神壇前喝下清酒。隨後式部官報告儀式順利完成，陸軍和海軍一齊鳴放禮炮。十點四十分，天皇穿著盛裝和皇后一同出現在謁見廳內。皇太子和太子妃在式部官的引導下來到兩人面前，由天皇夫婦下賜清酒給皇太子和他的新娘。

婚禮至此結束。十一點二十分，皇太子和太子妃登上一輛馬車前往皇太子的東宮御所。皇居正門外擠滿了民眾，導致馬車隊伍耽誤了快二十分鐘，好不容易才終於清出一條路來。天皇派出侍從長將菊花章頸飾授予皇太子，皇太子夫婦則在進行完例行儀式後回到皇居，與天皇和皇后一同出席宴會。四點三十分，皇室家族現身鳳凰之間，接受皇族高官和各國公使的祝賀。17

皇室婚禮的興奮之情尚未平息，五月二十四日，曾數度表明辭意的山縣有朋再次向天皇請辭。他說自己擔任總理大臣已有一年半，在此期間，條約修正也已經實現；他認為未來的總理大臣應該由熟知國外局勢的人來擔任，即便自己本來不具備這個資格，但大隈內閣倒台後造成的政局混亂迫使他不得不臨危受命、接下重任。如今政壇恢復穩定，前途暫無危機，山縣於是再次表明辭意。

天皇屢次力勸山縣留任，卻都被果斷拒絕。最後天皇只好放棄，並派人傳話給伊藤博文，希望由他接任總理大臣。伊藤婉拒了，說即便是天皇的命令他也無法答應。就伊藤所見，在憲政體制下組織內閣必須先獲得國會認同，政府不得不與政黨協力行動。和山縣不同，他無法像戰場上的將軍一樣發號施令，任何一個失策都很有可能會連累天皇。

天皇於是命令大藏大臣松方正義暫時兼任總理大臣一職。松方予以回絕，並推薦了陸軍大臣桂太郎。然而天皇並未同意，因為此舉勢必會加劇陸軍和海軍之間早已存在的競爭關係。

就在這個時候，宮中得知清朝發生動亂的消息。對此相當關注的天皇在五月三十一日傳話給山縣，表示他很清楚山縣亟欲辭職，但在這個節骨眼上更換總理大臣極不妥當，希望山縣能延後辭職。山縣答道，華北動亂不過是無知農民一時的暴動，無需太過憂心；他辭意已決，而這場動亂並沒有嚴重到能讓他改變想法。不過山縣還是承諾如果找不到適合的繼任者，他願意再留任一兩個月。[18]

山縣顯然大大低估了華北動亂的嚴重性，西方將這場動亂稱為「拳亂」（Boxer Rebellion）[19]。天皇似乎比山縣更清楚清朝情況嚴峻，因此要求同意暫時留任的山縣應付當前局勢。

為了鎮壓山縣所謂「一時的暴動」，八個國家一共出兵約四萬五千人[20]（將近一半為日軍）。數以萬計的清朝人在戰鬥中喪生，這場暴動——更準確地說應該是「戰爭」[21]——不僅演變成清朝和八國聯軍之間的一次重大衝突，更是直接促成了一九〇二年英日同盟和一九〇四至一九〇五年日俄戰爭的重要因素。

這些起義的農民自稱「義和團」（標榜正義與和平），象徵他們不像歷代的起義是為了擁立新的統治者。義和團成員深信自己的起義有著更崇高的理想，而實現目標的唯一方式就是將信仰基督教的中國人和外國人逐出中國。[22]並非所有的起義者（在當時的文件中均稱為「拳匪」）都是狂熱分子，但大多數人都相信自己受到中國神靈的庇佑。他們自詡為正義而毫不留情地大開殺戒，在這場暴動中殺害了大約兩百五十名歐洲傳教士和大量外國軍人，以及高達兩萬三千名的中國基督徒[23]。

早在義和團動亂以前，十九世紀的清朝已經爆發了一連串暴動，均是為了反抗清廷的腐敗墮落以及外國列強的屢屢羞辱。其中規模最大的太平天國運動從一八五一年一路持續到一八六四年，估計有兩千多萬人因此喪生。太平天國標榜著可以稱之為原始共產主義的準基督教意識形態，規定所有財產歸信徒共同所有、男女享有平等權利，同時禁娼妓、蓄奴、纏足、賭博、鴉片、酗酒和菸草。這種理想（很多都被義和團繼承）表明了起義者對當時國內社會情況的不滿，清政府也費盡心力才總算將其平定；如果後期沒有外國列強介入，太平天國運動或許真的會成功。

一八六一到一八六三年，另一場暴動席捲了太平天國運動並未擴及的山東省，發起者是名叫「白蓮教」[24]的佛教宗派。義和團運動同樣也是由山東省興起，再向外蔓延到華北各地。它以宗教信仰為依託，結合了對傳統神明的崇敬和對基督教的仇視。義和團相信是基督教破壞了鄉村的安寧與和諧，得到不少貧困農民的強烈支持，不過之所以只有極少數的知識分子參與這場運動，也許是因為儘管他們和農民一樣仇視外國宗教，卻也難以背棄同樣出身山東的孔子所提倡的和平理念。

義和團會如此仇視基督教信徒，似乎是因為後者蠻橫無情地打碎他們供奉的「偶像」，有時候甚至在大多數村民祭祀的寺廟土地上建造教堂[25]。基督徒和非基督徒的歧異改變了農民的生活結構，由此而生的不滿情緒最終演變成針對「洋鬼子」和中國基督徒的暴力行為。[26]

一八九七年，兩位德國傳教士在山東省被殺，揭開了這場暴力運動的序幕。一八九八年，德國政府以此事為契機，強迫清朝出借青島與膠州灣周邊地區，租期為九十九年。同年，因德國獲得了租借地，英國有樣學樣向清廷施壓，從日本手中接管了山東省北岸的威海衛，這裡自甲午戰爭後就一直被日本佔領當作支付馬關條約賠款的擔保。一連串事態的發展激起民眾發起更大規模的排外運動，並從山東擴大到臨近的河北。

在各地鄉村裡，民眾紛紛組織民團保護寺廟免遭基督徒的襲擊，並期待神靈會提供庇佑。他們建造祭壇好從神靈那裡獲得神秘的力量，被授予神力因此抱持著無戰不勝的自信，相信外國人的武器無法傷其分毫[27]。為了做好戰鬥的準備，成員們積極練習拳法和其他武術，而對外國槍械嗤之以鼻。

義和團的領導人在許多方面都跟日本一心想要剷除外國勢力的「神風連」等類似團體的成員有共通之處。曾有近代史學家讚賞義和團具備勇氣反抗那些威脅中國傳統生活方式的外國人，然而，仇外並非一種美德；我們也不應忘記，義和團的犧牲者大多數都是中國農民。

一九〇〇年五月三十日，外務大臣青木周藏覲見天皇，報告華北的「拳匪」動向。當月的早些時候，青木已經從美國國務卿那裡獲悉了德國傳教士遭拳民殺害一事[28]。他在報告（其回憶錄並沒有提及此事）中描述清朝在甲午戰爭落敗後破綻百出，以及歐洲列強如何逼迫清廷出借領土作為戰略基地。清政府中原本存在著強勢的進步派，但列強的侵略行動卻讓主張驅逐外國人的保守勢力抬頭，促使極端守舊的慈禧太后獨掌大權，將無能為力的皇帝幽禁在宮中。

民間日益高漲的仇外情緒逐漸化為實際行動，不時會在街上侮辱遇到的外國人甚至是暴力相向。據說清廷打算關閉口岸、驅逐蠻夷，這對日本人來說或許就像看到自己國家四十年前的歷史重新上演；拳民的口號「扶清滅洋」與昔日尊王派的「尊王攘夷」如出一轍，這個明顯效忠滿清統治階級的標語讓清政府十分中意[29]，只不過拳民「扶清」的意圖並非要挽救清朝，而是為了從可恨的外國人手中解救中國[30]。

六月六日，青木周藏收到駐天津領事鄭永昌[31]的回報，說拳民起義愈演愈烈。無力緩和局面的清政府開始傾向支持起義者，甚有消息指出俄國正從西伯利亞派兵前往中國，德國也準備從青島派出軍隊。當得知日本公使館的一位官員遭到起義者殺害，覺得不能再袖手旁觀的日本政府於是在六月十五日召開內閣會議，決定派遣步兵、炮兵、騎兵和工兵部隊前往中國保護在地日本僑民的安全。天皇立刻准奏。[32]

此時，各國「聯軍」[33]的船艦已經在天津的大沽口集結。六月十七日，聯軍艦隊朝中國的炮臺開火。這次攻擊（和後續軍事行動）名義上是為了保護被圍困在北京的各國僑民的安全，然而清朝卻因此勃然大怒，決定利用義和團將外國和中國基督徒全數驅逐出境。

六月十九日，日本船艦在海軍中將東鄉平八郎的指揮下，協同其他聯軍攻佔了大沽炮臺。總理衙門（清廷外交機關）立刻向各國公使發出通告，請他們在二十四小時內離開北京，由清軍護送前往天津。第二天，德國公使在前往總理衙門的途中遭到清軍襲擊身亡。這讓（原本同意撤退至天津的）外國人開始質疑清政府的護衛承諾，於是決定各自撤回公使館自保，直到援軍抵達。[34]

六月二十一日，清廷頒布詔書向聯軍宣戰。當中宣稱清朝一直都對外國人甚為禮遇，但他們卻肆意佔奪清朝領土、欺壓人民、勒索財物，行為舉止放縱猖狂，因而引發當地民眾群起激憤，致使他們焚毀教堂、殺害基督徒。即便不斷受到無理對待，清廷仍盡力保衛外國使館，怎知外國人卻不知感恩，趁機以武力要挾交出大沽炮臺。如今清朝皇帝決定隱忍淚水向祖宗發誓，與其圖存飽受屈辱，不如與外國一決雌雄，並號召各地有志之士一同起身奮戰，抑或是提供軍用資金。[35]

然而到了六月二十九日，清朝皇帝又發布一道完全矛盾的詔書，號召鎮壓義和團，恢復與外國的友好關係。據說前一份詔書其實是出自端郡王的計謀，第二道詔書才是皇帝的真實意願[36]。但是這道詔書似乎未能獲得重視：義和團持續圍攻外國公使館將近兩個月，直到聯軍攻佔北京[37]。

義和團得到慈禧太后的懿旨進入北京，焚燒教堂和外國人的住家，搜捕並殺害與基督徒和外國人有關聯的人。甚有部分公使館建築遭到焚毀，但外國人仍沒有投降。

七月三日，光緒皇帝向明治天皇發出一封電報，尋求日本出面調停。他在電報開頭的稱呼（「大清國大皇帝問大日本國大皇帝」）表明了他將明治視為地位對等的君主，並強調中國與日本的關係就如同「唇齒相依」一般。光緒雖然對日本公使館成員遇害一事表示哀痛，但也解釋儘管清廷正試圖逮捕和懲戒犯人，外國列強卻發動襲擊佔領了大沽炮臺。他警告東西方之間已生對峙，貪婪的西方國家難道只會對中國虎視眈眈嗎？如果清朝無法抵抗外國列強的侵略，日本想要孤身自保恐怕也很困難。他力勸雙方休戰，放下微不足道的分歧以共同維護大局。此外，光緒也向天皇保證清軍必會盡力剿除拳匪。[38]

明治並沒有回應光緒的提議。相反地，他宣布如果清廷能成功鎮壓義和團，以此表明無意與外國開戰，那麼日本會很樂意恢復昔日的友好關係。他堅稱清廷應停止對北京的圍困，否則日本將別無選擇，只能派兵前去平定動亂、解救僑民。[39]

恰巧在這個時候，侍從長德大寺實則向天皇請辭。天皇大怒，答道：「凡華族仕朝廷，宜決心獻身供之，以致奉公之誠。然妄談辭職，欲謀自身安逸，其志甚惡。縱卿幾度辭職，朕亦斷然不許。本來今之官吏，起自士族者多，皆恣意放縱，動輒以辭職遁避一時，徒貪一身之安，朕常為之不快。然若身為華族者亦加以仿效，獨陷朕於苦境，可謂不忠至極。」[40]

明治自己在統治初期也常因忽視政務遭到伊藤博文等官員的訓斥，但現在他似乎已經完全投入了國事。他領悟到身為天皇是一種責任、而非特權；而且，像德大寺這樣的華族必須比士族更有責任感。對他來說義務就是一切，因為「健康理由」而辭職的行為更是一種背叛。

七月九日，八國聯軍和清軍在天津賽馬場附近遭遇，展開了一場決定性的戰役。作為先鋒的日軍表現最為活躍，擊退了清朝由兩千名精銳士兵和大約五百名義和團成員組成的軍隊。清軍損失慘重，將領聶士成戰死，部下潰逃；聯軍方面則有三十多名日本士兵和八名英國士兵傷亡。列強無不稱讚日本步兵的英勇行動和作戰技巧。

七月十三日，聯軍開始對天津發動攻擊。日本、英國、美國和法國的軍隊由南而上，俄國和德國的軍隊則從東北方入侵，由大概一萬四千名正規軍和約一萬名拳民組成的清軍對上僅有八千人的聯合軍。天津城被高約八公尺的堅固城牆環繞，這天的戰鬥看似永無止盡。七月十四日凌晨三點，接到炸毀城牆南門命令的工兵中尉井上謙吉率領六名士兵悄悄靠近城門。他們雖然在門邊設置了炸藥，電動操作的導線卻遭到敵軍的炮火切斷。井上和士兵們被迫直接點燃炸藥，差點命喪黃泉，但總算成功把城門炸得粉碎。聯軍在高呼戰鬥口號的日軍帶領下衝進城內，卻發現還有一堵內牆，敵軍正從城牆上發動攻擊。面臨突如其來的狀況一等兵增田千太郎冷靜地越過城壁，從裡面打開了城門。日軍再次帶頭湧進城裡，後面跟著法國、英國和美國的士兵。最後清軍陣亡約四百人，聯軍死傷的八百六十餘人當中也有四百位都是日本人。[41]

八月八日，德皇威廉二世（Wilhelm II）向明治天皇發出電報，請求任命阿爾弗雷德・瓦德西（Alfred Waldersee）將軍為聯軍統帥。儘管德軍的人數遠遠少於日軍，但天皇大概因為德國公使被殺一事而立刻允諾。然而他可能並不知道，在七月底當德國遠征軍準備前往中國之際，德皇曾向官兵發表演說，鼓勵他們不須留情、格殺勿論，好讓中國人再也不敢輕視德國人[42]。

德皇的演說傳到國外後，立刻引來了列強的嚴厲抨擊。日本駐奧地利公使牧野伸顯（一八六一—一九四九）得知會有德國人來領導聯軍，便向天皇表達異議，理由正是因為德皇的演說已經激起各國強力不滿。[43]然而，明治這時早已送出了同意的答覆。他就這樣在不知不覺中與一位執迷於「黃禍論」的君主攜手合作。

只不過，聯軍進軍北京的速度非常之快，使得該位德國將領根本來不及坐鎮指揮，而由日本提議的一位俄國將軍獲得其他列強支持擔任司令。八月十四日，聯軍佔領北京，解除了圍攻並救出外國僑民，慈禧太后則帶著光緒皇帝逃往西安。紫禁城由日美兩軍負責把守，但市內各地卻遭到其他聯軍洗劫一空[44]。

至此，清朝的危機終於告一段落。

・第五十一章・
英日同盟

在義和團被鎮壓後，山縣有朋立刻請求天皇准許他辭去總理大臣一職[1]。如今明治已經沒有迫切理由要求山縣留任，只好准辭。伊藤博文作為繼任者雖然是眾望所歸，但他早已婉拒接任，正忙於組建一個新的政黨。在伊藤看來，政黨對於君主立憲制而言必不可少，如果內閣缺乏政黨的根基，其政策就很可能在國會中遭到其他派系阻撓。日本雖然已存在著幾個政黨，但都不夠健全，根本無法掌握主導權。伊藤深信若要糾正政府長年來的積弊，就必須組建一個由他率領的全新黨派。他將這個打算告訴了山縣，並請宮內大臣稟報天皇。

天皇不僅同意伊藤成立新政黨，還在九月十四日派遣岩倉具定前往伊藤的府邸送上一萬日圓和紅白縮緬綢緞各一匹，並在隨附的信件中表達對伊藤忠誠奉獻的信任，期盼他今後能繼續為他提出率直的建言。[2]

一九〇〇年九月十五日，由伊藤擔任總裁的新政黨「立憲政友會」正式成立[3]。憲政黨的成員於是立刻宣布解散，表明有意加入新的政黨，成為該黨的核心人物。由於伊藤在成立政友會之前事先獲得了天皇批准，有些人便諷刺他的政黨應該取名為「敕許黨」[4]。

九月二十四日，天皇派人拜託松方正義和井上馨勸說伊藤接任總理大臣。兩人雖然分別拜訪了伊藤，卻都遭到斷然拒絕。也許就是因為聽聞井上拜訪伊藤的風聲，山縣才在九月二十六日倉促地向天皇提交辭呈。他說自己身體欠佳，無法繼續處理總理大臣繁重的職務。如今憲政黨不願再與山縣合作並決定加入伊藤的政黨，可能也是刺激山縣請辭的原因之一，畢竟這代表他的內閣已完全失去黨派的支持。

雖然松方也試圖說服伊藤，不料卻反過來被伊藤勸說要他自己接任。當天皇發覺請人遊說無果，便召見伊藤直接指名他擔任總理大臣。但伊藤仍不肯退讓，強調自己為了組建政友會已經忙得不可開交，再加上罹患感冒導致身體虛弱，天皇這時要他上任只會雪上加霜。十月六日，松方最後一次勸說伊藤，結果這次伊藤同意了，只因他認清目前國內外的情勢已不允許他再三推辭。第二天，伊藤正式在天皇面前受命組織內閣。

十月十九日，伊藤在宮中舉行總理大臣任命式後正式上任，然而新內閣的成員從一開始就衝突不斷。十月二十日，從上屆內閣留任的陸軍大臣桂太郎以健康為由請辭，但遭到天皇駁回，認為在局勢如此緊張的時刻，陸軍大臣的職位一天也不能空下來[5]。

十一月十五日，天皇重啟以前的習慣，前往茨城縣視察演習，晚上則在當地的小學裡過夜。到了第二天天候狀況不盡理想，除了風雨不斷還偶有降雪，氣溫寒冷刺骨。天皇馬車經過的道路本來早就經過整修，但連日降雨加上頻繁往來的人馬卻讓路上變得泥濘不堪。天皇在一個名叫長方的地區走下馬車，登上一處可以觀看兩軍演習的高地。他絲毫不畏猛烈的風雨，就這樣整整待了一個多小時直到演習結束。他想必是認為自己有義務以身作則，為軍隊樹立起堅忍不屈的榜樣。

長時間的風吹雨打似乎並沒有影響到天皇的健康。然而就在年底的時候，明治患上感冒臥床不起，直到隔年（一九〇一年）一月十三日才康復，使得他因此沒能出席各種例行的新年儀式，按照日本的算法，天皇如今五十歲了。

一月二十三日，傳來了英國維多利亞女王去世的消息。處於國勢顛峰的英國一直都是日本追求國際平等地位的最大障礙，然而日本宮廷並沒有因此懷恨在心。他們為維多利亞女王進行了為期三周的哀悼，還委派駐英公使林董作為特使參加葬禮。在這一年後半，林董也成為推動英日同盟的關鍵人物，讓英日關係轉眼從劍拔弩張改為互助合作。

伊藤博文在成立他盼望已久的政黨後，組建了一個以政友會成員為主的新內閣。貴族院猛烈地抨擊這次「政黨內閣」，但伊藤不予理會，從而加劇了雙方之間的敵對情緒。政府如今面臨的緊迫問題，便是想辦法支付日軍鎮壓義和團之亂時產生的龐大費用。眾議院表決通過徵收清酒稅、糖稅以及提高關稅來籌募財源，同時也期待菸草專賣稅能帶來更多收入；然而貴族院卻反對增稅，似乎早已下定決心否決到底。二月二十七日，天皇（經伊藤奏請後）下令議會休會十天。

伊藤希望自己能在這十天中勸說貴族院讓步，但貴族院仍執意要求在增稅法案上進行一次徹底的討論。伊藤希望對貴族院具有影響力的山縣能夠幫忙調解，然而此時山縣人正在京都，並在與松方商議過後決定不出面協調。惱羞成怒的伊藤於是請求天皇將兩人召回東京，由侍從向山縣和松方發出電報後，兩人便在第二天動身返京。

三月五日，伊藤在覲見天皇時說明，貴族院若否決增稅案，將會導致國家無法償還負債的財政危機。他擔心這會引來日本金融界的強力反擊，於是建議天皇徵詢四位元老——山縣有朋、西鄉從道、松方正義和井上馨——的意見。隨後，天皇接見了山縣和松方，並且派人通知西鄉和井上，要求他們一同找出解決之道。6

然而山縣和松方向天皇回報說調解並未成功。眼看議會十天的休會期即將結束，焦慮萬分的伊藤於是私下提案，透過宮內大臣請求天皇下詔斥責貴族院不應該阻撓議案。天皇按照伊藤的請求，於三月十二日召見了貴族院議長近衛篤麿，說道：「朕近日聞貴族院對增稅案唱異，與政府衝突，深感遺憾。命山縣等調停之事，亦不幸失敗，而政府猶奏不能容貴族院之主張，朕甚憂慮之。朕意所在即載此詔書中，卿宜示此於議員一同，以速達和諧之道。」

詔書中清楚表明了天皇的立場：

朕視中外之形勢，深憂時局之艱難。今支付必要軍費，立計畫鞏固財政，誠屬國家急務。

前日開議會時，已示朕意，且命政府提出之增稅諸法案，亦經眾議院議決。朕信忠誠之貴族院各員，必分朕日夕之憂，望速認同廟謨〔朝廷政策〕，免遺國家他日之憾。7

近衛並非沒有預見到事態會朝著這個方向發展，但天皇的訓斥仍讓他相當動搖。他拜訪了侍從岩倉具定，認為岩倉應該知道背後的內情。岩倉一直都不太認同伊藤每次政策遇上瓶頸就請天皇出面解決的作風，然而這次他對此事一無所知。當近衛把詔書拿給岩倉看時，岩倉驚訝萬分：詔書上既沒有天皇署名或蓋印，也沒有任何國務大臣的簽名。面對如此不尋常的事態，當晚近衛便派人送信給伊藤，詢問他詔書的內容是否已為其他閣員所知。

第二天，伊藤前往貴族院拜訪近衛，詳細講述在議會休會後他為了與貴族院交涉做了多少努力，以及天皇如何命令山縣不斷居中調解。他的話聽起來就像是在說天皇因為調解無疾而終而備感擔憂，所以才決定親自出馬。伊藤接著說內閣中沒有人事先知道詔書一事，但無論如何，他身為內閣總理有責任輔佐天皇，自然會在其政策相關的發言上給予意見。8

伊藤所言似乎暗示了儘管內閣沒有人事先知情，天皇仍可能因為受到他的影響寫下這道詔書。至於詔書上沒有簽名蓋印或者附署，或許也表明天皇是憑著他個人一時的判斷採取了行動。

三月二十四日，近衛在貴族院宣讀詔書。天皇的告誡立刻讓貴族院成員的態度有了一百八十度的轉變，在一個字都沒修改的情況下通過了增稅法案。9

接近三月底，天皇又在另一個截然不同的場面展現了自己的權威。三月二十七日，司法大臣金子堅太郎（一八五三—一九四二）奏請天皇解雇十六位請辭的法官和檢察官。事件的起因是眾議院否決了為司法官員加薪的議案（即使他們有充分理由要求加薪），因此在通過的年度預算中也並未保留加薪的額度。對此感到失望的法官和檢察官於是群起抗議，當中甚至有一些地方法官離開職位前往東京，加入這場罷工行動。

金子再三警告這些人不可違反官紀，卻沒有任何效果。罷工領導者呼籲全國的司法官員集體辭職，不久，大量辭呈便透過信件和電報辭湧進東京。為了維護司法的尊嚴，金子決定比起屈服於抗議人士的加薪要求，不如乾脆受理全部的辭呈；他將辭呈整理後轉交給伊藤，請他上奏天皇。

伊藤隨即向天皇稟報情況，並懇請天皇定奪。天皇問道，司法大臣是否有把握補足辭職者的空缺？面對伊藤所轉達的疑問，金子於是提供了一份名單，上頭列舉八百多位有資格擔任法官和檢察官的人選，表示要找人替補毫無困難。伊藤將名單給天皇過目後，後者馬上批准了辭呈，說道：「往後有提出辭表者，即便夜深亦可直接上交，朕將盡速裁可。」天皇的裁示立刻讓人們放棄了抗爭，那些已經提交辭呈的人原以為天皇不會批准，現在也都紛紛請求收回辭呈。[10]

天皇並沒有考慮到法官和檢察官薪資不合理的困境，他唯一關心的就只有這些人辭職後是否能被取代。身為一位崇尚儒學的君主，他本應表現出更多的同理心，然而多半在明治眼中這些人只是在擾亂紀律。在極度討厭違紀行為這一點上，他和同樣忠於儒家思想的德川將軍們頗為相似。

五月二日，伊藤向天皇請辭。他坦承儘管身體已經恢復到能夠參與宮中事務，但仍不足以應付日後以財政問題為首的眾多艱難任務。伊藤健康欠佳的情況就連天皇都察覺到不再只是藉口，於是在收到伊藤辭呈的當天，他便任命西園寺公望在伊藤療養期間擔任代理總理大臣。[11]

伊藤並沒有誇大政府所面臨的困難。雖然國會最終通過了年度預算和增稅法案，但財政危機仍然沒有解決。自一八九五年甲午戰爭結束以來，政府已經把充實國防視為第一優先，大部分的國家經費都被投入軍事計畫，導致財政出現嚴重赤字。不斷地舉債和增稅看似沒完沒了，財政困境眼看即將引發一場恐慌。

先前大藏大臣渡邊國武（一八四六—一九一九）就曾在內閣會議上提出一份包括暫停公營事業在內的財政緊縮案，卻遭到五名閣員反對，其主因則是出於對渡邊個人的不滿。伊藤雖然居中調停，結果反而進一步加劇了彼此的衝突，造成最後除渡邊以外，全體閣員都遞交了辭呈。

五月三日，渡邊向天皇上奏自己對財政狀況的看法。隨後天皇召見西園寺，詢問他該如何決定渡邊的去留。西園寺回答，如果放任渡邊自行其是，將會樹立一個壞榜樣；他提議勸說渡邊辭職，但如果渡邊拒絕的話，就會告訴他這是天皇的意思。

西園寺於是拜訪渡邊，並在一番苦口婆心的勸告後讓他同意辭職。當天，渡邊帶著兩封不同的辭呈拜訪侍從長德大寺實則，問他應該提交哪一封比較適合。其中一封是以身體狀況不佳為由，另一封則強調是為了順應其他閣員的總辭。德大寺表示在這種情況下，以健康為由辭職才是慣常做法，而渡邊也聽從了他的建議。[12]

在這段期間，皇太子妃於四月二十九日誕下天皇的第一位皇孫。官員們紛紛前往東宮御所道賀祝福，然而皇太子卻在五月三日才從葉山返回看望自己的兒子[13]。這個嬰兒非常健康，人們對孩子出生的喜悅完全不像當初明治的子女出生時總是伴隨著擔憂。五月五日，天皇為嬰兒下賜名諱與稱號，從官員提交的三個名字和兩個稱號中分別選擇了「裕仁」以及「迪宮」[14]。天皇將名字跟稱號寫在檀紙上，交由德大寺送給皇太子。皇太子在隔天便立刻啟程前往小田原[15]。

五月十日，天皇總算接受了伊藤的辭職請求。他指名井上馨組建內閣，卻以失敗收場。

五月二十六日，天皇命令元老們極力舉薦的陸軍上將桂太郎成立內閣。桂太郎推遲了答覆，表明希望說服伊藤重新考慮，同時請求天皇和他一同力勸伊藤再次擔任總理大臣。天皇於是要德大寺發電報給伊藤，請他即刻返回東京進宮謁見。[16]

然而伊藤果斷拒絕繼任。桂太郎之所以猶豫是否接任，似乎是因為對伊藤有所顧慮，而不是在懷疑自己的能力。六月一日，他透過德大寺告知天皇新內閣的籌備工作已經完成，請求在翌日舉行就職儀式。

這屆內閣的人選全部換新，只有陸軍與海軍大臣按照天皇的要求留任。與以往不同的是，內閣裡沒有任何一位元老；當中甚至有著濃厚的軍事色彩，出身軍系的不只桂太郎一人，幾乎所有成員都和山縣有往來。也因此他們與貴族院意氣相投，但跟（目前由政友會掌控的）眾議院的關係卻有不少隱憂。

一九〇一年六月二十一日，眾議院議員兼政友會幹部的星亨（一八五〇—一九〇一）遇刺身亡。星亨是整個明治時代最神秘的人物之一，百科辭典通常將他描述成傲慢、腐敗的政客，人們有時也會拿他與現代日本的某些政客做比較。執著於星亨缺點的評論家往往有意忽略他值得稱頌的功績，不過，無論是從正面還是負面意義來看，星亨對讀者來說或許都作為首位極具現代特徵的政治人物而令人印象深刻。

星亨不僅出身平民階層，更是第一個從社會最底層爬上高位的重要政治人物。他的父親是位嗜酒成性的泥水匠，沒有留下任何財產便拋棄了妻子和三個孩子。星亨的大姊被賣到妓院，二姊則受雇為僕；他的母親甚至曾因為不堪貧困與養育孩子的煎熬，打算把還是嬰兒的星亨投進池水裡，但最終念在他是個男孩而作罷[17]。之後她和一位善良的醫生兼算命師再婚，一家五口居住的地方就如同昔日江戶的貧民窟。

當星亨到了上學的年紀，希望他能繼承衣缽的繼父於是把他送去跟以前受其照顧的醫生學習醫術。星亨算不上特別聰明，但他憑著生來的毅力不僅掌握了醫學的基礎，還讀遍了儒家的四書五經。更重要的是他也開始學習英語，成了他日後仕途發展的助力。一八六六年，十六歲的星亨被一位沒有子嗣的武士收養，將他送進了供幕府家臣子女就讀的學校開成所。在那裡，星亨師從未來日本郵政制度的創始人前島密（一八三五—一九一九）學習英語。前島對星亨印象極佳，即使在星亨與領養家庭的關係取消後，他仍資助星亨繼續通學[18]。

而後前島將星亨介紹給開成所的英語教授何禮之（一八四〇—一九二三）[19]。何很欣賞這個年輕人的能力，便推薦他擔任海軍學校的英語教師，這正是星亨的第一份工作。然而當學校隨著幕府瓦解遭到廢止，星亨於是寫信給何希望他再幫忙介紹一份工作。在何禮之的引薦下，兵庫縣知事陸奧宗光決定聘請星亨在他於神戶創辦的一所學校裡教書，而這次提拔對於星亨的未來更是至關重要。

即便出身卑微、體質虛弱，星亨生涯的一大特點便是他決心飛黃騰達的堅定意志。他怨恨所謂的命運，是個仇視士族階級並不顧一切地想要凌駕於掌權者的人。對手的地位越高，就越能激起他的鬥志[20]。他憑著聰明才智和勤奮向學克服了不利的先天條件，同時不斷地鍛鍊武術來改善虛弱的體質。在星亨晚年拍攝的照片中，呈現的是一位微胖而洋溢著自信神情的男人。

一八七一年，陸奧宗光受命擔任神奈川縣知事。兩年後，星亨透過陸奧推薦進入大藏省，以翻譯歐美各國的稅法為主要工作，後來卻因為一次毆打人力車車伕並且忤逆員警的事件遭到免職，被判處閉門思過。在禁閉期間，他還翻譯了一本關於外國英雄的書籍。待禁閉解除後，陸奧力勸星亨日後謹言慎行，甚至邀請他住進自家府邸（這表明他相當看好星亨）。星亨和兩位學生接受了他的好意，並且開始著手翻譯威廉·布萊克史東（William Blackstone）的《英國法律全書》（*Commentaries on the Laws of England*）。

一八七三年，陸奧在橫濱海關為星亨謀得一職。平步青雲的星亨於隔年一月便當上了稅務顧問和海關關長，然而就在一切看似都很順利的時候，厄運向他襲來。在與英國領事館的往來文書中，星亨將「Her Majesty」翻譯成「女王陛下」而不是「女皇」，英國領事因此指控他冒犯君主。星亨為自己辯解，指出維多利亞本就自稱為女王而非女皇，但就連英國公使巴夏禮都親自跑到外務省抗議，要求解雇星亨並向英國道歉。太政大臣三條實美和外務卿寺島宗則試著勸說星亨謝罪，他卻被認為自己沒有任何過錯而一口拒絕了。害怕與英國為敵的日本政府於是撤銷星亨的海關關長職位，希望藉此平息巴夏禮的怒氣。[21]

不過，星亨保住了稅務顧問一職，並於一八七四年九月被派往英國留學。一八七五年一月，他進入中殿律師學院就讀，在兩年後成為第一位獲得出庭律師資格的日本人。身在倫敦的期間，星亨幾乎把所有時間都花在房間裡研讀法律和哲學書籍[22]。

回到日本之後，星亨受命擔任司法省的辯護人。他在這個時期主要是作為律師活動，不過隨著他參與越來越多的自由民權運動以及自由黨的活動，導致當局因此盯上了他。一八八二年，福島縣的自由黨成員因抗議知事的專橫命令遭到逮捕[23]；他們被指控企圖顛覆政府，儘管星亨為被告中的核心人物河野廣中辯護時，以無可辯駁的清晰邏輯證明此次事件並不適用叛亂罪名，該群被告最終還是獲判有罪。[24]

這段期間，星亨加入了自由黨。自由黨的綱領與他的社會信念十分相近，但他質疑黨內自辦的報紙使用的措辭過於抽象，很難為大部分的日本民眾所理解。一八八四年五月，他創辦了一份廣受歡迎的報紙，利用簡單易懂的文字搭配插圖，目的就是要吸引跟他一樣出身社會底層的民眾。以當時還僅有一小部分人擁有選舉權的時代來說，星亨試圖啟蒙大眾的嘗試可說是史無前例的創舉。

一八八四年七月，星亨在新潟演講，題目是《政治的界限》。他在演講中抨擊俄國和德國奉行專制和軍國主義的政府，認為他們干涉了公民的私生活。儘管星亨小心翼翼地避免談及日本，背後的含意卻是不言自明；警察於是按照一八八〇年頒布的法令強制中止演說，並勒令現場民眾立刻解散。

雖然新潟警察署責令星亨到案說明，但他再三拒絕，認為警察沒有權力傳喚自己，最後警方只好以誹謗官吏的罪名逮捕星亨。即便星亨根本沒有批評過任何官員，他還是被以侮辱太政大臣三條實美以及內務卿、陸軍卿、海軍卿、文部卿、農商務卿、工部卿與宮內卿的罪名獲判有罪，判處監禁六個月和罰金四十日圓，同時剝奪其辯護人的資格。[25]

即便如此，星亨並沒有因為坐牢而學到教訓。他繼續出版有插圖的報紙，並等待機會重建在他入獄期間解散的自由黨。到了一八八八年，他再次因為涉嫌公布與修改條約相關的秘密檔案遭到逮捕，這回入獄一年六個月，且不得不出售報紙的權利。[26]

星亨將獄中的時間都拿來學習。監獄絕非讀書的好地方，但他從黎明到黃昏都埋頭於閱讀日語、英語、德語、法語和義大利語的書籍。一八八九年二月，星亨在慶祝憲法頒布而實行的大赦下獲釋。

隨後，他前往美國和歐洲研習這些國家的政治制度，但實際上就是到當地的各個書店蒐羅有用的書籍，然後把自己關在便宜的旅館房間裡閱讀。他不屑效仿伊藤博文那樣的政客，吹噓著曾師從格耐斯特或史坦恩等著名學者；對星亨來說，這些人在歐洲的名氣不如在日本那樣響亮，如果只因為聽過他們的講座就裝腔作勢，未免也太可笑了。

星亨幾乎遊遍了北美和歐洲的所有國家，這趟旅行似乎讓他的想法有所改變。回到日本後，原先與他一同鼓吹自由民權運動的同伴對其演講感到失望至極，只因他強力主張擴張軍備[27]、攫取殖民地、鼓勵日本人移居外國，以及積極向海外宣傳日本[28]。他的留洋經歷，或者說他在國外接觸的書籍，似乎讓他看見現實中嚴峻的世界情勢，令星亨開始提倡強權政治。

星亨一歸國便立刻著手重組自由黨，改為「立憲自由黨」。在一八九一年三月的黨代表大會上，星亨的派系掌握了主導權，並於次年二月舉行的第二屆大選中由星亨當選為眾議院議員，同時（在陸奧宗光支持下）獲選擔任議長。所有人都認為星亨會利用這個職位推動對自由黨有利的法案，但事實上他恪守公正，沒有因此偏袒自己所屬政黨的成員[29]。

不久，星亨與背後有薩摩和長州派人士做後盾的總理大臣松方正義出現對立，傲慢的態度也讓許多眾議院議員與他保持距離。關於當時混亂的政治局面在此沒有必要多做贅述，值得一提的或許就是議員們對星亨提出了不信任案。儘管星亨對於所有指控都能自證清白，卻無法抹去他有罪在身的印象。從那時起，他再也無法擺脫腐敗的「光環」，甚至失去了眾議院議長的位子。[30]

一八九六年，星亨被任命為駐美公使。（據推測）這主要是因為板垣退助和自由黨的其他成員覺得他是一個累贅，因而希望他能暫時遠離政府[31]。在擔任公使的兩年時間裡，他順利解決了兩個重大議題：一是美國試圖提高日本製品的進口關稅，以及美國即將併吞夏威夷會給當地日本僑民造成影響的問題。

星亨不僅成功說服參議院下修由共和黨提出的高關稅法案[32]，甚至決意要讓美國承認先前夏威夷國王給予日本人的既有權利。他曾一度轉趨極端，建議日本就算冒著與美國開戰的風險也應該吞併夏威夷[33]，卻遭到外務大臣大隈重信駁斥。儘管如此，星亨還是成功得到美國同意，確保在夏威夷的日本僑民可以享有與其他歐洲國家移民同等的權利[34]。

當星亨獲知國內有新的政黨（憲政黨）成立，他決定立刻返回日本，希望能在下一屆內閣中擔任外務大臣。當他發電報給外務省告知即將回國，對方卻命令他留在崗位上。星亨雖然無視了命令，但終因大隈的反對而沒能獲得夢寐以求的職位。

而後，星亨出力幫忙成立政友會，並於一九〇〇年作為該黨最有實力的人物出任第四屆伊藤內閣的遞信大臣。雖然這並非內閣中特別重要的職位，但在這之前從未有過像星亨一樣出身卑微、與藩閥無緣的人爬上如此高位。除了進入內閣，他也在一八九九年當選東京市議會議員，同時擔任執行委員。人們普遍認為星亨主要是為了自身和他所屬派系的利益在操控著市議會[35]；儘管這類謠言從未得到證實，但他確實打造了一個政治利益團體，其下屬更是能毫不猶豫地使用強硬手段。然而星亨本人似乎並沒有從被指控的罪行中撈到任何好處。即便報紙揭露他靠著公共事業的利益累積了不少財富，但他死後留下的卻只有債務。

一九〇〇年十月，星亨被迫辭去東京市議會的議員，十二月又被迫辭去通信大臣一職。

雖然他直到最後都堅稱自己沒有犯下任何不法行為，但民眾對他的不滿卻是日益高漲。到了一九〇一年六月，一位忠於儒家思想的劍術老師伊庭想太郎由於無法忍受政府的腐敗，於是憤而刺殺星亨[36]。

許多人無條件地相信了星亨貪腐的傳言，但另一方面也有不少人對他讚譽有加，在送葬隊伍隨著儀樂隊演奏的莊嚴音樂前進時聚集了好幾千人與之同行。葬儀事務由象徵著下個世代的兩位政治家原敬與松田正久主掌，板垣退助則發表了悼詞。[37]儘管不斷遭受各種指控甚至背負惡名直至今日，星亨仍是為日本式政黨政治打下基礎的先驅。而後天皇追封星亨為從三位，並追敘了瑞寶章。[38]

天皇一直都很清楚與星亨有關的爭議，畢竟人們有時候會為此請求天皇定奪。比方說，一八九三年十一月眾議院通過不信任案後，星亨仍不願離職，副議長楠本正隆（一八三八—一九〇二）於是在十二月二日進宮奉上奏疏，報告眾議院通過了不信任案，並為曾向天皇舉薦星亨而道歉。明治過目後召來楠本，表示他不清楚楠本的意圖為何；楠本是在請求替換議長嗎？或者只是想為眾議院做出錯誤決定而道歉？

天皇顯然不想親自出面命令星亨辭職，他的回覆使楠本希望透過天皇撤換星亨的希望落了空。我們不清楚天皇是怎樣看待星亨的，不過，他為星亨追贈授勳的決定或許表明他確實認可了星亨對國家做出的貢獻。

一九〇一年七月六日，天皇夫婦造訪東宮御所，欣賞皇太子和太子妃在去年收到的結婚禮物，順便探望了剛出生不久的孫子裕仁。第二天，裕仁被移往位於狸穴的海軍上將川村純義的府邸，由天皇和皇后下賜一百日圓，命令他負責扶養年幼的親王。雖然對外宣稱這是皇太子的要求，但實際上卻是根據天皇的意願[39]。這般託人代養的舊俗讓天皇的御醫貝爾茲困惑不解，他寫道：

五點，前去拜訪川村伯爵。東宮之子自小就被託給這位年近七十的海軍老將照料。真是太奇怪了！拆散年幼的皇子與其父母並交由陌生人撫養，我本期待如此違背人性的殘忍風俗早已廢除，卻並非如此。想必可憐的皇太子妃被迫交出她的寶寶，不知為此掉了多少眼淚。如今父母每個月只有數次很短的時間，才能探望他們的孩子……為什麼在這件事情上，他們就不能效仿德國或英國皇室呢？迪宮殿下真是一個很活潑、很漂亮的孩子啊。[40]

八月一日，駐英公使男爵林董向外務大臣曾禰荒助（一八四九—一九一〇）發了一封電報，彙報說已就清朝問題與英國外交大臣蘭斯敦侯爵（Henry Lansdowne）會談，得知英國政府有意與日本結盟。他問道：「我國政府是否有意與對方締結盟約？若英國願意接受我方條件，是否便準備結成同盟？望政府盡速回覆。」[41]

英日同盟的提議其實導因於俄國的遠東政策。如前所述，甲午戰爭結束後，日本因為三國干涉被迫歸還遼東半島。但不久後，俄國便租借了這塊領土，並與清朝簽訂秘密條約，開始修築鐵路。如今俄國將旅順和大連納入管轄，正穩步拓展對中國東北地方的控制，沿著鐵路沿線建設城鎮。其他在東亞有利可圖的國家都對俄國直逼韓國的南下政策感到不安，多半認為俄國勢必會與日本爆發衝突。然而，日本並沒有為可能到來的紛爭做好充分準備；若無他國援助，日本想靠一己之力驅逐俄國顯然是難上加難。

日本有兩個可行的選項，一是（伊藤博文支持的）透過與俄國協商將滿洲讓給俄國，來換取對方承認日本在韓國的支配權[42]；另一個（獲得大多數高層官員支持的）則是與歐洲列強合作牽制俄國。有鑑於法、俄才剛剛締結同盟，因此法國不可能加入反俄陣營聯盟，如此一來日本最有可能的合作夥伴便是德國和英國，這兩個國家同樣擔憂俄國會侵犯它們在東亞的利益。早在一九〇一年四月，林董與蘭斯敦會談時就主張為了維護東亞的永久和平，日本和英國有必要建立穩固的關係；雖然蘭斯敦表示認同，但這時的共識也不過是他們的個人主張而已。[43]

在此之前，日本和英國都曾經有人提議建立同盟。福澤諭吉於一八九五年寫過一篇社論提倡英日同盟[44]，英國的殖民大臣約瑟夫．張伯倫（Joseph Chamberlain，一八三六—一九一四）也曾與日本公使進行過非官方的討論。[45]一八九八年，日本政府在撤離威海衛之際，同意英國向清朝租借威海衛，前提是當日本需要採取行動來維護自身安全或推動利益的時候，英國必須予以支持、伸出援手[46]。一九〇〇年，英國國內的親日情緒隨著日軍救出在北京遭到義和團圍剿的英國人而席捲全國，正好在這一年上任駐英公使的林董於是得出結論，認為能與日本結盟對抗俄國的唯一國家非英國莫屬[47]。

林董和蘭斯敦商討後，提出了以下六項條件：

一、維持中國的門戶開放。
二、除了條約已經劃分的租借地外，不得進一步獲取中國領土。
三、承認日本在韓國的利益優於他國，因而日本在該國具有行動自由。
四、如果同盟中有一方與其他國家開戰，另一方應保持中立；但如果出現第三方支援敵國，另一方則應當參戰。
五、關於中國的英德協定將繼續有效。
六、同盟的有效範圍僅限遠東地區。[48]

在經過多次商討和做出部分明顯退讓之後，英國草擬了條約，要求日本盡速答覆[49]。日方於十一月三十日回報給倫敦的修正版本主要只針對措辭做了修改，且根據電報的內容表示天皇在收到草約之後，便命人拿給元老和伊藤過目並徵求他們的意見。[50]

元老們在仔細討論過後同意了修訂版的條約，同時決定應當盡快促成此事，然而支持與俄國而非英國結盟的井上馨以尚未得知伊藤的看法提出異議。十二月八日，伊藤在眾人等候已久的電報中表示反對盟約，認為當中的措辭有許多含糊不清之處，更何況日本並不清楚德國會如何看待英日同盟。他還強調若與俄國談判也有可能達成協定，因此敦促眾人再三斟酌，並要求將他的意見告知天皇。[51]

第二天，總理大臣桂太郎將伊藤的電報呈給天皇。天皇向來重視伊藤的見解，然而這一次他似乎認為既然內閣和元老都支持盟約，日本就沒理由再繼續拖延下去。他姑且命令桂太郎探明元老們對伊藤的意見有何反應，但奉命行事的桂卻在開口詢問元老之前，率先指出日本根本無法確保能與俄國達成協議，且如果再不回應英國，對方很可能會撤回提議。十二月十日，桂太郎謁見天皇，告知眾人一致支持與英國結盟。獲得天皇批准後，日本於是在十二日發送給林董的電報中表示願意接受修訂後的條約[52]。一九〇二年一月三十日，林董和蘭斯敦在倫敦簽約，並於二月十二日公之於眾。

我們很難準確評斷英日同盟為日本帶來了哪些好處。在林董看來，這次同盟能帶領日本在戰爭中打敗俄國[53]，此外也確實促成日本參加第一次世界大戰，以及獲得德國在南太平洋的殖民地而得以擴張海外版圖。不過，比起物質利益更加重要的是包含天皇在內的所有日本人感受到的喜悅——過去，這個世界上最強盛的國家曾一次次地羞辱日本，如今卻承認了日本是與之平起平坐的盟國[54]。

・第五十二章・

禍機暗藏

隨著一九〇二年揭開序幕，這年不同於以往省略了不少的新年儀式。就好比是在象徵著傳統儀式的式微，通常於一月五日舉辦的新年慶宴因為遇上周日而推遲了一天，顯然眾人如今認為比起日本固有的傳統，遵循基督教的休息日還更加重要。幾天後，天皇一如往年聽了三堂關於日本、中國和西方歷史的講學；或許是出於英日建立同盟的緣故，今年的西洋史講座講述了英國議會改革的歷史。

一月十日，典侍室町清子逝世，享年六十三歲。她於一八五六年入宮，不久就被任命為年僅四歲未來將成為天皇的祐宮的傅母。一八六七年，清子在明治登基之際被冊封為典侍，而後她便以此身分服侍天皇長達四十六年。每當天皇的言行有不妥之處，她便會毫不猶豫地嚴加指責；然而天皇也總是拒絕聽勸，還叫她「阿多福」，即關西方言中對醜女人的稱呼，只不過語氣其實十分親暱。面對這番挖苦，清子回答：「阿多福乃妾之天質，雖有君命亦無可奈何，唯冀採納妾之諫言。」至此天皇通常不再反駁，並會在最後聽從她的建議。為了感謝她生前多年的辛勞，天皇夫婦下賜兩千日圓作為喪葬費用，這對像她這樣身分的人來說，可以說是史無前例的巨額補助。1

關於天皇與他身邊服侍者充滿人情味的互動並沒有留下多少記錄，顯得這類軼聞更加令人動容。從天皇以「阿多福」稱呼清子也能看出天皇所言雖然在其他軼事中通常被轉述為標準日語，但他私底下其實還是會使用京都方言。

為迎接春天到來而舉辦的傳統儀式中，也包括了年度第一場御歌會。由於天皇不喜歡御歌所所長高崎正風推薦的兩個題目（「雄雞告曉」和「寄神祝」），讓高崎不得不另外提出一個相對傳統的主題。最後天皇以「新年梅」為題作了這首和歌：

朝陽梅開又新年
芬芳染身映雪間2

這首和歌詞意貼切，只是不會特別讓人留下深刻印象。不過，天皇此時已經進入他創作和歌的全盛期，許多知名的作品都是在他辭世前的這十年間完成的。

一月二十八日，宮中收到一則消息無情地打斷了新年的喜慶氣氛：第五步兵連隊的第二大隊在風雪中遇難。當時天皇已經就寢，但侍從還是立刻加以稟告。

隨後透過東京和青森之間的電報不斷往來，悲慘的事實於是逐漸明朗；一月二十三日，參加冬季演習的兩百多名大隊成員在八甲田山附近遭遇一場突如其來的暴風雪。曾在夏天於該地區進行過無數次演習的士兵相當熟悉地形，然而他們的裝備不足以應付意料之外的嚴寒天氣，在漫天飛雪和呼嘯的狂風中迷失了方向。當本部人員發現大隊未能返回營地時立刻派人救援，卻被大雪阻礙了搜救進度。二十七日，救援人員發現了一名瀕死的倖存者，得知事發情況後隨即冒著風雪抵達遇難現場。他們找到了幾名倖存者和將近四分之三人數的遇難者遺體，最後一具遺體直到五月冰雪消融才尋獲。[3]

天皇為此悲痛萬分，立刻派遣侍從武官宮本照明前往現場。二月七日，宮本傳來消息說找到了遇難士兵攜帶的九十四支步槍，卻要過了很久之後才總算釐清這次悲劇的全貌：一百九十九名官兵不幸罹難，僅有十一人生還。[4]

悲劇傳開後，民間開始譴責軍方行事魯莽，沒有讓士兵身穿合適裝備就在寒冬中進行演習。但是隨著詳細情況公開之後，眾人的情緒逐漸由憤怒轉為同情。據說甚至有遇難者家屬為此感到欣慰，相信自己的兒子或孫子的死沒有白費，而是為日後帝國軍隊的勝利做出了貢獻。[5]

四月八日，外務大臣小村壽太郎在內閣會議上報告俄國和清朝簽署了一份條約，要將滿洲交還中國。這般事態發展對日本來說可謂求之不得，特別是因為他們過去曾遭到以俄國為首的三國干涉，被迫將遼東半島歸還中國。

中俄雙方關於滿洲的談判可以回溯到李鴻章前往莫斯科參加尼古拉二世加冕典禮的一八九六年[6]。當時兩國簽署了一份密約，規定：一、雙方如遭遇外國侵略，應互相援助；二、同意在緊急情況下中國所有口岸均對俄國軍艦開放；三、允許俄國修建一條經由滿洲北部抵達海參崴的鐵路，以便俄國運輸軍隊及物資，且該鐵路將由享有治外法權的俄軍管理。此外，這份秘密協定的有效期為十五年。[7]

儘管密約中設想的侵略者是日本，一八九七年德國佔領膠州灣卻是一次明顯的侵略行為，因此（根據密約）俄國自當援助清朝。英國歷史學者伊恩．尼許（Ian Nish）如此描述當年的形勢：

> 中國人以他們唯一知道的方式來應對德國的行為，即請求俄國壓制和阻撓德國。當北京獲悉德國已在膠州登陸，李鴻章便根據一八九六年的中俄密約直接請求俄國暫時佔領中國的一個港口，以反制德國的行動。[8]

這正是俄國夢寐以求的發展，但他們不久後就對膠州不屑一顧。俄國從清朝手中租借了港口旅順和大連，甚至取得了在滿洲南部修築鐵路的權利。如今俄國總算一償夙願在太平洋擁有了一處不凍港；直到該年年底，清朝才領悟到他們企圖「以夷制夷」的策略失敗了。[9]

一八九八年四月二十五日，日本和俄國簽署了一份協議，再次同意承認韓國獨立，並約定均不干涉韓國內政。如果韓國就軍事或財政問題向任何一方尋求意見和援助，該國在採取任何措施前都必須與另一國商量；此外，俄國也承諾不會妨礙日本和韓國建立工商業關係。該協定首次承認了日本在韓國經濟發展中所扮演的特殊角色。[10]

兩年後的一九〇〇年，義和團破壞了位於滿洲境內的西伯利亞鐵路，俄國便以此為藉口出動軍隊，佔領了東三省。他們宣稱自己無意吞併滿洲，一旦當地恢復秩序就會立刻撤兵[11]。俄國此舉自然讓日本人感到不安。一九〇一年二月，日本警告清朝不要屈從於俄國的進一步要求，然而李鴻章似乎願意犧牲清朝在滿洲的利益來換取與俄國結盟。一九〇一年秋天，參與鎮壓義和團的列強諸國陸續從北京撤兵，但俄軍卻繼續佔領著滿洲。

日本和英國屢次向俄國提出抗議。起初日本並不想太過張揚，因為伊藤博文和外務大臣西德二郎（曾在聖彼德堡大學留學）都認為應當與俄國維持和諧關係。他們仍抱著一線希望，相信只要能滿足俄國在滿洲的野心，俄國就會承認日本在韓國的特殊利益。

一九〇一年十一月，出訪俄國的伊藤受到對方熱情的接待。他被授予聖亞歷山大・涅夫斯基帝國勳章，沙皇還力勸他經由西伯利亞鐵路返回日本。財政大臣威特伯爵向伊藤保證，俄國對韓國別無所圖，很樂意讓日本在韓國自由行事；然而事實上俄國只是想假裝在韓國利益上做出讓步，以此換取在滿洲行動的自由。伊藤非常失望，儘管他仍然期盼獲得俄國的實質妥協，但日本政府已經決定著手推動英日合作，而不再尋求與俄國結盟[12]。即便如此，這時日俄雙方顯然仍有意維持和平。

一九〇二年，日本繼續鞏固自身在韓國的立場，建立了以親日派為核心的韓國政治勢力。大批日本人在韓國東南部定居，日本逐漸控制了當地的礦業、郵政和電報事業。此時，日本獲得了一個新盟友——向來拒絕捲入外國事務的美國。一九〇二年初，剛上任數個月的狄奧多・羅斯福（Theodore Roosevelt，一八五八—一九一九）總統向明治天皇發出一封示好的函件。他與日、英同步警告中國向俄國授予的特權違反了「門戶開放」政策[13]。美國之所以站出來參一腳，主要是擔心不僅滿洲，就連華北地區也會全部落入俄國之手，進而嚴重阻礙美國與中國之間的貿易往來。

一九〇一年一月，右翼團體黑龍會[14]宣告成立。他們公開提倡實現泛亞主義，目標在於將俄國人從滿洲逐出黑龍江（滿洲與西伯利亞邊界）以北。九月，公爵近衛篤麿創立的國民同盟會則強力主張防止俄國永久佔領滿洲，以及日本應該在韓國和滿洲修築鐵路[15]。在這個時期成立的這類組織自然都很清楚，如果他們的方針被採納，勢必會導致日俄開戰。

修建鐵路對於日本拓展貿易和控制韓國至關重要，然而西伯利亞鐵路對俄國的意義卻十分含糊。一九〇〇年出版的鐵路旅行手冊這樣寫道：

俄國在東方的開化政策與其他各國相比或許可視為例外，只因它基於完全不同的原理，旨在維持國內廣闊疆土的和平以促進各國共榮。在亞洲插下基督教與文明旗幟的這份榮譽，正是屬於俄國的功績。[16]

在修建西伯利亞鐵路的發起人中，沒有人比財政大臣威特伯爵更為積極。他絲毫不顧經費強行推動工程，使俄國的鐵路迅速延伸。至今以來一直落後於歐洲列強的國家竟然展開如此巨大的工程，實在令人難以置信，但受到「帝國主義驅使」的俄國，似乎無可避免地將與日本展開一場鐵路競賽。

一九〇二年八月，威特伯爵依沙皇指示前往遠東，造訪了海參崴、旅順和大連等地。路上所見所聞讓他震驚不已，在返回俄國途中，他前往克里米亞晉見沙皇，認為俄國就連在西伯利亞的殖民都面臨許多嚴重的問題。在之後提出的報告書中，威特伯爵主張俄國只有從滿洲撤兵，才能讓東亞情勢恢復正常；他還強調俄國有必要與日本達成協定，否則事態將朝著最糟糕的方向發展。[17]

早在同年四月，俄國便與清朝簽署條約，答應俄國將陸續從滿洲撤兵，只不過前提是當地沒有發生動亂。此外俄國也同意交還自一九〇〇年佔領的一條鐵路。日本和英國把這視作門戶開放政策的勝利而極為欣喜，然而「沒有發生動亂」的前提卻讓俄國有機可趁，畢竟這塊土地本就是動亂頻繁的地區。事後威特伯爵也坦承，俄國從來都沒有打算認真履行撤兵協定[18]。

除了日俄之間的緊張情勢外，對明治天皇來說一九〇二年算是風平浪靜。這一年皇太子出乎意料地用功學習，但他的健康和學業進度依然讓天皇操心不已。在貝爾茲醫生眼中，天皇與皇太子的關係異常地冷漠而疏遠，他在日記中如此寫道：

> 皇太子問候父皇時，通常都有許多官員在場，場面因此總是正式而拘於禮節。當他生病之際，天皇雖然會不斷打聽他的身體狀況，但除非病情危急，否則天皇也不會親自探望。[19]

五月，皇太子前往視察本州中部和北部各縣。在他動身之前，天皇認為既然皇太子此次出巡的目的是為了考察風土民情，便下令各地官民不得中斷工作來迎接、送行或恭候[20]。這次行程確實按照天皇的指示十分簡樸，並沒有給皇太子帶來太多樂趣：他視察了學校、長野縣的善光寺、縣議會堂、各種工廠以及其他值得關注的場所，但途中由於福島縣以北爆發麻疹疫情，巡行被迫中止。

巡行期間因為身體微恙，使得皇太子有藉口前往鍾愛的葉山休養了一個月。他的第二個兒子於六月底誕生，皇族與內外官員都前來祝賀，但皇太子就算得知消息卻依然留在葉山。天皇為新誕生的親王取名雍仁，賜號淳宮[21]。

與此同時，宮中正打算為皇太子建造一座新的東宮御所。當初的預算為二百五十萬日圓，並已獲得天皇批准；然而到了八月初，負責建造宮殿的官員稟報由於物價飛漲導致成本增加，預定在一九〇七年建成的宮殿估計將耗資五百萬日圓。這金額在當時來說非常龐大，讓曾在一八八九年建造皇居時堅持簡樸與節儉的天皇不禁被新宮殿的造價嚇了一跳。同年年底，天皇下令在建造時應著重於結構堅固而非外觀華美，同時嚴厲囑咐今後不得再追加建築費用。[22]

日本政府願意投入如此鉅額費用為皇太子打造宮殿，顯示他們並未預料到會有戰爭爆發。日本與俄國皇室的關係依然友好，例如在八月二十七日，天皇還親自發了一封電報給沙皇，針對彰仁親王在俄期間獲得的親切接待表示感謝。然而，確實也有一些人預見了戰爭，並力勸天皇做好適當覺悟。海軍大臣山本權兵衛（一八五二—一九三三）便曾向天皇上呈一份國防奏章，強調天皇先前將省下的個人支出用於建造軍艦，才使得日本在甲午戰爭中獲勝。他提到：

> 刻下，東洋之天地看似妖雲怪霧了無蹤影，然臣竊恐此中包藏攪擾和平之禍機，致清韓

兩國局勢生變。帝國海軍今日足以稱雄東洋，然列國軍備駸駸，尤鄰近強國新擴其海軍，計於不久後坐擁勝於帝國數倍之船艦泛東洋之上。若夫一朝生緊急事態，為一環海島國之日本帝國何以高枕無憂？23

山本請求撥款共一億一千五百萬日圓，主要用於建造和裝備三艘大型戰艦、三艘大型巡洋艦和兩艘小型巡洋艦。日本要防備的「鄰近強國」自然非俄國莫屬，而對俄國東進備感焦慮的元老們於是同意了山本擴充海軍的提議。

一九〇二年十一月，明治準備前往熊本縣視察一場特別軍事演習。幾個月前，該地曾爆發霍亂的大規模流行，雖然人們一時為此激烈爭論是否該取消這次行程，但幸好隨著進入十月天氣轉涼，疫情於是逐漸平息。十一月七日，天皇在皇后和太子妃的目送下於新橋車站搭乘火車，至於待在葉山的皇太子則派遣侍從前往大船車站，在火車經過時恭送天皇。24

這次熊本行幸是一趟順道拜訪沿途站點的悠閒之旅。他在行經各地時創作了許多和歌，其中最值得紀念的便是當火車經過一八七七年政府軍與西鄉隆盛軍激戰的戰場田原坂時所創作的一首：

短兵相接田原坂
昔日松苗今参天[25]

天皇將這首和歌賜給了隨行的陸軍中將乃木希典，想必是因為知道乃木曾參加過田原坂之戰。乃木創作的和歌則更加生動：

戰死朋輩遍山野
秋葉疑是染血色

天皇恢復了創作和歌的興趣，或許可以說是本次行幸最積極的成果。他通常很喜歡視察軍事演習，但這次卻出乎意料地冷淡，甚至在十一月十四日於熊本城為皇室成員與眾多國內外高官舉辦宴會時發了一頓脾氣。宴會預定於下午二點三十分開始，但是當侍從長德大寺實則請天皇動身前往現場的時候，他竟然拒絕出席。眼看天皇遲遲沒現身讓賓客們焦急萬分，紛紛擔心是不是出了什麼事。山縣有朋攔下一名隨從，怒聲問道所有人都在等待天皇駕臨，為何天皇卻一直不出現。得不到滿意答覆的山縣於是親自前去勸說天皇，但天皇卻以他自有理由而拒絕出席。

這讓山縣驚訝不已。他對天皇說，陛下身兼神武天皇的武德遠道而來，連日不畏風雨的身姿更是激勵了百官將士，倘若今未能出席宴會，必定會使眾人無比失望。陛下的一舉一動都是人民的楷模，假如現在無緣無故取消出席，勢必會打擊全軍的士氣，讓當地官民沮喪不已。甚者恐怕引發天下人民質疑陛下聖明，儘管陛下可能毫不在意，但自己卻無法忍受。山縣激動地提高聲音，懇求天皇改變主意，盡速出席宴會。

然而天皇打斷他，說道：「初有西幸之儀，以惡疫流行之故奏請中止，然軍務當局以為不可，奏稱若為惡疾，慎飲食則足以防之，至於行幸之有無，動輒影響軍隊士氣甚大，懇請朕之西幸。朕以其言有理，遂決西幸，爾來有官兢兢為朕嚴庖廚，朕亦親自戒慎。此卿已熟知之事，今演習既終，如今日賜宴，僅於慰勞，眼下仍為慎飲食之際，朕不欲臨之，故不去。然卿來頻催，先前以慎飲食促朕西幸，今反強要朕臨飲食之席，是為愚弄朕也？」

天皇的言詞極其嚴厲。山縣雖然心懷惶恐，但仍不停勸說，最後天皇總算妥協，派人準備馬車。此時已經是三點二十分了。當馬車一抵達會場，天皇立即走到座位上向賓客點頭示意，隨後半點酒食都沒有碰就離開了。26

天皇如此堅決地拒絕出席宴會實在讓人難以理解，也許僅僅是因為軍事演習已經讓他疲憊不堪、身體不適；但也可能是他實在受夠了被那些口口聲聲說尊敬天皇卻從來不顧他個人意願的官員們擺布。沒有人問過他是否想去熊本，山縣等政府高官甚至堅持即使有感染霍亂的風險也應當出行，就連現在山縣也不管他的想法要求他出席宴會。儘管眾人總是用崇敬的態度與口氣敦促天皇應該怎麼做，但指示就是指示，而這顯然讓明治格外惱火。

熊本的軍事演習雖然沒有讓天皇樂在其中，但他還是在回程途中命令侍從武官創作一首軍歌作為紀念：

明治三十有五年，
時為霜月已過半。
揮旗威武大元帥，
熊本我軍演豪邁。

除了軍事演習，軍歌也描寫了此次歸程，還透過提到一艘被俘的清朝軍艦來歌頌日本在甲午戰爭的勝利：

欣喜悅色現龍顏，
陛下登車出築紫。
還御行經長州岸，

只見濟遠擱於灣。[27]

一九〇二年十二月底，眾議院再次解散，這次是由於政府為籌得擴充海軍的費用而提出的地租增稅案未獲通過，遭到以伊藤博文領導的政友會為首的其他政黨反對。儘管天皇屢次下令國會休會，卻沒能解決僵局；十二月二十八日，眾議院決議解散，並將於明年三月一日舉行新一輪選舉。

一九〇三年的新年儀式唯一令人眼睛一亮之處，在於一月六日為天皇舉辦的西洋歷史講座的主題。這一年講解了威廉・普萊斯考特（William H. Prescott）的《天主教雙王斐迪南和伊莎貝拉的統治史》（*History of the Reign of Ferdinand and Isabella the Catholic*）書中的一節，描述哥倫布籲請為其探險資助一事。和往年相同，我們無從得知天皇是否對講座感興趣，不過如今他的國家正準備獲得更多殖民地，加入帝國主義列強的行列，所以明治或許會期待日本出現一位像哥倫布一樣有遠見的人，承諾為他開拓帝國。

無論明治天皇對於日本今後的擴張有何遠大的夢想，他在處理周遭問題上依然相當保守。一月九日，負責昌子和房子兩位內親王教育工作的佐佐木高行請侍從長傳話，表示想讓她們搬到相對溫暖的海邊，以避開東京的寒冬。但天皇拒絕讓兩位內親王離開東京，只因她們的適婚年齡已近；他認為女性一旦結婚就必須適應夫家的生活方式，然而對方的家庭並不一定富裕到能讓她定期出門躲避寒暑。如果兩位內親王習於在夏冬之際離開東京，將來可能很難改掉習慣，甚至有損健康，因此不如從現在開始讓她們學會忍受天氣變化。天皇指示今年冬天兩位內親王就待在東京便可，如果為了健康需要到室外活動，隨時都可以利用離宮或者其他皇室領地。[28]

雖然天皇自己從不到其他地方避暑或避寒，但他並沒有堅持要皇太子留在東京。這多半是因為他擔心極端的寒暑會影響皇太子的健康，或是覺得強迫皇太子做他不喜歡的事情很可能引發過去時常發生的抽搐或其他神經系統失調的現象。顯然皇太子是唯一能夠隨心所欲生活的皇室成員。

二月二日，擔任東宮輔導的威仁親王拜謁天皇，建議應該廢除東宮輔導一職。他認為近期皇太子的學業已有顯著進步，甚至有意勤勉向學，病況也逐漸好轉。這似乎是讓皇太子學會獨立的大好時機，畢竟他已經邁入二十五歲，如果還需要東宮輔導的話可能會引來奇怪的目光，進而有損眾人對皇室的印象。結果天皇回覆他，如果為已經成年的皇太子設置東宮輔導不太合適的話，那把名稱改一下就行了。換句話說，無論職稱為何，天皇還是認為皇太子需要有人輔導。上個月底，伊藤博文在接受威仁親王諮詢時同樣表明皇太子仍需輔導，卻也注意到威仁親王這些年來擔任輔導已是身心俱疲，如果讓他繼續肩負此任似乎有些殘忍。二月六日，威仁親王的職位名稱被改為東宮顧問，只不過職責依舊沒變。[29]

一個月後，威仁親王再次建議天皇有必要培養皇太子的獨立精神。然而天皇越來越在意兒子的言行，似乎不想給他更多的自主空間。他下令從今以後凡向皇太子徵詢意見者，都應採用書面形式，並讓皇太子也以書面回覆。[30]

一月二十八日，在近衛軍第一和第二步兵連隊的軍營前面，立起了另一個昔日皇族的問題人物——已故的能久親王的銅像[31]。這無疑是為了紀念能久親王對戰爭的貢獻和客死臺灣，但是他早年的經歷無論是身為輪王寺宮的時代，還是德國留學時期奢侈又任性的生活，都難以讓他配得上這番殊榮。相比之下，明治本人從未建立任何的雕像，儘管其他君王（比如同時代的維多利亞女王）通常都不反對樹立石像或銅像作為永久紀念的象徵。

四月七日，明治動身前往京都和大阪，視察一次大規模的海軍閱兵並出席第五屆國內產業博覽會。天皇乘坐火車沿途停靠多個主要車站，於第二天下午抵達舞子，當晚則留宿在威仁親王的別墅。當列車行經神戶時，在港口外待命的軍艦全都張燈結綵，鳴炮致敬；停泊於舞子的軍艦也在白天掛滿了錦旗，夜晚則燈飾閃爍。海軍樂隊會在晚餐前後的兩個小時不斷奏樂，並按照天皇要求演奏了去年十一月天皇從熊本演習返程途中請武官創作的那首軍歌。[32]

天皇喜歡陸軍勝過海軍早已是眾所皆知的事實。他不喜歡乘坐軍艦，原因之一是他覺得柴油的氣味很難聞。在四月十日的海軍閱兵式當天，明治決定穿上陸軍制服[33]，也就是那套他無論季節場合都習慣穿戴的軍裝。儘管他命令侍從武官為這次閱兵創作軍歌獻給海軍，但天皇沒有穿著海軍大元帥的制服仍讓海軍官兵們失望不已。

一九〇三年的閱兵式後過了幾年，當帝國海軍即將再次舉行閱兵時，他們特地為天皇準備了一套海軍制服，期盼天皇能穿上它來出席。眼看天皇沒有任何反應，擔心這代表拒絕的海軍大臣山本權兵衛於是為了勸天皇重新考慮而求見。他還沒張口，似乎已經察覺其心思的天皇便問道：「山本，是衣服的事情嗎？」天皇這才總算答應會穿上新的海軍制服。據說，身穿海軍軍裝的天皇讓艦隊成員無不士氣大振。[34]

四月十三日，天皇離開舞子前往京都。在火車上，他以軍歌的形式作了一首長歌。天皇命令侍從澤宣元負責記錄，並要他當成自己的作品向其他隨行人員發表：

舞子海濱之柏山　隨訪行宮侍陛下
疾馳列車任其行　片刻之間抵大阪
似有雲煙遮日照　商業繁昌即此狀
春風拂面無寒意　京都只在須臾間[35]

澤宣元認為歌中頌揚了大阪的繁榮，要是大阪市民知道了肯定會相當感動，但侍從長並沒有奏請天皇對外公開，因為他擔心這麼做會觸怒天皇。

四月二十日，天皇在大阪出席了第五屆國內產業博覽會的開幕式。他在此目睹了日本在工業、農業、商業和教育方面取得的進步，想必感到十分欣喜[36]。典禮上，天皇與隨行諸官皆身穿正裝，還有十三個國家的駐日公使和眾多日本政要一同共襄盛舉，儼然是一場讚頌大阪這座日本「煙都」的盛會。

然而就在這段期間，來自中國令人不安的消息不斷傳入，顯示俄國從滿洲撤兵的進度大幅落後。俄國本來承諾分成三個階段撤兵，儘管第一階段已經完成，也歸還了山海關到營口（牛莊）的鐵路，但實際上俄國只是將軍隊從無利可圖的遼西轉移到其主要基地所在的遼東而已。俄國貌似無意執行包括撤出旅順和大連的第二階段，即便過了撤兵期限的四月八日也沒有任何動作。他們甚至反過來向清政府另提七項要求作為撤軍的交換條件，其內容幾乎等同於允許俄國完全掌控滿洲的行政和經濟，也意味著當地與其他國家的通商活動將遭到封鎖[37]。

日本政府在得知俄國提出的新條件後感到手足無措，內部卻也得不出結論究竟該如何應對。早在三月十五日的元老會議上，伊藤博文就曾表明英國和德國沒有打算訴諸武力去牽制俄國在滿洲的動向。如果日本在沒有其他列強支援的情況下與俄國為敵，可能導致雙方發生意見衝突，最後只好透過戰爭一決雌雄。因此，伊藤主張日本效仿英國和德國的態度，至於韓國事務則應以維持現狀為目標，設法找機會與俄國協商，以免引發兩國間的紛爭。

伊藤的意見確實不容忽視，然而當外務大臣小村壽太郎得知俄國向中國提出新的要求時，便立刻嚴正警告清朝不可屈服，同時認為與俄國正面談判的時機已經到來。他於是勸說伊藤一同前往山縣有朋位於京都的別墅，商討對俄交涉的基本對策。就在這時，日本駐清公使發來電報，指出俄軍已經開始行動，其中一隊正準備佔領鴨綠江沿岸的森林，且從駐韓公使那裡也收到了類似的情報。

四月二十一日，在山縣別墅召開的會談得出結論，認為俄國在滿洲和北韓的行動已經威脅到韓國的存立，並且與日本的政策背道而馳。與會的四人[38]決議即便在滿洲問題上可以妥協，但日本在韓國的權利就算冒著開戰的風險也要死守[39]。

沒有跡象表明這時的天皇是否已經得知了這個危急的情況。他當時正待在京都，並多次前往大阪參觀博覽會，皇后則通常會在隔天拜訪天皇前一天造訪的地方。五月二日，天皇聽過住在大阪的松本武一郎於博覽會上展示的留聲機後相當中意這項新發明，於是花了七十五日圓將其買下。之後，松本向天皇獻上五捲蠟筒，其中之一錄有國歌〈君之代〉，其二是筑前琵琶[*1]大師橘智定演奏的〈楠宮櫻井站〉，剩下的則都是軍歌[40]。松本顯然很了解天皇的喜好。

天皇在京都時也祭拜了位於泉涌寺後方月輪山上的孝明天皇陵和英照皇太后陵，並在第

*1 明治時代中期發展出的琵琶樂流派。以筑前（日本古地名，位於現今九州北部）傳統的盲僧琵琶結合了薩摩琵琶和三味線樂的要素，樂器本身略小於薩摩琵琶，音色也較為柔和。

二天創作了他生平中最感傷的和歌之一：

此刻為詣月輪陵
老朽松針落衣袖 41

五月十日，天皇踏上歸途，京都的華族顯貴都前來送行。此次出巡是一次愉快的經驗，但當他兩天後回到東京，陸軍參謀總長大山巖便立刻稟報了韓國的危急情況。根據駐韓國的陸軍武官回報，俄國已經佔領了鴨綠江口左岸的韓國領土，並開始建造軍事設施防堵日本人前進。俄國顯然沒有打算從滿洲撤兵；在大山看來，俄國的目的是要永久佔領東三省。

大山將俄國和日本的軍事實力做了比較。西伯利亞鐵路的完工確實讓俄國能比以往更快地將軍隊運入東亞，只不過鐵路尚未完全發揮機能。但可以確定的是，俄國的軍力將會不斷增強，即便目前俄國的海軍實力只有日本的四分之三，不過一旦他們完成擴張計畫，就很有可能在幾年之內超越日本。

有鑑於眼下情況，大山得出的結論是日本必須立刻採取行動，遏止俄國永無止盡的貪婪，維護中國和韓國的獨立以及日本自身的利益。時間拖得越久，要實現這些目標只會變得更加困難；如果日本將滿洲讓給俄國，且允許對方染指鴨綠江對岸的韓國領土，不僅等於摧毀了韓國的獨立，清朝亦將岌岌可危。如果這兩個國家走向消亡，日本又怎麼可能單獨自保？

大山也透露，他雖然已將俄國的動向告知韓國，但韓國政府束手無策，因此只能靠日本採取相應的手段，明確地表達對抗俄國的意志。42

我們不清楚天皇對大山的報告有何反應，但日本似乎即將與世界上最強大的國家開戰的事實想必令他相當錯愕。他才剛從宛如重溫舊日的悠閒京都之旅歸來，如今卻突然被迫面對現實帶來的衝擊。

・第五十三章・
戰前交涉

一九〇三年六月一日，七名法學博士向總理大臣桂太郎提交了一份關於日本未來對俄政策的建議書1。當中的論調十分強硬，將日俄關係緊張視為近年來一連串關鍵時刻引發的最新危機，假使俄國無法回應日本的要求，就只有開戰一途。這番言論基本上也體現了日本政府高層在接下來長達八個月的日俄談判中所持有的觀點。

根據建議書所述，第一次關鍵發生在甲午戰爭後，日本面對三國（俄、德和法）干涉無力保有遼東半島，而這也是造成目前滿洲危機的根本原因。第二次關鍵即德國對膠州灣虎視眈眈之時，當時日本並不具備足夠的海軍實力驅逐德國；如果當初日本能夠防止德國佔領清朝領土，俄國也不可能輕易地要求租借旅順和大連。第三次則是在義和團起義之後，眾人未能就俄國從滿洲撤兵制定縝密排程，使得俄國在拖延撤兵時有了可乘之機。

如今俄國未能履行第二階段撤兵於是引發了新一輪的危機。如果日本就此坐視不管，將形同錯過採取行動的最佳時機。這七名法學博士認為，日本先前已經錯失了三次良機，絕對不能再重蹈覆轍；眼看俄國穩步地侵佔滿洲，他們在陸上修建鐵路、城牆和炮臺，於海上集結大量艦隊，使其地位更加鞏固。從近期傳來的消息可以明顯看出，俄國加強軍事力量的目的就是為了恫嚇日本。每拖延一天，危險就隨之增長，日本在軍事方面的優勢最多也只能再維持一年。

建議書繼續寫道，雖然目前俄國在軍事上無法與日本匹敵，一旦他們對自己的軍事力量有了自信，肯定除了滿洲之外還會盯上韓國。要是韓國落入俄國之手，他們下一個目標自然再明顯不過了。除非解決滿洲問題，否則韓國劫數難逃；萬一韓國慘遭厄運，那麼日本也將難以自保。

不過，日本還是有希望的，甚至可以說是一次天賜良機。眼下俄國在遠東尚未站穩腳步，反觀日本則擁有地利之便，以及四千多萬同胞心中共同對俄國行為的憎恨。如果不把握機會利用這些優勢，日本很可能失去祖先留下的偉大遺產，進而危害到子孫後代的福祉。

一些人認為日本在外交關係上應當更加謹慎，首要之務便是弄清楚英美的態度和德法的意圖。但七名博士駁斥了這番見解，主張日本即刻採取行動；他們強調這些國家的態度基本上相當明確：德國和法國就算不支持日本，也不可能加入俄國的陣營，畢竟在日英結盟的情況下，與日本為敵就意味著與英國為敵，而英國顯然也不想為了滿洲冒這種險。至於美國的目的在於開放滿洲的門戶，只要能達成這個條件，他們根本不在乎是由清朝還是俄國掌控滿洲，而是僅對通商利益感興趣而已。若是指望美國下定決心和日本站在同一陣線，實踐確保遠東和平與維護中國主權的外交政策，反而會讓日本的行動處處受限。

有些人認為日本無論如何都不該失去韓國。這一主張相當正確，然而為了保住韓國，就勢必不能把滿洲拱手讓給俄國。因此重點在於日本必須防止俄國將外交爭議的範圍僅限於韓國，否則就如同承認了滿洲已經由俄國接收。

七名法學博士繼續提到，從法理上來說俄國有義務從滿洲撤兵，但這絕不代表只要從滿洲的A地轉移至B地即可；此外，鐵路警備隊也應當同時撤離。日本有權要求俄國履行義務，但最重要的是必須提防俄國政治家企圖用話術鼓吹「以滿易韓」或者提出類似的姑息方案。為了從根本上解決歸還滿洲問題以及維護遠東長久的和平，日本如今有必要毅然採取明確的對策。

儘管這七人並沒有直說，但他們顯然都認為日本應該向俄國發出最後通牒。只要俄國拒絕按照要求歸還滿洲，日本就該趁著軍事上仍保有優勢的時候宣戰。

他們的觀點得到不少人支持，不過戰爭似乎並不會這麼快爆發。在建議書被提交後不久，剛結束海參崴和旅順視察行程的俄國陸軍大臣庫羅帕特金上將(Alexei Nikolayevich Kuropatkin)帶著九名高官訪問了日本。一行人得到國賓級的待遇，並在六月十三日謁見天皇和皇后。宮裡還為了這群貴賓和俄國公使館人員舉辦了午宴，由山縣有朋、大山巖和內閣成員一同出席。同一天，天皇向庫羅帕特金授予勳一等旭日大綬章，其他隨行人員也都獲得了較低等級的勳章。儘管庫羅帕特金是奉沙皇之命前來打探日本的情勢與意圖，日本卻對此次訪問感到榮幸之至。

日本自然盡量避免與來訪的俄國人討論軍事問題，但就在談笑之間，彼此還是對兩國因遠東問題而不斷發生對立的情況表示遺憾。庫羅帕特金還表示希望可以避免戰爭，以和平的方法解決事態。在回國之際，他向天皇轉述了沙皇的口信：「貴國不同他國乃是俄國的鄰邦，因此只盼兩國的關係最是親密；隨著西伯利亞鐵路已經全部開通，希望今後也能更加增進彼此情誼。」[2]

儘管這番話非常友善，兩國主戰派的聲量卻日益高漲。六月二十二日，參謀總長大山巖上奏天皇，表示他深信目前的當務之急便是解決韓國問題，如有必要甚至應該動用武力。他也在同一天向內閣提出一份意見書，聲稱如果日本任由俄國為所欲為，朝鮮半島恐怕會在三四年內淪為俄國領土，而這意味著日本將與一個如虎狼般猙獰的大國隔海相望。大山雖然贊成透過談判盡力與俄國達成和平協商，但也強調如果不幸爆發戰爭，日本的軍隊仍有實力和俄國的軍隊抗衡；為了國家百年大計，現在正是解決韓國問題的最佳時機。[3]

六月二十三日，天皇按照桂太郎和小村壽太郎的要求，召集了九名主要閣員與元老舉行御前會議，商討未來的對俄政策[4]。小村準備了一份與七名法學博士提交的建議書雷同的對俄行動方案，宣稱俄國未遵守從滿洲撤兵的承諾反而給了日本一個絕佳機會解決多年來棘手的韓國問題。首要重點在於韓國無論如何都不能出讓任何領土，至於滿洲由於俄國佔有優勢，就有可能必須做出妥協。最後，他提議在東京展開談判。5 桂太郎雖然同樣下定決心不會允許俄國染指韓國，但也認為如果韓國公然成為日本的所有物，勢必無法避免與俄國發生衝突。

駐聖彼德堡的日本公使於是奉命詢問俄國是否有意與日本談判。然而在御前會議上，眾人看似團結一致的態度未必值得取信。伊藤率領的政友會雖然當下沒有異議，卻沒有停止對桂太郎的抨擊，尤其是針對徵收地租稅的問題。第二天，桂太郎邀請伊藤、山縣和海軍大臣山本前來官邸，表示覺得自己無法應對當前危機而打算辭職。他認為只有元老才能勝任這個職務，請求由伊藤和山縣其中一人組建內閣，自己則退居二線從旁協助。雖然伊藤等人反對，但桂太郎還是以生病為由向天皇請辭。6

由於沒能找出適合的解決方案，一切便（按照往例）交由天皇定奪。天皇召見了桂太郎，強調如今正是準備就韓國和滿洲問題與俄國進行談判的關鍵時刻，因此他無法准辭，命令桂太郎留任並養好身體。

七月十三日，天皇任命伊藤博文擔任樞密院議長。很顯然天皇比起任何一位內閣官員都還要更重視伊藤的意見。早在七月六日，天皇就召見伊藤商量過對俄關係；他認為日本很可能因為滿洲和韓國問題與俄國瀕臨開戰邊緣，前景相當不樂觀，因此希望伊藤能待在樞密院，以便隨時就國家大事向伊藤諮詢。伊藤於是請求給予幾天時間考慮。八日，天皇在寫給伊藤的信中解釋自己很需要伊藤的坦率意見，所以才想請他擔當重任：「朕倚信卿積年之勤勞，望以忠言匡救扶持，始終善盡其責。」7

這大概是至今為止天皇最明確地向臣子表達敬意的一次。伊藤雖然恭敬地表示遵旨，內心卻毫無欣喜——他隱約意識到這是山縣等人在背後向天皇獻策。畢竟山縣還親自拜訪伊藤，並用盡一切說詞力勸伊藤接受這次任命。伊藤最後只好答應，只不過條件是山縣和松方也要在樞密院任職。而後據說天皇召見了臥病在床的桂太郎，告知說伊藤將以他留任為前提接下新職務。當天稍晚伊藤向桂太郎證實此事，後者於是在經過一番考慮後收回了辭呈。

現在，日本政府總算是團結一致了。七月二十八日，外務大臣小村指示駐俄公使栗野慎一郎向俄國外交大臣拉姆斯多夫伯爵(Vladimir Nikolaevich Lamsdorf)傳達口信，表示日本有意就滿洲和韓國問題進行交涉。如果俄國大致上同意此事，日本政府將送上關於談判性質和範圍的提案。栗野同時奉命強調為了兩國的和睦，日本希望能盡快展開談判。8

八月十二日，栗野交給拉姆斯多夫由日本提出的協議草案，其中包含了六條項目：

一、雙方承諾尊重清朝和韓國的獨立及領土完整，並確保各國在當地工商業的機會均等。

二、互相承認日本在韓國的特殊利益，以及俄國在滿洲經營鐵路的特權。
三、相互承諾不得妨礙日本在韓國以及俄國在滿洲的工商業活動。
四、如果韓國或滿洲發生動亂，日俄雙方需要派遣遠征軍，則軍隊數量不得超過必要人數，且應在完成任務後立刻撤兵。
五、俄國承認日本具有向韓國提供建言和援助（包括軍事援助）的特殊權利，以提升韓國政府的統治素質。
六、本條約將取代日本和俄國先前就韓國問題達成的所有協議。[9]

日本政府之所以提出這份協議，是因為他們確信這可以作為日俄之間協調的基礎，並且希望俄國政府能本著友好精神進行修改或提出異議。栗野在八月三日就透過電報收到這份協議草案，但直到八月十二日才終於有機會與拉姆斯多夫伯爵會面。拉姆斯多夫雖然聲稱是因為事務繁忙，但真正的原因其實是俄國在遠東的領土管理上發生了重大變化。就在栗野提交小村協議書的八月十二日當天，沙皇宣告設立遠東總督府，將俄國在貝加爾湖以東的省份和其上所有軍事、經濟和外交事務委由總督阿列克謝耶夫(Yevgeni Ivanovich Alekseyev)全權管理。[10]

這個變動對於俄國政府中最有權勢的財政大臣威特伯爵來說是個突如其來的劇烈打擊。八月二十八日[11]，就在他一如往常提交每月例行報告時，沙皇突然下令要他改任表面上地位崇高但其實毫無實權的大臣委員會主席。威特認為他之所以失去在政府中的要職，是因為他反對那些勢必會招致與日本開戰的政策[12]。當威特得知阿列克謝耶夫——他將此人譏為「本性如同亞美尼亞的地毯商人一般狡猾」的「惡劣野心家」[13]——被任命為總督時，則將此舉解釋為沙皇已經接受了強硬派極端主義分子的意見，即宣稱俄國可以在遠東得到想要的一切，因為日本人根本沒有勇氣開戰。威特還補充道，沙皇「在內心深處渴望透過戰勝來獲取榮耀；即便俄國沒有跟日本開戰，想必也會（就阿富汗問題）和印度爆發衝突，甚至有可能為了博斯普魯斯海峽與土耳其打上一仗，儘管這樣的戰爭無疑只會演變成規模更大的戰事」[14]。至於沙皇本人則在威特被撤職的當天，於日記中簡短地寫道：「現在，我掌權了。」[15]關於日本的協議書，威特曾如此回憶：

> 返回俄國後不久，日本駐俄公使栗野前來求見。一九〇三年七月，在我還是財政大臣的時候，他曾向我和拉姆斯多夫伯爵提交一份協議書，其中蘊含了以和平方式解決兩國分歧的可能性。我雖然贊成接受卻無濟於事，因為這份協議最後還是被送交阿列克謝耶夫總督定奪，淪為一個永遠不會得出結果的討論題材。
>
> 這位頗具才智的人〔栗野〕向我透露他是如何積極行動，而我的國家卻只顧著拖延談判。每當日本提出協議，拉姆斯多夫就會將責任推給阿列克謝耶夫，另一方面阿列克謝耶夫

和羅森〔Roman Rosen，駐日俄國公使〕則以皇帝不在為藉口表示無能為力。在日本看來，這種做法等於是在表明我們有意開戰，但對他而言盡其所能避免雙方發生衝突是攸關名譽的問題。他勸告說時間越來越緊迫，日本民間的情緒日益激昂，就連政府也難以遏止。最後，他宣稱日本好歹是一個君主國家，竟不得不忍受和區區「遠東大總督」進行談判的屈辱，就好像把遠東當成俄國的領土，而日本只不過是個保護國。16

栗野的評論很有見地，他深知俄國不可能原封不動地接受小村的協議書。尤其俄國多半很難接受第二條，畢竟這代表俄國靠著承認日本在韓國的優勢利益卻只能換來滿洲鐵路的經營權。這顯然並不公平，但是當小村提出這份協議時，他想必早就準備好做出更多讓步。結果，俄國沒有立刻答覆的事實被日方解釋為蓄意羞辱，正如先前俄國未能履行第二階段從滿洲撤兵的承諾一樣，引發日本民眾群起激憤。如今以七名法學博士為首的愛國人士於是公然主張發動戰爭。17

為了得到俄國的回覆，日本不得不等上五十二天。對此，拉姆斯多夫伯爵的理由是沙皇正好外出，而且也有些問題要和阿列克謝耶夫商討，並提議在東京進行談判18。最後一項原本就是日本的提案，但隨著遠東總督府的設立，這個提議如今也變得不受歡迎：如果把地點定在東京，就意味著日本的談判對象不會是俄國的最高權力者，而是身為阿列克謝耶夫下屬的俄國公使羅森男爵，這麼一來日本將顏面盡失[19]。最後，日本只好讓步，並於十月三日收到俄國提交的第一份反對提案。

該提案幾乎全盤否決了日本最初擬定的協議。第一條雖然承諾保障韓國的獨立和領土完整，卻並未提及清朝；其他條款基本上也都排除了滿洲，暗示著關於俄國對滿洲的控制權沒有討論空間。唯一提及滿洲的第七條則是要求日本承認滿洲及其沿海地區完全不屬於日本的勢力範圍。這份提案中加入的新要素便是在北緯三十九度以北的韓國領土上設置緩衝區，規定日俄兩國的軍隊都不得進入，企圖由此遏制日本在韓國的勢力發展。[20]兩國的提案實在相差甚遠，乍看之下不太可能達成妥協。

小村於是會見羅森男爵，試圖調整雙方的提案並找出協議的基礎，但羅森卻說他沒有權限對提案進行修改。十月三十日，小村將共十一條的第二次修訂案交給羅森，當中第一條和之前一樣，規定雙方尊重清朝和韓國的獨立及領土完整；第二條到第四條要求俄國承認日本在韓國的特權；第五條是由日本承諾不建立任何可能影響朝鮮海峽通行自由的防禦工事；第六條規定在韓國和滿洲邊界兩側各五十公里處設置中立地帶；第七條和第八條明訂滿洲不屬於日本的勢力範圍，以及俄國有權採取必要措施保護自身在滿洲的利益。其餘條款則與通商和鐵路有關。[21]

日本又等了四十多天，最終才在十二月十一日收到答覆。俄國當局將此次拖延歸因於皇后在和沙皇一起出巡時染上疾病，導致大臣們不敢在這種時候拿這些「瑣事」來打擾沙皇，更何況沙皇早就以為遠東局勢已經穩定下來。俄國新提出的對案比先前更加偏激：俄國重申了與韓國有關的條款，然而凡是提到滿洲的地方都被刪得一乾二淨。這般傲慢自私的舉動讓覺得自己本著和解的精神已經做出很多讓步的日本失望至極。[22]

並不是所有俄國人都不願妥協。十二月十日，庫羅帕特金上將針對俄國在遠東的目標向沙皇提交了一份長篇文書，當中提到：

> 應當向清朝歸還關東[*1]以及旅順和大連，同時讓渡東清鐵路的南部支線，並接收北滿洲的一切權利作為回報。此外收取兩億五千萬盧布，以補償俄國修建鐵路和管理旅順的支出。[23]

威特大體上同意庫羅帕特金的方案，但他在回憶錄中寫道：

> 滿洲不是我們的。我們應當滿足於自己趁人之危奪得的遼東半島和東清鐵路。不論是美國、英國、日本和他們公開或秘密的盟國，還是清朝，都不可能坐視我們佔領滿洲。[24]

就連渴望獲得軍事勝利的沙皇也在十月向阿列克謝耶夫發了一封電報：「我不希望日俄之間發生戰爭，也不允許如此。務必採取一切措施避免戰爭。」沙皇於一九〇三年十二月二十八日親自召開的特別會議上說道：「無庸置疑，戰爭是不受歡迎的。時間是俄國最好的盟友，將會逐年使我們更加強大。」25

然而這時日本人已經失去了耐心，認為缺乏外交禮節的俄國讓他們蒙羞受辱。十二月十六日，總理大臣、元老和部分內閣成員召開會議，會上做出了兩個決定：一是關於滿洲問題，自始至終都應當通過外交途徑尋求解決方案，避免使用「最終手段」；至於韓國問題則將以十月三十日的修訂案為基本原則，如果俄國拒絕接受，日本就算訴諸武力也要貫徹目標。26

根據會議的決定，日本於是試著進行最後一次外交談判。對於先前提到的「最終手段」讓桂太郎有些不安，但他還是在十二月十八日召集內閣傳達了該次決議。之後，他和小村一同進宮向天皇稟報並請求裁示。從這時起，儘管小村傾注全力繼續交涉，桂太郎則是頻繁地約見陸海軍大臣和大藏大臣，著手備戰。

十二月二十一日，栗野收到指示，向俄國口頭告知日本提出的第三次協議修訂案27。其中最值得注意的變動就是刪掉了有關設置緩衝區的第六條。日本並不反對在滿韓邊界設立中立地帶，即便這將涵蓋韓國近三分之一的面積，但前提是俄國也願意在同一側的滿洲邊境建立

*1　指的是山海關以東，即位於遼東半島南端的租借地。

相同的軍事緩衝區；然而俄國似乎不打算接受這個提議。

對於日本新的修訂協議，俄國國內抱持著悲觀態度。十二月二十三日，海軍上將阿列克謝耶夫奏報沙皇：「羅森男爵已於十二月二十二日，透過電報告知我日本新提案的內容，當中相當於要求俄國政府正式承認韓國是日本的保護國。」[28]

俄國自然不願答應，但他們開始考慮在下一次回覆中提及滿洲問題。然而此時在東京，內閣成員比以往都更加確信戰爭已經無法避免。十二月二十八日，日本召開一次特別內閣會議，針對開戰進行最後的議論。[29]

在兩國關係日益緊張的這幾個月中，戰爭爆發的可能性盤據在天皇的腦海裡。也許皇太子的言行仍舊令人擔憂，但他想必幾乎沒有時間關心家人。十一月，皇太子（在當了兩年少校後）被晉升為陸軍上校和海軍上校。他只需履行最基本的軍事義務，不過也在上個月前往和歌山、香川、愛媛和岡山縣視察當地學校和特產，還順道參觀了屋島的源平古戰場、道後溫泉和許多寺廟。在返回東京前，他停留於沼津的別墅稍作休養。[30]

女兒們的教育也依然是天皇擔心的問題。這段期間，受命照顧昌子和房子內親王的佐佐木高行提議在她們的學習科目中新增理科和漢文。天皇雖然不反對加入漢文，卻認為理科知識太過高深，可能會影響到其他必修科目的進度[31]，相較之下還不如讓她們學習世界地理和歐洲語言。可見明治或許也曾想過效仿歐洲皇室的慣例，讓他的一兩個女兒嫁給外國王子。

一九〇四年元旦唯一的稀奇之處，便是難得待在東京的皇太子夫婦也有進宮向天皇拜年。此外，他們還第一次接受眾人朝拜[32]。第二天，最有前途的高級華族近衛篤麿逝世，享年四十二歲。這對明治來說無疑是個沉痛的打擊，畢竟他一直都很憂心華族在未來的國家治理上所扮演的角色。

一月六日，羅森將俄國對日本第三次提案做出的答覆交給小村[33]。俄方仍然要求在韓國領土上（但沒有提到滿洲境內）設立緩衝區，並堅持要日本不得將韓國用於戰略目的。如果能達成以上條件，那麼俄國在滿洲境內將「不會妨礙日本以及其他國家享有根據與清朝的既有條約所獲得的權利和特權，但設立租界的權利除外」[34]。這顯然是一次讓步，但日本認為俄國還是沒有對關鍵問題做出答覆，似乎已經沒有任何理由繼續談判下去。

一月十二日，包括元老、閣員以及陸海軍高層在內的十六名官員在天皇面前召開會議。儘管桂太郎和小村斷言已經沒有進一步交涉的餘地，只能透過軍事手段來解決問題，但海軍的備戰工作尚未完成。用來載運士兵的輸送船預定在這個月二十號才會集結於佐世保，要是在這之前發動戰爭的話反而對日本不利。桂太郎於是請小村準備了另一份協議修訂案，屆時就算俄國沒有做出更多讓步，至少也能為日本爭取到備戰所需的時間[35]。

日本在最後一次的修訂案中要求刪除俄國提出的第五條的部分條文，即規定日本「不得將韓國領土的任何部分用於戰略目的」，以及第六條有關設立緩衝區的所有內容。日本還修改了與滿洲相關的條款，要求俄國另外承諾會尊重清朝在滿洲的領土完整。[36]

日本對俄國同意這些更改幾乎不抱任何希望。俄方注意到提案中的用詞極具挑釁意味，似乎是在警告不容許更多異議而發出的最後通牒。和往常一樣，俄國的答覆姍姍來遲；與此同時，日本開始為萬一談判破裂做好開戰的準備。一月十六日，日本陸軍受命編成四個步兵大隊運往仁川，打算先佔領漢城作為戰爭期間的根據地[37]。

一月十八日，宮中為天皇舉辦的今年第一場西方史講座講解了大衛·休謨（David Hume）所著之《英國史》（*History of England*）中有關英國擊敗西班牙無敵艦隊的段落，這不得不說是個預言般的選擇[38]。在本年度的第一場御歌會上，天皇以「巖上松」為主題創作的和歌也顯然具有雙重意義，就像是在祈求日本能夠安然度過即將來臨的戰爭[39]。

此時，日俄雙方似乎都認定只有開戰一途，法國卻依然在為避免戰爭而努力。法國處於兩難的境地，一方面雖與俄國有同盟關係，但近來也和身為俄國敵人與日本盟友的英國建立親交。法國在俄國展開了巨大的投資，自然很希望能維護這些利益。一月二十三日，巴黎外交部的行政副長莫里斯·帕雷歐洛格（Maurice Paléologue）在日記中寫道：

泰奧菲勒·德爾卡塞〔Théophile Delcassé，外交部長〕繼續巧妙地努力促使聖彼德堡和東京政府走得更近。他已經想出了一些絕妙的方案，可以同時解決滿洲和韓國問題。他也同樣巧妙靈活地利用來自倫敦政府的支持，蘭斯敦、小村和拉姆斯多夫都非常感謝他。

「看來事情應該會很順利」，今天早上德爾卡塞這麼對我說。

他一臉容光煥發，雙眼閃爍著自信。

我將最近察覺的跡象告訴他，這些事實讓我確信俄國想要開戰，或者至少可以說俄國有意把自己推向一個境地，可以對日本發出具有威脅性且無疑會招致戰爭的最後通牒。

德爾卡塞的臉色立刻變得陰沉。

「你該不會認為我會相信這些話吧？我可是每天都和沙皇通信。就在昨天，沙皇還感謝我對他的理解，願意為謀求和平盡心盡力。但照你這麼說，原來他一直都在期望開戰！然後呢？」40

德爾卡塞根據他和沙皇的私下聯繫，確信沙皇尼古拉二世亟欲透過外交途徑解決日俄之間的紛爭。然而（正如帕雷歐洛格指出的那樣），沙皇夢想著進一步擴大疆土，不只吞併滿洲和韓國，還有西藏、波斯，甚至是土耳其。帕雷歐洛格曾如此描述尼古拉二世的性格：「他並不聰明，反而非常膽小且輕信他人，加上懶散又優柔寡斷，很容易受到神秘學的影響……他放任自己聽信於一群預言家、投機主義者和搧風點火的主戰派人士。」41

帕雷歐洛格也提到尼古拉二世（他形容尼古拉二世和所有軟弱無能的人一樣是個「狡猾的偽君子」）是如何孤立那些反對與日本開戰的大臣，甚至沒有與他們商量的情況下設立了遠東總督府。如果總督是位真正出類拔萃的人，情況或許還有可能獲得改善，然而正如威特對隨後在戰爭中擔任俄軍總司令的阿列克謝耶夫所做的評論，「他對陸軍一無所知，對海軍也只是略知皮毛」。阿列克謝耶夫之所以能官居高位，是因為當大公阿列克謝在馬賽妓院鬧事被警察審訊時，他替大公承擔了罪責，說警察把兩人的名字弄混了。心懷感激的大公因此才推薦阿列克謝耶夫擔任關東州長官。[42]

很難相信沙皇竟然會選用這樣的人來擔任如此重要的職位。威特將這種難以預測的行為歸咎於尼古拉「女性化的個性」，還引述了一番觀點認為尼古拉是因為命運的捉弄才讓他生來具備男性特徵而非女性。每一個了解尼古拉的人都說他脾氣很好，對妻小情深意切，但優柔寡斷使他成為一位難以伺候的君主。他深信自己的權力來自於上帝，並且只須對上帝負責，這種信念或許能夠解釋他為何會把與日本的戰爭看作是自身的神聖使命。他確信儘管需要耗費一番工夫，但俄國一定會取得勝利。[43]

尼古拉也受到德皇威廉二世的影響。很難想像還有比這更糟糕的了。早在一八九五年四月，德皇就曾寫信給他這位「表親」[44]：「我會竭盡全力確保歐洲的平穩並守護俄國的身後，絕不讓任何人阻礙你在遠東的行動！很顯然開拓亞洲大陸、防止黃種人侵略歐洲是俄國將來必須完成的偉大任務；在這方面我會永遠與你站在一起，也會竭盡所能出手相助。」[45]在寫給沙皇的信中，德皇不斷流露出自己對「黃禍」的憎惡，以及他深信阻止「蒙古人和佛教侵蝕歐洲古老的基督教文化」是俄國的使命[46]。（這讓人想起德皇曾命人描繪的一幅畫，畫中代表歐洲列強的精靈們在大天使米迦勒的召集之下「團結起來對抗佛教、異端和野蠻人的侵略，以守護十字架」。）[47]

在信末署名「威利」*2的德皇似乎把自己想像成大西洋的海軍司令，尼古拉則負責掌管太平洋。他無論何時都不忘煽動尼古拉的野心，例如在一九〇四年一月三日，他寫道：「任何一個沒有私心的人肯定都認為韓國有必要，也終將屬於俄國。至於那會是何時或是以何種方法則與他人無關，而是你和你的國家該解決的事情。」[48]

一想到這兩位皇帝都是手中掌握著上百萬國民性命的專制君主，就不禁令人寒毛直豎。被捲入眼前戰爭的第三位皇帝明治天皇，顯然是唯一配得上這個頭銜的人物。

直到一月三十日，聖彼德堡終於召開一次特別會議，外交大臣拉姆斯多夫「積極地堅稱目前的糾紛從來沒有牽扯到俄國的切身利益，因此根本沒辦法正當化戰爭伴隨的巨大風險，即使這對俄國民眾來說無從理解。他的結論是，政府應該採取一切措施尋求和平的解決方案」[49]。拉姆斯多夫得到會上所有人的聲援，但不包括海軍上將阿巴紮（Alexander Ageevich Abaza）。他

*2 德皇和沙皇之間的親暱稱呼，德皇威廉二世稱為「Willy」，沙皇尼古拉二世則是「Nicky」。

被威特描述成一個「不講理的惡棍」[50]以及總督的走狗。如今尼古拉的身邊集結了一群懷有政治野心的人士，帶領他們一天天走向戰爭。

針對日本的「最終」修訂案的回覆直到二月二日才獲得沙皇批准。與此同時，小村屢次指示栗野敦促俄國盡快答覆。根據栗野的報告，俄國如此拖延是為了爭取強化軍備的時間[51]。一月三十日，伊藤在總理大臣官邸召開的會議上起草了一份備忘錄，聲稱日本做出決斷的時刻已經到來，並得到所有出席會議的元老和內閣大臣支持。兩天後，陸軍參謀總長大山巖謁見天皇，提議日本應該先發制人。

天皇最信任的元老們並沒有對戰爭表現出十足信心，而是坦言日本的軍事和財政狀況相當令人絕望。陸軍估計日本勝利的機率是五五分；海軍雖然預計會折損一半的兵力，但他們相信剩下的一半必能摧毀敵軍[52]。儘管對日本勝算的評價相當悲觀，但決策層仍一致支持開戰。他們確信就算繼續談判也只是徒勞，俄國如今不論對韓國還是日本都是一個嚴重的威脅。

可以想見如果俄國早點對日本的修訂案做出答覆，把與根據現行條約從清朝獲得的權利和特權相關的條款中「設立租界的權利除外」的規定刪除其實很有可能促使日本重新審視開戰的決定。然而，俄國政府於二月三日送交總督阿列克謝耶夫，最遲本應在四日或五日抵達東京的電報，卻直到二月七日才抵達羅森男爵手裡[53]。

與此同時，二月三日這天總理大臣桂太郎和外務大臣小村謁見天皇，詳細說明如今不得不與俄國開戰的原委，同時奏請天皇於翌日召集元老和內閣，在御前會議上做出裁決。眼看即使等了兩周加上無數次的催促也沒收到答覆，桂太郎認為俄國擺明是在輕視日本，以為日本無意交戰，因此實在沒必要繼續浪費時間了。[54]日本駐巴黎公使也接到指示，要他不用再試著取得俄國政府的回覆。

第二天的御前會議上，日本決定斷絕與俄國的外交關係[55]。二月五日，日本帝國政府透過駐聖彼德堡公使照會俄國外交大臣，宣告日本政府將終止談判，並採取任何必要行動來維護韓國的自由和領土完整。同一天，天皇向陸海軍頒布詔書，告知他們儘管日本盡了一切努力維持和平，日俄關係還是宣告決裂。

從明治在這個時期創作的和歌也多少能看出（雖然是以非常間接的方式）他焦慮的情緒：

今年亦成多事秋
當是引頸盼鶯啼[56]

·第五十四章·

「發現敵艦」

日俄戰爭在雙方都沒有事先宣戰的情況下打響。由於日本海軍決定在(最近向義大利購買的)巡洋艦「春日」和「日進」做好對抗俄國艦隊的準備之前按兵不動[1]，因此屢次否決開戰計畫，讓陸軍大為惱火。直到巡洋艦順利從作為日本盟國軍事堡壘的新加坡出港，海軍當局才同意發射第一炮；他們早已意識到必須搶在強大的俄國艦隊抵達遠東海域之前發動攻擊。

在決心與俄國交戰之前，日本遲遲等不到俄國對他們的協議提案做出答覆。事實上，戰爭爆發的直接原因似乎是因為日本的自尊心受到了傷害。過去一年裡，俄國再三讓日本焦急地等待，看似完全不在乎這種拖延時間的行為給日本造成的影響。俄國的態度對日本政府高層眼裡成了難以忍受的侮辱，就連那些非常了解俄國軍事實力的人也是如此。要是有更多日本人知道沙皇和其親信們是如何用輕蔑的言辭嘲諷他們和他們的國家，說不定會更加迅速地採取行動。

無論雙方政府有何打算，當時的人們似乎都確信日俄之間無法避免一戰。一九〇四年一月十三日，文人石川啄木(一八八六—一九一二)在日記中寫道：

東亞風雲漸告急，傳聞已做出師準備，起草宣戰令，致近來人心浮動。今戰事遂不可避，既成定局，我寧盡早期望大國民之奮勇。2

從現代的角度來看，這或許並非一場無法避免的戰爭。有鑑於事態的後續發展，我們很難輕易相信日本維護韓國獨立的決心正如表面上那樣是這場戰爭的起因。畢竟在日俄戰爭結束的那一年，正是日本自己破壞了韓國獨立並強迫韓國皇帝簽下成為日本保護國的條約，甚至在五年後將其併吞。很顯然維護韓國獨立只是一個藉口，對此伊恩·尼許寫道：

有關戰爭的開端，日俄戰爭與其他戰爭形成了有趣的對比。舉例來說，其起因並不是出自國內資源匱乏之所造成的經濟壓力。誠然，日本是戰爭的發動者，並且確實面臨著原物料短缺和人口快速增長等問題，但韓國既不是日本尋求的資源供應地，也不是安置過剩人口的地方。這時的滿洲同樣不適合日本人大規模移民，事實上也不是商業繁榮之地……當時日本國內並沒有處在社會混亂的狀態，顯然不是為了轉移人們對內政問題的關注而訴諸戰爭。在一九〇四年，日本民眾也沒有靠著沉浸於仇外主義、民族主義或好戰主義來發洩對貧困、革命或政治的不滿。兩國在有限的基礎上做出的開戰決定，或許大部分是出於戰略上的考量。3

說起主要的戰略考量，無疑就是該由哪個國家主宰韓國和滿洲。日本下定決心毫不退讓，也許這是因為甲午戰爭的勝利讓他們有了十足信心，覺得自己能與任何國家抗衡，無論對方在國力或軍事上有多麼強大。一九〇四年二月六日，日本向俄國宣告終止談判，往後他們將採取自認為適當的獨立行動。日本或許認為這種說法與宣戰無異[4]，然而日方突然朝旅順和仁川兩地的俄國軍艦開火的舉動卻被俄國譴責是違反國際法的可恥行為[5]。

日本理所當然地為自身的行動辯護，並且獲得了其他國家的支持。法國外交部官員帕雷歐洛格說道：「日本不宣而戰，是在重演敵人曾經使用過的卑劣戰術。一八五三年十一月三十日，俄國在對戰土耳其時就有過同樣的行徑，當時俄國人突然對錫諾普發動襲擊，摧毀了鄂圖曼土耳其的黑海艦隊。」[6]

被譽為「國外研究俄國的最高權威」的狄隆（Emile Joseph Dillon）[7]則在一九一八年寫道：

> 日本突襲俄國艦隊被指責成一種卑劣的行為，且這番指控至今仍有許多人認同。我覺得自己必須說明一下，根據我手邊的資源一路追溯事態的起伏，天皇的政府從戰爭開始到結束都表現出與和平時期一樣宛若騎士般的忠義和節制。雖然有人認為在突然發動初次攻擊這方面，俄國會有不同於敵人的表現，但很可惜這種觀點並不正確。根據現存的一封由沙皇（日期為二月八日）發送給遠東總督的電報來看，當中沙皇下達了一個重要訓令：「如果日本艦隊

越過韓國西岸的北緯三十八度線向北航行，是否在他們開火之前發動攻擊都取決於你。我相信你可以做到。願上帝祝福你。」8

這封電報表明俄國即便沒有宣戰也會毫不猶豫地發動襲擊，只不過最後是由日本制得先機。二月六日，日本以電報命令駐俄公使回國，並在同一天將俄國駐日公使羅森男爵召至外務大臣小村壽太郎的官邸，告知日本決定與俄國斷絕外交關係。在返回俄國公使館後，羅森從俄國海軍武官那裡獲悉：

早上六點，日本艦隊拔錨起航，駛向不明的目的地。他們兵分兩路，一方負責護送兩個師團的軍隊，顯然是想在韓國沿岸登陸，推測應是朝鮮半島西岸的某處；另一方很明顯是為了襲擊我國的艦隊，他們早就知道我國艦隊會停泊在旅順港外的錨地。9

羅森的消息是準確的，然而他卻無法警告俄國政府，因為日本政府早已為了防止機密外泄暫停向外國發送電報。當羅森和家人正在等待船艦接他們離開日本時，

發生了一件感人的事情。當我的妻子獨自待在會客室，一名皇后陛下派出的侍女前來造

訪。她表示自己受皇后陛下之託傳達必須在如此不幸的情況下送別的感傷之情，並懇請我的妻子接受一個小小的禮物作為逗留日本的紀念。這個紀念品是兩個銀製的小花瓶，上面還刻有皇室的紋樣。

儘管羅森男爵夫人認為由於兩國正在交戰，接受皇后的禮物有些尷尬，但她還是決定尊重送禮人的心情收下禮物，並請侍女代為表達感謝[10]。自古以來的傳統禮節就這樣以今天難以想像的形式延續著。

二月八日，由海軍少將瓜生外吉率軍護送的遠征軍在仁川登陸。軍隊在幾乎沒有遭遇抵抗的情況下佔領漢城，並繼續向北朝著鴨綠江挺進。此時，港口裡停靠著兩艘俄國軍艦和一艘商船。瓜生命令俄國軍艦在第二天中午前離港，否則他將對港內發動攻擊。翌日十二點十分，兩艘軍艦起錨離港。羅森男爵也聽說了當時的情形：

瓦利雅格號（Variag）隨同炮艦柯列茨號（Koreetz）接受了日本海軍少將的要求緩緩啟航。五顏六色的旗幟隨風飄揚，軍官和士兵列隊站好，行經一旁停靠的外國軍艦，伴隨著國歌的祝福威風凜凜地邁向被敵人摧毀的命運。敵人布署的眾多強大軍艦呈半圓形排開，不留任何退路。[11]

日本對此事的記錄則更加簡明。當瓦利雅格號出現在港口時，淺間號立刻發動攻擊。在經過大約一個小時的交火後，起火的瓦利雅格號逃回港口，隨後爆炸沉沒；柯列茨號也在當晚起火沉沒，商船則是自沉。日本艦隊首戰告捷，毫無損傷。[12]

二月六日，日本聯合艦隊的主力從佐世保出發。兩天後，駛往旅順口的驅逐艦部隊夜襲俄國船艦，重創兩艘戰艦和一艘巡洋艦。同日，海軍上將兼聯合艦隊司令長官東鄉平八郎下令十五艘軍艦航向旅順口，於次日早上十一點三十分升起了印有著名訓令的信號旗：「皇國興廢在此一戰，各員一同奮勵努力。」

戰爭爆發時，俄國在遠東的海軍戰力包括六艘大型戰艦、一艘小型戰艦、九艘大型巡洋艦和兩艘小型巡洋艦，以及其他的小型船艦。所有戰艦、小型巡洋艦和四艘大型巡洋艦都停靠在旅順，四艘大型巡洋艦則靠泊在海參崴，一艘停在仁川[13]。在接下來幾周，這支俄國艦隊有半數以上遭到重創，獲得制海權的日本於是封鎖旅順口，並在滿洲登陸。一連串的勝利自然大幅撼動了日本人的心靈，當啄木讀到報紙上略帶誇飾地描述日軍成功襲擊旅順口以及在韓國海岸取得勝利的報導時，他驚呼：「余欣喜不已，攜報紙於三時左右至學校，同村人諸氏大談戰事。」[14]

二月九日，俄國以沙皇的名義宣戰，日本則在第二天由天皇和內閣成員的名義宣戰[15]。此時日本民眾面對即將到來的戰爭已經到了狂熱的地步，這一點可以從啄木寫於二月七日的日記窺見一斑：

今日新聞，告日露局面急遽激化。村內亦召集預備兵。拋出手套，天賜良機已經來臨。實為快心之事。[16]

日本後來在海陸接連取勝已是眾所周知的事實，此處便不再贅述。他們成為全世界注目的焦點，為勝利欣喜若狂，至少直到傷亡慘重的消息被公布之前。國土再次淪為戰場的韓國人可就沒那麼狂熱，但他們即便不願意也只能任隨日本人佔領。日本奉勸清朝保持中立，強調（雖然清朝的自然資源和取之不盡的勞動力對日本很有吸引力）他們不應該再為捉襟見肘的財政狀況增加額外負擔；更何況日本也擔心清朝捲入戰爭可能會導致排外的暴力運動（如義和團之亂）再次上演。日本承諾會尊重清朝的中立，但前提是俄國也答應這麼做。[17]

受到日英同盟的約束，如果有第三國站在俄國那方，英國就必須與日本並肩作戰。由於沒有其他國家加入俄國的陣營，英國並未參與軍事行動，但英國社會對日本的戰爭大業仍展現了高度的熱情。珍·奧克利（Jane H. Oakley）的《日俄戰爭詩》（*A Russo-Japanese War Poem*）就是一個最明顯的例子，全詩共有八十四篇，長達二百五十頁。這首鮮為人知的打油詩使用抑揚格五音步[*1]的韻律寫成，幾乎每個詩節都荒謬可笑。下面選自第一篇的段落描述了日本何以在仁川海戰中取勝，俄國又為何落敗：

俄軍水手膽大勇猛，遠近馳名，
卻僅限於過往的帆船時代；
機械操作似乎尚不嫻熟，
技術上日本還更勝一籌。
日本天皇名為「睦仁」，
為世界上最古王朝的子孫；
其建國者的統治時代，
讓人想起巴比倫之神「彼勒」。[18]

英國不僅是日本的盟友，而且從很久以前就是反俄派。當他們發現俄國對一九〇四年十月二十一日夜晚發生的事件所導致的人員傷亡漠不關心，原本的厭俄情緒立刻升為仇恨，甚

*1 音步(foot)是西方詩歌中的基本韻律單位，以英語詩來說是由重音和輕音組成。抑揚格音步是由一個輕音和一個重音組成的音步，五步即該詩每行有五個音步。

至使很多英國人轉而支持立刻向俄國宣戰。事件當晚，由三十五艘軍艦組成的俄國第二太平洋艦隊行經北海時，在多格淺灘遇上一群英國的拖網漁船。他們將這些不具威脅性的漁船誤認成日本驅逐艦，即便想也知道日本船隻不可能在北海採取軍事行動。然而俄國艦隊還是向漁船開火，導致一艘拖網漁船被擊沉，多艘船隻受損。帕雷歐洛格評論道：「俄國艦隊在夜間穿過一個所有水手都熟知的淺灘時，竟把一群拖網漁船當成敵人埋伏的驅逐艦，讓所有英國人啞口無言，更別提這些漁船明明懸掛著規定的信號燈。」更讓人無法忍受的是，俄國指揮官在意識到自己搞錯之後決定繼續航行，而沒有停下來去營救那些平白遭殃的漁民。[19]

英國公眾一致要求俄國政府給予賠償。法國外交部長對帕雷歐洛格說：「就算因此爆發戰爭，我也不會感到驚訝。」不過在帕雷歐洛格看來，俄國那邊大概也是相同情況；因為俄國一直都把英國當作宿敵，一個比日本更令人恨之入骨的對象。這件事最終在法國的幫助下得以平息，俄國艦隊繼續朝著對馬海峽駛去，在那裡他們將與日本展開一場命運的對決。

其他國家的輿論讓羅森男爵相當失望。他說：「到處都在抨擊我們，甚至連美國也是如此，這是我們從未預料到的。在某種程度上，這大概是由於作戰人員的比例明顯不均衡所致。誠然，就算是作為一場單純的比賽，看起來弱勢的一方總是能博得中立旁觀者的同情。」[20]

羅森之所以對美國選擇支持日本感到吃驚，或許是出於以為日本移民加州的問題會使美國傾向支持俄國。不過，羅斯福總統顯然對俄國沒有好感，例如他在一九〇五年八月的書信中寫道：「沒有任何人，無論是黑人、黃種人還是白種人，能像當前體制下的俄國人那樣不誠實、虛偽而傲慢，用一句話來說就是在各個方面都不值得信賴。」雖然他偶爾也會批評日本（不過措辭更加溫和），但羅斯福基本上是個親日派，因為他不僅討厭俄國政府和他們那「荒謬又小心眼的沙皇」，[21]始終注重肉體鍛鍊的他也十分中意新渡戶稻造的著作《武士道》，深受當中描述的武士傳統所感動[22]。

描寫日俄戰爭的美國人通常都是親日派。基督教牧師西德尼・古力克（Sidney Gulick）博士寫下《遠東的白禍》（*The White Peril in the Far East*）一書，來反駁德皇威廉二世的「黃禍論」。古力克為日本採取的所有行動賦予了正當性，甚至包括德川時期的基督教禁止令和幕末的攘夷。舉例來說，他將日本的鎖國政策歸因於日本意識到「白禍」的來臨，並得出結論：「整體而言在對待外國人的態度上，沒有一個國家比日本更值得尊敬。」[23]

日本對待俄國戰俘的寬宏大量，使得古力克主張日本已經精通於西方行為準則的論述得到證實：被從俄艦瓦利雅格號帶往松山的負傷水手受到宛如「客人」一般的待遇。日本不僅提供寬敞的住處、專屬外科醫生、翻譯、藥劑師和十一名護士，還準備了西式的床鋪以及毛毯、床單、枕頭和枕套，甚至特別為他們烹調西式餐點，每隔幾天更換插在房間裡的鮮花；等這些「客人」康復後，也會給予他們一定程度的自由。古力克不禁思考：「我懷疑這些人至今是否體驗過如此快活的時光。」[24]

相比之下，他指出「俄國在處理遠東權益時所採用的外交手段，以及虐待日本婦女、偵察兵和受傷士兵的行徑都讓日本人激憤不已」。在列舉俄國加諸於日本的各種不當待遇後，古力克補充道：「俄國所體現的『白禍』以最糟糕的形式表現出來，即在蠻橫的貪婪之餘加上偽善，企圖用名為宗教的外衣來掩飾應受譴責的犯罪行為。」他得出了結論，認為：「白種人必須摒棄至今為止珍視的信念，也就是自以為具有種族優越性，且生來就有權主宰地球，讓所有有色人種為其經濟利益服務。只要白種人還把這種觀念當成一種理想，就只會繼續成為威脅世界和平與福祉的禍害。」[25]

英國的前內閣成員詹姆斯．普萊斯(James Price)於一九〇四年十月在華盛頓會見金子堅太郎時說道：「來到美國以後，我走訪國內各地，遇見了各式各樣的人。令人驚訝的是他們都相當同情貴國，甚至熱烈地表示支持，這種熱情就算在我的國家，即身為貴國盟友的英國，也很難看到。他們對俄國的反感真的是出乎意料之外。」作為美國人親日反俄的理由之一，普萊斯認為有部分是多虧了明治維新以來留學美國的日本人所建立起來的友好關係。[26]

日本政府一直都渴望與外國維持友好關係。他們將自劍橋畢業的末松謙澄(一八五五—一九二〇)派往英國，哈佛畢業的金子堅太郎則被派往美國[27]。金子不僅在與羅斯福總統打交道時取得豐碩的成果，兩人還成了彼此信賴的朋友。一九〇四年三月二十六日，金子在白宮第一次與羅斯福會面。儘管有三十多人在等著與他見面，但是總統一看到金子的名片，就立刻上前握手致意，並帶他進入辦公室。羅斯福表示自己一直很期待金子來訪，還問他為什麼不再早一點來[28]。

一九〇五年三月二十日，就在日軍於奉天戰役大獲全勝後不久，羅斯福透過電報邀請金子到白宮共進午餐，迎接時總統的臉上因為這次空前勝利充滿了喜悅。當時羅斯福即將前往科羅拉多獵熊，將會外出六周；雖然一般來說總統不會透露個人的行程，但他告訴金子，如果金子有需要和他討論戰爭情勢的話，他會立刻返回華盛頓[29]。

金子想起熊正好是俄國的象徵，便對總統說：「俄國艦隊即將進入太平洋，不久後一定會與我國艦隊展開大規模的海戰。如果您獵熊成功，可謂日本艦隊獲勝的前兆。在此預祝您狩獵順利。」對此羅斯福回答：「沒錯，我正有此打算。」而後當金子在締結議和條約後準備返回日本時，總統將自己獵捕得來的熊毛皮跟親筆書信交給金子，委託他親自獻給天皇。

雖然日本和美國官方的關係非常友好，但小說家有島武郎（一八七八—一九二三）發現歐洲存在著一股反日情緒。他寫道：「隨著日俄戰爭爆發，基督教國家和非基督教國家之間發生衝突的事實突然變成了一個重大問題。即便俄國因為與日本為敵所以不免會對日本抱有敵意，然而歐洲整體因為人種和宗教的不同而嫉視日本的勝利也是不爭的事實。」[30]

俄國的盟友法國可以說處在最艱困的立場。法國政府中幾乎沒有人想要跟這場戰爭扯上關係。當官員得知俄國計劃向日本派出波羅的海艦隊時，他們力勸俄國繞行南美洲南端的合恩角。雖然這條航線的路途最長，卻可以避開英國的海外領地——當地居民無疑會把他們觀察到的俄國艦隊動向告知日本。當然，法國的最大考量還是因為這條航線也不會經過法國的屬地，藉此避免法國必須向俄國艦隊提供協助的義務。

法國認為，俄國很可能打敗仗。一名曾在滿洲擔任俄軍觀察員的法國將軍推斷日本將獲得勝利，於是勸說俄國趁早把握當能贏取的條件進行議和，因為俄國的立場只會變得更加糟糕。十一月初，從聖彼德堡抵達巴黎的法國駐俄大使報告說：「遠東的戰爭……越來越受到俄國大眾的嫌惡；他們認為這是一個受私利驅使的計謀，也就是由宮廷一手策劃的大規模侵略式遠征。許多村莊在後備軍人準備出征的時候都伴隨著暴動，民眾因為不滿而時常掛在嘴邊的句子就是：『我們的君主發動了一場不公的戰爭。所以上帝不保佑我們得勝又有什麼好奇怪的？』」31

據說在聖彼德堡和莫斯科，學生們組織了煽動性的集會，在集會上合唱〈馬賽曲〉。駐巴黎的俄國高層官員信誓旦旦地對帕雷歐洛格說道：「俄國必須不惜一切繼續戰鬥，直到骯髒狡猾的日本人乞求饒恕，哪怕這場戰爭還會再持續兩年。」然而根據其他俄國人所述，在後備軍人奔赴前線的時候，軍營裡幾乎每周都在發生叛亂或暴動事件。32

俄國海軍上將最後選擇讓艦隊沿著非洲西岸繞過好望角前往亞洲，期待能在行經法國殖民地時獲得援助。然而，法國並不想讓日本人知道他們在協助俄國，於是勸說俄國海軍上將在荒涼的地方靠岸，但對方堅持停泊在主要港口。繞過好望角之後，俄國艦隊請求延長停靠在馬達加斯加的時間，卻遭到德爾卡塞拒絕，因為他擔心日本會為此報復，只不過這也沒能阻止俄國稍作停留。

一九〇五年一月二日，旅順這個「象徵著俄國在中國海域的野心，如同遠東的直布羅陀位在遼東半島盡頭的第一要塞」落入了日本人之手。成功逃離旅順的一艘俄國驅逐艦帶著一份施特塞爾(Anatoly Mikhaylovich Stessel)將軍發給沙皇尼古拉二世的電報：

> 日本人瓦解了我們的防禦線。我們堅持不了多長時間，不得不投降。偉大的皇帝陛下，請原諒我們，我們已經盡了一切努力。在為我們定罪的時候，請您大發慈悲。過去十一個月的連續戰鬥已經讓我們精疲力竭。四分之三的軍隊不是進了醫院，就是進了墳墓。最後四分之一的軍隊必須防衛長達二十九公里的距離，甚至沒有任何換班喘息的機會。所有人雖然號稱士兵，卻已如同亡靈。

儘管施特塞爾將軍因為在要塞還有充足物資的情況下投降而遭到許多俄國人的嚴厲抨擊，但他收到了陸軍上將山縣有朋充滿體諒的口信：「承蒙天皇陛下建言，有鑑於貴國軍隊的英勇行為，陛下希望各位保有身為軍人的榮譽。即陛下有旨，允許貴國軍官繼續佩劍。」33

旅順的淪陷立刻引發俄國內部的動搖。一月十九日，有人試圖刺殺沙皇；一月二十一日，超過十四萬名工人在聖彼德堡的街道上展開大規模的罷工遊行。每當日軍在滿洲獲勝的消息傳入，俄國國內對戰爭的不滿情緒便隨之升高。帕雷歐洛格聽說「俄國政府和民眾仍然把最後一絲希望寄託在停泊於馬達加斯加的『無敵艦隊』上」，然而針對這支艦隊的名聲，駐聖彼德堡的法國海軍武官卻坦言：「第二艦隊的軍事價值其實比不上普通艦隊。該艦隊並非一個均質且具有凝聚力的有機體，而是一支七拼八湊的隊伍，由不同時期和類型的船艦所組成的大雜燴……船員的效率也與一般艦隊無異。經驗豐富的軍官甚少，技工的素質相當低劣；船上沒有任何一位海軍士官，大多數水手不僅未曾受過軍事訓練，甚至沒有出過海。」34

這支俄國艦隊在馬達加斯加停留了一個多月，訓練船員做好與日軍戰鬥的準備。在此期間，俄國國內的反戰呼聲日益高漲。二月十七日，莫斯科總督亞歷山大羅維奇大公（Sergei Alexandrovich）被恐怖分子投放的炸彈炸成碎片；二月二十七日，莫斯科的婦女向皇后提交一份請願書，表達她們渴望和平的意願：「眼看近期發生的騷動似乎將是吞噬全俄羅斯的不幸之始，我們感到十分恐懼。除非皇帝陛下與人民站在一起擬定對策，否則極有可能招致慘劇。」35

法國外交部長德爾卡塞也寫了一封信給沙皇，希望能夠動搖他堅持戰鬥到最後的決心：

「戰爭每持續一天，都讓貴國政府以能獲得承認的條件爭取和平變得更加困難。」36

三月十七日，俄國艦隊總算離開馬達加斯加，朝著蘇門答臘西側往東北方航行。這大概是一條最糟糕的航線，因為艦隊完全暴露在位於馬來西亞的英國人的目光之下，由此讓日本能夠隨時追蹤俄國艦隊的位置。然而這時俄國人仍然對其波羅的海艦隊抱有極大的信心；所有人都深信他們將在接下來的海戰中大獲全勝，從日本手中奪回制海權，再由俄軍好好回敬日本。37

四月十四日，俄國艦隊在西貢以北約三百二十公里的法屬印度支那安南海岸下錨。法國別無所求，只希望俄國艦隊離開，卻也無計可施。俄國艦隊的長期停留引發日本國內掀起一股反法聲浪，然而這時在這場戰爭中扮演反派，時而鼓勵俄國拯救基督教、時而煽動日本的德國突然向法國宣告，如果沒有找到能維護德國在摩洛哥權益的方法，他們將毫不猶豫地發動戰爭。法國參謀長驚呼：「德國發動突襲的話，我們根本無法抵抗！這將比一八七〇年*2的情況還要糟糕！我們會敗得飛快，敗得體無完膚！只要稍微想想就能知道，首先俄國根本沒有多餘精力伸出援手，為了對抗擁有一百五十萬名士兵的德國軍隊，我們又有多少兵力？最多

*2 指一八七〇年爆發的普法戰爭。法軍在這場戰爭中節節敗退，最後普魯士大獲全勝並建立德意志帝國，取代了法國在歐洲大陸的霸主地位。

也不過九十萬，而且其中說不定有十萬甚至二十萬人拒絕上戰場。」[38]法國顯然無暇幫助身為盟友的俄國。

一九〇五年五月二十六日，俄國艦隊駛進了日本海域。日本聯合艦隊在海軍上將東鄉的指揮下封鎖其航路，經過一場名留青史的海上決戰後，東鄉的艦隊徹底擊潰了俄軍。五月二十九日，法國得知「俄國第二太平洋艦隊」已經不復存在。帕雷歐洛格預測，對馬海戰將為俄國在亞洲的霸權劃下休止符。

六月十六日，帕雷歐洛格報告說：「近期又發生了前所未見且始料未及的情況，似乎昭示著國際政治局勢將出現重大變化。美國有史以來第一次插手歐洲事務，儘管在這之前他們一直都把避免涉入這個古老大陸上的問題（即歐洲的各種糾葛）視為國家信條。」[39]如今應德皇之請，羅斯福總統正在考慮如何調解法國與德國因摩洛哥問題引發的嚴重分歧。

六月二十日，帕雷歐洛格寫道：「下定決心自許為國際調解人的羅斯福總統主動向俄國及日本提議居中調停以結束戰爭。」[40]與此同時，在俄國掀起了一場革命風暴，一路從波羅的海沿岸蔓延至伏爾加平原。「鎮壓通常並不可行，」帕雷歐洛格評論道，「因為軍隊拒絕介入。」

塞吉．威特伯爵在回憶錄中提到，俄國海軍於對馬海峽慘敗後，每一位俄國人甚至是沙皇，都意識到了議和的必要性。儘管日本人在旅順和奉天會戰以及對馬海戰中獲得亮眼的成績，但他們也因為戰爭造成人力和財力大量消耗而陷入困境。在得知羅斯福總統有意作為中間人協調兩國展開議和談判後，俄國外交大臣拉姆斯多夫做出了積極回應。他建議沙皇委派威特擔任議和談判的首席全權代表，但沙皇沒有答覆；這無疑是因為他不願意承認威特對於聽信主戰派的種種後果所做出的預言都變成了現實[41]。

與沙皇不同，明治的名字很少出現在有關戰事或議和談判的描述裡。在戰爭期間，他自然還是像往常一樣履行職責，例如聽取大臣的報告，接見重要的外國賓客等等。然而比起甲午戰爭期間天皇甚至移駕到更接近戰場的廣島，在那裡度過沉悶的幾個月直到捷報傳來，這次卻幾乎沒有明確的跡象表明他積極參與了戰事。不過根據侍從日野西資博回憶，日俄戰爭期間天皇不允許他的房間使用暖氣，而且除了吃飯和睡覺以外，他幾乎整天都待在辦公室裡。日野西也表示這時天皇最擔心的事情便是圍攻旅順。天皇還說：「旅順遲早會被攻陷，然而以這種方式讓士兵送死實在不妥。乃木雖然是位名將，但他這樣葬送士兵的生命，著實令人失望」。[42]

關於這段期間天皇私人生活的記載少之又少，不過一封來自於英國駐日公使竇納樂（Claude MacDonald）的書信卻讓我們有機會一窺天皇令人會心一笑的片刻：

在為海軍上將諾爾（Gerard Noel）和我國艦隊軍官準備的午宴上，我就坐在天皇的正對面。陛下一邊揮舞著刀叉，一邊親切地和周圍的人聊天。坐在天皇兩側的有栖川宮殿下和閑院宮殿下般勤地附和著，但伊藤侯爵和井上伯爵（後者坐在我身旁）似乎是以對等的姿態和天皇交談，還不時說幾句玩笑話把這位太陽神的直系後裔逗得哈哈大笑。這讓我獲得極大的啟發也感到十分愉快；雖然他貴為日本天皇，卻充滿了人情味。43

如果天皇和俄國沙皇一樣堅持自行任命陸軍和海軍上將，或者出於個人的不合而拒絕委任最佳人選作為和談的代表，那麼即便這有可能對日本造成危害，但他想必能夠更加隨心所欲。值得慶幸的是，這種情況並沒有發生。也許這正是其中一個原因，讓羅森男爵在回憶錄中形容明治天皇「將作為至今世界上所知的最偉大君主之一而名垂青史」44。

· 第五十五章 ·

日俄談判

一九〇五年五月二十七至二十八日，俄國艦隊在對馬海峽全軍覆沒，讓俄國舉國上下「籠罩在陰鬱和驚慌的陰影之下」。不久前還在煽動沙皇與日本作戰的德皇，此刻卻向日本駐德公使祝賀日本大獲全勝，還宣稱這場海戰是自百年前英國艦隊在一八〇五年於特拉法加戰勝法國和西班牙聯合艦隊以來最宏大的一場戰役。捷報傳來時，金子堅太郎正在紐約，他立刻向羅斯福總統發送電報，描述這次交戰是「世界史上最輝煌的海戰大捷」[1]。羅斯福予以肯定，回電道：「這是全世界至今目睹過的最偉大現象，就連特拉法加戰役也無法與之相比。當我第一次接獲消息時都不敢置信。但是隨著報告陸續傳來，我興奮得覺得自己好像成了一個日本人，都沒辦法好好辦公了。」[2]

這次敗北迫使沙皇重新考慮是否還要繼續戰鬥下去。在高層討論中一直佔據主導地位的「主戰派」逐漸失勢，甚至在沙皇表示有意啟動和談之前，那些希望議和的俄國領導者也開始認為羅斯福總統是最適合的調解人。

日本也決定請羅斯福居中調停。早在一月七日和八日（就在日本攻佔旅順後不久），金子便受邀在白宮與羅斯福商討召開和談會議的可能性，以及戰爭結束後日本有何打算。羅斯福認為，日本有權佔領旅順且將韓國納入勢力範圍，但是應把滿洲歸還清朝，並在西方列強擔保下讓滿洲保持中立。儘管羅斯福堅定地表明「我們不允許日本勝利的果實再次被奪走」[3]，但也強調日本必須同意在滿洲維持「門戶開放」政策——這才是美國最關注的問題，因為它與通商直接相關。外務大臣小村壽太郎在從日本駐美公使高平小五郎（一八五四—一九二六）那裡得知羅斯福期待並希望日本戰勝後，決定向羅斯福表明日本對於滿洲、韓國和旅順的意圖跟期望，結果證明了這些設想或多或少都與羅斯福的意見相符[4]。

接下來的幾個月，各國（尤其是法國）都試圖撮合日本和俄國坐下來談判。日本不太相信身為俄國盟友的法國，並且也不想在和談會議之前承諾不會向俄國要求賠償或是割讓領土。顯然日本比起法國更希望讓羅斯福召開議和會議。小村費盡心思讓羅斯福放心，強調日本一定會堅守維持滿洲門戶開放以及將滿洲交還給清朝的立場[5]。

滿洲的奉天會戰可以說是近代史上規模最大的戰役。戰事於三月十日結束，最終由日軍獲勝，然而當俄軍往北撤退時，已經疲憊不堪的日軍無法繼續進行有效追擊。雖然日軍贏得了一次重大勝利，但俄國並沒有就此屈服；甚至在議和會議上，俄國仍堅持他們只是打了幾場敗仗，而非輸掉了整場戰爭。確實比起俄國人，日本人或許更加迫切地感受到議和的必要性。三月八日，當雙方仍在奉天進行激戰的時候，陸軍大臣寺內正毅（一八五二—一九一九）便私下接觸美國公使葛里斯康（Lloyd Griscom），請他轉告羅斯福總統是時候停戰了[6]。

只不過寺內的計畫並沒有得到落實，因為小村堅持認為必須由沙皇邁出和平談判的第一步。然而過沒多久小村的態度也出現變化：四月二十五日，葛里斯康公使寫信給華盛頓政府，報告說日本外務省「亟欲透過羅斯福展開和平交涉，衷心期望議和」。

明治似乎已經注意到美國的態度完全倒向親日。他在一月二十四日召見葛里斯康，就近日貞愛親王在訪美期間受到的熱情接待表示感謝。雖然為皇室成員在出訪期間獲得的款待甚至是獲贈勳章致上謝意是很正常的事情，但這一次天皇的言辭似乎表達了發自內心的情感：「思貴國常對我國有深厚好意，不勝歡喜。朕茲祝總統閣下身體健康，祈貴國之繁榮，且望將來兩國交誼愈加親密。」[7]

日俄戰爭期間，天皇從來沒有想過對戰事指揮提供建議，而且很少表露自己的情感，即使在獲悉日本屢戰屢勝的時候也是如此。當參謀次長長岡外史得知攻陷旅順的消息，便立刻進宮向天皇報告。這時天皇正準備離開書房前往接受朝拜，但得知長岡求見後便返回了書房。長岡按捺不住心中欣喜，還沒等天皇坐好便開口說，能擔任傳達捷報的使者是他這一生最大的榮幸。在這些話脫口而出後，他一邊彙報戰果，一邊觀察天皇的臉色。明治的神情一如往常地沉著冷靜，看不出任何情緒起伏。在長岡陳述報告的十五六分鐘內，天皇的反應就只有微微地點了幾次頭。彙報結束後，天皇便按照原定行程前往參加朝拜儀式。

這讓長岡相當失望。他雖然知道天皇不論喜怒都很少流露出自己的情緒，但是他彙報的內容是如此非比尋常，以致他期待天皇會面露喜色，或者至少展現出些許釋然的神情。圍攻旅順讓眾多日本士兵壯烈犧牲，在三次全面進攻俄國守軍期間，慘烈的戰況駭人聽聞。幾個月以來，舉國上下都焦急地等待著收到今天這則消息。這場勝利不僅大幅左右了日後的戰爭走向，也將對日本的國家政策產生巨大影響；儘管如此，天皇的表情依然沒有絲毫變化。無法抑制的激動情緒讓長岡無所適從，在從天皇面前退下時，他的後背已經被汗水浸濕。8

天皇之所以看起來無動於衷，或許是因為他早已得知攻佔旅順的捷報。就在同一天，山縣有朋已經透過電話告知侍從長勝利的消息。然而，當侍從長向天皇轉達這則好消息的時候，天皇的第一個反應卻不是發出歡喜的驚嘆，而是稱讚施特塞爾將軍對其祖國堅定不移的忠誠。他命令山縣務必維護施特塞爾作為一名軍人的尊嚴。山縣於是將此命令轉告乃木希典，再由乃木傳達給旗下所有士兵。也許天皇想起了十年前從清朝手中奪取旅順時日軍做出的殘忍暴行，因而擔心歷史會再次重演。

即使天皇沒有向身邊的人表現出對勝利的喜悅，但我們可以從他的和歌中窺見端倪：

新歲初來傳捷報
喜聞敵城已陷落9

雖然天皇過去曾寫過軍歌，但他在日俄戰爭期間創作的和歌很少富有戰爭色彩。在一九〇五年一月十九日舉行年度第一場御歌會之前，御歌所所長高崎正風推薦了兩個主題「萬民祝」和「寄道祝」，卻都遭到天皇否決；大概是因為它們都跟戰爭太過相關了。最後，天皇選擇了無傷大雅的「新年山」作為創作主題：

富士山麓朝日霧
年始晴空寄悠情[10]

天皇即使在得知旅順會戰告捷後也沒有顯露任何欣喜之情，或許多少反映出他的謹慎態度：在強敵仍保留軍事實力的情況下歡天喜地會不會太早了？明明有眾多士兵為此捐軀，真的適合大肆慶祝嗎？

雖然天皇不想輕易地表現出喜悅，但他對於日軍在華北的嚴寒中所經受的苦難卻是滿懷關切：

東都春風今料峭
怎及華北山中寒[11]

當天皇得知日軍在奉天取得重大勝利時，他向滿洲軍頒布詔書：

奉天自客秋以來，乃敵軍設堅固防禦工事，備優勢之兵，期必勝臨戰之所也。我滿洲軍得制先機，驀然進攻，酷寒冰雪中奮戰拚搏，連十餘晝夜，遂擊破頑強死守之敵，虜數萬之將卒，與莫大之損害，驅逐其至鐵嶺方向。可謂成就曠古之大捷，發揚帝國威武於中外。朕甚嘉許爾等將卒之堅韌持久，奏絕大之勳功。望益加奮勵。12

天皇透過這封詔書對日軍佔領奉天時的驍勇善戰予以讚賞，但如果我們想像一下德皇或沙皇在取得類似勝利後可能發表的浮誇聲明，就不得不對明治的自制力感到佩服。倘若日軍不幸敗北，不知道明治又會如何表達他的失望之情？

至少我們確實知道沙皇對俄國戰敗做出了怎樣的反應。在會見公使高平小五郎時，羅斯福總統表明儘管許多俄國人意識到奉天敗北的關鍵性，且沙皇的大多數顧問都傾向於議和，但沙皇仍堅持繼續戰爭。

雖然在過去一年裡俄國屢遭挫敗，但這似乎沒能促使沙皇為了保全士兵的性命而結束戰爭。羅斯福坦言他無法理解沙皇的想法，但也認為沙皇不太可能率先提出議和。在他看來，當下最好的辦法似乎是由日本透過某種形式向列強釋出和談的意願，可能的話也把條件一併講清楚[13]。有鑑於日本在奉天的戰績，想必沒有人會覺得日本是因為軟弱才決定這麼做的。

不久後，在華盛頓的金子向東京發了一封電報，告知他受羅斯福總統之邀訪問了白宮。總統表示自己完全站在日本這一邊，因為日本是為了文明而戰；但令他最苦惱的便是如何才能全力幫助日本說服俄國進行和談。[14]

日本艦隊在五月二十七至二十八日的海戰中取得的輝煌勝利，促使明治第一次公開表露欣喜之情：

> 聯合艦隊於朝鮮海峽邀擊敵艦隊，奮戰數日，遂殲滅之，奏空前之偉業。朕仰賴汝等之忠烈，得以面對祖宗神靈。唯思前途尚遼遠，汝等愈更加奮勵保全戰果。[15]

「祖宗神靈」可能讓人想起沙皇在言談中著重提到的神靈，但明治並不認為日本在戰爭中取勝是因為神靈的加持。至於羅斯福總統表達喜悅的方式則更加直接，他在五月三十日交給金子的信中寫下「BANZAI」(萬歲)，之後是三個驚嘆號。[16]

在俄國艦隊覆滅後，眾人普遍認為展開議和的時機已經成熟。五月二十九日，就在勝利後的第二天，羅斯福和駐美公使高平針對與俄國議和的可能性進行討論。五月三十一日，外務大臣小村透過電報，指示高平委託羅斯福協助安排談判事宜。翌日，高平正式向羅斯福遞交小村的電報，請求羅斯福「直接以總統自身的意願邀請交戰雙方達成共識，面對面地進行談判。」[17]

羅斯福完全願意擔此重任，但也警告高平說如果日本要求賠款，俄國很有可能拒絕接受議和。他還提醒即使日軍在海陸處處制勝，卻沒有深入到俄國的領土；如果日本希望像在普法戰爭後的德國那樣獲得賠款，那也得等日軍包圍了莫斯科再說。

羅斯福與俄國的交涉更加直言不諱。他召見俄國大使喀西尼（Arturo Cassini），指明俄國已經毫無獲勝的希望[18]。喀西尼雖然擔心日本可能提出無情的要求，但還是承諾會把總統的和談提議傳達至聖彼德堡。然而在這個關鍵時刻最讓羅斯福感到意外的是，德皇竟然支持他的行動。從德皇在六月三日寄給其表親沙皇的信中，我們便能得知他的想法：

純粹從軍事戰略的角度來看，朝鮮海峽的失利使你期望在緊要關頭扭轉局勢的決定性機會化為泡影：如今日本可以自由地將後備軍、新兵、武器和彈藥運到滿洲，以備圍攻海參崴。這麼一來，失去艦隊援助的貴國軍隊恐怕沒辦法支撐太久……當然，即使面對如此不利的情況，貴國也還是能繼續永無止盡的消耗戰，然而「人員」因素卻不容忽視。貴國已經派遣成千上萬的士兵奔赴前線，他們有的戰死疆場，抑或負傷成為殘障度過餘生……這難道不會和作為一國君主的責任互相矛盾嗎？是否真要為了一己之利違背全俄羅斯的意願，讓無數子民成為戰場上的犧牲品？[19]

德皇表明將盡其所能促使俄國走上議和之路，但他也在信的結尾補充說：

請容我把你的注意力轉移到另一個事實上：在所有國家中，日本無疑最尊重美國。因為這個有著強大艦隊、正在崛起的強盛國家與日本比肩而立。如果要說這個世界上有誰可以影響日本人、讓他們提出合理條件的話，這個人就是羅斯福總統。[20]

我們可以從德皇與美國大使的對話中得知德皇改變態度的原因。美國大使曾向華盛頓回報了這次談話：「他（德皇）認為繼續戰爭對俄國來說毫無希望。俄國民眾強烈反對戰爭，已經快要忍無可忍；除非進行議和，否則他們將會除掉沙皇。」[21]德皇這番出人意料的發言自然讓羅斯福感到很高興，畢竟先前德皇可不是一位和事佬。儘管德皇所言相當激進，但他顯然是擔心俄國民眾對沙皇的反抗將會威脅到世界上所有的君主。[22]

德皇的信似乎對沙皇產生了影響。六月六日，大使喀西尼向羅斯福轉達沙皇的口信，表示儘管尋求議和或調解並非俄國本意，但就在同一天與貴族和軍方高層進行商議後，沙皇最終同意展開和平談判。第二天，沙皇告知駐俄美國大使，表明同意羅斯福有關日俄雙方在無人居中斡旋的情況下進行會談的建議，以「探明雙方是否能達成和平協定」[23]。

六月八日，羅斯福總統同時向美國駐東京和駐聖彼德堡大使發出相同的信函，要求他們分別告知兩國政府「如果當事國雙方均認為有必要借助他的力量安排停戰交涉的會談時間與地點，他將竭盡所能」。六月十日，日本外務省回覆表示願意「委派全權代表，在兩個交戰國共同約定且便於雙方直接進行談判以及商討議和條件的時間及地點與俄國全權代表進行會晤。」[24]

俄國則是在給美國大使的答覆中說道：「關於俄國和日本全權代表可能進行的會談，帝國政府『為了探明兩國是否有可能達成議和條件』，原則上不會反對這次嘗試，只要日本政府表明了相同的意願。」[25]然而，這段回覆的法語原文或者俄語譯文中其實都不存在「相同的」這個字眼；要是沒有這個詞，俄國所言之意就會變成只要日本主動表示有意和談，俄國自然願意參與。擔心俄國在照會中表現出來的傲慢態度會惹怒日本的美國於是才故意淡化了這段表述的語氣[26]。

外交大臣拉姆斯多夫的傲慢（儘管他支持威特伯爵，也支持議和）持續考驗著羅斯福總統的耐心。到了六月十六日，羅斯福終於被俄國激怒了。他在寫給參議員洛奇（Henry Cabot Lodge）的信中說道：「俄國如此腐敗墮落、奸詐善變再加上無能，讓我完全搞不懂他們究竟會達成和談還是隨時讓交涉決裂。」[27]羅斯福曾多次表達類似的情緒，即便他從未公開講明，但他對俄國政府的敵意卻是非常明顯。令人難以理解的是，為什麼俄國人還是願意參加一個由顯然是反俄派的總統所召集的議和談判。[28]

談判地點成了最初要討論的問題。起初羅斯福提議在荷蘭海牙進行，但日本反對，提出在位於山東半島北岸與旅順隔著渤海灣相望的港口城市芝罘舉行，華盛頓則是他們的第二候補。俄國的首選地點是巴黎，不過華盛頓也是他們的第二選項。正當羅斯福決定將地點定在華盛頓，並且打算把這件事告知俄國大使時，拉姆斯多夫發來一封電報，說他比較希望在海牙舉行，因為華盛頓路途遙遠且夏季炎熱。但是，小村不僅拒絕將地點選在海牙，還宣稱日本不會前往任何位於歐洲的地點[29]。羅斯福則是拒絕重新討論這個問題。拉姆斯多夫於是致函沙皇徵詢他的意見。值得慶幸的是，沙皇在回信中寫道：「我沒有理由反對將華盛頓作為我們與日本的全權代表進行初步談判的會談地點」[30]。這番回覆結束了對地點的爭論，但從「初步談判」一詞便能看出沙皇並不期待這次和談能做出任何重要的決定。

下一個問題便是討論談判時間。由於日本代表團至少需要一個月才能抵達美國東海岸，意味著談判得在夏季進行。為了讓代表們避開華盛頓夏天難熬的暑熱，羅斯福設法找出另一個更加涼爽的替代地點，最後鎖定了位於新罕布夏州的樸資茅斯海軍基地。日本和俄國一致同意將樸資茅斯作為談判地點。

為了讓日本有充足的時間抵達樸資茅斯，羅斯福提議在八月初的十天內開始談判。起初不願接受議和的沙皇如今卻希望談判盡快開始，因為他擔心日本有可能趁著談判拖延的時間佔領庫頁島*1[31]。俄國會有此擔憂也是其來有自，據金子所言，羅斯福曾建議日本立刻入侵庫頁島，以便增加談判時的籌碼[32]。

選擇全權代表對於雙方來說都不容易。伊藤博文顯然是日本全權代表的合適人選，但外界都知道他在戰爭爆發之前主張與俄國和解。伊藤的朋友警告，如果日本代表團未能達成日本民眾所期望的議和條款，他將因為同情俄國而遭人怪罪。幸運的是，伊藤最終沒有必要為了是否接下重任而煩惱，因為天皇親自向總理大臣桂太郎表明在和談期間需要伊藤留在東京提供諮詢[33]。

俄國全權代表的選任工作則因為沙皇的干預變得更加複雜。儘管拉姆斯多夫十分確信地辯稱全權代表應當具備財務和經濟方面的專業知識，但尼古拉直到最後一刻都反對指派毫無疑問最為適任的威特。當時，俄國的國內情勢急轉直下：六月二十五日，罷工工人和政府軍隊在敖德薩爆發衝突，兩天後在波特金號（Potemkin）戰艦上又發生叛變，成了俄國社會動盪不安的前兆。日本間諜的行動更加助長了動亂，他們向反沙皇政府主義者（包括列寧）提供資金，且特別活躍於渴望從俄羅斯帝國獨立的芬蘭和波蘭[34]。

八月十日，日本和俄國代表團開始談判。第二天，日本提交了一份列明十二項要求的正式清單，包括要求俄國承認日本在韓國享有政治、軍事和經濟上的優勢利益；俄軍撤出滿洲；將旅順的租借權讓與日本；割讓庫頁島；向日本支付戰費賠償以及只能將連接滿洲和海參崴的鐵路用於工商業目的。[35]

俄國對日本的要求感到驚愕。威特對同行人員說：「日本的條件比我們預想的要嚴苛得多。」但事實上，只有兩個要求成為後續談判中的難題：割讓庫頁島和支付賠款。沙皇一再強調俄國不會支付任何盧布作為戰爭賠款，也不會割讓俄國的一寸土地。他之所以拒絕這兩個條件，是出於名譽上的考量，而非實際政策的需要。沙皇在提供給俄國代表團的指示書草案中寫道：「俄國絕不會支付賠款。我絕不同意。」為了強調「絕不」，字的下方還劃了三條線。[36]

沙皇也反對割讓庫頁島。俄國領有庫頁島也不過始自一八七五年，當時俄國與日本簽訂了一份條約，用千島群島換取庫頁島的主權。自從曾於一八九〇年造訪這塊政治犯流放地的安東・契訶夫（Anton Chekhov）發表了一份報告書後，庫頁島的荒蕪程度成為俄國人眾所周知的事實，然而沙皇身為勢力遍及歐洲和亞洲的大國統治者，卻因為不想讓出這個荒島的任何土地而打算延長一場災難性的戰爭。

＊1　編按：俄語稱薩哈林島，日語稱為樺太島。為便於閱讀，此章以後將統一稱為庫頁島。

小村壽太郎似乎也受到了名譽觀念的影響。四月，在召開內閣會議確定具體的議和條件（這些條件獲得天皇認同）時，日本將三個要求列為「絕對必要條件」：一、俄國承認日本在韓國的行動完全自由；二、雙方在規定期限內從滿洲撤軍；三、俄國將旅順租借權以及連接旅順到哈爾濱的鐵路讓與日本[37]。此外還有四條「絕非必要但相對必要的條件」，包括賠款和割讓庫頁島。如果小村在達成三個「絕對必要條件」後就心滿意足的話，談判或許本來可以順利進行下去；然而，小村堅持要求獲得賠款，而且並未告知日本政府沙皇有意就庫頁島做出讓步（沙皇願意由俄國和日本將島嶼一分為二），這幾乎導致談判破裂、重新訴諸戰爭[38]。八月二十六日，小村向東京發出電報，表示他打算中止談判[39]。

八月二十八日，內閣成員和三名元老（伊藤博文、山縣有朋和井上馨）於總理大臣官邸召開會議。他們對於俄國不願回應日本為達成和解所做出的妥協感到遺憾，也一致同意唯一能夠取代繼續談判的方法就是開戰。即便在年底前攻佔哈爾濱或許並不困難，但這需要額外的軍隊，且日本如今缺乏增設師團以及把士兵送上戰場的財政儲備。此外，就算日本最後奪取了哈爾濱和海參崴，也不足以給予俄國致命一擊。經過幾個小時的討論，他們決定即使日本不得不放棄賠款與割讓庫頁島，也應該促成議和談判。[40]

當天下午，召開了三名元老和內閣大臣參加的御前會議。儘管政府很清楚俄國拒絕做出讓步，也知道繼續談判相當困難，但他們還是決定通知小村，表示有鑑於國家的軍事和經濟狀況，日本即便被迫放棄賠款和庫頁島也必須讓議和成立。無論如何，至少日本開戰的基本目標——解決與韓國和滿洲有關的重大問題——已經實現。他們指示小村先以俄國承認日本佔領庫頁島這一既成事實為條件撤回賠償的要求，如果俄國在庫頁島問題上拒不讓步，小村則應該尋求羅斯福總統的協助，請他在形式上建議日本基於和平人道原則撤回割讓要求[41]。最後這一招顯然是為了保全日本的顏面，避免日本因為不得不撤回單方面要求而顯得尷尬。

日本代表團對於這些儼然是在承認談判失利的指示感到震驚，不禁流下悔恨的淚水。在八月二十八日這天，威特也收到了一封令人沮喪的電報。拉姆斯多夫轉述了沙皇的話：「向威特傳達我的命令，不管怎樣都要中止談判。比起等待日本做出寬大讓步，還不如繼續開戰。」[42]身為俄國代表團成員的威特和羅森對於是否要遵守沙皇命令意見不一；最終威特決定無視命令，並不斷重申放棄庫頁島南部的妥協提案。

八月二十九日，威特在秘密會議上同意割讓庫頁島南部，小村也按照東京的指示接受了這個協定。他們還就從滿洲撤軍和東清鐵路的處置問題達成共識[43]。所有問題看似順利解決，當威特走出會議室時，他宣布議和交涉成功，日本已經同意了所有條款[44]。

在當天稍晚舉行的正式會議上，小村遵照指示要求割讓庫頁全島，威特表示拒絕。小村於是改口說基於和平與人道原則，日本願意接受俄國提出的以北緯五十度為界分割庫頁島的提議。這完全是一場為了演給旁人看的戲碼，但是這場會議還是在威特建議應立即著手締結停戰協議以免造成不必要的士兵傷亡之後落下帷幕。九月五日，雙方的全權代表小村和威特簽署了議和條約。在此期間，已經達成協議的消息迅速傳開，沙皇在得知條約內容後震驚不已。他在日記中寫道：「入夜時分，威特發來電報，告知議和談判已經結束。那之後的一天裡，我不論到哪裡都像一具失去靈魂的空殼。」[45]

俄國人民最初的反應幾乎可以說是全面否定。某位俄國俘虜的英國妻子反應激烈得無人能及：「新式外交下進行的議和！二十世紀的議和！在美國進行的議和！在美國的克隆施塔特達成的議和！所有的傳統都被打破了。日本和俄國根本沒有進行議和，也不期望議和。噢，不！那個可惡的美國總統，都是他精力充沛地幹了這些好事。是他想要這麼做，還讓這件事成功了。我相信他一定是把那些參加會議的人鎖在房間裡，讓他們餓到不得不服從。」[46]

大多數沒有親眼目睹戰爭的俄國人都認為，在滿州的俄軍尚且處於比以往更有利的狀態與日軍作戰時就決定議和實在太過荒謬。美國駐俄大使梅耶(George von Lengerke Meyer)在日記中提到，儘管羅斯福因為在議和談判中所扮演的角色贏得全世界的感激，卻不能指望獲得俄國人的感恩，因為他們都認為要是沒有他從中作梗，俄國本來可以贏得這場戰爭[47]。不過，一名曾在戰爭期間擔任高級參謀的俄國軍官認為雙方的軍隊都很強大而且頑強，無論哪一方發動攻擊，都必定會釀成巨大的不幸與慘重損失。

俄國代表團的成員則深信自己創造了一個奇跡。他們不僅設法避免支付賠款，唯一割讓的領土只是那個日本已經佔領的荒涼小島的一半。這麼看來，他們會在簽約後的宴會上喝香檳慶祝也就沒什麼好奇怪的了。

日方代表並沒有參加慶功宴。對以小村為首的日本代表團成員來說，簽約完全違背了他們的自身意願，只是因為接到命令而不得不這麼做。他們不難想像在回到日本後迎面而來的會是多少責難與怒吼。

最開心的人大概要數羅斯福總統。他受到來自法國、德國，甚至是英國的盛讚，儘管有部分英國人在一開始對於盟友日本做出如此程度的讓步感到驚訝不已。正好在這個時期，日本和英國又續簽了為期五年的英日同盟，因此有人推論日本是因為得到盟約更新的保障才願意放棄部分議和的條件。但無論世間對羅斯福有何批評，這些批判都沒有持續太久，羅斯福後來也分別收到明治和尼古拉發給他的致謝電報。就在議和條約簽訂之前，羅斯福在寫給美國駐北京公使信中說道：「我原先是親日派，但在與雙方的議和委員打過交道後，我比之前更加親日了。」[48]一九〇六年，他因致力於結束戰爭而獲頒諾貝爾和平獎。

議和條約的內容在日本的報紙媒體上公布後，引起社會一片撻伐。九月五日，有民眾計劃日比谷公園召開群眾集會，要求抵制條約和彈劾內閣大臣，但是警察卻不允許示威者進入公園。對此表達抗議的約三萬名民眾衝破了設置在公園各個入口的路障，數量不多的員警因而無法控制場面。政府於是調來軍隊，以保護皇居、各個公部門以及外國公使館。

公園的衝突所引發的嘈雜聲甚至傳進了皇居。天皇無法平靜地坐在椅子上，一邊側耳傾聽這場騷亂的動靜一邊來回踱步。突然，外頭傳來一聲槍響，是憲兵在開槍威嚇示威者。向來冷靜沉著的天皇如今也因為外面的喧鬧聲變得格外激動[49]。不久，總理大臣桂太郎趕到宮中彙報情況，當晚，天皇仍不停地派遣隨從詢問最新情況。

騷動就這樣又持續了兩天。第二天，失控的群眾向街上十多輛電車以及各地的派出所縱火，直到十一月二十九日才得以解除東京及其周邊地區的戒嚴令。此外，各地的城市也接連發生小規模的抗議行動。到了第三天，一場暴雨澆熄了示威群眾的熱情，場面總算恢復秩序。

國外媒體大幅報導日本的議和條約反對運動，有的甚至認為這是日本民眾仇外或反基督教情緒的表現。不過，這種說法很快地便遭到身在東京的外國人觀察者否認。在羅斯福總統看來，讓民眾期待俄國將會支付鉅額賠款的日本政府理應受到譴責[50]；他確信和平是眾望所歸，也以促成和談而自豪，還在寫給公使高平小五郎的信中說道：「你們日本人已經為一場宏大的戰爭飾以偉大的和平。」[51]

· 第五十六章 ·

高宗抵抗

一九〇二年簽訂的第一次英日同盟的有效期限為五年，但在一九〇五年當條約仍然有效時，英日雙方對條約進行了修改和延長。日俄戰爭期間，英國以各種形式支援日本，當中最重要的便是出售武器彈藥，讓日軍得以持續作戰[1]。當英國發現俄國軍艦時，他們會向日本通報，甚至幫忙阻止俄國黑海艦隊（該艦隊本來有可能增強對日作戰的俄國海軍力量）的軍艦通過達達尼爾海峽[2]。不過在戰爭期間，英國官方對外宣稱的政策卻是嚴守中立，並沒有表明支持日本[3]。

儘管如此，日本還是充分體會到結盟的重要性。一九〇四年十二月，英國駐東京公使竇納樂爵士曾於報告中提到，在與總理大臣桂太郎和外務大臣小村壽太郎的會談上，二人均認為「一旦打贏這場戰爭，日本將謀求與英國更加緊密的同盟」[4]。另一方面英國也渴望再續盟約，這從英國首相不時提出的各類建議便能窺知一二：為加強兩國之間的關係，英國將授予天皇象徵最高榮譽的嘉德勳章；將駐日英國公使提升為大使[*1]；英國應提議將盟約再延長五

*1 在二十世紀之前，西方僅有主要大國或是同盟國之間會互派大使（Ambassador），跟其他小國則只會互派公使（Minister）。

年。

一九〇五年二月十二日，在日本外務大臣為慶祝英日同盟成立三周年舉辦的晚宴上，小村不僅按照慣例為國王愛德華七世的健康乾杯，還表達了希望更加鞏固同盟的意願。英方並不確定小村所言有幾分可信，不過在三月二十九日，英國國會的保守黨成員克勞德・勞瑟(Claude Lowther)力勸政府應當在更堅實的基礎上更新盟約，認為這是「在確保帝國安全上唯一能夠節省成本與提高效率的方法。」

勞瑟尤其擔憂俄國對印度的威脅。面對俄國不惜鉅資修建的鐵路如今讓他們能夠在短時間內將超過五十萬名士兵的軍隊輸送至印度國境，這麼一來要保護印度最經濟實惠的方式就是和日本軍隊合作。他主張英國不僅應該延長盟約，還必須賦予同盟新的性質：如果有任何一方的亞洲屬地受到攻擊，英日雙方則分別派出艦隊和陸軍互為援助。這條協定不僅將為英國省下在印度的軍事成本，進而避免給英國納稅人造成沉重的負擔，同時也能替日本節省一筆打造艦隊的費用[5]。

很難想像日本政府會答應為了保護大英帝國免遭俄國襲擊而向印度北部派遣陸軍，但他們確實非常渴望繼續維持同盟。對日本來說，同盟的最大好處似乎在於這是嚇阻俄國發動復仇戰的最好辦法，而且還能「阻撓俄國與法國近期企圖以『黃禍』的名義成立一個歐洲聯盟來對抗日本的陰謀」[6]。

部分自認能夠說服日本人協防印度的英國政府成員主張，假如俄國對印度北部邊境構成威脅，他們有權要求日本派出十五萬人的軍力。這些人固執地認為日本在印度為英國提供援助無非是個公平的交易，以換取英國海軍支持以及默許日本在韓國的任何行動。

日本海軍在對馬海戰的勝利一舉讓交涉變得對日本更為有利。日英兩國於一九〇五年八月十二日在倫敦簽署了最終版本的條約，規定往後十年內雙方將在東亞、印度和東印度各國發生爭端時採取合作態勢。當中並無任何秘密條款，日本也沒有承諾會向印度派遣士兵，不過卻承認了英國在印度邊境安全上享有特權[7]。儘管條約是在日俄仍於樸資茅斯進行議和談判時簽訂，但它對和談會議並沒有造成任何影響。

就在新條約簽訂後不久，英國首相貝爾福(A. J. Balfour)宣布內閣總辭。只不過在這之前，保守黨政府將駐東京的英國公使館升格為大使館，法國、德國、義大利和美國也紛紛仿效，象徵著日本已經被視為世界一流的強國。英國政府對日本表示敬意的另一個舉動，則是提議向明治天皇授予嘉德勳章。儘管愛德華七世一直都以不得向非基督徒的君主頒發嘉德勳章為由拒絕了類似提案，然而在一九〇三年出於政治原因，政府仍不顧英王反對向波斯國王授予了嘉德勳章。英國政府於是根據這個前例強力主張將勳章授予天皇，國王在別無選擇之下只好默許。一九〇六年二月二十日，國王於是指派亞瑟王子擔任授勳代表團的團長[8]。

這支尊貴代表團的其中一人，便是曾在一八六六年至一八七〇年間擔任東京英國公使館秘書的雷德斯代爾勛爵(Lord Redesdale,即米特福德)。他在如同書本一般厚重的報告《嘉德授勳團訪日》(*The Garter Mission to Japan*)的開頭幾頁描述了重返日本的愉悅心情:

從來沒有哪個冬天的旭日能散發比這時更加偉大的光輝。一九〇六年二月十九日,由薩沃里(Savory)艦長率領的皇家軍艦王冠號(Diadem)載著亞瑟王子和嘉德授勳團一行人於黎明時分駛進橫濱港。在早晨的陽光照耀下,如此令人雀躍的光景前所未見:國王的旗幟在主桅上飄揚,沿岸的建築物與停泊在港灣的船隻個個張燈結綵,湛藍的大海令人想起了拿坡里;十一艘巨大的軍艦禮炮轟鳴,隆重歡迎我們的到來,日本軍樂隊則演奏著英國國歌。遠處可見松林覆蓋的箱根山脈,和我記憶中的一樣美麗;不過,最美的當屬正在晨光的照耀下閃閃發光,覆蓋著皚皚白雪的富士山。它那充滿神秘的錐形山峰高聳入天,四周不見雲朵遮掩其優雅的曲線,就宛如山之女神「木花之開耶姬」正以其優美的身姿致上問候,讓我們感受到古老日本的精神已做好準備迎接身為日本友人及盟友的國王愛德華七世所派出的使者。9

沿著橫濱街道站立的歡迎人群也讓雷德斯代爾勛爵感到異常興奮:

街上非常擁擠,想必這塊土地上所有的人都在此沿街列隊——成人站在後排,小孩則按照身高順序站在前排，且最前方的好位置都優先留給了年紀最小的孩子。每一位孩童手上都拿著日本和英國國旗來回揮舞，接著便傳來群眾混合著高低音大喊「萬歲」的呼聲！[10]

使節團成員隨後登上將他們載往新橋的火車，並在抵達後接受了一場歡迎儀式：

這場儀式肯定讓所有親眼目睹的日本人都感動不已。亞瑟王子受到了日本自建國以來從未向他人展現出的禮遇和恭維，他被皇太子和其他皇族團團圍住，天皇也親自出面相迎。這位充滿威嚴且作為凌駕於萬人之上但不至於稱神的存在受到國民尊崇的君主如今公開迎接外國王子的到來，這在日本歷史上還是第一次……天皇親切地和王子握手，以其行動明確地向其國民傳達了一個訊息：「這位是我的朋友。」[11]

與明治天皇曾經接見過的所有國王、王子或總統一樣，亞瑟王子確信天皇之前從未向任何人展現如此友好的態度與敬意。雷德斯代爾勛爵也沾沾自喜地說道：「日本天皇在神秘且隱居般的歲月中存在了八個世紀之久。我是在場唯一能夠回想起過去時代的歐洲人。」[12]顯然他對相隔四十年後再次見到的天皇感到印象深刻：「在我們所知的範圍內，天皇臉上流露出的堅強就是他最大的特徵。日本的政治家告訴我們，他把所有的時間都獻給了公務，僅有的片刻閒暇則用來寫詩消遣。」

嘉德勳章的授予儀式相當莊嚴[13]。這個由國王愛德華三世於十四世紀設立的騎士勳章（至少根據傳說）起源於一位伯爵夫人掉在宮殿地上的吊襪帶。當國王拾起吊襪帶還給伯爵夫人，卻引來部分在場人士訕笑，國王見狀便用法語斥責道：「Honi soit qui mal y pense」（心懷邪念者蒙羞）。這句話也因此被刻在勳章上。

正如亞瑟王子向天皇說明的，嘉德勳章僅曾頒發給國王、威爾士親王和二十五名騎士，是英國公認的最高貴的騎士勳章。除了英國騎士以外，依照慣例也會向那些與英國國王關係特別親密或者有締結同盟的皇帝、國王和王子授予這枚勳章。

明治並沒有被威懾住。起初在得知自己將被授予勳章時，他似乎很高興地接受了；然而後來他召見了宮內大臣田中光顯，說道：「朕甚厭接見英使，卿宜謝絕其來航。」

田中驚愕地回答：「陛下已諾之，至今雖欲謝絕，然康諾特殿下（亞瑟王子）已由本國出發，且此舉將失信於盟邦，斷不可行。今唯待殿下抵達並受之。」

這些話讓天皇很不高興，但他不發一語，沒有再下達進一步命令。他不願意接見亞瑟王子大概與王子本人或英國沒有關係，而是因為打從心底對接待外賓感到厭煩。他在接見賓客之前總是心情不太好，還常常責備身邊的人為何要做此安排。但是每當賓客抵達，天皇從來不會表現出絲毫不悅，讓那些謁見天皇的人反而都對他真誠親切的態度留下深刻印象。[14]

即使天皇勉強同意接見亞瑟王子和接受嘉德勳章，但這項殊榮對他來說似乎沒有多大意義。當西園寺公望（於一九〇六年接替桂太郎擔任總理大臣）建議天皇前往橫濱迎接王子的船艦時，他卻以沒有前例加以拒絕。雖然天皇最終願意到新橋車站迎接使團的舉動與西園寺的提議比起來實在沒什麼大不了的，這卻被雷德斯代爾勛爵視為「符合君主風範且經過最為周全考慮以及誠意所實行的接待之道」。

天皇的抗拒一直持續到了最後。儘管式部官員告訴他一般來說在接受嘉德勳章的儀式上不得佩戴其他勳章，天皇還是堅持要佩戴幾個日本勳章。最後他同意摘下大勳位菊花章，但仍然在胸前別上勳八等以下的各種勳章，彷彿是在強調日本勳章的存在感。

雷德斯代爾勛爵沒有提及這次違反嘉德勳章授勳禮節的行為，也沒有提到授勳時發生的尷尬情況。當王子將嘉德勳章的一部分固定在天皇的膝蓋下方時，不小心刺到了手指，導致勳章的帶子沾上了鮮血。當時年僅二十三歲的亞瑟王子顯然因此很緊張，但天皇就算看到血痕也表現得泰然自若。根據侍從日野西資博的描述，儀式結束後天皇戴著從儀式上獲得的禮帽以及勳章直接回到後宮，但在脫下禮帽交給一位女官時他突然發出一聲大笑，好似在說「為什麼朕非得做這種事」[15]。當天在和樞密院顧問末松謙澄等人的午餐會上，天皇講述了事情發生的經過，並對亞瑟王子的沉著鎮定表示讚賞；而後，他還把帶有血跡的勳章拿給末松和其他幾個人看。[16]

同一天下午，天皇依照禮節拜訪了亞瑟王子。據雷德斯代爾勛爵回憶，天皇對儀式圓滿舉行表達高度讚賞，巧妙地避開了尷尬的話題。接著，他拿出一個漆盒，從裡面取出大勳位菊花大綬章的綬帶和星章，並親自將綬帶掛在王子肩上，把星章別在王子胸前。雷德斯代爾勛爵再次有感而發：「在此之前即便接受勳章的是皇太子，天皇也從來沒有親自為授勳者戴上勳章過。一般情況下，他都是將裝有勳章的盒子直接遞給對方，有時也頂多會把盒子打開再交出去。但是能以天皇為自己親自掛上綬帶、別上星章而自豪的人就只有亞瑟王子。」[17]

當天晚上，天皇在宮中設宴款待亞瑟王子和嘉德授勳使團。在亞瑟王子與有栖川宮親王妃一同進入會場後，接下來便是戴著嘉德勳章的佩星和領環的天皇以及東伏見宮親王妃，其他親王和內親王則尾隨在後。據雷德斯代爾勛爵回憶，這場晚宴非常成功而且不會太過冗長：

甜點剛上，天皇便起身邀請眾人為英國國王乾杯，並且一臉鄭重地一飲而盡，接著樂隊就開始演奏英國國歌。過沒多久又換亞瑟王子起立，祝福「日本天皇陛下健康長壽、繁榮富足」，隨後樂隊改為奏響莊嚴的日本國歌。值得一提的是，這大概是日本第一次有天皇親自舉杯敬酒。[18]

有關於這天的記述，雷德斯代爾勛爵最後興致滿滿地作結：

> 值得紀念的一天就這樣結束了，這天不僅史無前例，開創了許多先河，也是英日兩國關係邁向一個新時代的愉快徵兆。大約在四十年前，我曾和一位日本紳士觀看一幅使用麥卡托投影*2繪製的世界地圖。他指著西邊的英國和東邊的日本說道，「看看這兩個島國！不覺得就像一張臉上的兩隻眼睛嗎？如果它們能像人眼一樣，一起看著同一個方向就好了！」這位紳士已經逝世多年，如今，他的虔誠願望或許至少可以期待在確保遠東和平方面得到了實現。[19]

二月二十四日，天皇特別在歌舞伎劇場為亞瑟王子安排了餘興。一開始先上演了一場劇作家益田太郎特別為今天編寫的故事，劇中最後英國人三浦按針[20]與一名叫做阿通的日本女子結為夫妻。這場盛宴在藝伎舞蹈與歡迎年輕王子的歌聲中落下帷幕，據雷德斯代爾勳爵所述，歌曲的結尾是：

*2 由荷蘭地圖學家麥卡托（Gerardus Mercator）在一五五二年發明的圓柱投影法，至今仍廣泛用於繪製航海圖或地圖。

於是英日兩國團結攜手，友愛長存
（合唱）誠心歡迎若宮，好呀好呀好[21]

二月二十六日，天皇親臨霞關離宮向亞瑟王子道別，授勳慶祝活動正式宣告結束。不過王子一直在日本待到了三月十六日，以便參觀京都、奈良、九州和日光。

與英國續簽盟約也改變了日本與韓國的關係。長期以來日本都很擔心列強會反對他們把在韓國採取的戰時措施直接延伸為永久佔領政策，然而英國卻明確表態說不會刁難日本，就連最同情韓國的美國也表示支持日本在韓國位居優勢[22]。十一月二日，天皇召見伊藤博文，命令他作為特使前往韓國，向高宗皇帝遞交明治天皇的親筆信：

大日本帝國天皇敬親愛之大韓國皇帝陛下：

為全帝國之自衛，維持東亞全域之安寧，朕爾來不得已與鄰邦開戰端，而結兵禍二十個月，遂能恢復和平。思其間陛下常與朕同享喜憂，兩國臣民亦共安危，茲特派朕信任之樞密院議長正二位侯爵伊藤博文，奏報陛下光榮和平之回復。今期許兩國將來安定之念得陳於陛下，則為朕最幸之事。望貴我兩國之關係藉此機更添親密。蓋貴國之不幸在於國防未備、自衛基礎未固，向來不足以確保東亞全域之和平，令朕與陛下同感遺憾。故去年兩國間締結協約，以至帝國擔任貴國防衛之責務。今雖有幸重獲和平，然為恆久維持，杜絕東亞將來爭端，應以鞏固兩帝國之結合為急務。其方法朕已命政府確立，勢必無損於貴皇室之安寧與尊嚴。冀陛下深察宇內趨勢，顧國家人民之利害，傾聽朕至誠之忠言。茲祈陛下之幸福及貴皇室安泰。23

伊藤的使命就是告訴韓國，俄國在樸資茅斯簽署的議和條約中承認日本在韓國享有政治、軍事和經濟特權，並且承諾不會干涉日本為引導和保護韓國而採取的任何措施。他已經獲得授權，與韓國簽訂一份保護韓國領土完整和維護東亞日後和平的新條約。

十一月十五日，伊藤覲見高宗皇帝，但就在他提起自己的使命之前，皇帝便滔滔不絕地開始抱怨日本在韓國的行徑。他先是針對自己樂於接受其意見且作風開明的日本駐朝公使井上馨被召回日本從而引發的難以理喻的事件（謀殺閔妃）感到痛惜；如果當初井上再多待一會，這場災難或許就不會發生了。儘管這場陰謀的元兇是韓國人，但他們無疑借助了日本人的力量。

然而，皇帝繼續說道，舊事重提也於事無補，他想談論的是自去年三月伊藤首次訪問韓國後出現的情況。日本建立了一個本應專屬於韓國的銀行制度，但事實上日本的第一銀行卻掌控著所有的機能，導致韓國人民陷入空前的財務危機。日本人甚至插手干涉皇室的私有財產，然而當皇帝向陸軍駐韓國司令官長谷川好道上將申訴時，長谷川卻宣稱那是必要的措施，導致皇室只能默默承受。

財政事宜並非唯一的問題。毫無警覺心的韓國人在欣然接受日本人提出的「改良措施」後，堪稱社會運作命脈的郵政和電報系統便完全被掌握在日本人的手裡。明治在信中提到韓國沒有充分的能力自衛，但這其實正是日本的干涉造成的。根據日本下達的命令，韓國的武裝部隊急劇減少，甚至無力鎮壓暴徒賊黨，更別提抵禦來自外國的侵襲。此外，日本軍隊還頒布了保護鐵路和電報通訊的命令，可是沒有受過良好教育的韓國人根本無法看懂隨處張貼的告示；那些違反命令的韓國人於是被依照軍法予以處決。

高宗接著說下去。韓國人一開始很歡迎日本人的到來，如今卻是怨聲載道。最近甚至謠傳今後連外交事務也將由日本人負責，導致民眾陷入更巨大的恐慌。有鑑於一連串的事態發展已經促使全國上下的韓國人對日本的真正用意產生懷疑，皇帝力勸伊藤設身處地為身處危機的韓國民眾著想。

伊藤大概沒有料到會聽到這番控訴，但他表示自己很理解皇帝的不滿，只不過有一個問題想問：韓國是依靠誰才能存活至今？又是多虧了誰才能獨立？陛下是在理解答案的情況下表達不滿嗎？

高宗打斷他，說道：「其事朕知悉。明治十八年（一八八五）之《天津條約》，二十八年（一八九五）之《馬關條約》共明確我國之獨立。一由日本之力，又卿折衝甚多。」

接著，皇帝繼續對自己在一八九六年尋求俄國公使館庇護的決定展開長篇大論。還沒有彙報使命的伊藤無法掩飾自己的不悅，在皇帝的一席話被翻譯成日語時強行打斷道：「外臣（伊藤）奉我至尊之命來謁陛下，然未了其事，拜聽陛下陳述往事。事雖有次要之嫌，然外臣不厭聽之，他日得閒願聞其詳。外臣今將奏大致使命。」[24]

儘管伊藤知道皇帝不太想提過去的事情，但他還是從一八八五年在天津與李鴻章的會談開始講起。他從當時就堅持主張維護韓國獨立，並且阻止了李鴻章實現將會威脅韓國獨立的計畫。此外在一八九四年，清朝企圖利用東學黨起義支配韓國，但日本在接下來的戰爭中打敗了清朝。之後，俄國成為韓國獨立的最大威脅，從海陸對韓國展開包圍之勢，似乎準備加以吞併。然而日本寧願犧牲自己國家的人民與財產解救了東亞，在戰爭後確保韓國領土完整的事實也得到全世界的認可。伊藤很清楚韓國人民因為日本的措施嘗到些許苦頭，卻也認為這莫可奈何，甚至確信要他們有所忍耐並不過分；畢竟要不是多虧了日本的政策，韓國就不可能像現在這樣保有完整的領土，或是實現東亞的和平。

最後，伊藤將話題轉回當下：日本天皇希望維持永久和平，預防將來對東亞的任何威脅，因此才派他作為特使前往韓國謁見皇帝，傳達希望加強兩國結盟的意願。韓國的對外關係將由日本政府負責管理，但內部事務會繼續交由韓國皇帝定奪；如此一來便能杜絕東亞的紛爭，維護韓國皇室的安寧與尊嚴，進而造福韓國人民。25

對此皇帝回答說，他很感謝明治的關心，也並不排斥讓日本來管理韓國的外交事務。但他希望今後在形式上還是能以他為名義與外國交涉，即便實質決策是由日本負責。伊藤拒絕了，表示外交的形式和內在無法分割。如果韓國堅持自行展開外交，必定會招致東亞的紛爭，而這是日本無法忍受的，也是他們提議代為處理外交事宜的原因。日本是在考慮過各種可行方案並結合以往的經驗後才決定出此策略，事到如今已沒有任何變通的餘地。伊藤拿出他帶來的協約副本，請求皇帝過目。

在看過協約之後，皇帝對伊藤的努力表示讚賞，還說他比起自己的大臣更信賴伊藤。然而對於委任外交權一事，如果連形式也不予保存，豈不是使韓國處於奧地利之於匈牙利，或者非洲國家之於歐洲征服者的相同立場嗎？

伊藤堅稱，條約是為了韓國皇室和韓國本身的利益著想。他否認日本企圖欺騙皇帝或為自己謀利，還指出拿匈牙利作類比並不合適，因為日本和韓國都是具備君主的獨立國家，而不像匈牙利沒有自己的君主；至於非洲則是從古到今都還沒有一個國家獲得了獨立。伊藤認為將日本和韓國的關係與這些例子相比顯然具有誤導性，畢竟為了消除可能的禍因，日本所要求的只是代管外交事務，其他事情一概不會干涉。

皇帝再三懇請留給他更多的權力，但伊藤每次都表示毫無妥協的餘地。他需要知道的就只有皇帝做出的決斷而已。皇帝有接受或者拒絕的自由，但他應當意識到如果他拒絕，日本政府將會採取必要的行動。

高宗皇帝辯解道，面對如此嚴肅的問題，他無法當場做出決定。在這種情況下，通常需要諮詢大臣並了解民意，因此希望能給他一點時間。伊藤同意皇帝諮詢內閣，卻對探明民眾意願的做法表示存疑。他說：「貴國尚未建立立憲政府，豈非萬機悉由陛下親裁之君主專制之國？」伊藤擔心這麼做的用意其實是為了煽動民眾反對日本。對外交事務一無所知的韓國民眾很容易受到左右，而這也是日本覺得有必要代為處理外交的原因。皇帝解釋說，他要諮詢的對象並非民意而是樞密院。伊藤表示同意，但也警告說日本將不會容忍拖延時間的行為。

皇帝請求透過外交管道由公使提交協約，但伊藤拒絕，並要求皇帝連夜召集內閣商議協約一事，而高宗也承諾照做。皇帝還提出了最後一個請求，即向天皇和日本政府轉達他希望保有外交上的名義。對此，伊藤勸他最好不要抱有任何類似的期望。

高宗皇帝和伊藤博文之間的對話長達四個小時[26]。皇帝肯定覺得受到了屈辱，但他無計可施只能屈服，只因伊藤已經明確地表明如果他拒絕，日本將會透過軍事干預推翻王朝。即便一般來說伊藤通常會被描寫成一位溫文儒雅的開明人士，但如今的他卻是佛口蛇心，甚至果斷拒絕以皇帝的名義發布日本人的命令好讓高宗保留一點自尊。雖然他回絕時的措辭體面有禮，對高宗來說卻無疑帶著威脅。一直以來有許多文獻都會把高宗拿來與其正室閔妃做比較，將他描述成一個無能軟弱的人物，然而這一次在自身統治面臨重大危機的時刻，高宗卻展現了前所未有的威嚴與強硬。

十一月十六日，伊藤邀請韓國政府內閣和政界元老光臨他下榻的旅館，進行一番友好的交談。然而原本的歡談最後演變成一場激烈的爭論，還一路持續到午夜。[27]根據一名韓國人的描述，「閣員在出發前互相發誓，任何情況下都不會向日本的要求屈服。日本人使出了種種手段，不論是向他們提供巨額賄賂還是連哄帶騙，最後甚至威脅說如果拒絕妥協，就要除掉他們。」[28]

第二天，日本代表（伊藤、公使林權助和陸軍上將長谷川好道）與韓國內閣在日本公使館召開會議。閣員們始終反對締結條約，因而這次會議無疾而終。皇帝懇請伊藤暫緩時日，以免議論招致混亂，卻遭到拒絕。相反地，日方竟出動了陸軍和憲兵隊。該名韓國人描述道：「街上處處可見機關槍，甚至連野戰炮也被調來確保漢城的各個戰略要點。他們佯裝襲擊，佔領了宮門並持槍備戰，用盡所有除了暴力之外的手段，以此向韓國人證明他們做好了強迫韓國接受要求的準備。」[29]

當晚又召開了一次會議，這次是在宮中舉行。伊藤要求謁見皇帝，但高宗以喉嚨不適為由拒絕接見。伊藤無視皇帝的意願強行來到高宗面前，然而皇帝拒絕與伊藤商談協約的事情，而是要他與內閣成員交涉。回到會議室後，伊藤宣稱：「貴國陛下令諸位與我進行商議，以解決協約一事」[30]。他要求參政大臣韓圭卨輪流質問每一位大臣是否同意締約，如果不同意的話就必須告知反對的原因。最後，除了三個人（其中一個立場不明）以外，其餘人皆在勸服或恐懼之下贊成締結條約。[31]

伊藤於是宣布僅有兩名閣員堅決反對，因此應尊重大多數人的意願。他召來參政大臣，要求按照既有程序簽約。面對堅決不願認同協約的參政大臣（即兩名反對者其中之一），伊藤威脅說既然自己作為天皇的代表，就絕對不會坐視任何輕視他的舉動。[32]

參政大臣向伊藤保證自己絕不是反日派。他很清楚要是沒有日本的幫助，韓國根本無法維護獨立，但對於締約他無法做出退讓。也許正如俗語所說：「匹夫不可奪志」，缺乏見識導致他無法順應時代的發展，因而罔顧君主的意願，與內閣其他成員意見相左，只能等待接受懲罰。他大喊「推察吾心！」然後忍不住痛哭起來。伊藤勸他擦乾眼淚，拿出更多勇氣[33]。

高宗皇帝願意批准協約，但希望能在當中補上一句，即一旦韓國變得富強足以維護自身獨立，就必須撤回這份協約。伊藤為了取悅皇帝（也可能是他暗自認為這一天永遠都不會到來），便在條約上親筆寫下皇帝的這項要求[34]。

一九〇五年十一月十八日，日韓簽訂了保護協約（又稱《乙巳條約》）[35]。協約共有五條：

一、日本政府今後將管理韓國的對外關係，通過外交之代表者和領事保護國外的韓國臣民及其利益。

二、日本政府承諾將履行韓國與他國締結之現行條約。然韓國政府今後未經日本政府同意，不得締結任何具有國際性質的條約或協定。

三、日本政府設置統監一名作為日本代表駐留漢城，專為管理外交相關事務，具有親自謁見韓國皇帝陛下的權利。在韓國各開放口岸以及日本政府認為必要之地，日本政府有權設置理事官。

四、日本與韓國間所有現行條約除與本協約條款相抵觸者外，均繼續有效。

五、日本政府保證維護韓國皇室之安寧與尊嚴。[36]

被日本強迫簽訂的協約自然激起了韓國大眾的悲憤與不滿。大臣們如何迅速表決贊成締約的消息被洩露給媒體，各家報紙於是勇敢地發表社論，強烈抨擊協約本身以及背叛國家、屈從於日本要求的內閣大臣。接下來幾天，大批民眾在王宮前的廣場上表達抗議、放聲慟哭；商人罷市，學生罷課，基督教堂則充滿了信徒的哀慟之聲。[37]

一九〇五年十二月二十一日，伊藤博文被任命為第一任韓國統監[38]。雖然向高宗皇帝做出了保證，但他在韓國的活動絕非僅限於外交事務。例如，他為了根絕全國各地的匪徒暴動，決心著手肅清宮廷內在暗地裡支持的腐敗人士。經韓國皇帝同意，伊藤甚至親自掌控了宮廷侍衛隊[39]。

表面上高宗皇帝看似歡迎與日本建立的新關係，然而在一封被悄悄帶往國外、寫給羅斯福總統的信中，皇帝卻宣稱他從來都沒有批准協約，而是日本人以武力強迫韓國人答應，因而無效[40]。這封信之所以沒有得到重視，或許是因為羅斯福已經將韓國看成是一個由日本統治的地區。

高宗皇帝別無選擇，只好繼續扮演日本忠實盟友的角色。一九〇六年四月，日本為慶祝戰勝俄國舉行了一場凱旋閱兵典禮[41]。陸軍中將義親王受命前往參加，並帶來皇帝的祝賀以及希望兩國友誼長存的口信。高宗尤其提到他對伊藤博文擔任韓國統監感到十分高興，即便這個稱讚其實與他平常對伊藤展現的極端厭惡（尤其是在得知伊藤被任命為第一任韓國統監時）互相矛盾[42]。然而明治多半並不曉得高宗皇帝的真實感受，而是非常高興他很滿意伊藤的治理。

天皇與高宗皇帝雖然不時會互通書信，但內容幾乎都只在表明雙方對兩國日益友好的喜悅之情[43]。得知韓國皇太子即將舉行大婚時，明治派出宮內大臣帶著送給所有人的禮物前去參加婚禮。也許明治確實相信他和高宗彼此所做出的友誼承諾，但伊藤於一九〇七年四月向天皇上奏的報告卻描繪出一幅動盪不安的悲觀願景：他提到當地有人策劃暗殺支持簽約的內閣大臣，並暗示韓國皇帝可能牽涉其中。許多嫌疑人士遭到逮捕和訊問，他們大多供認不諱，但調查仍在繼續進行[44]。

為反抗日本，高宗做出了最後一次嘗試，派遣由三名人士組成的代表團前往參加一九〇七年六月在海牙召開的第二屆萬國和平會議。這三人分別是前議政府參贊李相卨、李儁和李瑋鐘，先前都因抗議一九〇五年的協約而辭職。他們從漢城秘密前往海參崴，在那裡會見了傳教士胡默．赫伯特（Homer Hulbert），之後一同經由西伯利亞鐵路抵達聖彼德堡，並繼續前往海牙。儘管李瑋鐘應邀在同時舉行的記者會上發表演講，但這幾位韓國人試圖爭取會上發言權的嘗試卻幾乎宣告失敗。李瑋鐘控訴了以下三點：一、韓國皇帝從未批准一九〇五年十一月十五日的協約，因此協約無效；二、日本無權監管韓國的外交關係；三、韓國有權派代表參加國際會議。

七月五日，李相卨獲准在會議上發言。他的演講讓各國代表深受感動，因此決定向漢城發出電報，確認他是否真的代表了韓國政府的意見。但由於電報業務受日本人控制，電報於是落入伊藤博文手裡。他來到王宮，就電報一事與皇帝當面對質，問他怎麼能以如此陰險的手段違背協約；要是皇帝拒絕日本的保護，還不如堂堂正正地對日本宣戰。高宗無奈地小聲回答，他對此事一無所知。這句話正是伊藤需要的——他就此答覆各國代表，表示韓國政府並沒有委派代表團。在（忠於英日同盟的）英國代表提議下，韓國的申訴遭到駁回。[45]

日本政府當然不會放過皇帝的這番舉動。七月十八日，伊藤在日本駐韓公使林權助的陪同下謁見高宗皇帝，要求他退位。高宗拒絕，但迫於巨大壓力，於當天深夜同意讓皇太子擔任攝政。然而日本絲毫不顧高宗拒絕退位的意願，宣布由具有身心障礙的純宗繼位[46]。七月二十一日，明治天皇發出賀電；儘管他承諾維護韓國皇室的安寧和尊嚴，但李氏王朝卻已是岌岌可危。

·第五十七章·

慶子去世

日本於日俄戰爭中取得的勝利，在全世界引起了巨大反響。這是近代史上亞洲國家第一次在軍事上打敗歐洲強國，因而讓生活在歐洲殖民者統治之下的亞非人民為之嚮往[1]。然而在日本國內，擊敗強敵而產生的喜悅和成就感很快就消退了。早在戰爭期間，部分知識分子就已經對與俄國開戰的必要性心存懷疑。一九〇四年八月，有島武郎便在日記中提到儘管日本軍隊攻下了旅順，但是「彼等一日所用軍費平均五十萬美元，豈不令人驚呼？節彼等兩日之戰費，可建一座雄偉大學。余不知此次戰爭是否必要，然戰爭絕非必要」。[2]

敵視俄國並對戰爭燃起激情的石川啄木在一九〇六年十二月的日記中寫道：「當余告訴學生『比起戰勝的日本，戰敗的俄國更偉大』時，余究竟想讓他們成為什麼樣的人？」[3]啄木沒有解釋為什麼他對學生說俄國優於日本；也許他只是想間接表達包含他在內的日本知識分子都已經意識到這場勝利有多麼空虛。日本付出巨大代價只換來一塊荒涼的領土，來自俄國的威脅也並未結束；因獲勝而被認可為強國的滿足感，也無法彌補在旅順和奉天會戰中犧牲的無數生命。

明治天皇在戰爭期間做了幾首和歌，但大多數都欠缺歐洲戰爭詩歌中常見的狂熱。他最負盛名且據說受到狄奧多・羅斯福總統讚賞的一首和歌[4]，甚至對為什麼會有戰爭的存在感到困惑（無論這是否是他的真心）：

四海之內皆兄弟
為何風雨亂人間[5]

另一首和歌則描述了戰爭對留守故鄉的家人造成的影響：

壯士離家遠從戎
獨留老父守田畝[6]

即使是在對馬海戰和奉天會戰取得勝利後，明治的和歌也絲毫沒有表現出歡喜之情。外國君主皆讚揚這些戰績在世界上前所未見，但明治只是冷靜評論道：

今番戰事譽為稀

多少將士不復返[7]

幾年後，當陸軍上將乃木希典在一九一二年選擇追隨明治天皇而自殺，絕大多數日本人都認為他是對在旅順戰役期間因為好幾次總攻擊而喪命的數萬名士兵感到自責[8]。一九〇六年一月，在東京舉辦凱旋慶祝會之際，乃木寫下一首漢詩，其中表達的並非是獲勝的喜悅，而是對自己感到羞愧：

王師百萬征驕虜，
攻城野戰屍作山。
愧我何顏見父老，
凱歌今日幾人還。[9]

作家與謝野晶子（一八七八—一九四二）的知名詩作〈你不能死去〉（〈君死にたまふことなかれ〉）通常被認為傳達了反戰情緒，卻也因此在當時備受抨擊。然而與謝野晶子不僅不是一位反戰主義者，反而還很重視向天皇效忠的家族傳統。她在詩歌中想要表達的並非和平主義的信念，而是擔心即將離家奔赴中國戰場的弟弟的安危。不過，就算這首詩不具有政治色彩，我們也很難想像類似的詩會出現在（陣亡人數較少且遠征相對容易的）甲午戰爭或是（實施媒體管制以免有人批評國策的）太平洋戰爭期間。

日俄戰爭後，以幻滅為本質的自然主義文學運動迅速發展。田山花袋（一八七二—一九三〇）的《一兵卒》堪稱自然主義小說的典型例子，該小說有部分是根據他在中國擔任隨軍記者的經歷寫成，卻因為被視為具有反軍國主義思想，好幾年來都必須刪除某些段落後才能刊印。

在日俄戰爭後的幾年中逐漸成長起來的一代人，似乎感受到一種疏離感。這通常都是產生自對戰時傷亡的震驚和對戰爭結果的失望，但隨後在政治上便以社會主義的形式表現出來，進一步導致感嘆年輕一輩捨棄傳統的年長世代的憂鬱。知名評論家山崎正和將這個時期稱為「苦悶的時代」。

岡義武描述這個時期的「一些年輕人在尋找人生意義的過程中陷入了懷疑和煩悶。事實上，這種趨勢早在日俄戰爭之前就有跡可循，但隨著戰爭結束後變得更加顯著。」[10]人們可能會認為戰爭獲勝和外國的讚賞就算不會使日本人感到驕傲，也會使日本人獲得自信，但令當時評論家煩惱的，卻是年輕男女之間盛行的「煩悶的厭世主義」[11]。諷刺的是，這種厭世主義可能造就了日俄戰爭結束後的十年間異常蓬勃的文學發展。夏目漱石在這一時期寫出他最優秀也最沉鬱的作品；森鷗外、石川啄木、島崎藤村的代表作大多也是在這一時期完成；此外，永井荷風、志賀直哉、芥川龍之介、谷崎潤一郎也都是在這時發表了成名作。

對已經五十五歲的天皇來說，一九〇六年大致上相安無事。一月，在桂太郎辭職後，他命令西園寺公望組建內閣。由貴族擔任總理大臣或許對天皇來說是件高興的事，因為近年來貴族在政府中只扮演了無足輕重的角色。

一月底，由清朝宗室成員組成的代表團赴東京考察。率領代表團的載澤在謁見天皇時表示，清朝皇帝派他們來研習日本的政治制度。他說，天皇取得的軍事榮耀和道德教育的推廣享譽五大洲，日臻完善的政治和教育體系令人留下深刻印象。載澤希望天皇能感受到他們的真誠並給予體諒，以便他們能夠學習日本的先進技術和其他值得稱讚的特色。其目的在於以日本為楷模在清朝推行文明開化，希望由此確保東亞的日後安寧和增進民眾福祉。[12]

誠然，這些讚美之詞不過是一種奉承，但載澤確實使用了某些兩國長期往來的歷史中不太可能出現的措辭來稱呼日本天皇。明治似乎因此心情很好，甚至向載澤賜座，這可是很少向賓客採取的舉動[13]。他還邀請清朝代表團共進午餐，之後派遣侍從長帶著向賓客授予的勳章和其他禮物前往一行人留宿的芝離宮[14]。這個如同小型岩倉使節團的清朝代表團在考察過日本設施和研究日本憲法以後，於二月十三日前往美國（和歐洲）。清政府似乎真心渴望實現現代化，儘管也有對其他國家進行考察，但日本為清朝樹立了一個最易於借鑑的榜樣。

一月底，韓國高層官員李載完率領代表團抵達日本。他帶來高宗皇帝感謝明治天皇派遣伊藤博文赴韓的信件，以及敬獻給天皇、皇后、皇太子和皇太子妃的厚禮。翌日，天皇根據代表團成員的身分向他們授予了不同等級的勳章。[15]

如上一章所述，接下來英國嘉德授勳代表團也在二月造訪日本。外國政府對日本的關注無疑讓天皇相當高興。只不過日本國內的情況則與這些形成鮮明對比：三月，外務大臣加藤高明（一八六〇—一九二六）因鐵路國有化法案與其他內閣成員產生分歧而辭職。雖然加藤以該議案侵犯了私人權利而表示反對，但議案仍獲得了通過，於是他便向總理大臣西園寺請辭。通常政府成員在辭職時總會以生病作為理由，但這回加藤卻表述了真正的原因。

一直以來都恪守先例的天皇詢問西園寺為什麼加藤不按照慣例提出辭職。西園寺解釋道，以健康不佳為由辭職雖然是通行做法，但這是不是事實則另當別論。他似乎在暗示加藤是少有的誠實人；無論如何，西園寺請求天皇原諒加藤的做法並准辭。天皇被說服了，這讓西園寺除了擔任總理大臣和兼任文部大臣外，如今還得臨時兼任外務大臣[16]。

一九〇六年，世界各地都受到自然災害的侵襲。三月二十七日，臺灣發生大地震，造成逾一千一百人喪生；四月十一日，義大利維蘇威火山爆發，導致多人傷亡；四月二十一日，舊金山大地震的發生震驚全球。日本皇室一如以往在發生重大災害時捐款救濟災民，先是向臺灣受災戶捐贈了一萬日圓，向舊金山則捐獻了二十萬日圓[17]。之所以向後者捐贈的金額較大，或許是為了對美國在日俄戰爭後的議和談判中所給予的支持表示感謝。

七月，天皇面臨了一次決斷，即便這件事情稱不上驚天動地——當時，日本對在庫頁島的日俄界碑應該刻上旭日圖案還是菊花圖案展開了激烈爭論。七月五日，天皇於是決定採用菊花圖案。[18]

這一年一直到十二月十一日都沒有什麼大事發生。這天韓國代表團求見天皇，並帶來韓國皇帝的書信以及希望兩國友誼永世長存的口信。高宗還表示完全信任伊藤博文，並為將由其他人接任統監一職的謠言感到擔憂。他覺得更換統監不僅不合時宜，還會導致政府和民眾對未來失去信心，因此請求天皇不要撤換伊藤[19]。這在如今看來，我們只能驚嘆痛恨伊藤的韓國皇帝竟然能說出如此違心之論。

十二月二十八日，天皇親臨帝國議會的開院式。來自美國耶魯大學的拉德(George Trumbull Ladd)教授這天也在場，並記下了他對議會的印象：

> 天皇親自主持議會的開院式……眾人都在十點前進入會場，但陛下在十點半才離開皇居。
>
> 陛下一抵達，所有等待的人都被帶往貴族院的旁聽席……不到五分鐘後陛下現身，他走向御座，稍坐了一會。但他隨即起身，從總理大臣西園寺侯爵的手中接過印在卷軸上的敕諭。接著他開始宣讀，或者說是以一種非常清晰柔和而帶有樂感的聲音進行誦讀，不到三分鐘便結束了。宣讀結束後，貴族院議長德川〔家達〕公爵從議員席上走向講臺，隨後走到御

座前面。他從天皇手中接過敕諭後回到臺下，在正對著陛下的位置鞠了一個躬。天皇隨即走下御座，和隨侍們一同從進來時使用的講臺上的門退場。[20]

拉德也對自己進行了描述：

我只是一名教師。我不奢望獲得比「教師」更高的頭銜，也不渴望更加高尚的官職。然而，對於那些為國民「道德教育」做出貢獻的人士，陛下特地在全體國民的面前表達了他的感激，如此體貼不但難得，更是真誠。我們有充分理由相信他為道德教育和民眾福祉所付出的努力，貫穿了整個治世；他這麼做並不是為了外交考量、贏得顯赫名聲或者謀求任何形式的回報。在當今世界的統治者中，很難找到像天皇睦仁一樣在涉及國民利益時能如此感情深厚、熱心周到、又富有自我犧牲精神的人。[21]

一九〇七年(明治四十年)在沒有舉辦任何新年儀式的情況下拉開序幕。多年來天皇不再主持規定的四方拜儀式，其他傳統的敬拜活動也都交由其他官員代行。

一月八日，天皇前往青山閱兵場檢閱軍隊。他向來都是騎在馬背上進行檢閱，只不過這一次卻下令打開車篷，坐在馬車上檢閱軍隊。按照慣例，他通常會接見前來觀看閱兵的資深官員、大臣和外國使節，但今年他沒有這麼做，而是交由陸軍省負責。有人推測這是因為該年出席的外國來賓很少[22]，然而也有可能是明治隨著年齡增長或疾病的前兆而感到疲勞的緣故。由於他不喜歡接受醫生的檢查，健康狀況一直都不太明朗。

另一個表明天皇健康惡化的跡象，便是他以天氣惡劣為由決定不按原訂計畫出席陸軍戶山學校的畢業典禮[23]。過去天皇總是風雨無阻，哪怕是暴風雨也毫不在意。

類似的妙事也發生在這年五月三日，當時天皇正準備前往靖國神社參加臨時大祭。當天天氣晴朗，天皇也為了祭典盛裝打扮。宮內大臣田中光顯希望天皇的馬車在往返靖國神社的沿途，能讓陣亡將士的遺族（和一般民眾）一睹龍顏。出於這番考量，田中在沒有徵得天皇事先同意的情況下命令掌馬官打開馬車的車篷。儘管這天氣候溼熱難耐，但天皇並沒有下令打開車窗，更不用說車篷了。近年來，天皇確實有幾次在經過外國人居留區或者前往博覽會途中應官員之請打開車篷，以便讓民眾一睹龍顏；但這回當他準備離開皇居時，注意到車篷是敞開的。他召來侍從長德大寺實則要他關上車篷，還一直站在馬車旁等到作業結束。[24]

官員們一想到自己違背了天皇的旨意行事，自然都嚇得不輕。也許天皇確實對沒有經過他的同意就打開車篷而惱火，但事實在於儘管天氣炎熱，他仍不想打開車窗。這表明他並不僅是因為感到不快才堅持關上車篷，還有可能是因為他像老年人怕冷一樣，不喜歡接觸到外界的空氣。

一九〇七年二月初，陸軍和海軍參謀總長應天皇的旨意，上呈了一份關於國防的計畫書。其中最重要的第一點便是強調日本必須做好準備，以便能對企圖侵犯日本權利的國家採取攻勢。根據計畫書所言，撇開遵循倒退政策的德川時代不說，一直以來前瞻性的政策——即主動出擊並獲得勝利——不僅是日本典型的做法，也體現了日本人的性格。

在起草國防計畫時，參謀總長們仔細考慮了哪些國家可能成為日本的敵人。自日俄戰爭落敗以來，俄國一直在遠東穩步加強軍事建設，甚至還制定了重建海軍的計畫，似乎在等待時機報仇雪恨。由此，俄國被列為首要的假想敵。

接下來則是美國。儘管美國似乎希望與日本保持友好關係，但沒有人能保證美國不會在將來的某一大因為地理、經濟、種族或宗教因素而與日本發生激烈衝突。至於與英國的結盟雖然是日本國防的基礎，但不能忘記的是根據續訂的盟約如果俄國侵略印度，日本仍有義務派遣軍隊援助英國。

就結論而言，參謀總長認為日本陸軍必須有能力與其假想敵俄國抗衡，海軍則必須能夠抵禦作為假想敵的美國。為此，有必要在明年初落實國防計畫，將陸軍擴編至十九個師團，為海軍建造八艘兩萬噸級的戰艦和九艘一萬八千噸級的裝甲巡洋艦[25]。天皇對此有何反應並沒有留下記載，但當下正值日本經濟在日俄戰爭後的恢復期，他在意的或許是這些野心勃勃的計畫所需要的龐大資金。

在收到這份奏疏後過了一周，天皇聽說栃木縣足尾銅礦的礦工引發暴動，要求改善工作條件和提高工資。此次動亂最終在栃木縣知事的要求下遭到十五連隊的士兵鎮壓。天皇如今已不是第一次聽聞有關足尾銅礦的問題，早在一八九七年三月，日本政府就成立了委員會調查因經營足尾銅礦所造成的污染事件[26]。當時，政府要求改善礦山的工作環境，並警告經營者如果不妥善處理，從今以後將禁止他繼續開採。然而這些命令並沒有得到嚴格實施；污染仍在持續，礦工也對勞動條件益發不滿。

這不禁讓天皇回想起當年礦山糟糕透頂的情況。一九〇一年十二月，田中正造為抗議政府無視解決污染的請願，決定辭去眾議院議員的職位。在天皇即將從國會返回皇居時，他不顧一切地試圖直接向天皇申訴，卻遭到警衛制止並逮捕。然而，針對汙染的抗議行動並未就此結束。

這次抗議可以說是合情合理，卻因為時機過早而徒勞無功。那是一個日本不惜一切代價要成為先進工業大國的時代，對天皇和政府其他成員來說，足尾地區的礦工和農民所遭受的痛苦，從國家角度來看似乎不值一提。在一九〇七年鎮壓暴亂的過程中，有八十二名礦工因煽動暴亂和破壞礦山資產被捕入獄；同年六月，愛媛縣一個銅礦的礦工因薪資減少群起抗議，但同樣遭到軍隊鎮壓；七月，福岡縣的煤礦發生氣爆，造成四百二十多人喪生。天皇和皇后向福岡縣撥款一千二百日圓用於救助受災者，並派遣侍從前往當地視察情況[27]。這些相繼發生的事件都使當下的時代籠罩在一股陰鬱的氛圍之中。

不過，日本的外交關係卻相對順遂。七月，日本與俄國締結一份協約，成為兩國走向和解的第一步。八月，天皇親臨樞密院並頒布詔書，強調緩和日俄的矛盾是維持東亞和平的第一要務。與俄國簽署的協約案其實包含了一個秘密協定，約定將滿洲一分為二，並尊重各自在南滿及北滿的利益[28]。隨後天皇頒布敕諭，宣布與俄國恢復友好。

八月，暫時從韓國返回日本的伊藤受到天皇對於他促成簽訂日韓新條約（《第三次日韓協約》）的讚賞。天皇說，伊藤「鞠躬盡瘁」，成功並完美地實現了他希望維持遠東和平以及援助韓國的願望。九月，伊藤被升為公爵。[29]

八月二十七日，大韓帝國的新皇帝純宗正式即位。他的弟弟李堈（日本多稱其為「義親王」）英俊瀟灑、放浪不羈，本應被冊封為皇太子，卻因為品行不佳於八月七日改由弟弟李垠（英親王）取而代之。在李垠被冊封為皇太子後，伊藤提議將這個十歲大的男孩送去日本留學。儘管他從來沒有明說，但韓國皇帝意識到此舉是要將皇太子作為人質[30]。為了推動兩國的友好關係，伊藤還懇請日本皇太子訪問韓國。儘管明治很歡迎李垠來日留學，卻因為安全上的考量在一開始反對讓嘉仁皇太子出國；對此，伊藤用性命發誓會保護好皇太子，最終總算得到天皇允諾，但條件是必須由有栖川宮威仁親王陪同前往韓國。

伊藤匆匆趕回漢城覲見純宗皇帝，告知日本皇太子即將訪問的消息，以及送韓國皇太子赴日留學的具體計畫。十月十六日，皇太子嘉仁在威仁親王、前總理大臣桂太郎、海軍上將東鄉平八郎和其他高層政要的陪同下抵達漢城。這次訪問雖被解釋為向韓國展現友好，實際上卻是為了讓韓國皇帝無法拒絕讓李垠赴日留學[31]。同年十一月，經純宗要求以及明治天皇的批准，伊藤成為韓國皇太子的太子太師，而後在十二月也由他親自護送李垠前往日本。[32]

一九〇七年對明治造成最直接且最強烈影響的事件，也許是他的生母中山慶子在十月過世。這不是她第一次患病，根據貝爾茲醫生在一八九三年十一月二十八日的日記，他曾為天皇的生母進行檢查，當時她便患有胃病。一九〇〇年一月二十日，貝爾茲又提到慶子更加嚴重的病況：

> 祈禱天皇的生母好運。當這位年邁的女人因為高燒與肺炎陷入了最壞的情況時，宮中侍從問我她是否還有康復的機會。我表示如果她能再撐個兩天的話，就有希望渡過難關。很顯然，我的話被誤傳了。兩天後，當御醫岡玄卿進宮提交診療報告時，他發現天皇守在一旁，手裡拿著錶。天皇向他點頭，說道：「朕知道，太好了，她得救了。」岡玄卿頓時啞然，表示他不明白這是什麼意思，但還是很高興能告知陛下她確實有些許好轉的跡象。天皇回答說：「貝爾茲說如果能撐過四十八個小時，她就會康復。果不其然！」岡玄卿語帶惶恐地說或許侍

從誤傳了貝爾茲的話。但天皇仍然堅持己見：

他的生母確實正在好轉起來。33

雖然貝爾茲醫生用幽默的語氣講述這則軼事，但它仍令人為之動容，畢竟天皇很少如此顯露自己的情緒。他顯然非常關心生母的病情，當貝爾茲說如果她能熬過這兩天就有可能康復時，天皇的掛慮使得他將這句話理解成只要能撐過兩天就一定會康復。御醫岡玄卿描述明治等待著四十八小時過去、默默守候在旁的情景相當引人入勝，因為在當下他似乎忘記自己天皇的身分，而僅僅表現得像一位兒子。

一九〇七年十月四日，天皇從岡玄卿那裡得知長期患有肺炎的中山慶子病情不太樂觀。皇后立刻決定前去探望，但在這之前先指派了典侍柳原愛子前去服侍。皇后沒有說明選擇愛子的原因，但也許是因為她和慶子一樣，將來有一天也會成為天皇的生母。

皇后甚至沒等旁人做好出門的準備，便迫不及待地前往慶子的府邸。天皇在得知慶子的病情後，也立刻命令軍醫總監橋本綱常盡一切手段，全力救治他的生母。然而慶子已經年過七十且病情嚴重，即便橋本醫生盡其所能，她的病況還是日漸惡化，幾乎沒有康復的可能。最後，醫生向天皇奏報說他們已經無計可施。天皇為此心急如焚，那些在他身邊服侍的人也只能在一旁投以擔憂的目光。

某天早晨，正坐在餐桌前準備用餐的天皇得知生母病重的消息。他指著每天早餐都要喝的牛奶對皇后說：「人言一位（中山慶子的頭銜）今飲食不通咽喉，然若此物或可咽下。」他從桌上每瓶約有兩百毫升的三瓶牛奶中拿起一瓶，遞給皇后。皇后一抵達病房便拿出牛奶交給慶子，並轉述了天皇的話。慶子不勝感激，將牛奶全數飲盡。

這則軼事就連在細節上也非常真實，因為儘管沒有明確描述，但顯然即便在生母彌留之際，天皇也無法自由地前去探視。雖然他曾去探望過臨終前的嫡母（皇太后）並流露出內心深厚的感情，卻因為生母慶子的地位不夠高而無法親自探視。誠然，若是天皇堅持的話沒有人能夠阻止，也不太可能有人會加以勸誡；然而明治無法違背他內心認為符合天皇行為舉止的準則，也因此讓自己深受良心的譴責。十幾年前，貝爾茲醫生就曾在日記中提到儘管天皇每年都會鄭重其事地多次去探望他的嫡母，卻不能自由地拜訪自己的生母，因為她只是從屬的下臣。對此貝爾茲評論道：「多麼奇怪的禮儀啊！」[34]天皇無法允許自己打破禮儀規範，無論他其實有多麼渴望在生母臨終之際與她見上一面。

十月五日淩晨，中山慶子過世，享年七十三歲。二十日，天皇和皇后下賜三萬日圓作為喪葬費用，此外為表揚慶子的功勞又追加了一萬五千日圓。皇太子和皇太子妃則出資一萬日圓，四位內親王捐助了五千日圓。

葬禮於十月十四日舉行。天皇派遣侍從北條氏恭代他前去中山慶子的靈柩前哀悼。當天稍晚，北條來到與皇室頗有淵源的護國寺進行祭拜。天皇除了下賜用來供奉於佛壇前的楊桐樹枝，也在前一天請人送上獻給神道神靈的七種酒食。神道供品和佛教祭壇的結合，似乎表明了在明治初期頒布的「神佛分離令」已然告終。由於神道式的葬禮並不普及，兩種宗教的融合或許可以說是必然的結果[35]。

雖然皇室和佛教的關係已經相當薄弱，卻也沒有完全斷絕，因為皇室的陵墓（包括孝明天皇陵）均位於京都的泉涌寺。至於曾為明治天皇生下兒女卻不幸過世的兩位權典侍則被安葬於護國寺，天皇的其他側室最終也都會葬在佛教的寺廟裡。此外，中山慶子的葬禮還出現了一個世俗的元素：按照天皇的旨意，一個大隊的儀仗兵加入了送葬的行列。

中山慶子留存的信件表明，儘管她出生於名聲顯赫的公家，卻沒有受過什麼教育。她大概從來沒有試圖理解自己的兒子成為天皇後日本所發生的巨大變化，只不過從現有的記述來判斷，慶子只要對天皇的作為有任何不認同都會毫不猶豫地明說。天皇之所以聽從她的意見，或許只是因為害怕遭到斥責，不過這種態度顯然不僅僅是出於敬意——自孩提時代與慶子建立起來的親情已然貫穿了明治的一生。在垂暮之年，慶子為了與兒子見面時常進宮；天皇雖然很少期待會見任何人，但總是樂於接見慶子。[36]

一九〇七年十一月，天皇重新恢復了他中斷許久的一個愛好——觀看陸軍演習。該年的演習在栃木縣舉行，天皇於是乘坐火車前往現場，在沿途停靠的各站（從車廂的窗戶）接見了前來迎接的當地官員。對於在天皇治世的四十年間因為生活發生變化而感到欣喜的所有民眾來說，這是一個值得慶祝的時刻；每一處鄉鎮都掛起燈籠、國旗與紅白的布幔，在天皇通過的路上鋪上白砂，架起用松枝搭成的拱門。

此次演習隨著天皇的一聲令下而結束。隨後舉辦的一場宴會有包括貴族大臣和軍事人員在內共計四千八百人參加。天皇心情大好，還向其中的六十人下賜清酒。[37]

十二月七日，韓國皇太子李垠在伊藤博文護送下抵達下關。宮內大臣岩倉具定前去迎接，並陪同皇太子先在京都停留片刻後，於十二月十五日抵達東京。威仁親王和年幼的韓國皇太子同乘一輛馬車，護送他抵達作為住宿地的芝離宮。當天下午，李垠進宮謁見，天皇甚至親自走到鳳凰之間的門口加以迎接。來到天皇和皇后面前的李垠表明自己遵照韓國皇帝的旨意前來日本留學，懇請天皇多加賜教。

午餐後，李垠向天皇、皇后和皇太子獻上從韓國帶來的禮物，包括一支玉笛、一張虎皮和一個繪有雲鶴圖案的花瓶。十二月二十日，天皇進行了回訪，前往芝離宮拜訪李垠。他表示很遺憾李垠在日本停留的時間如此短暫[38]，但希望李垠能好好把握機會。天皇一邊說，一邊送給李垠一只刻有皇室菊紋的金錶，囑咐他可以在學習時用這只錶確認時間。這似乎讓李垠十分高興。

十二月十九日，為了感謝天皇派遣陸軍上將長谷川好道作為代表參加即位儀式，韓國皇帝派出的使者抵達日本。這名大使是韓國皇帝的伯父，他帶來了韓國皇帝的親筆信，當中以晦澀難懂的言詞表達對明治天皇的欽佩以及期待兩國繼續維持友好關係的願望。這時的他顯然還沒有意識到，再過幾年自己的王位將會斷送在這位他用過分恭維的語氣稱讚的君王手上。

·第五十八章·

伊藤博文遇刺

一九〇八年雖然在傳統儀式中揭開序幕，但天皇幾乎都沒有出席。一月六日，按慣例舉行的年度第一場講座為天皇講解了三本著作，一是關於《漢摩拉比法典》(西學)，二是朱熹的《中庸集注》(漢學)，最後則是《古事記》的一節(國學)。無論這些講題是否引人入勝，天皇想必都聽得聚精會神，只不過第二天的活動或許會令他更加中意。

這一天，韓國皇太子李垠隨同其他韓國和日本政要進宮向天皇祝賀新年。天皇賜給李垠玩具馬和船錨樣式的擺飾，皇后則贈送了一座附有人物雕像的法國製鍍金鐘。[1]相較於兩人平常向忠貞的臣民無論其年齡或愛好而賞賜的鮮魚或清酒，這些禮物顯然是為了討這位十一歲男孩的歡心。天皇也許是基於國際禮儀，因而對待這名外國皇太子看起來還比對待自己的子女更為上心，但是他的關懷說不定也間接透露了他對於自己的兒子為什麼不能更像李垠而感到遺憾。

一月二十日，為遠離東京的寒冬，皇太子嘉仁離開東京，前往氣候溫和的葉山。身體虛弱的皇后也因為相同的理由前往沼津，從一月十二日一直待到了四月十四日。看著李垠不畏寒冷依然留在東京勤勉向學，天皇感到十分高興，便在一月二十九日李垠進宮謁見時，對他說道：

聞殿下滯在東京以來，不拘氣候風土殊異，身體極健全，朕甚歡喜。日本語之習得日日進步，目光所及事物與自國之異同，必以知辨別許多，望將來更益勉勵，學業通達。[2]

天皇還託人告知純宗皇帝，他正竭盡全力確保韓國皇太子精進學業[3]。二月九日，李垠從芝離宮搬進了位於鳥居坂的府邸，天皇、皇后和皇太也趁此機會送上一些禮物。五月，天皇又向李垠贈送了一套板球用具和一個書櫃[4]。

日本和韓國宮廷互通書信，交流李垠在學業上取得的進步；此外偶爾也會有韓國官員訪問日本，視察皇太子的教育是否順利進行。日本盡了一切努力要讓韓國人相信李垠待在東京的期間過得無憂無慮且受益甚多，這是他們意圖縮短日本與韓國距離的長期計畫的一部分。

然而天皇似乎沒有被不斷盛讚兩國合作體制相當成功的各種報告說服。當伊藤博文於三月底返回韓國時，天皇派出一名官員與伊藤同行，要他為自己的疑問找出答案：

一、在伊藤回到日本期間，副統監曾禰荒助的施政情況是否順利？

二、韓國皇帝和太上皇對有多信任曾禰？

三、韓國內閣的親日派勢力如何？

四、韓國內閣的大臣皆為韓國人，次官和局長則都是日本人。這是否意味著大臣只是有名無實？次官是否作風專橫？大臣與次官是否在政務上互相協調？

五、曾禰在一般韓國大眾之間的聲望如何？

六、各級民眾對於皇太子李垠長時間滯留日本有何反應？

這名官員花了大概一個月的時間在韓國進行考察，並於五月初回到日本向天皇進行彙報[5]。

當然，天皇不太可能被告知日韓關係正在惡化，或者是韓國人根本不信任曾禰。但光是天皇會抱有這些疑問，就足以表明他不願意輕易相信幕僚們向他提交的樂觀報告。

天皇的質疑確實相當正確。韓國各地不斷發生反對日本統治的暴動，讓日本軍隊苦於鎮壓。五月，伊藤向陸軍大臣寺內正毅發出電報，請他派遣更多部隊支援當地日軍。事態傳入了天皇耳裡，他表明自己同意向韓國增派軍隊，希望伊藤能利用這些軍隊盡快平息騷亂。[6]

十月十三日，天皇頒布詔書，對日俄戰爭後國民精神逐漸鬆弛，尤其是風俗習慣趨於輕浮的傾向表示擔憂。他在詔書開頭陳述了東西方文明日趨相依將對彼此有利的信念，並期待透過和外國交好以享受隨之而來的恩惠。然而，他指出距離戰爭結束才過沒多久，國民的心態卻已經出現鬆懈，因而力勸所有日本人重新振作，共同找回忠誠勤儉的精神並善盡其職。[7]

正如先前提到的日本人在日俄戰爭後所流露出的苦悶情緒，如今似乎終於引起了天皇的重視，儘管他並沒有將此解釋為對現狀感到沮喪或幻滅，而是看作一種追求膚淺享樂的頹喪精神。他彷彿在質問所有人，為什麼不（透過更加勤奮的工作）對他們目前與其他國家的人民共同享有的恩澤表示感激。

十一月，天皇前往即將舉行陸軍和海軍演習的奈良縣及兵庫縣。奈良的軍部大本營設於奈良俱樂部[*1]，這裡的條件與早前進行軍演的簡樸條件大不相同。陸上演習在十八名外國武官陪同觀摩下持續了四天時間，這次演習的特徵之一便鄰近《萬葉集》中聞名遐邇的大和三山[*2]，天皇於是在耳成山的觀察哨觀看了軍事演習。身處於歷史名勝之中，天皇並沒有展露出明顯的喜悅之情，倒是他的身旁的隨從認為這裡距離位在畝傍山東北的神武天皇陵不遠，揣摩著天皇可能會想去陵前祭拜。他們因此提前做了準備，然而 天皇並沒有按照他們的預期下令前往祭拜皇陵。一名隨從於是直接詢問天皇的意願，結果天皇回答說，僅僅因為皇陵恰巧在附

*1　昔日位於春日神社境內，於一八八九年建造的擬和風建築。
*2　即耳成山、畝傍山以及天香久山。

近就前去祭拜，可謂大不敬：「以事之順道而拜皇陵，非禮恭之所為。朕今次為大演習統監來此地，參拜之事他日駕幸。」據說，當下隨從們因為自己嚴重誤解了天皇的意願而惶恐不已。[8]

大概是出於相同的原因，所以天皇沒有打算參觀法隆寺或周邊其他著名的寺廟（也可能是他對佛教毫無興趣），但他還是派了兩名武官分別前往談山神社以及知名忠臣北畠親房的陵前敬拜。他從奈良前往神戶，並在當地觀摩了海軍演習。儘管這場演習無疑比前幾天陸軍的軍演更加精彩有趣，但他偏愛陸軍早就是一個公開的秘密。當海軍演習結束時，他想必鬆了一口氣。[9]

一九〇八年稱不上特別激動人心，卻也不乏一些皇室的私人事件。四月三十日，天皇的長女昌子內親王與恒久王結婚。天皇在宮中接見了多位著名的外國人士，其中包括偉大的德國科學家羅伯．柯霍（Robert Koch）和瑞典探險家斯文．赫定（Sven Hedin）。日本畫家橋本雅邦、法官兒島惟謙和蝦夷共和國的創立者榎本武揚都在這一年過世；日本政府也收到外國君主逝世的消息，例如死於暗殺的葡萄牙國王卡洛斯一世、達成長期和平統治的瑞典國王奧斯卡二世、以及經歷了悲慘治世的清朝光緒皇帝和慈禧太后。七月，總理大臣西園寺辭職，由桂太郎再次接任，他在這時提交的政見當中也警告天皇必須注意社會主義的蔓延[10]。不過對明治而言，這一年最難忘的或許是他的替身兒子李垠的出現。

按照慣例舉行的儀式宣告了一九〇九年的開始。韓國皇太子李垠在鳳凰之間和日本皇室成員一同參加新年祝賀儀式，為這一年帶來新的色彩。這或許透露了日本政府打算進一步合併韓國的野心，但也有可能只是因為天皇很喜歡韓國皇太子。

二月二十二日，韓國宮內府大臣閔丙奭抵達東京，下榻於大都會飯店(Metropole Hotel)。二十五日，他和另外四名韓國官員在伊藤博文的陪同下進宮覲見天皇。閔丙奭帶著一封來自韓國皇帝的信件，信中皇帝對自己在巡視韓國偏遠地區時收到天皇的電報表示感謝。這次旅途模仿了明治在治世初期進行的巡幸，主要目的在於讓皇帝了解民情。明治還命令日本海軍的艦隊駛往釜山，以便皇帝南下時能夠視察這些船艦[11]。韓國皇帝對這個深深打動他的舉動表達感激之情。也因此特意向明治天皇寫了這封信，希望兩國友誼長存，變得更加親睦。

韓國皇帝還在書信中提到許多關於伊藤博文的溢美之詞。他認為伊藤完全了解韓國的情況，自擔任統監以來便著手改善韓國施政，在眾多方面輔佐皇帝。例如伊藤雖然年事已高，但仍不辭旅途辛勞和寒冷，陪同皇帝巡幸韓國偏遠地區，竭盡所能地盡達成使命。皇帝也稱讚伊藤耐心地與兩國官民溝通，由此消除了無知韓國民眾的誤解，而這無疑對韓國的日後發展具有重要意義。韓國皇帝指示閔丙奭感謝天皇對韓國的關心，以及願意派遣伊藤常駐韓國。[12]

純宗皇帝也向天皇、皇后、皇太子和皇太子妃送上許多貴重的禮物。然而即便皇帝滿口稱讚還致上厚禮，我們依然很難想像他是打從心底對於伊藤不僅在外交還在內政方面指手劃腳感到高興，畢竟他不太可能忘記伊藤逼迫高宗皇帝退位的殘忍行為。儘管伊藤的某些改革或許真的有益，但純宗也巧妙地避免提及韓國各地正不斷發生抗議日本統治的暴動事件。

另一方面，天皇和韓國皇太子的關係依然相當親近。四月三十日，李垠進宮謁見，這一次天皇向他贈送了一隻銀花瓶和一個望遠鏡。銀花瓶是一個符合傳統習俗的禮物，不過贈送望遠鏡卻是為了取悅這個十二歲的男孩。此時李垠表示有事相求，他說有八名韓國高官正在日本參觀，希望天皇予以接見。這通常不是天皇會欣然同意的請求，但明治還是立刻答應了。他向這群韓國顯貴說道：「朕依貴國皇太子之希望，今日引見卿等。聞卿等為觀光而來，望充分視察。」[13]天皇這番話既無客套也不親切，他沒有按照慣例表示很高興見到這些客人，而是直截了當地說出接見他們的理由：因為貴國的皇太子如此期望。

對於治理韓國，伊藤肯定覺得備感壓力，因為在當地他不僅遭人厭惡，而且還經常身處危險之中。在五月二十五日向天皇提交的奏疏中，他自豪地提起自己在韓國的功績，卻也坦言自己任職三年半已是心力交瘁，希望准許他辭職。天皇起初並未答應，到了六月十四日才決定受理辭呈，並指派副統監曾禰荒助接任，伊藤則回歸樞密院議長一職。天皇不僅讚揚伊藤的忠心耿耿以及擔任統監時期造就的豐功偉業，甚至下賜十萬日圓，這在當時來說是一筆不小的數目；皇后也向伊藤贈送了兩個附有皇室菊紋的銀碗[14]。

七月六日，天皇接見桂太郎，同意了他針對眼前吞併韓國的問題提出的政策。過去幾個月以來，有越來越多的日韓知識分子認為兩國合併勢在必行。三月，外務大臣小村壽太郎在對自從將韓國置於保護之下所獲得的成果進行評估後，認為為使日本在朝鮮半島建立穩固的勢力，以及確保這個目標能成功實現，有必要在某個合適的時間點將韓國納入日本的版圖。他提議政府將吞併韓國作為最終目標，且在時機到來之前，與韓國有關的各項政策都應以此方針為基礎。桂太郎接受了這個提議，並向伊藤徵詢意見。眾人普遍認為伊藤會反對吞併韓國，但是當伊藤表明他沒有異議時，桂太郎便決定徵求全體內閣的同意。如今，他又獲得了天皇的恩准。15

七月，為了與曾禰荒助進行交接，伊藤在韓國滯留了一段時間。他於二十日回到日本，天皇還派出一輛馬車前往新橋車站迎接伊藤。他所獲得的待遇幾乎等同於送迎元帥的標準，一個由近衛步兵連隊和騎兵連隊組成的儀仗隊一路護送伊藤前往皇居。

七月二十六日，伊藤被任命為韓國皇太子的太師，明確彰顯了韓國皇太子對日本的重要性。同一天，曾禰荒助向韓國總理大臣李完用（一八五六—一九二六）提交一份關於建立韓國中央銀行的備忘錄，意在設立一個中央貨幣機構（即韓國銀行），並規定相關事務皆委由日本政府負責。16

十月二日夜晚，伊勢神宮舉行了二十年一次的遷宮儀式。天皇派官員代為參加，自己仍留在東京在皇居裡遙拜。這一次，天皇與以往不同，穿上了傳統的束帶裝，所有侍從和文武百官也都穿上了正裝[17]。儘管多年來天皇一直拒絕參加大多數的傳統儀式，但面對如此意義重大的神道儀式，他似乎覺得有必要展現自己確實信奉著神靈。

十月九日，伊藤覲見天皇表示即將動身前往滿洲。十六日，他從門司出發前往大連，並在當地參觀了旅順會戰的遺址，隨後便乘坐火車前往哈爾濱。在抵達大連時，伊藤表明此番遠行是為了前往從未造訪過的滿洲散心[18]；不過，他真正的目的很有可能是為了就日本吞併韓國與俄國財政大臣科科夫佐夫(V. N. Kokovtsev)進行商談。

十月二十六日上午九點，伊藤乘坐的列車抵達哈爾濱。科科夫佐夫登上火車歡迎伊藤的到來。俄國警衛隊沿著車站月臺列隊等候，但從當時拍攝的照片來看，實際上並沒有採取特別的安保措施[19]。同時身兼俄國鐵路警衛隊榮譽司令官的科科夫佐夫請伊藤對警衛隊進行檢閱，伊藤立刻答應了。伊藤、科科夫佐夫和其他官員於是一同走下火車，踏上月臺。根據拍下這個瞬間的照片可以看到有著白色鬍鬚的伊藤正舉起帽子，向東清鐵路的長官致意[20]。

閱兵結束後，伊藤便轉頭準備向住在哈爾濱並前來表示歡迎的日本僑民致意。他朝著這些僑民的方向走了幾步，突然，一個身穿西裝的年輕男子從警衛後方竄出，將手槍對準伊藤一口氣開了六槍[21]，前三槍打中了伊藤的要害[22]。伊藤被隨行人員抬進火車，由醫生進行急救，然而半小時後，伊藤仍傷重不治。在氣絕身亡之前，伊藤得知暗殺者是個韓國人；據說他當時說的最後一句話是「真是個蠢貨！」[23]。

俄國警衛隊很快逮捕了暗殺者安重根，但在被羈押前，他拼盡全力高呼了三聲「韓國萬歲！」[24]，這時人們才知道他是一位韓國人。也難怪俄國人沒能一眼就辨認出他的國籍，因為他的身高和普通日本人沒什麼差別（一百六十三公分），容貌也跟日本人有幾分相似。為了使自己看起來像是一個住在哈爾濱當地前來歡迎伊藤的富裕日本僑民，他還特意穿上了他可以取得的最好的西裝[25]。

安重根於一八七九年生於朝鮮的一個已有二十六代祖先的兩班（貴族）家庭[26]。他經常使用的別名安應七，得名於他的胸部和腹部有七顆痣[27]。家人都期望他能遵循家庭傳統成為一名學者。他的祖父生了六個兒子，全都擅長舞文弄墨，其中又以安重根的父親最有才氣。安重根在八九歲時便因為能閱讀四書三經而被譽為天才，然而他並沒有成為文人（儘管他在書法方面頗有成就），而是成了一個行動派。早在孩提時代安重根就是個神射手，比起書本，他更喜歡射箭狩獵。在被逮捕後的第一次訊問上，他說自己的職業是「獵人」[28]。

在等待死刑判決的過程中，安重根在獄中寫下自己的自傳《安應七歷史》，並於其中講述了讓他皈依天主教的原因。他的父親對於反智的東學黨起義感到憤怒，成立了一支由大約七十名志願兵組成的「義兵」，負責保護他們的村莊免遭反叛者的侵襲[29]。安重根雖然加入了隊伍，但他們在人數上與東學黨勢力懸殊。他提到跟東學黨作戰就好比「以卵擊石」。不過，這群義兵不屈不撓，甚至有幾次打敗了在兵力上佔優勢的東學黨，不料最後卻遭到新成立的親俄政府的攻擊。[30]

逃離這場混戰後，安重根受到名叫威廉（Wilhelm）的神父庇護，此人的韓國名字叫做洪錫九。安重根在威廉的教堂裡躲了幾個月，這位神父於是鼓勵他利用這段被迫空閒出來的時間學習天主教教義。安重根聽從了他的提議，將大量時間用來閱讀《聖經》或者和威廉討論教義。神父最終讓安重根相信了天主教的真理，他在一八九七年一月受洗入教，教名為多默（Thomas）。[31]幾年後，他和父親積極宣揚天主教信仰，一直到死前為止都是一名虔誠的天主教徒。在寫給妻子的最後一封信中，安重根還希望讓他們的長子成為一名神父[32]。

在自傳中，安重根回想起自己曾跟隨威廉神父學習了大概三個月的法語[33]，而這也是他唯一學過的外語。當一位朋友問他為什麼停止學習法語時，他回答說：「學日語者，淪為倭國的奴隸；學英語者，淪為了英國的奴隸。若我學習法語，也無法逃脫淪為法國奴隸的命運。這就是我放棄法語的原因。一旦韓國威震全球，世人都將學習韓語。」[34]安重根的這番話或許並非如同字面之意，而是因為他與威廉之間有了衝突。即使安重根未曾動搖過對天主教的信仰，但他顯然不再相信外國人了。[35]

雖然安重根是個熱情的民族主義者，卻也曾經提出過東亞三國（中國、韓國和日本）結盟的構想。這或許是受到德皇提出的邪惡主張「黃禍論」影響而設想出來的反論。安重根警告必須提防

「白禍」，正如同掠奪成性的歐洲國家企圖把亞洲蠶食鯨吞的舉動；如果東亞國家想要阻止西方列強侵略的威脅，最好的辦法就是團結起來，尤其是飽受歐洲列強侵略的中國和韓國更應該攜手對抗外敵。如此一來歐洲人便會望之卻步，使東亞重返和平。[36]

安重根並不反日，倒不如說他在私下最為崇敬的人就是明治天皇。他對伊藤博文做出的嚴厲指控的其中之一，便是控訴他故意欺騙天皇。據安重根所言，天皇想要的並不是征服韓國，而是東亞和平及韓國獨立[37]。他從一九〇四年日本向俄國發布的宣戰公告中清楚知道了天皇的意願[38]。在得知日本戰勝俄國後，安重根非常高興，認為他與同胞們都如同自己的勝利一般為打敗了「白禍」的爪牙之一的俄國感到喜悅[39]。然而令他遺憾的是，日本在俄國全面投降之前就匆匆結束了戰爭。

安重根確信，許多日本人都和他一樣憎恨伊藤博文的政策。他描述自己曾與義兵俘虜的日本戰俘交談，其中一位駐韓士兵一邊哭泣，一邊向安重根講述他思念仍在日本的家人。安重根說道，如果東亞恢復和平，韓國就不需要日本的衛兵了。這名士兵表示贊成，認為都是那群奸詐的老臣擾亂了和平，迫使他非常不情願地來到這個遙遠的國度。他還說儘管自己一個人也做不了什麼，但還是希望能殺掉伊藤。

安重根也與來自日本的農民、商人、天主教神父有過類似交談，他們都對日本的現狀感嘆萬分。和之前那位士兵一樣，商人也希望能除掉伊藤。安重根從這些人的身上得知他們對伊藤懷有的強烈仇恨，認為這些人代表了日本全體民眾的意見。[40]如果連日本人都想殺掉伊藤，自然就不難想像因為伊藤的命令而失去家人朋友的韓國人會有多麼痛恨他。安重根聲稱要以「大韓義兵參謀中將」的身分暗殺伊藤，因為伊藤破壞了東亞和平，使日韓兩國日漸疏遠[41]。

安重根仍然希望兩國的關係能更加親密，樹立一個讓全世界效仿的榜樣。他勸說一位展露同情的日本檢察官不要擔心他是否會被判處死刑，並告知他的唯一要求就是讓日本天皇知道他為何要犯下這樣的罪行[42]。安重根深信如果天皇意識到伊藤的政策有多麼偏離正軌，就會理解自己的行動並為之感動。他期望如果將來按照「日本天皇陛下」的聖旨改善對韓治理方針，日韓之間便能常保萬世太平。

安重根將日本人在韓國犯下的所有罪狀都歸咎於伊藤，因此即便有許多惡行都是以天皇的名義實施，他還是寬恕了包含天皇在內的所有日本民眾。一旦日本擺脫了這個使兩國關係惡化的毒瘤，如此一來有著眾多共同傳統且註定友好的日韓自然就能安享和平。在這些論述中，安重根似乎一直沉迷於他腦中「撒旦伊藤」的幻想，將伊藤視為在《聖經》中讀到的現實版撒旦。

安重根列舉了伊藤的十五項罪狀，其中除了謀殺閔妃之外，最令人驚訝的莫過於他指控伊藤在四十二年前殺害了孝明天皇。他斷言這在韓國是眾所周知的事實，然而就算這項傳言屬實，殺害孝明天皇為何會是一項侵犯韓國民眾的罪行卻令人不解[43]。其他指控則多半是關於日本強迫韓國締結不平等條約後對當地人民造成的不堪後果，並在十五項罪狀的最後控訴伊藤佯稱韓國安寧繁盛，欺騙日本天皇和其他國家的統治者。[44]

安重根向韓國人民的仇敵開了槍，內心無疑很爽快。他剛開完六槍，就被俄國警衛隊制伏並拘留。十一月三日的《東京日日新聞》引述安重根在獄中所言：「我乃不惜性命為國獻身之高尚志士，然所呈上之食物如此難以下嚥，此絕非愛國志士應得之待遇。我堅決拒食。」[45]據這篇報導描述，他連續兩天拒絕吃任何東西。

隨著俄國將他引渡給日本，安重根的待遇得到極大改善。檢察官溝淵孝雄在審訊結束後遞上金嘴香菸，並在隨後的閒聊中表以同情。根據安重根的自傳，當他揭露伊藤博文的十五項罪名時，溝淵表示：「按照你剛才所言，你顯然是位東亞義士。我相信義士是不會被判死刑的。你無須擔心。」[46]

就連監獄中的其他官員也對安重根留下深刻印象。他的態度與行為足以體現日本自古以來所謂英雄應當具有的氣概，而這似乎令他們有所共鳴。在新年之際，典獄招待安重根和另外兩名作為共犯被捕的韓國人享用日本傳統的年節料理，而他剛勁豪放的書法也非常受到看守的歡迎。安重根為他們揮毫寫下五十多張字畫，所有的落款都是「於旅順獄中大韓國人　安重根書」。

十二月十三日，安重根開始撰寫自傳，在一九一〇年二月七日開始審判後仍繼續動筆。審判期間，由於日韓簽署的協約規定今後將由日本保護在國外的韓國人，因此安重根無法聘請韓國律師辯護。不論是法官、檢察官、辯護律師還是翻譯，清一色都是日本人，這對不懂日語的安重根來說相當痛苦。儘管翻譯官對一字一句都謹慎斟酌[47]，他的律師團也竭盡所能地以無罪為目標[48]，但安重根依然感到孤立無援。

儘管溝淵再三保證，但判決早就有了結果。二月十四日，安重根被判處死刑[49]。然而這個決定並非出自法院，而是來自外務省。早在去年十二月二日，外務大臣小村壽太郎就發出一封電報，強調「此事關乎政府，安重根之罪行重大，為達懲惡之精神，應施以極刑」[50]。

雖然安重根已經預料到會有這樣的結果，但在判決宣布時他還是相當惱怒。他曾希望自己不要被當成一名暗殺者，而是一個為國除敵的戰俘、義士，卻事與願違。儘管之後高等法院院長平石氏人向安重根保證能夠緩期執行，東京方面卻要求立即行刑。最終死刑執行的日期被訂在三月二十六日，安重根並沒有提出上訴，因為覺得也只是徒勞而已；他唯一的要求只有希望推遲兩周行刑，如此一來他或許有可能完成編寫中的《東洋和平論》。他向典獄栗原貞吉求助，但對方雖然深表同情，卻也無力更改行刑日期。安重根於是提出最後一個請求：讓他穿上潔白的韓服奔赴刑場。栗原答應了[51]。不久後，栗原對未能挽救安重根的性命感到沮喪，辭去了典獄一職回到日本。

三月九日和十日，神父威廉聆聽安重根的告解，為其進行彌撒、舉行聖禮[52]。即便是在生涯的最後幾周，安重根仍繼續寫作。在行刑的當天早晨，他穿上白色的韓服。這時拍攝的一張照片顯示他平靜地看向遠方，在白色衣服的襯托下，他那一頭茂密黑髮、眼睛和鬍鬚清晰可見，雙手則交叉放在膝蓋上。安重根於三月二十六日上午被絞死。當天上午十點，一名日本醫生確認其死亡，他的遺體被安葬在大約三公里外的公共墓地裡。

文獻中並沒有記錄明治天皇對安重根的死有何反應，不過他也許認為謀殺了他最重視的顧問伊藤博文的人應當以死謝罪。儘管安重根提出了懇切的請求，但天皇不太可能得知他暗殺伊藤的原因。無論如何，伊藤的死對天皇來說是一個沉重的打擊；他沒有公開表露自己的感情，言行舉止也和伊藤死前沒有什麼不同。然而，長年在天皇身邊擔任侍從的日野西資博回憶道，天皇在得知伊藤的死訊時極為震驚，好像突然間衰老了不少。伊藤的葬禮後來在東京舉行，有四十萬人前來哀悼。

安重根尤其在戲劇作品中被推崇為一位愛國志士，例如中國就有一部由周恩來和其夫人鄧穎超編寫的劇目《安重根》。而韓國人不僅把安重根當成民族英雄看待，哈爾濱也成為他們心中重振民族精神的神聖場所。[53]

很快，伊藤遇刺的消息便在日本廣泛傳開。第二天，石川啄木在《岩手日報》發表了一篇文章，開頭如下：

十月二十六日。天陰。午後三點剛過，飛報自天外到來，東京一隅頃刻陷入驚愕之中。疑惑之聲，驚悼之語，刻刻蔓延。微雨一過，暮色漸起時分，「號外」之呼聲帶有異常迴響，充斥都城。人心瞬間騷然，如百潮一時湧來。不論老幼貴賤，皆齊為此國民之凶報喪心。此不僅為驚動日本國民之悲報，亦為世界之一大事變。而本日此報導將傳遍帝國領土，隨處皆聞哀慟之聲。

噫，伊藤公逝矣！[54]

啄木繼續回憶伊藤近期訪問東北地區的情景：

余略可想像獲此悲報時盛岡人之顏色，距彼等迎送伊藤公北遊未及百日。公辭統監歸故國，尚無暖席之暇，遂同韓太子一同巡遊東北、北海道，歸來後又匆忙踏上北滿之旅。

啄木在結尾寫道：「（公）受部分評論家之責難，然誰可否認明治日本之今日，負生涯一貫為溫厚進步主義者之伊藤公最多！」

·第五十九章·

併吞韓國

一九一〇年八月二十二日，日本和韓國簽訂協約，正式宣告併吞韓國。十個月前伊藤博文遇刺事件無疑加速了事情的發展，最受尊敬的日本政治家遭到韓國人刺殺讓日本國內更加認定韓國人目無法紀、無法自律。此外，假使伊藤沒有被暗殺，他也許會成為制止日韓合併的力量，即便日韓合併的決定早在一年前就已經定案，而日本政府只不過是在等待一個合適的機會付諸行動。

雖然日本以維護韓國獨立為藉口打了兩場戰爭，但是比起大多數日本人都不太感興趣的韓國獨立，真正重要的其實是日本政府亟欲阻止清朝和俄國干涉其開發韓國資源的計畫。部分韓國人(如安重根)將天皇在向中國和俄國發布的宣戰詔敕中聲稱的戰爭理由視為日本維護韓國獨立的決心；因此有一些比安重根更受到日本感化的韓國人，開始公開擁護日韓合併。

一九〇四年，在日俄戰爭期間為日本人擔任翻譯的宋秉畯(一八五八—一九二五)成立了一個提倡日韓合作的親日團體「一進會」。這個新成立的團體不僅拉攏與東學黨有關聯的李容九(一八六八—一九一二)，並與知名日本右翼民族主義者如頭山滿、杉山茂丸以及惡名昭彰的黑龍會領袖內田良平採取合作態勢[1]。一九〇六年十月，統監府兼職雇員內田成為一進會的顧問，此後便開始擔任伊藤博文和韓國親日派的中間人。一九〇六年底，伊藤決定利用一進會，並於翌年一月開始讓統監府每個月都向該團體提供大約兩千日圓的資助金。[2]

在統監府設置後成立的首屆韓國內閣由朴齊純（一八五八—一九一六）擔任領導。雖然受過良好教育的朴齊純支持伊藤提出的改革，並且和他相處融洽，但在得知自己成為了反日活動的主要目標後變得意志消沉。加上義兵的反抗活動日益增加，朴齊純於是不顧伊藤的慰留堅持辭職。一九〇七年五月，不得不組建新內閣的伊藤推選了李完用[3]擔任總理大臣，並以宋秉畯為農商工部大臣。

這時伊藤對新內閣發表了一段精神喊話：

> 如今日之發展，夫韓國之滅亡非因他國，在於韓國自身也……余助諸君，盡力得韓國之自立，然韓人……尚未覺醒……為獲韓國之存在，最適切緊要方針在於與日本誠實親睦，決心與日本共存。[4]

這些話表明伊藤確信與日本合作對於韓國日後的繁榮必不可少，但他並不建議立刻合併。然而他含蓄地警告說，如果韓國人無法理解他為韓國所做的一切，就有可能必須採取更加嚴厲的政策。

從義兵在朝鮮半島各地發起的反日活動可以看出全體韓國民眾都痛恨日本統治韓國。不過當中也有一些韓國人認可伊藤的改革，認為與日本合作能為韓國帶來實質上的利益。

李完用的內閣成員都是堅定的親日派，但他們內部也有分歧。比方說李完用其實仇視一進會，理由之一是因為他是貴族，而一進會的領導者宋秉畯卻出身卑微。然而，伊藤主要關心的問題似乎不在於韓國人之間的內訌或反日活動，而是俄國出手干涉的可能性。一九〇六年，當俄國新的駐韓總領事上任時，他們理應按照一九〇五年規定由日本管理韓國外交事務的條約向日本外務省遞交國書，然而俄國政府卻把國書交給了韓國皇帝，表明其仍然視韓國為獨立國家[5]。伊藤擔心這可能意味著俄國並沒有放棄干涉韓國的野心；實際上，他之所以踏上前往哈爾濱的死亡之旅，大概也是希望能夠設法改善與俄國的關係。

宋秉畯公開擁護日本吞併韓國，認為與不上不下的保護國狀態相比，合併對韓國來說可能是一項更加理想的政策[6]。一九〇六年十一月，當他得知伊藤謹慎地觀望當前事態的發展而不願立即採取行動逼迫韓國皇帝退位時，宋秉畯感到相當失望[7]。一九〇八年，意識到伊藤無意吞併韓國的內田良平於是參與了一進會要求日本政府罷黜伊藤的請願之中。一九〇九年，宋秉畯辭去內閣前往日本，力勸總理大臣桂太郎盡快與韓國合併[8]。伊藤擔心宋秉畯的辭職可能會導致韓國內閣垮臺，便將宋秉畯升為內部大臣。

至於伊藤本人則是對於擔任韓國統監的三年半時間裡沒能贏得韓國人民信任感到沮喪，因而決意辭職。他的漸進政策顯然宣告失敗，不僅義兵的反抗活動日益加劇，加上受到日本政客抨擊他的懷柔政策削弱了日本的威望，都使得伊藤覺得沒有必要繼續把時間浪費在如此吃力不討好的職位上。然而，即便在一九〇九年六月辭去統監一職後，他對日本政府仍具有極大的影響力，而他的死則意味著阻擋吞併之路的最大障礙已然消失。

伊藤死後，一進會（此時由李容九領導）立刻加快推動合併的步伐。一九〇九年十二月五日，一進會於前一天發表《日韓合邦聲明書》的報導紛紛出現在日本報紙版面。一進會也向統監府和總理大臣李完用提交了主旨相同的建言書，請求他們轉交給日本天皇和韓國皇帝[9]。此舉並非只是一種投機主義的表現，而是因為李容九確信韓國已是奄奄一息，瀕臨滅亡邊緣，而如今能保全韓國的唯一希望便是與日本合併，進一步造福日韓所有國民。他上書韓國皇帝的奏文似乎忠實地反映了他的真心：

一進會會長李容九等百萬會員代表二千萬臣民，誠惶誠恐頓首謹百拜，上言大皇帝陛下……今我大韓國，擬如病人，命脈已絕久矣。臣等呼號之，徒為抱死屍而慟哭……幸我與日本源自同族，枳橘之迴異未生[10]，趁今相閱未甚，廓然撤其疆域，摒除兩鄰之藩籬，兩民自由於一政教下，均享同居同治之福利，則何辯誰兄誰弟？以日本天皇陛下之至仁，必化育我二千萬同胞以為同等……蟬脫保護國劣等國民之名實，列於新大合眾、世界一等民族之上，則可謂雲華始開，景星鳳凰相見之時也。[11]

十二月四日，李容九遞交了他和「一百萬會員」署名的建言書，引起民眾強烈反彈，痛斥一進會的成員是賣國賊[12]。韓國政府對這次建言置若罔聞，統監曾禰荒助告訴日本特派記者，自己對於日韓合併無法表明立場。他強調日本政府與一進會發出的聲明毫無關聯，當局把合併看得極其重大，因此只有等到恰當時機，並做好萬全準備之後才會行動；然而令人遺憾的是，一進會並沒有看準時機，更沒有做好充分準備[13]。

李容九聲稱日韓民族基本上同文同種的主張，在接下來的幾年中屢次被日本人拿來合理化他們對韓國的支配[14]。兩國的正式國界被取消後，部分日本人甚至稱韓國人為「半島人」。這是一個讓韓國人覺得極度受到冒犯的稱呼，因為它除了地理上的特徵以外完全否定了韓國本身的存在。也許李容九的本意無非是表達韓國人和日本人都是中華文明的傳承者，即從小接受儒家四書教育的韓國紳士和接受了同樣教育的日本紳士可以毫不費力地「筆談」，而且兩國宮廷謹守的複雜禮節基本上都是以中國作為範本。然而最令人驚訝的是，一位前東學黨仇外主義的宣導者竟會如此冷靜地盤算著讓外國人支配自己的國家；更何況對方不僅語言迥異，而且還擁有一個與韓國截然不同、徹底西化的政府。

對於佔領一個同樣具有悠久傳統的國家，日本似乎從未質疑過自身的正當性。如今韓國的軍事力量微弱，在實現近代化的路程上也遠遠落後於其他東亞國家，因此他們無法理解韓國人為何抗拒日本帶來近代文明的餽贈，只能將其視為無知。日本領導階層中最不同情韓國的山縣有朋指稱：「朝鮮未有如我國足以吸收新文明之素養及力量，其國民上下姑息，苟且偷安……」[15]

吞併韓國無疑是統監府的最終目標，但官員們決定在合併之前先鎮壓義兵的反亂。一九〇九年九月，日本在韓國南部展開掃蕩義兵的軍事行動。隨著毫不留情的肅清手段獲得壓倒性的成功，類似的軍事鎮壓於是逐漸擴及全國。許多韓國人之所以直至今日仍對日本抱有強烈的恨意，多半都是從這個時候產生的[16]。

一九一〇年五月，寺內正毅接替抱病的曾禰擔任統監，同時繼續兼任陸軍大臣。七月，就在寺內準備前往韓國前夕，總理大臣桂太郎和外務大臣小村壽太郎向天皇報告了韓國的現況。天皇在聽過報告後命令寺內帶上一封私信和各種禮物送給韓國皇帝[17]。令人意外的是，即便到了日本政府即將奪去韓國皇帝帝位的這一刻，天皇依然遵循著東方社會自古與其他君主禮尚往來的禮儀；也許他其實並不清楚合併會為韓國的君主體制帶來多麼巨大的影響。

寺內甚至在抵達韓國之前就為其就任採取一連串行動，包括將韓國的警察活動全部納入日本的指揮之下。在被問及為什麼日本憲兵數量大幅增加時，據說他是這麼回答的：「比起普通警察，使用憲兵來管制未開化的民眾會更加容易。」[18]

從擔任統監的那一刻起，寺內就一直耐心地等待啟動日韓合併機制的時機。八月，機會似乎來臨了——有越來越多報告指出韓國社會各級人士都做好了日韓合併的覺悟。然而仍有一個重大問題亟待澄清，即民眾對於未來韓國皇室的待遇以及內閣總理大臣等高官政要的地位表示憂慮。寺內私下向韓國內閣成員傳話，表示日本天皇寬宏大量，政府亦秉持公正，因此絕不會讓韓國人陷入困境，無論對象是皇室成員還是卑微的農民。日本政府的決斷不會因為內閣集體辭職就受到影響，但這種逃避責任的行為反而會傷害到他們自己和國家。[19]總理大臣李完用被寺內說動，決定比起落荒而逃不如挺身面對危機。寺內察覺到李完用的態度有所改變，便於八月十六日派人將李完用請到統監官邸。

李完用一抵達統監府，寺內便遞給他一份與合併條約有關的備忘錄，當中以人們熟悉的概括性語句起頭：日韓兩國國土相連，文化相似，自古以來凶吉利害與共，最終形成不可分離的關係；也如此日本敢於歷經兩次戰爭，犧牲數萬生命和數億財富來保護韓國。自那以後，日本政府雖熱心投入幫助韓國，但在現行保護國關係之下制度過於複雜，以至於無法永久完善地確保韓國皇室的安寧與韓國全體人民的福祉。有鑑於此，日本認為兩國應相互融合，成為一體。

備忘錄繼續提到，兩國合併絕不該被視作戰爭或敵對的結果，而是雙方秉持友好親睦的心態而做出的協定。考慮到時代的趨勢，韓國皇帝自願將統治權讓與日本，自己則退位過上安穩的日子；為確保韓國皇帝、太上皇、皇太子和其他皇室成員的安寧，並不分貴賤保障所有韓國人民的福祉，日本在此提議有必要締結合併條約。[20]

最終向韓國政府遞交的合併條約共有八條，主要是向韓國皇帝和貴族做出確保他們在合併後會得到善待的保證[21]。大致上來說日本兌現了這些承諾，韓國皇室成員和其他貴族不僅獲封日本的爵位，也領有足夠的資金按照以往的方式生活[22]。退位後，純宗和太上皇高宗繼續住在漢城的德壽宮。一九二〇年，在日本接受菁英教育的韓國皇太子李垠與梨本宮的長女方子結婚。在他擔任日本軍官的卓越生涯中，李垠最終晉升到第一航空軍司令。

寺內交給李完用的備忘錄包含了較為初期的條文內容。例如，當中提議從今以後稱呼韓國皇帝為太公殿下，皇太子則尊稱為公殿下，且稱號得以世襲。對此備忘錄也預料到有些人可能會因為這等同降低了他們目前的地位而表示反對，然而這些尊稱並非韓國的頭銜，而是屬於日本。此外，如果仔細研究歷史的軌跡，便會發現韓國國王是從日本給予庇護並宣布韓國獨立以來才成為「皇帝」，因此那些主張韓國帝王的稱號可以回溯到幾個世紀以前，甚至認為韓國皇帝的地位比十幾年前還低的說法其實未必正確。無論如何，韓國宮廷獲得的經費幾乎沒有減少，更重要的是韓國皇帝藉由享有日本皇族的特權，便能擁有長久而穩固且永遠不會更動的地位。[23]

根據備忘錄的承諾，韓國貴族成員將獲賜日本華族的爵位，並且多虧天皇的寬宏大量，歲費也獲得實質增加。韓國的現任內閣成員將繼續留任直到任期屆滿為止，之後便等著領取足以使他們無憂無慮地度過餘生的養老金。一般國民亦會獲得資金援助，以便他們繼續維持生計。[24]

在聽完日本說明承諾給予全民福利的長篇大論之後，李完用只向寺內提出兩個請求，一是合併後保留韓國的國號，二是允許韓國皇帝保留國王的尊稱。儘管李完用支持合併，但他顯然擔心如果廢除國號和國王的頭銜，韓國的主體性很有可能喪失殆盡。寺內表示保留國號和國王稱號的做法與合併後的現實互相矛盾；一旦兩國合併，繼續使用象徵國家獨立的國號不僅不太恰當，更何況既然是由天皇來統治合併的兩國，自然就沒有國王存在的必要。李完用表示希望給他一些時間與信賴的顧問兼農商工部大臣的趙重應商議；寺內同意了。

當晚，日語流利的趙重應拜訪寺內，告知除非保留韓國的國號和國王稱號，否則他和李完用拒絕簽約。顯然在他們的印象中合併代表的意義是兩國合邦，各自保留主權地位，而非採用像奧匈帝國或瑞典—挪威聯盟的形式。寺內對他們絲毫不了解日本的用意感到很驚訝，但最終還是同意保留先前的舊國號「朝鮮」。在回答有關保留國王稱號的請求時，寺內妥協，建議稱韓國皇帝為「李王殿下」。「王」這一稱號與「國王」並不一樣；在日本，「王」僅僅指的是親王，但這個讓步似乎滿足了韓國人受傷的自尊心[25]。太上皇高宗將被稱為「太王殿下」，皇太子李垠則被稱為「王世子殿下」。趙重應表示贊同，並告知了李完用。李完用對寺內說，他確信能夠在第二天的會議上說服內閣接受寺內的讓步。

八月十八日，桂太郎向天皇報告寺內與韓國內閣的談判經過。寺內請求政府批准這兩個讓步，承諾一旦獲得批准，將在幾天內著手簽訂條約[26]。天皇批准了寺內的請求，由桂太郎將此透過電報告知寺內，寺內於是立刻通知了李完用。他建議李完用立刻採取措施以便正式簽約。同日，李完用召集內閣尋求眾人同意支持合併；八月二十二日，內閣召開了韓國皇帝親臨的御前會議。

這次會議的出席者包括韓國皇帝、總理大臣、皇室成員代表和其他高層官員。皇帝先是宣布將把韓國的統治權讓與日本天皇，在全權委任狀上親自署名並加蓋御璽；他將委任狀遞給李完用，隨後李完用呈上合併條約供皇帝閱覽，並對條文進行解釋。皇帝欣然地認可了條約。

會議一結束，李完用便來到統監府，將會議的情況告知寺內，接著出示全權委任狀，請求寺內簽署條約。在查看了委任狀後，寺內斷定這份文件完整妥當，並評論說能採用如此平穩友好的方法解決時局問題對日本和韓國來說都是一件值得慶祝的幸事。他和李完用皆在條約的日本文本和韓文文本上簽了名。[27]

八月二十九日，日本公布日韓合併條約的全文，並由天皇發布詔書：

朕念永保東洋和平、保障帝國安全為必要之事，又常思韓國為禍亂之淵源，而有朕之政府同韓國政府先前協定，置韓國於帝國保護之下，杜絕禍源，以期確保和平。爾來經時四年有餘，其間朕之政府銳意改善韓國施政，雖見成績，然韓國現制尚未足以完全保持治安，疑懼之念每每充溢國內，民難安堵。為維持公共安寧、增進民眾福利，加革新於現制已瞭然不可避。

朕與韓國皇帝陛下共鑑此事態，念舉韓國與日本帝國合併以應時勢要求之外，再無他法，茲決定韓國與帝國永久併合。

韓國皇帝陛下及其皇室各員於併合後應受相當之優遇，民眾直接立於朕綏撫之下，增進其福祉；產業及貿易於治平之下，亦得顯著發達。而東洋之和平，依此愈見鞏固基礎，乃朕所確信無疑之所也。

朕特置朝鮮總督，以承朕命，統率陸海軍，總轄諸般政務，望百官有司詳察朕意行事，施設之緩急得其宜，以使百姓永享治平之慶。28

和其他以天皇名義頒布的詔書一樣，我們不清楚當中的哪一部分（如果有的話）是天皇本人的意思，但是詔書的內容確實與他對韓國的切身命運所持有的觀點相吻合。從相隔已久的現在看來，那些促成日韓合併的人都犯了一個嚴重的錯誤：有鑑於至今為止的外交經驗，認為合併將促進共榮的韓國人理應預見到比起為韓國人帶來繁榮，外國人的利益總是被擺在第一優先；即便他們名義上的國王能過著舒適的退位生活，韓國民眾卻依然逃不過被剝削的命運。在近代文明的各個方面都領先於韓國人的日本人，必將毫不猶豫地利用自己的優勢地位。

另一方面，那些真心相信自家政府公開宣稱的目標的日本人也應當意識到，作為總督統治韓國的軍人除了把韓國當作日本在亞洲大陸上展開進一步擴張的跳板，根本對韓國沒有興趣。儘管合併所帶來的最糟糕的局面可想而知，但似乎沒有任何人為此擔憂：在韓國的日本人將以傲慢的支配者自居，而韓國人為了能在日本的統治下求生存，只得學會如何取悅日本。這對當時的韓國人來說，時而會讓他們感到備受屈辱。

即便韓國政府已經預料到日本人的統治可能會帶來的影響，但在現階段他們也無力抵抗。從合併條約強調對國王和貴族提供相應的優待措施，也多少反映了日本人認為只要滿足了上層階級，就算無知的民眾出現不滿也無關緊要。

不久後，僅僅作為王的韓國皇帝正如他在八月二十九日頒布的詔書中所明示的，已不再是韓國獨立的象徵性存在。他在詔書中表明自己為實現改革竭盡所能，卻事與願違。由於十二年前喝下了摻毒的咖啡，他積弱成痼，疲憊不已，再也無法振作；雖然日夜憂慮力圖為國家所面臨的問題尋思善策，但他意識到自己無法收拾時局，因此認為托大任於他人才是上策，決定將韓國的統治權讓與仰賴許久的鄰國君主「大日本皇帝陛下」（天皇），藉此對外鞏固東洋和平，對內保全國家民生。他敦促韓國民眾深察國勢、順應時宜，無須為國擔憂只管各安其業，服從日本帝國的文明新政，共享福澤。最後他強調今日之舉並非棄民眾於不顧，而是出於救活國家百姓之懇願。

這封詔書不太可能是純宗皇帝親筆書寫的，但其中傳達的強烈感情表明寫下詔書的人非常了解皇帝的感受，又或者有些話確實出自純宗本人。他雖然身體虛弱、未老先衰、牙齒掉光，但還是想讓韓國民眾知道自己並沒有向日本屈服，而是耗盡了有限的精力為韓國面臨的危機尋找其他解救方法，最後卻徒勞無功而已。[29]

同一天的八月二十九日，日本天皇頒布一系列詔書，宣布從此以後韓國改稱「朝鮮」，並在當地設置總督、施行大赦，以及向朝鮮皇室下賜獎賞。此外也公開了針對日本進口朝鮮貨物徵收的關稅，以及與專利、設計、著作權和通商有關的法律規定。[30]在經歷自家統治者多年怠惰的統治後，韓國人如今切身感受到日本過著多麼有效率的生活。

天皇對桂太郎妥善處理合併條約一事表示感謝。九月一日，宮中三殿舉行了向神明奉告日韓合併的儀式，由儀式長官岩倉具綱代表天皇主持。同一天，九條道實奉命前往伊勢神宮彙報合併一事，並於三日和四日分別前往神武天皇陵以及孝明天皇陵報告此事[31]。從特地前往奉告的場所數量來看，這次合併似乎比甲午戰爭和日俄戰爭的勝利還要重要。

八月二十九日，《萬朝報》刊載了一首民間歌謠，唱著「眾人曾可見，西鄉殿下正與閻王把酒言歡。」[32]三十幾年前，西鄉隆盛曾提倡征韓論未果，而如今日本甚至不需要打仗就把朝鮮納為己有，因此才說西鄉此刻想必正與閻羅王舉杯慶祝。

日韓關係的改變並沒有影響到天皇對李垠的喜愛之情。他依然時不時向他贈送點心或水果，但既然李垠不再是「皇太子」，天皇便決定在私底下稱其為「昌德若宮」[33]。

十月，成為初代朝鮮總督的寺內上書天皇，描述他從擔任統監到合併韓國期間的來龍去脈。他對行政機關進行重組以期簡化流程，並大幅削減開支，振興地方行政。他自述這些措施將使得「朝鮮上下士民皆浴皇化之德澤，感激優待寵裕」[34]。

儘管寺內在奏疏中沒有提及，但他已經禁止使用韓國的年號，此後所有官方文件都必須按照明治的統治年份來記錄日期。首都漢城雖是自李氏王朝建都以來使用超過五百多年的稱呼，卻也遭到禁用，改稱「京城」[35]。即便是在合併的早期階段，寺內似乎已經下定決心要摧毀朝鮮人民的國家意識。

部分尤其是出身上流階級的朝鮮人或許會對日本統治所帶來的高度施政效率和更多安全保障心懷感激，然而絕大多數人卻在外國人的統治下飽嘗辛酸；這些外國人將他們視為下等國民，甚至試圖剝奪他們的語言和姓名。令大多數日本人感到高興和自豪的是，如今日本天皇不僅統治著日本列島，還將臺灣和庫頁島納入版圖，現在又統治了朝鮮半島。日本在遠東取得的成果已經遠遠超過只擁有香港和清朝幾個口岸的英國、還沒有踏出中南半島的法國、以及仍為菲律賓的社會動盪而困擾的美國。當時幾乎沒有日本人意識到殖民主義毒害的對象不僅僅是被殖民者，也包括了殖民者本身。

·第六十章·

「大逆」陰謀

一九一一年在一片平靜中悄然揭開序幕。明治天皇今年六十歲了，其健康似乎每況愈下。他原定於一月七日前往青山閱兵場觀摩今年第一場閱兵儀式，但在主治醫生的建議下以健康為由將行程取消。

一月十日，他和皇后前往鳳凰之間聆聽本年度第一場講座。和往常一樣，講座的內容分別出自西方、中國和日本的典籍[1]。十八日，宮中依照慣例舉行該年第一場御歌會，天皇以「寒月照梅花」為主題創作了和歌：

皎潔月光寒依舊

梅枝溢香如沐春[2]

和歌本身雖然優美，但並不出眾；畢竟過去已有太多詩人描繪過初春的梅香。

就在舉辦這次文雅歌會的同一天，大審院對二十四名企圖暗殺天皇的嫌疑犯做出死刑判決，另有兩名嫌疑犯被判處無期徒刑。下午，總理大臣桂太郎攜帶判決副本來到皇居彙報情況。天皇帶著顯而易見的悲痛情緒聽取桂太郎的奏報，並指示他考慮給予特赦和減免刑期。[3]

雖然有些難以置信，但天皇直到這個時候才初次聽說關於從去年十二月十日開庭以來便備受矚目的幸德秋水和其他被告的審判。對此唯一可能的解釋就是宮中的人知道天皇並不讀報，於是故意沒有向天皇稟報審判的狀況[4]。如果這是事實，那麼天皇應該對有人計劃刺殺他的事情一無所知；如今當他得知有人民想要取他性命，想必帶來了不小的衝擊。至今為止明治偶爾會接到外國元首被暗殺的消息，例如俄國沙皇亞歷山大二世、義大利國王翁貝托一世和葡萄牙國王卡洛斯一世都在近期遇刺身亡[5]；過去法國總統薩迪・卡諾（Sadi Carnot）以及美國總統詹姆斯・加菲爾德（James Garfield）和威廉・麥金利（William McKinley）都因暗殺而死，朝鮮閔妃亦慘遭日本人殺害；此外西班牙國王阿方索十三世也遭逢暗殺未遂，就連英國維多利亞女王也多次遇襲[6]。就拿更貼近日本的事件來說，一八九一年，一名日本警官也曾企圖在大津刺殺俄國皇太子尼古拉。

每當得知暗殺的消息時，天皇通常會致電弔唁，若是未遂的話則會以電報慰問。但他大概從來都沒有想到過自己有一天也會成為暗殺者的目標。

這次密謀刺殺天皇的「大逆事件」是由無政府主義者所策劃，他們的精神導師則是記者兼翻譯家的幸德秋水（一八七一—一九一一）。[7]出生於四國地區高知縣中村町的幸德很早就展示出異於常人的學識才華，他在七歲時用漢文作的一首詩也被保存至今[8]。

幸德秋水在自傳式散文〈為何我成為一名社會主義者〉中暗示了少年時代那些可能導致他日後被社會主義吸引的理由。他帶著怨憤回想起過去的不幸：明治維新後家道衰落，自己無法繼續學業[9]。但他沒有提到另外兩個不幸——幸德一歲時父親過世，從此失去親人的庇護；他並非士族出身，因此在學校受人歧視。

幸德自年少時期就十分抗拒待在鄉鎮的封閉世界裡。由於缺乏學費，幸德在高知中學中村分校廢校後便中斷了學業。家人意識到他具有不同尋常的才華，盡了一切努力送他前往高知的私塾就讀，然而他討厭私塾的嚴格教育，認為自己像個「囚犯」一樣[10]。據說焦躁（和粗劣的食物）讓他患上了肋膜炎，而這也是終生困擾他的眾多疾病中的第一個。在身體恢復後，幸德回到高知中學本部就讀，卻因為長期缺課導致學業落後，讓他決定輟學前往東京。他靠著賣書籌集旅費，並於一八八七年九月抵達東京，這時的他才剛滿十六歲。

幸德住進他人宅邸一邊幫傭，一邊利用空閒時間在英語學校學習。三個月後，他和具有進步政治思想的高知縣人士所成立的土佐自由黨的其他成員因違反《保安條例》而被責令離開東京，主要罪名是抗議政府在處理修約事宜時表現得過於軟弱。抱持各種政治信仰的人所犯下的這個「罪行」倘若不是正值新憲法即將成立之際，或許就不會受到責罰；政府（尤其是伊藤博文）因為擔心這類抗議可能會威脅到憲法的完成，所以才以維護公共秩序的名義頒布了《保安條例》。幸德是被勒令離開東京三年的五百七十人其中之一。[11]

幸德靠著雙腳一路走回中村。在路上遭受的寒冷和饑餓使他對伊藤產生了難以釋懷的仇恨。他一回到故鄉就遭到家人指責，說他沒有做任何事情來緩解家裡的經濟困境。幸德於是決定再次出走前往中國，但因為在途中旅費用盡，只好放棄改往大阪，並在這裡迎來人生最重大的轉機：他在大阪結識了信奉唯物論的民權提倡人士中江兆民（一八四七—一九〇一）。根據幸德自身所言，他把中江視作自己唯一的老師。十七歲的幸德於是在中江門下度過了兩年半的徒弟生活。

同樣出身高知的中江之所以生活在大阪，是因為他也被勒令離開東京。這時的大阪是個激動人心之地，許多被逐出東京的自由或激進主義思想家都定居於此，積極討論政治問題、召開集會並出版刊物。

從這時起，幸德開始透過日記記錄自己的想法。就在憲法頒布的一八八九年二月十一日這天，文部大臣森有禮遭到名為西野文太郎的書生刺殺。幸德在日記中對憲法隻字未提，卻用漢文寫了一段悼詞表示同情和欽佩西野，將自己和這名選擇透過直接行動實踐信念這條危險道路的暗殺者重合在一起[12]。幸德對西野的讚賞亦為他日後的政治活動提供了線索，儘管此時的他既不崇尚社會主義，也不是一位無政府主義者。

雖然大多數日本人都樂於迎接憲法，但幸德的沉默或許反映了中江對他的影響。中江不僅質疑天皇賜予的這份「大禮」的價值，更對那些不懂憲法的實際作用卻為之喝采的愚蠢日本人嗤之以鼻[13]。

為了賺取生活費，幸德曾一度為人撰寫劇本，其中一部便是以刺殺森有禮的事件為題材，將內閣大臣的驕奢與一般民眾的悲情加以對照。他同時也開始為政治刊物撰文。當慶祝憲法頒布的活動順利結束以後，政府解除了將激進分子逐出東京的禁令，首都於是再次成為政治活動中心，中江也帶著幸德返回東京。

一八九〇年，年滿十九歲的幸德沒能通過徵兵檢查，這也許是長年纏身的疾病唯一值得他慶幸的結果。他進入一所由政府創辦的英語學校學習，並於一八九三年畢業。與此同時，他也迷上在吉原遊廓尋歡作樂。中江預料幸德將成為一名作家，而非政治人物，但幸德堅稱他打算當上內閣大臣[14]。

一八九三年九月，幸德在《自由新聞》謀得一份差事。《自由新聞》是一份沿襲板垣退助的傳統、支持自由主義的報紙，但在被收買後成為政府的機關報。幸德的工作主要是翻譯刊載在英語出版物上的文章。儘管他曾在英語學校閱讀過麥考利、狄更斯和卡萊爾的著作，但翻譯政治報導卻是另一回事。到了後來，他也曾生動地描述過這份工作有多麼勞心費神。

隨著幸德逐漸能夠更加熟練地閱讀英文政治論文，他便深深受到這些作者的影響。在個人回憶錄中他提到自己在擔任記者早期讀過德國社會學家謝福勒（Albert Schäffle）和美國學者亨利・喬治(Henry George)的作品，但當時的他還沒有自認為是個社會主義者。一八九七年，幸德寫的一篇關於英照皇太后葬禮的文章首次引起了關注。文中抒發了忠於皇室的崇敬之情，使得編輯認為幸德堪稱日本年輕人的模範，便提拔他撰寫社論[15]。

第二年，幸德第一次接觸到社會主義組織。他加入了社會主義研究會，每月聽取並討論與社會主義有關的演講。剛開始，或許是因為他對社會主義的了解有限，幸德在研究會裡並不起眼，但他在一八九九年六月二十五日發表的一篇題為「現今的政治社會與社會主義」的演講卻引發一陣關注。不同於其他演講人以外國社會主義者如傅立葉(Charles Fourier)、布朗(Louis Blanc)、馬克思(Karl Marx)和亨利・喬治的論文為主題，幸德探討的是日本國內的社會主義。[16]

一八九八年，幸德(作為一名社論作家)跳槽至東京一家大型的進步報刊《萬朝報》，並為該報撰寫了五年的社論。他的第一篇社論(發表於一八九八年二月)採用了一個具有挑撥意味的標題〈哀嘆紀元節〉。文章開頭寫道：

> 我國民為憲法發布之聲而興奮，忽幻想黃金世界，欣喜雀躍幾近發狂，此實十年以前之近日也。而後雖年月未久，然專制壓抑之政治依然未變。憲法屢遭薩摩閥侮辱，議會屢為長州閥所蹂躪，政黨癱瘓，社會日趨腐敗墮落。[17]

雖然幸德對政府（尤其是薩長派系的壟斷）進行了嚴厲的批評，但他並沒有拋卻加入政黨的希望。十一月，他寫了一篇歡迎新的山縣內閣的社論，但這並不是因為他欣賞新內閣的政策，而是隈板內閣的垮臺證實了既有政黨的有名無實，令他覺得讓不以「政黨內閣」的虛名欺騙大眾的人來擔任總理大臣還比較可行。幸德持續呼籲在實現貧富階層收入均等化、普及教育、公平選舉、結束貴族制度、徵收遺產稅、貧民救濟法、制定工廠法、獨佔事業和土地國有化等方面進行改革[18]；這時的他似乎仍然對改革現有政治體制抱持希望，以便為廣大的日本民眾謀求更多福利。

打算從政做官的幸德於是參加了「普通選舉期成同盟會」，希望建立一個任何人都能夠參與競選的體制。此時他的目標是建立以憲法為基礎的民主制度，但受到在社會主義研究會的活動影響，他的社論開始比以往更加公開地探討社會主義。在一八九九年九月發表的社論中，幸德承認日本尚未準備好實行社會主義，但力勸讀者在拒絕或排斥社會主義之前應該先好好了解。

社會主義研究會的核心人物片山潛（一八五九—一九三三）在日本社會主義歷史上扮演著相當重要的角色。片山曾受過良好教育，但對其教授的傳統內容感到不滿，認為「漢學已是過去之物」、「學漢書亦愚蠢，以詩文不能立生活之道」[19]。一八八四年，二十五歲的片山前往美國後在當地待了十一年，一邊盡其所能地維持生計，一邊在各所大學裡學習[20]。一八八六年，他在加州「發現了上帝」，成為阿拉梅達第一公理會的成員。幾年之後，他雖然自嘲只是因為日本的神靈相距遙遠而轉為信仰美國的神靈耶穌，但信仰基督教對他的發展卻極為重要。回國之際，片山已經獲得神學士和文學碩士的資格，然而比這些學位都更有價值的卻是他得以接觸到先進的新教教會領導人的社會思想，加深他對勞工和其他被剝削的社會階層的關注[21]。片山曾寫道，社會主義是拯救二十世紀社會的「新福音」。

片山於一八九五年回到日本，開設了日本第一間鄰保館[*1]。與窮苦人民的接觸無疑加深了他身為社會主義者的信念。甲午戰爭結束後，整個時代面臨工業急速發展、工薪階層增加、物價上漲以及大規模的社會變動，然而無論承受多麼沉重的壓迫，勞工都沒有能夠反抗剝削和壓榨的手段。一八九七年，片山積極創建工會，並成為第一份工會期刊的編輯。一八九八年鐵路罷工的勝利讓片山一舉成名，這同時也證明罷工是勞工行使權利的有效武器。但片山確信改善勞工處境的各項行動應始終合乎法律，並與無政府主義者毫無共鳴。

一九〇〇年，山縣內閣強行通過《治安警察法》，其中包含直接影響工會活動的條款。雖然法條沒有明令禁止罷工，卻規定將對煽動罷工者和使用暴力鎮壓罷工的雙方進行懲處。這部法律看似公平，但事實上包含這項規定在內的新法內容都意在箝制工會和防堵罷工。幸德

*1　在貧民較多的地區以改善民眾生活與教育水準為目的的福利機構。

在《萬朝報》上寫了一篇關於新法的社論，主張儘管「暴力、誹謗、強迫、引誘和煽動」都不可取，卻應該被用在勞工運動上，因為他們「缺乏教育、資金、寫作能力、演講能力和選舉權」。他認為在與資本家鬥爭時，勞工們別無選擇，只能仰賴會被視為不法行為的各種手段。

身為左翼領導人的幸德顯然將會是片山的最大對手。他在一九〇一年發表了一部著作《廿世紀之怪物帝國主義》，並在序言裡謙遜地否定該書的獨創性，聲稱自己只不過是複製了歐美學者已經寫過的內容。儘管如此，該著作仍具有一定的開創性[22]，他對帝國主義的探討即便並非獨一無二，卻充滿了說服力。幸德對於天皇也有一番獨到的見解：

> 與德國的年輕皇帝不同，日本天皇不喜戰爭，重視和平，不以野蠻的虛榮為樂，只期望造就世界上文明的繁榮……而絕不是所謂的「愛國主義者」或「帝國主義者」。[23]

幸德認為明治天皇只是為了和平、人道和正義才使用軍隊。他深信比起以天皇或忠誠之名開戰，陛下會更贊同士兵為前述三個理想而戰。這個時期的幸德相當崇敬天皇，在回應山川均針對皇太子妃問題寫下的批判時，幸德對於有兩三「如此狂暴不敬」之徒表示相當遺憾。他希望民眾和皇室能夠團結起來[24]。

當時，列強鎮壓義和團的行動引起幸德和其他進步論者的關注，他們認為西方列強（和日本）的介入是帝國主義蠻橫行為的鐵證。幸德為此深有所感，一口氣寫了四十篇譴責帝國主義和提倡和平主義的社論，這兩大論點也成為他後期作品中最常見的主題。

一九〇一年五月，以提倡社會主義而聞名的幸德、片山等人決定成立一個社會主義政黨「社會民主黨」。先前自由黨的崩壞以及部分前黨員放棄理想加入伊藤博文新成立的政友會，都使得當下有必要成立一個代表弱勢群體權利的黨派。在中江兆民的委託下，幸德寫了一篇哀悼自由黨的社論；該文章以精彩熟練的文筆廣受好評，為幸德贏得了文學名家的美譽。新政黨的成立宣言由前社會主義研究會的成員安部磯雄（一八六五—一九四九）負責起草。儘管其中的大多數主張在後來都得以實現，但看在當時政府眼裡卻是充滿危險的革命性目標。這些主張包括鐵路公有化、免費的小學義務教育、禁止婦女兒童在夜間工作、廢除死刑等[25]。宣言書才一公布，政府便決定取締社會民主黨，並沒收了宣言。

根據安部的描述，政府透過警察向他透露，只要削除宣言中關於減少或廢除軍備、推動針對重大問題進行公投以及廢除貴族院的主張，就不會禁止黨派的成立。但身為理想主義者的安部卻堅決反對更改任何一個字。

下達結黨禁止令的人正是內務大臣末松謙澄[26]。與幸德的《萬朝報》關係密切並且熟識末松的堺利彥前去詢問為什麼禁止該黨成立。末松的回答簡單明瞭：「其他國家都被社會黨搞得焦頭爛額，正在盡全力鎮壓。日本自當必須全力以赴予以鎮壓。」得知末松的態度，幸德在《萬朝報》上刊登了一篇諷刺的文章，認為末松如果真的想要禁止社會主義，就應該將所有社會主義者驅逐出境，燒毀所有相關文獻，禁止進口外國書籍。倘若他真有這麼做的勇氣毅力跟手腕的話，或許至少能鎮壓他這一代的社會主義[27]。

過沒多久（一九〇一年五月三十日），幸德寫了一篇題為〈日本的民主主義〉的社論。他在開頭引述了明治天皇的兩首和歌，即「今閱古文總是思　己治之國走何路」以及「遍身綾錦層層覆　怯衣露臂怎禦寒」。[28]幸德認為這兩首和歌所要傳達的主旨便是民主主義；任何沒有力圖按照天皇旨意行事的人都可以說是「陛下的罪人」。天皇作為民主主義的化身，一心只希望國民幸福，但政府中卻有些人只顧私利，斷送了民眾的福祉。他呼籲採用新的原則和理想，以適應新的時代。

一九〇一年九月，幸德會見了勇於反對足尾銅礦污染的田中正造。一九〇〇年二月，來自群馬和栃木縣的約三千名農民前往東京進行和平示威，但政府卻命令武裝員警驅散示威民眾，並逮捕了領導者。至此田中認定無法說動政府，便決定直接向天皇請願。然而他擔心自己無法寫出文辭恰當的請願書，於是找上當時的名作家幸德求助。一九〇一年十二月十日，田中試圖將請願書直接投進天皇的馬車，但並未成功。田中遭到逮捕，幸德也被當成共犯接受訊問。政府不知道該怎麼處置這兩人，最後只好把他們當成瘋子無罪釋放。[29]

這件事之後過了三天，中江兆民死於癌症。當醫生告訴他只剩一年半可活時，他決定把剩下的時間都用來撰寫回憶錄。其著作《一年有半》在三天內售出一萬冊，並再版二十二次，可見雖然遭到政府打壓，但自由主義思想仍然是大眾關注的焦點。將中江視為自己唯一恩師的幸德隨後寫了一篇感人至深的追悼文，於翌年發表。

一九〇三年，幸德出版了一本闡述社會主義原理的著作《社會主義神髓》。在序言部分他承認自己的著作受惠於馬克思、恩格斯（Friedrich Engels）等人，其結論則是只有實現社會主義才能真正確立自由、友愛、進步和幸福。他懇切地希望有識之士能夠挺身而出，一同以實踐社會主義為目標[30]。截至一九〇五年，該著作總共再版了七次。

一九〇三年十月，幸德從《萬朝報》辭職，因為該報的編輯方針從一個允許在版面上發表尖銳觀點的自由論壇，轉變為支持政府對俄開戰的一言堂[31]。幸德和堺利彥因此決定創立新的刊物，讓他們可以自由發表意見而不必遷就任何人。一九〇三年十一月，周刊報紙《平民新聞》第一期由平民社出版[32]；置於刊頭的宣言表明了報紙的未來方針，即以促進自由、平等、博愛為宗旨，提倡民主、社會主義及和平主義，並希望在合法範圍內取得多數人認同，在堅決反對暴力的情況下展開社會主義運動。

即使與俄國開戰似乎已變得無可避免，《平民新聞》還是繼續刊登譴責好戰行徑的社論。幸德在一篇文章中質問究竟是誰有權宣戰？雖然憲法規定宣戰是天皇的大權，但實際上在行使這項權力之前卻是由其他人做出了決定。這些人不是輿論，也不是議會的議員或行政大臣，而是「名為銀行家的借貸業者」。[33]

儘管幸德的文章無法阻止日本與俄國的戰爭，但他仍努力不懈地試圖撲滅愚蠢的戰爭熱。一九〇四年三月，他發表了〈與俄國社會黨書〉，將俄國社會黨的成員稱為「同志」，並痛斥兩個交戰國出於帝國主義的貪婪行徑。他呼籲俄國社會黨的「兄弟姐妹」對抗兩國民眾共同的敵人，即所謂的愛國主義和軍國主義。這篇文章的譯文也被刊登在英文版的《平民新聞》中，並隨即在世界各國引發巨大迴響，使得文章被不斷轉載或翻譯。俄國社會民主工黨的機關報《火星報》稱讚幸德的文章是具有劃時代歷史意義的重要評論，並加入了高喊「打倒軍國主義！」的行列。[34]

雖然獲得俄國人的聲援，但幸德和平民社的其他成員無法對抗席捲整個日本的戰爭熱潮。三月，幸德刊載一篇題為〈嗚呼增稅！〉的文章，痛斥為了支付戰費而增稅的政策。政府以這篇文章損害國家利益且擾亂社會秩序為由，判處《平民新聞》的發行人兼編輯的堺利彥兩個月的拘役。這是日本社會主義運動史上第一個被判處監禁的例子。[35]

為紀念創報滿一周年，預定在一九〇四年十一月十三日發行的《平民新聞》將會刊載《共產黨宣言》的譯文。然而就在發行前夕，同屬平民社的幸德秋水、西川光二郎、石川三四郎以「紊亂朝憲」的罪名遭到起訴。幸德被判處拘役五個月，併科罰金五十日圓。刊載了幸德和堺利彥合譯的《共產黨宣言》的《平民新聞》特刊號亦被查禁，幸德等人為此額外支付了八十日圓的罰金。

一九〇五年七月，幸德入獄服刑。他將服刑期間的五個月用於研讀政治學說論文以及哲學家勒南（Joseph-Ernest Renan）的《耶穌傳》（*Life of Jesus*）。能有這麼一段不受打擾的學習時間，對幸德來說是因禍得福，只可惜他向來身體虛弱，獄中的生活導致他的健康逐漸惡化。出獄後，幸德已經沒有餘力回應前同事的期待重振平民社。在一封於八月十日（日俄雙方在該日展開議和談判）寫給美國無政府主義者阿爾伯特・強森（Albert Johnson）的信中，幸德透露自己儘管在入獄時是馬克思學派的社會主義者，但如今已化身「激進的無政府主義者」出獄[36]。他還列舉了自己為何應該出國的理由：首先，他想掌握外語，以便了解國際共產主義和無政府主義運動；他還希望拜訪外國的革命領袖，直接從他們展開的行動中學習；最後，他期望能逃出天皇的魔掌，在國外自由地談論天皇的地位以及政治經濟制度。[37]

幸德並沒有解釋為何他對天皇的態度會發生如此驚人的轉變。他同樣身為社會主義者與和平主義者的友人木下尚江（一八六九－一九三七）在過去就曾點出幸德堅持採用合法手段的主張和他迎合天皇的態度互為矛盾；然而在歷經了五個月的獄中生活之後，幸德如今已能完全貫徹他秉持的信念。[38]

幸德入獄期間，平民社隨著戰爭擴大不得不改變原本和平主義的立場。在旅順和奉天會戰獲勝後，日本民眾確信戰爭即將告捷，也因此對戰爭批判失去了興趣。儘管社會大眾仍對社會主義充滿熱情，但平民社的資助者開始撤資，加上各階層特別是基督教和唯物社會主義者之間也不斷發生意見衝突；就連堺利彥也決定離開平民社，決定另辦一份家庭雜誌來謀生。八月二十七日，幸德向他的同事發表了一封公開信，表明自己打算前往美國。九月二十六日，在為慶祝西川光二郎出獄而舉辦的宴會後，平民社宣告解散。

一九〇五年十一月，幸德動身前往美國。此次旅途的經費和留美期間的生活費用都由他的家人和朋友資助。離開日本之際，幸德在日記中寫道：

> 嗚呼，余何故離日本？無他，只無可奈何也。政府之迫害使平民社倒潰，余之病貧使余難為何事。去八日夜，於同志送別會，木下君送余，有如送負傷勇士之感。余雖非勇士，但確然為落敗之亡命者，求隱於世間，尋一立足之地。39

抵達美國後，幸德發現自己的名聲早已先行傳開了。他在西雅圖和舊金山受到許多曾讀過他的作品，尤其是〈與俄國社會黨書〉的日本僑民熱烈歡迎；此外不斷有人請他發表演說，而他自己也提到來聽演講的人絡繹不絕。在舊金山，幸德被介紹給一位熱烈崇尚無政府主義的俄國婦人，並寄宿在其家中。正如他在寫給強森的信中所提到的，幸德已經成為一名無政府主義者，然而直到接觸了這位女房東後[40]，他才意識到普選的無用以及暗殺統治者的必要性[41]。他開始相信，為了推翻殘酷壓迫的政府並形成一個讓所有人都為了社會整體利益和睦勞動的無政府社會，暴力是必不可少的。

待在美國的六個月期間，幸德並沒有遵循他最初告知詹森的研究計畫，但他結識了很多人，並積極參與美國社會革命黨的成立工作。然而，沒過多久他就發現，即便在美國也會受到言論自由的限制；他對於將日本移民視作學僕或女傭的種族偏見予以嚴厲譴責[42]。當著名的舊金山大地震發生時，幸德也正在現場。他在火災中歡呼道：「啊啊，火！熱情地燒吧！在它所到之處，沒有神，沒有財富，沒有權力。無數雄偉的教堂、高聳的市政建築、眾多的銀行、眾多的財富，全都在竄起的火苗中化為灰燼。」[43]

在返回日本的船上，平民社舊金山分社的成員岡繁樹告訴幸德，要在日本發動革命就必須先推翻天皇的統治。他建議幸德自願擔任貴族院的警衛，由此伺機接近天皇。

幸德待在美國的期間，日本政壇發生了諸多變化，其中對社會主義者尤其重要的便是極端保守的桂太郎內閣在一九〇五年十二月總辭，隔年一月由西園寺組閣。新內閣表示願意承認社會主義是世界上的主要潮流之一，並且不會動用警察不由分說地鎮壓。這促使部分社會主義者於一九〇六年一月申請組建「日本平民黨」，並獲得政府認可；另一班人馬（以堺利彥為首）

創立日本社會黨的申請也同樣得到了批准。此刻，社會主義政黨得以在日本合法成立。

然而，幸德已經對議會體制下的社會主義不再感興趣，而是提倡他所謂與其相對的「純粹社會主義」，即無政府主義。如今無政府主義革命的火焰似乎正如舊金山的大火一般令他無法自拔。回到日本後，幸德發表的第一次演講讓社會主義追隨者感到震驚和困惑；比起合法、和平的議會策略，他主張採取直接行動發起總罷工。這般強硬態度不免與其他人產生了分歧，尤其是那些渴望受到法律認可的社會主義者。

一九〇七年一月，繼承前名的《平民新聞》以一錢的定價發行了一萬三千份。該報主張言論自由，並宣稱「針對刊載內容絕不接受任何干涉、限制或約束」。然而過沒多久，事實證明《平民新聞》已經被贊成直接行動的「硬派」所把持，儘管幸德聲稱他不會強迫任何人接受他的信條。幸德主張革命是一種自然而然的趨勢，就如同在證實他的論點一樣，此時日本發生了一系列自發性的罷工，其中也包括足尾銅礦引發的爭議。礦山的罷工最終在內務大臣原敬的指示下遭到軍隊鎮壓。

一九〇七年二月十七日，日本社會黨第二次代表大會在東京召開，崇尚馬克思的社會主義者與支持巴枯寧（Mikhail Bakunin）的無政府主義者（包括幸德）之間很快地便出現嚴重分歧。另一方面，由留美日本人成立的社會革命黨率先帶動無政府主義者發起攻勢，於一九〇六年十二月底發行的期刊中猛烈抨擊各國元首，還提到必須迅速推翻代表資產階級的日本天皇。一九〇七年十一月，甚至出現了一封來自無政府主義政黨成員給明治天皇的公開信《與日本皇帝睦仁君足下》[44]。這些事態的發展與幸德不無關係，畢竟他在美國時不僅幫忙組建了社會革命黨，而且每個月都會替該黨的期刊撰寫文章。

日本政府對社會主義的打壓與日俱增。一九〇七年四月，距離發行才過了三個月的《平民新聞》被迫停刊。直接的原因是山口孤劍發表了一篇名為〈踢父母一腳〉的社論，在文中痛批父權，呼籲讀者反抗體制。除了來自政府的壓力外，幸德代表的「硬派」與片山率領的「軟派」之間的對抗意識也逐漸升高，只因幸德拒絕對任何無政府主義派提出的主張做出讓步。他為無政府主義進行辯護，認為那並非由暗殺者組成的組織，其目的只不過是「推翻專制壓迫的根基，在懦夫心中燃起反抗的靈火」。[45]

一九〇八年六月，正當幸德在故鄉中村養病，「硬派」的成員於東京發起示威遊行，高舉印有「無政府」和「無政府共產」等字樣的紅色旗幟[46]。事件本身雖然規模不大，但大多數無政府主義的領導者皆遭到逮捕並嚴懲。這件事或許預示了無政府主義者的作風將漸趨強硬，警察的鎮壓也會越來越嚴苛。堅決反對社會主義的山縣有朋認為西園寺對待激進分子的態度過於軟弱，於是計劃促使天皇讓桂太郎取代西園寺。結果山縣的策略宣告成功，一九〇八年七月，桂太郎受命組建內閣，很快地便祭出高壓措施打擊社會主義者。

與此同時，日本各地不斷湧現由無政府主義者主導的反政府活動。《平民新聞》讓許多人轉而信奉無政府主義，然而當中絕大多數人都是農民、工人或失業者，而非具有智識的理論家。儘管警察對疑似激進分子展開監控，但他們還是形成各種小型團體，稱為「紀州組」、「箱根組」或是「信州組」等等。例如在箱根，僧侶內山愚童就曾私下出版了名為《入獄紀念無政府共產》的小冊子，其中包括以下段落：

如今做為政府首腦的天子，其實並不如諸位的小學老師所唬弄的那樣，是神之子一類的人……就連諸位佃農也苦於每天獲得溫飽，因此不管日本是個神國還是其他東西，諸位也不可能心存感激……就是因為一直都被灌輸要為戴著神的面具的強盜後代工作一輩子並為其所用，諸位才永遠無法擺脫貧苦。[47]

無論是在日本還是加州的無政府主義者所發表的論文當中，被確立為「敵人」的不是腐敗的政治家或貪婪的資本家，而是天皇。為了確實促成變革，他們使用的武器也從發動總罷工變成了炸藥。幸德認為，成功的暗殺並不需要太多參與者；他贊同成立一支由五十人組成的敢死隊。

剛開始，不同組之間幾乎沒有合作，而是按照各自的計畫分頭行事。內山愚童雖然手邊有炸藥能作為武器，但他覺得暗殺皇太子或許要比暗殺天皇更加容易。信州組的宮下太吉則制定了最為具體的計畫：他提議自製炸彈暗殺天皇。但是，當一九〇九年二月宮下拜訪幸德時，幸德雖然欣賞宮下的勇氣，卻對這個方案的可行性表示懷疑。健康欠佳的幸德剛剛才翻譯出版了克魯泡特金(Peter Kropotkin)的《麵包與自由》，但他在死前還有好幾個希望能完成的計畫，例如他的著作《基督抹殺論》。儘管幸德一再重申堅持無政府主義的原則，但是長期以來對天皇懷有的崇敬之情或許使得他很難加入投擲炸彈的行列。48

當時最極端的無政府主義者大概是一名叫做管野須賀的女性。在被家人強迫締結一段沒有愛情的婚姻後，她決定逃跑並一度與作家荒畑寒村同居。荒畑向她灌輸了自己的左翼思想，兩人皆在赤旗事件中遭到逮捕，但只有須賀因為證據不足獲釋。在荒畑入獄期間，須賀轉而傾慕幸德，並最終成為幸德的戀人。幸德以為自己終於找到心目中有著共同革命理想的妻子，然而須賀實在太過執著於執行暗殺計畫，令幸德的激情逐漸消退，兩人終究分手。

即使在幸德明確表明自己不會參與暗殺後，宮下仍決定實施他的計畫。他還另外召集了三位同伴，即管野須賀、新村忠雄和古河力作。一九〇九年十一月三日49，宮下製作的一枚炸彈成功引爆。一九一〇年五月十七日，這四人利用抽籤決定在十一月三日(即天皇的生日)襲擊天皇從閱兵返程的馬車時各人的任務。須賀抽中了幸運數字：她將出扔第一枚炸彈。

五月二十日，早對宮下起了疑心的警察50在搜查他的房間的時候，發現了兩個錫罐。之後他們又前往宮下工作的木材廠進行搜索，找到了化學品和更多罐子。二十五日，遭警方告發的信州組五名成員被立刻逮捕。隨後搜查行動依然持續，警方於是在六月一日逮捕了幸德秋水。逮捕行動的範圍逐漸擴及各個組織，直到十月十八日才起訴了最後一批人。

公審從十二月十日開始，至二十九日結束。二十六名被告因違反刑法第七十三條遭到起訴，即規定傷害或企圖危害天皇與皇族者，將處以死刑。在審判過程中，管野須賀堅稱只有他們四人參與了密謀；但即便沒有她的證詞，幸德也確實並未牽扯其中。然而，他卻因煽動其他人信奉無政府主義同樣遭到起訴[51]。警方似乎下定決心不能讓他逃脫。

一九一一年一月十八日，法院宣讀了判決結果。二十六名被告中有二十四名被判處死刑，另外兩名則予以監禁。一月十九日，相關閣僚與官員根據天皇的旨意召開會議，考慮宣布特赦。最終他們建議將十二名被告的死刑判決減為無期徒刑，並獲得了批准，但另外十二名被告(包括幸德)將分別於一月二十四日及二十五日以絞刑處決[52]。

對於幾乎沒有涉及大逆陰謀的人做出如此嚴厲的判決，不僅為部份日本文學界人士帶來巨大衝擊，也引發海外的抗議聲浪。但當時大多數的日本人想必都把無政府主義者的密謀視作一種令人憎惡的謀反行為，因而認為死刑判決合情合理[53]。這次審訊以及針對二十六名被告作出判決讓迫切希望撲滅社會主義的日本當局十分滿意，如今社會主義者要想走出這個令人鬱悶的寒冬，可能還需要十年時間才能重新振作。

從相隔已久的今日來看，這些被處刑的男女似乎值得同情。畢竟他們僅僅是受到理想的推動，而非權力欲望的驅使。由於謀殺天皇的計畫失敗，使得人們能夠輕易原諒那些謀殺未遂者，甚至是為他們的判決打抱不平。不幸的是，這起事件並非是在日本策劃或實施的最後一次暗殺計畫，只不過接下來三十年發生的暗殺的主謀者都並非無政府主義者，而是極右翼的狂熱分子。

・第六十一章・
天皇駕崩

大逆事件的騷動情緒平息下來後，明治四十四年幾乎沒有什麼激動人心的事情發生。值得關注的大事包括與美國、法國、西班牙和其他國家簽署了新的通商條約，且廢除了大多數先前條約中在經濟和法律上對日本的歧視規定。但是，日本移民問題破壞了與美國一貫保持的友好關係，為日後的美日關係留下苦惱的種子。

一九一一年七月，英日兩國第三次締結同盟，不過因為修改了最初的條文，使得此時的同盟關係有所削弱。美國對日本的海軍建設以及在朝鮮半島和滿洲的勢力擴張感到不安，譴責這些不受歡迎的事態是同盟所致，顯然是在期待英日能終止同盟[1]。英國無法完全忽略美國的反對意見，因為他們希望與美國簽訂條約，規定如果雙方發生爭端應當訴諸仲裁。然而，仲裁條約實際上與英日同盟的條款相抵觸；如果日本和美國開戰，英國就必須根據盟約與日本一起對抗美國；但是，假如英國受到仲裁條約束縛，仲裁國很有可能會反對英國參戰。出於自身考量，日本拒絕將本國與他國之間的糾紛提請仲裁。經驗告訴他們，每當白種人與黃種人國家發生衝突並提請仲裁時，白種人國家總是勝利的一方[2]。

但是，為了保全英日同盟，日本最終同意：如果日本同曾與英國簽訂仲裁條約的國家（如美國）開戰，英國沒有義務支持日本。[3]

日本之所以做出妥協，是因為他們依然相信該同盟有助於維護遠東和平。但事實上，英日同盟已經喪失了最初之於日本的重要性，不論是作為與歐洲列強平起平坐的象徵，還是防禦俄國侵略的屏障。

顯然在第一次宣布簽訂同盟時席捲英國的親日情緒已經逐漸冷卻，這在日俄戰爭後尤其明顯。英國人對日本的反感多半源自於潛在的民族和宗教偏見，並以憂懼日本工商業發展的形式表現出來。他們擔心日本完全把同盟當成滿足自身利益的工具，同時也越來越確信日本侵犯了清朝的領土完整，（儘管他們聲稱遵守門戶開放政策）試圖壟斷滿洲的重大利益[4]。部分英國人要求結束同盟，但外交大臣愛德華・格雷（Edward Grey）支持續約，理由是他覺得需要利用日本海軍來對抗日益強大的德國海軍。

大約就在這個時候（一九一一年七月），山縣有朋感嘆日俄戰爭後籠罩在日本人之間的鬆懈氛圍，因此上書天皇建議擴充軍備。他指出俄國已經從敗戰中恢復過來，清朝陸軍相較於過去也是實力大增；至於美日之間（儘管難以想像）亦遲早會有一戰，只因美國的太平洋政策隨時都有可能與日本的利益相衝突。[5]

儘管前景不容樂觀，但日本整體的氛圍還是相當和平，人們甚至還有閒暇關注那些至今為止被忽略的族群。在這個時期，天皇第一次表明他已經意識到跟不上日本經濟的快速發展的人群所面臨的困境。二月十一日，他向再次擔任總理大臣的桂太郎頒布了一道敕語，其中一節如下：

若有無靠之窮民，醫藥難獲，天壽難終，則為朕最軫念之所在也。為以施藥救療開濟生之道，茲出內帑（天皇的個人財產）之金，以充其資。卿可體察朕意，採宜行之舉措，以期開創眾庶長久可賴之所。6

同日，天皇告知大藏大臣他打算捐出一百五十萬日圓，作為貧民的醫療改善經費。這不是天皇第一次向需要醫療護理的窮人慷慨解囊：一八七八年，沙眼在新潟橫行，當時苦惱萬分的天皇就曾捐贈資金用於治療7；只要日本任何一處（有時候甚至是國外）發生火災、洪水或地震，他也都會向災民捐款。只不過這一次的捐贈金額比以前龐大許多，顯示他對此有了新的關注。也許天皇開始感受到衰老和疾病的負擔，於是把目光投向了那些和他承受著相同負荷的人群。

這一年，天皇開始取消任何可能對健康造成危害的公開活動。例如在四月二十日，他和皇后原本計劃參加濱離宮的賞櫻會，但那天風很大，且揚塵彌漫，於是天皇決定取消行程8。

天皇向來都不喜歡園遊會一類的活動，因為在這種場合上他不得不對所有出席者表現得親切熱忱，甚至可能覺得自己與外交官的握手次數已經夠多了；即便如此，他面對這些令人厭煩的職責依然盡其所能，只不過現在就算是儒家訓誡也無法使他克服身體上的勞累。

同年年底，天皇出席了福岡縣的陸軍特別大演習，這可以說是考驗其忍耐力的最後一次試煉。他於十一月七日搭乘火車離開東京，沿途停靠靜岡和姬路，於九日抵達位於山口縣的三田尻，並留宿在毛利元昭的別墅，由山縣有朋、桂太郎等出身長州的傑出人士負責迎接。當晚為了取悅天皇，毛利特意準備了餘興活動，例如用薩摩琵琶和筑前琵琶演奏紀念過去英雄事蹟的歌謠，而之後播放的活動寫真[*1]則多半是天皇生平第一次的體驗；上映的內容包括一段青森縣海岸捕鯨活動的實況、一段狸貓變成人的滑稽演劇，還有在非洲內陸順流而下的畫面。一位天皇的隨行人員也針對影響進行了解說。[9]

第二天，天皇動身前往下關，登上一艘軍艦前往門司，接著從搭乘火車前往大本營所在地的久留米。十一月十一日，天皇再次搭乘火車和馬車啟程前往軍演所在地。多虧通往山上的道路臨時搭建了便於行走的六十級木頭階梯，他才能夠順利爬到位於山頂的觀察哨；沿著臺階也設置了竹欄杆，讓天皇可以扶著一邊爬一邊倚靠。誰都能明顯看出爬山讓天皇筋疲力

*1　即「Motion picture」，為電影的舊稱。

盡，但他不僅登上了山頂，還觀摩了約兩個小時的演習。

當時，一名軍隊攝影師也拍下一張天皇俯身查看地圖的照片[10]。這張側拍在明治駕崩後和其簽名副本一同被公開，但為了使天皇看起來是站直的，攝影師將底片旋轉了九十度。這大概是自一八七三年天皇擺好姿勢讓內田九一拍攝後的三十八年來首次拍下天皇的照片[11]。

回程途中，天皇在三田尻再次受到毛利元昭的殷勤款待，並欣賞了音樂以及一些既增長見聞又幽默有趣的活動寫真。回到東京後，天皇才得知在十一月十日他的御用列車因為操作失誤出軌，導致出發時間延後了一個小時，負責人也於隔日臥軌自殺謝罪。而後天皇向其遺族下賜了三百日圓。[12]

一九一二年二月，參謀本部提交年度秋季大演習的計畫供天皇審批。根據計畫，天皇只有第二天晚上會在川越大本營度過，剩下的三個晚上則返回皇居休息。這番安排很顯然是在為天皇日益衰弱的身體狀況著想。

然而少見的是，天皇遲遲不肯予以批准。當參謀本部再也等不下去時，總務部部長進宮（透過侍從長）打探天皇的意思。天皇回答說：「見今次演習計畫，朕僅一夜駐泊川越行所。軍隊不拘風雨，露營演練實戰，朕豈能安眠於宮城內乎？如此計畫不可也。」參謀本部因此重新修改方案，安排天皇在演習期間都留宿在川越。收到新的計畫之後，天皇在當天立刻批准[13]。天皇似乎堅持（和他在甲午戰爭期間一樣）要與士兵共患難，並且不願意承認觀摩演習可能會有損他的健康。

天皇從福岡回到東京後不久，就接到清朝發生大動亂的消息。儘管日本政府傾向於靜觀其變而非貿然行動，然而有鑑於清廷近年來明顯軟弱無力，基本上似乎不太可能在沒有外國干預的情況下恢復秩序。報告顯示企圖推翻清政權的革命勢力在全國四起，卻缺乏一致性；不僅起義領導人之間存在內訌，倉促召集的軍隊也缺乏訓練、戰力薄弱，令人懷疑他們是否真能維持所佔領的地區的秩序。如果騷動繼續持續，難保不會影響到通商，甚至再次釀成義和團之亂時的仇外情緒。考慮到事態的緊急性，日本政府推斷那些在清朝享有重大利益的國家絕不會袖手旁觀。

日本政府於是命令駐倫敦大使探明英國面對這次危機有何打算。大使還接獲指示，如果被問起日本的立場，就說日本無法認同那些想要在中國建立共和國的空論，更期待清朝承認漢人官吏的重要性，建立一個名義上的滿族朝廷，但實際事務則交由漢人管理。[14]

日本國內對清朝局勢的擔憂情緒持續增長。為了救亡圖存，清廷決定任命日本人熟知的軍機大臣袁世凱（一八五九—一九一六）擔任內閣總理。甲午戰爭前，袁世凱曾在朝鮮表現活躍，戰後則因為重建了清國軍隊而獲得名聲。如今他似乎成為清朝君主制支持者的最後希望，然而袁世凱眼中看到的卻是成為中國第一任總統的千載良機。英國對清廷的支持搖擺不定，就連清政府中一些身居要職的人也傾向於接受共和制。

儘管日本人依然認為君主立憲制才是最適合清朝的政體，但他們也意識到日本無法獨自堅持讓中國維持君主制，也不可能永無止盡地為中國的前途操心。十二月二十七日，天皇在召開第二十八屆帝國議會時提到清朝的動亂：「朕甚憂之，望速復秩序，得見和平。」15他多次強調希望維持東亞和平（這與德皇威廉二世堅稱要維護德國榮譽的說法截然相反）的發言無疑反映了他的真心，這也是為何像安重根和幸德秋水這樣的人物雖然憎恨日本政府，卻仍然尊敬天皇。

一九一一年十二月二十八日，清政府發表聲明，呼籲結束敵對行動，並盡速廣集眾議，在民意的基礎上決定應該建立君主立憲制還是共和制。第二天，無視該聲明的革命勢力在南京召開臨時大總統選舉會議，最後由孫中山（一八六六—一九二五）當選，並於一九一二年一月一日就任中華民國臨時大總統。

在此期間，日本駐清公使伊集院彥吉（一八六四—一九二四）和曾主導效仿明治維新的戊戌變法的儒學者康有為（一八五八—一九二七）拜訪了袁世凱。他們表示已經得知政府和革命黨之間的談判毫無進展，甚至出現皇帝將退位的傳聞，並希望他說清楚實情。袁世凱答道，與革命軍的談判確實陷入僵局，雙方甚至無法就召開議會的地點達成共識；儘管政府提議在北京召開，但革命黨卻強烈反對。無論如何，政府軍的財務狀況日益窘迫，也沒有方法補足經費缺口；上海和香港的民間組織和地方官員都要求皇帝盡快退位，並建立共和政體。

面對國內外的反對意見，清政府已經放棄了建立君主立憲制的希望。皇室貴族同樣意見不一，情勢一片混亂。話末，袁世凱請伊集院提供建議。[16]

伊集院回答，日本無法提供任何簡單易行的解決方案，但他表明了日本對清朝走向君主立憲的期待，即使這會讓皇帝變得有名無實。他接著說道，無論是由誰來組織中國政府，除非它可以證實自己能夠鎮壓動亂，否則日本政府一概不會承認。在那之前，日本將別無選擇，只能將清朝視為一個沒有政府的國家。這個回答讓袁世凱困惑不已。[17]

數周後，清朝長達三百年的統治劃下了休止符。一九一二年二月十二日，六歲的宣統皇帝宣布退位，由袁世凱組織臨時共和政府，並全權負責與革命軍交涉統一事宜。十三日，承認袁世凱具有軍事才能的孫中山向南京臨時參議院提出辭呈，並推薦袁世凱接任。參議院同意後，袁世凱便於三月十日在北京宣誓就任中華民國臨時大總統。

我們尚且無從得知明治天皇對清帝退位有何反應，但比起葡萄牙國王被剝奪王位，這件事顯然帶給他更多震撼。這不僅僅是因為清朝比任何歐洲國家都更靠近日本，也是因為儘管清朝在甲午戰爭中落敗，中國長久以來仍是日本尊敬的對象。即便清朝在東亞國家之間已經失去了領導地位，但其皇帝和日本天皇在互通書信時都採用漢文書寫，明治的詔書也隨處可見出自儒家經典的典故。

日本的民族主義者會毫不猶豫斷言，比起當代的中國人，日本人才是中華文明古老榮耀的真正繼承者。中國帝制的終結打破了自秦始皇以來延續兩千多年的傳統，這種崩壞並不能與部分日本人所認為的琉球王國或者朝鮮王室在近代化潮流下無可避免的弱國命運同日而語。在未來三十年中，中國雖然受到日本軍隊的羞辱、遭到戰爭的蹂躪，但對於那些在某種程度上把中國的過去當成自身過去的日本知識分子而言，卻仍然有著強大的吸引力。

天皇的身體狀況明顯惡化，但他依然積極關注國家事務。一九一一年十月，由於近來患上耳聾的參謀總長奧保鞏準備退休，山縣有朋向天皇提議讓乃木希典接任。第二天，天皇轉告山縣，他擔心找不到足以接替乃木擔任學習院院長的人選。這也許是天皇的真心話，有鑑於他似乎希望讓自己的三個孫子在學習院時能接受乃木的指導[18]。然而天皇想必也很清楚，對乃木來說比起學習院的院長，擔任參謀總長這個令軍人夢寐以求的最高職位肯定更加意義重大。拒絕讓他升任將會顯得有些不近人情，然而天皇也許並沒有原諒乃木在旅順造成的重大犧牲。儘管乃木被日本民眾奉為日俄戰爭的英雄，就連外國政府也向他授予勳章，但是他卻被安排到一個教育的職務，且除了卓越的品性外沒有其他資格能夠勝任這個職位[19]。最後，天皇當然拒絕任命乃木為參謀總長。山縣於是撤回提議，請求允許陸軍上將奧保鞏繼續留任。[20]

新的一年（一九一二年）正好是明治四十五年。明治將在這一年迎來六十大壽[21]，然而考量到他的病痛，實在不太可能大肆慶祝。

宮中按照慣例舉辦了傳統的新年儀式，今年第一場講座介紹了亞里斯多德的《政治學》

(*Politics*)開始。由於天皇不喜歡高崎正風推薦的兩個主題「海邊鶴」和「社頭杉」，使得本年度首場御歌會的準備工作變得複雜起來。高崎又提交了兩個主題，但天皇還是不喜歡；最後他按照自己選定的主題「松上鶴」作了一首和歌。[22]

本年的歌會不同尋常的是，權典侍園祥子也參與其中。宮中最不起眼的權典侍通常都不會出席宮廷活動，但也許天皇只是想向替他生了四位平安成長的女兒的園祥子表達特別的好感，或者他其實隱約感覺到這可能是他生涯中最後一次的歌會，因而希望留下難忘的回憶。三天後，御醫岡玄卿建議天皇暫時不要吃肉、貝類、菇類、鰻魚或是西餐，而負責餐食的大膳寮也在同一天收到同樣的指示。[23]

天皇繼續履行接見內閣成員和外國來訪者的日常職責，儘管虛弱的身體狀況讓這一切變得很費力。他還捐款救濟需要幫助和受苦受難的民眾，並出席陸軍學校的畢業典禮等公眾活動。四月，他(和被招待的兩千零四十四人)參加了濱離宮的賞櫻會。

五月，天皇出席多個海軍和陸軍院校的畢業典禮，並於七月十日參加東京帝國大學的畢業典禮。爬樓梯似乎讓他精疲力竭，甚至需要借助佩劍來支撐[24]。十四日早上，當御醫為天皇進行例行問診時，天皇表示從清晨開始就感到身體疼痛、胃部沉重，並抱怨時常覺得四肢無力，疲倦犯睏。儘管如此，他仍然沒有忘記派遣一名宮中官員向王世子李垠傳話，讚揚李垠勤勉於學，並敦促他在暑假期間保持勤奮。

七月八日，日本和俄國於聖彼德堡簽署秘密協定，劃定了兩國在滿洲和內蒙古的勢力範圍。在樞密院召開討論協約的會議之前，天皇召見山縣有朋，表示對消除日俄衝突的根源並由此確保了東亞和平感到高興。儘管身體不適，天皇仍出席了樞密院的會議。通常情況下，天皇都是神情嚴肅平靜，並且在就座後長時間維持靜止不動；然而這天令大臣和顧問們驚愕的是，他坐姿懶散，還不時打盹。在回宮後，他對身邊的隨從說自己已經盡力去參加這次會議，因為討論的主題攸關外交上的重大問題，但他實在太過疲累，以至於不知不覺睡著了兩三次[25]。

從這天起，天皇出現心律不整和結脈的現象，但儘管感到不舒服，他仍像往常一樣繼續辦公。但他嗜睡的狀況越來越頻繁，不論是下午向他奉上點心，或者晚上用留聲機播放他最喜歡的音樂，都無法讓他像以往那樣樂在其中。天皇看起來相當疲憊。[26]

七月十七日，御醫岡玄卿為天皇檢查，發現他出現心律不整、肝硬化以及膝蓋以下部位疼痛等症狀。天皇的步調極為緩慢，但他一如既往地執行公務。

七月十八日，天皇食欲不振。這次他沒有試著前往辦公室，整天都感到頭暈目眩。晚上，他命人播放留聲機，好像是在欣賞音樂，實際上卻坐著睡著了。夜裡，天皇徹夜難眠。

異常炎熱的夏天加劇了天皇的痛苦。氣溫連續好幾天都維持在攝氏三十二度，到了十九日甚至飆升到三十四．五度。晚餐時天皇喝了兩杯酒，之後感覺雙眼迷濛。當他起身的時候突然一陣暈眩，摔倒在地板上。所有人都驚恐萬分，並在天皇倒下的地方迅速鋪了一張臨時的床。天皇發起了高燒，並陷入昏迷狀態。凌晨兩點，皇后召見德大寺實則與御醫等四人。

翌日早上，在皇后指示下召來了兩位從未替天皇診察過的醫生（皆為東京帝國大學的教授），並診斷天皇患上了尿毒症。這兩名醫生和宮中御醫長向聚集的元老、大臣、樞密院顧問以及陸海軍上將等告知了天皇的病情。當天下午他們發出官方聲明，第一次向全國透露天皇重症的消息。根據診斷書的內容，天皇從一九〇四年便患上糖尿病，一九〇六年又併發慢性腎臟炎。這兩個疾病不斷折磨著他，症狀時輕時重。七月十四日以來，天皇染上了腸胃炎；十五日開始出現嗜睡的症狀，並越來越嚴重。天皇食欲減退，自十九日起便因腦膜炎陷入昏迷狀態。這份報告也對天皇的體溫、脈搏和呼吸都做了詳細記錄。

從這天起，天皇的四個女兒和皇太子妃就輪流在床邊照顧他，皇太子則因為罹患水痘而缺席。皇后派遣式部長官宮地嚴夫前往伊勢神宮祈禱天皇康復，然而天皇的病情卻繼續惡化。來探望天皇的人絡繹不絕，但他連與他們說話都做不到。所有的人都責怪御醫在一九〇四年發現天皇的病情後沒有積極地進行治療，對此御醫們為自己辯解，強調他們雖然每天早上都進宮問診，天皇卻總是拒絕接受診察，自然也就沒有人敢違抗天皇的命令。[27]

即使在意識到自己無疑罹患某些疾病而同意讓醫生檢查時，天皇也總是很不情願。侍從日野西資博回憶天皇就曾在甲午戰爭身居廣島期間突然生病：「我們最初以為只是感冒，但不久後發現是肺炎。」日野西繼續說道：「陛下的眼睛和牙齒出問題已經有一段時間了，卻從來沒有向任何人訴過苦。他難以看清遠方的東西……在飲食方面，陛下總是對放入口中之物相當謹慎，絕對不碰任何硬的食物。但是，陛下從來都不做牙齒護理。他都是忍住疼痛……並盡其所能避免看醫生。」[28]

那些服侍天皇的人都懇求他聽從醫生的建議。在久留米觀摩大演習時，所有人都注意到他極度勞累。從三田尻前往名古屋的歸途中，火車的搖晃讓天皇感到很不舒服，便責怪列車長把火車開得太快，要他「把速度放慢點」。同行的侍從表示火車是按照正常速度行駛，對此天皇立刻怒斥道：「你是站在鐵路那邊的」。最終，由於火車放慢了速度，抵達名古屋的時間比預定晚了一個小時。[29]

像這樣的情緒爆發以明治來說實屬罕見，畢竟一直以來無論身體經歷多少苦痛，天皇都盡量忍耐著不被其他人察覺。就像不畏夏日的炎熱或冬日的嚴寒一般，他堅忍地承受痛苦，認為這是作為天皇應有的覺悟。此外，他不僅覺得自己必須忍受苦難，甚至應該拒絕享樂。他曾對西園寺公望說：「朕喜京都，故不能訪京都。」[30]然而天皇似乎也免不了會有身心俱疲的時候。據說從九州回來後，曾有人聽到他在後宮私下吐露心聲：「若是我死了，世界會怎樣？真想死了算了。」[31]

明治對儒家統治者言行舉止的詮釋，很好地說明了他在某些時候令人費解的行為，像是他為何會在就連路都不好，更別提爬山的情況下依然決定前往久留米觀摩演習。天皇心甘情願地忍受身體的疼痛，認為這是他職責的一部分；他不曾憐惜自己，在拒絕為川越演習擬定的輕鬆方案時也不覺得是在自討苦吃，而是因為確信和士兵們共患難是他的義務。從演習期間天皇實際發揮的作用來看，九州的漫長旅途幾乎沒有意義；雖然天皇是最高統帥，但他沒有發號任何施令，也沒有試圖以某種形式來展現自己的軍事知識。天皇之所以出席軍演，純粹是因為他相信以自己的身分必須這麼做。他很清楚自己的出席對演習會帶來怎樣的影響：士兵們一旦得知天皇正在觀摩軍演，便會竭盡全力避免讓自己在天皇面前丟臉。天皇知道自己的存在可以鼓舞士氣，而無需透過雄辯或者強調自己的重要性。義務，是他最關心的事情；他並不渴望榮耀，也完全不擔心歷史會怎樣評判他。

一九一二年七月三十日淩晨，就在午夜剛過不久，天皇走到了人生的盡頭。直接死因是心臟衰竭，並由宮內大臣和總理大臣共同發表了天皇駕崩的消息。淩晨一點，內務大臣捧著寶劍勾玉以及玉璽和國璽前往正殿，隨後舉行了授予神器的儀式；新天皇頒發詔書，宣布年號為「大正」[32]。

第二天早上，坊城俊良伺候大正天皇穿上登基大典的裝束。一直以來，大正天皇都穿著陸軍中將的制服，但現在改成了最高統帥的軍服。儀式結束後，新天皇進入後宮向先皇的遺體致敬。如今成為皇太后的美子皇后認為大正天皇地位在她之上，於是打算把主座讓給兒子。大正堅持要她坐在原位，但皇太后用溫柔而堅定的語氣說：「你已經繼承了天皇之位，必須居於上座。」雖然大正想對母后表示充分的尊重，但他還是默默地鞠了一個躬，接著坐上主座，發表即位的致詞。[33]

在明治死後不久，那些最熟悉他的人都被要求回想有關天皇的往事[34]。每個人都憶起他崇尚簡樸、擁有過人的記憶力且體貼他人，但他們的描述在某種程度上卻不足以勾勒出明治天皇的全貌。這大概可以從政治家兼外交官的牧野伸顯在當時說的話中找到原因：

> 陛下既無不為人知的一面，亦無特殊偏好。其住居與貴族宅邸並無區別，反而更加簡樸，只有日常所需之物。陛下每次旅行也並非出於消遣，而是為了國家；即使大興土木其意不在滿足自身喜好，而是基於國家的需要。除非為接待外賓抑或善盡職責所需，陛下從不輕易允許建造非必要之公家建築。又陛下購入任何用品時，則並非出於一己之欲，而是為了鼓勵產業、保護藝術，可見舉凡一切皆以國事為動機。[35]

・第六十二章・

乃木殉死

明治天皇駕崩當日沒有舉辦任何宗教或其他儀式，但子爵藤波言忠在獲得皇太后恩准後，測量了已故天皇的身高。明治生前總是拒絕測量身材，就連在為他訂做新衣服的時候也不例外；裁縫師因此只能根據推測裁剪出一套尺寸差不多的衣服，由天皇進行試穿後再告知有哪些地方太緊或太鬆，而從來沒有根據實際測量修改尺寸[1]。藤波測量得出天皇的身高為五尺五寸四分，約相當於一百六十七公分[2]。

藤波要求測量天皇身高的理由至今依然不明。飛鳥井雅道認為藤波可能是天皇唯一的朋友，並提到多虧了他才讓天皇的準確身高得以留下記錄[3]。在描寫天皇時，通常都會形容他個頭高大[4]，但這顯然是就相對而言；也許伊藤博文、乃木希典、東鄉平八郎等當時著名的人物按照現在日本的標準來看都非常矮小，才顯得天皇身材魁梧。雖然當時並沒有對天皇的體重進行測量，但我們可以從各種描述中得知，他體重超標已經很多年，而且還對這個話題相當敏感。

七月三十一日，新天皇、皇后和皇太后前往安置明治天皇遺體的宮室，明治就躺在一個鋪著純白色絲綢墊子的平臺上，身上同樣蓋著白色的絲綢布。包括大正天皇的三個年幼兒子在內的皇室成員向先皇的遺體告別，接續在他們後面的則是侍奉過先皇的高官、華族代表成員等一百七十一名哀悼者。當晚八點，舉行了入殮儀式。大正天皇下令暫停朝事五天，期間內犯人免於服役，死刑和鞭刑延緩執行，並禁止歌舞和音樂演奏。

八月一日，對先皇的靈柩進行了封棺。即使禁止歌舞奏樂的禁令解除後，東京居民仍然避免演奏音樂或參與其他娛樂活動。街上一片靜謐，行人稀少。

八月六日，大正天皇宣布葬禮定在九月十三日到十五日舉行。這次的大喪之儀打破了天皇駕崩時舉辦佛教葬禮的悠久傳統，而僅用神道的方式舉行。這種做法史無前例，因此必須適當地創造一些「依照古代傳統」的儀式[5]。

此外，宮廷也宣布先皇將被安葬在位於京都南部的古城山。這個選擇據說是遵照先皇的遺願，而明治顯然是在一九〇三年四月為觀摩海軍大演習和出席第五屆國內產業博覽會拜訪京都時做出了這個決定。某天晚上，他和皇后共進晚餐討論起舊都時，突然說自己已經決定在「百年之後」於桃山長眠。當時陪同用餐的權典侍千種任子對此吃驚不已，並將這件事記錄在日記中。當天皇病情危急時，皇后貌似想起了天皇的心願，於是將陵寢的選址定在桃山。[6]

桃山是昔日豐臣秀吉作為居城的伏見城所在之地。這裡風景優美，但在德川時代逐漸遭人遺忘、陷入荒廢，任憑雜草叢生。能夠說明這裡曾經建有一座名城的，就只有「古城山」這個名字了。由於人們之後在這塊土地上種植桃樹，於是新的名字「桃山」應運而生。這個地名雖然悅耳動聽，但對於天皇的山陵來說卻相當平凡，因此人們把和歌中經常使用的一個附近村落的地名「伏見」加在這個名字的前面，稱這座山為「伏見桃山」。

得知天皇病情嚴重，東京許多民眾請求政府選擇都市周遭一些特別清淨的場所作為天皇的山陵，只不過他們的懇請沒有得到回應。先皇希望葬在京都的遺願所具有的效力和詔書無異7；明治神宮之所以建在東京，也許就是為了安撫東京居民受傷的感情。8

八月十三日，先皇的靈柩被移到殯宮暫時安放。直到九月十三日將靈柩移到專車上之前，天皇、皇后和皇太后以及眾多官員每天都來敬拜。八月二十七日，政府正式向先皇賜諡號「明治」。將年號當作天皇的諡號是日本及中國有史以來的首例，但這個年號確實與他在位期間的種種非凡事件如此密切相關，令人覺得沒有比這個更適合的諡號了。9

與此同時，世界各地的報紙紛紛發表評論追悼已故的天皇。日本將這些悼文翻譯後集結成兩冊，在天皇逝世一年後出版。不用說，無論是哪個國家的文章基本上都是千篇一律地進行讚揚；報紙主要描述了在明治統治期間日本發生的驚人變化，但也對天皇為此做出的個人貢獻大加讚賞。其中又以英國的社論極具洞察力，這可從下文（摘自《泰晤士報》）看出來：

外界普遍存在著一種認知，認為日本宮廷仍固守舊時的傳統，而天皇並沒有積極參與國家經營。這是一種無知的看法；那些了解實情的人異口同聲地證明天皇對履行職責充滿熱情。他擁有卓越的識人之才，一旦信任某人則終身不渝。他也具備十分罕見的優異特質，絕對樂於成全他人戴上成功的桂冠，因為天皇對於國民別無所求，深信皇位是因榮耀和崇敬而存在，且國民應當尊敬並信賴君王的臣僕。因此，他的努力工作從來都不顯眼，卻仍然真摯懇切。[10]

《環球報》（*The Globe*）也呼應了這些觀點：

對於日本令人驚嘆的進步在多大程度上要歸功於先皇的個人能力，或是那些早年圍繞在他身邊的政治家們的遠見卓識，一知半解的西方人並沒有辦法做出準確的判斷。然而有可能正確的是，如果天皇不具備這樣的品格，政治家們能夠取得的成就將會減少得多，進展也要更加緩慢。他具備的資質包括識別人才的能力，這大概是君王所能夠擁有的最寶貴的特質；正如他在憲法頒布之前從不缺席會議，可以得知他對國事兢兢業業；加上對細節過目不忘的出色記憶力，且不論身心皆充滿勇氣，甚至從來不貪圖個人享受。[11]

我們不清楚寫下這些悼文的記者是如何獲悉天皇的性格的。或許是天皇身邊的人向外國媒體「透露」的也說不定。

比起關注明治本人，法國的社論則把焦點放在明治統治期間發生的事件，其中《通訊者報》(*Le Correspondant*)除了闡述自身的觀點，還引用了日本政治家的見解。其中一段便是引自伊藤博文：

> 無論是什麼原因促成日本的進步，又或者這些年來我們做了多少努力，如果與對天皇陛下應盡的義務相比，這些都將變得微不足道。一直以來，陛下都是引領著這個國家的明燈。即便如我這般竭力為其賢政奉獻之人做出多少豐功偉業，然如果每逢新的改革沒有陛下一貫展現的偉大智慧和漸進式的權威，也不可能取得如此非凡的成就。12

另一段則引用了末松謙澄所言：

> 陛下於國家事務從未懈怠，每天從早至晚皆端然埋首於公務。他掌握了各個部門的重要事項，尤以陸海軍之事最為精通……有時候甚至對臣民之間的種種事件有所知悉，令人吃驚。陛下常以他國為鑑吸取教訓，並對世界列強所發生的一切充滿興趣。13

接下來法國社論作者的評論也展現了敏銳的洞察力：

在某些時候，天皇會左右大臣的政策，只因他的行動與智慧都不容置疑。然而他以其智識達成的主要功績，是擔任這個國家的元首，並作為國民生活和感情的象徵……所謂偉大的君主並非如腓力二世一般試圖僅憑一己之力操持國事之人，而是能信賴他的臣子，借助皇權的威信來治理國家。[14]

一份比利時報紙則稱讚明治天皇彷彿用一根魔杖將日本民眾從長久的沉睡中喚醒，並將他和古希臘的英雄相提並論[15]。另一份俄國報紙在指出明治天皇和彼得大帝的相似之處後，斷言這兩人根本不同；彼得曾像戰士一樣作戰，也懂得航海，甚至當過木匠；相較之下明治從來沒有上過戰場，也沒有造過船艦，更沒有爬過桅杆。為了能夠獨自打造一個全新的俄國，彼得需要具備這些才能，然而天皇就算沒有這些才能也能夠做到；日本擁有眾多非凡的人才，天皇只需挑選出最有能力的人來輔佐他。[16]

中國的報紙同樣深深哀悼了明治天皇的駕崩。其中一份便用以下話語來追悼天皇：

嗚呼，富士山頭，雲陰黯帝王之氣，琵琶湖畔，波聲泣考妣之喪，而此一世之雄手、攜三島國家於世界第一等舞臺之日本天皇，竟捨蜻蜓般之國土、龍虎般之國運，並五千萬大和民族，脫然撒手而去。17

該文的作者無法抑制內心滿溢的痛苦之情，作為全體中國民眾的代表說出這番哀悼的言辭。在比較明治與世界上其他傑出歷史人物的成就時，他認為儘管明治無法與中國歷史上的偉大人物相提並論，卻遠遠勝過阿提拉[*1]、窩闊台（元朝的創建者）和穆罕默德，因為他們本質上都是遊牧民族的首領，是缺乏帝王資格的野蠻人。多虧了天皇，日本才在戰爭中大敗俄國，確保了與英國的同盟。作者之所以為天皇哀悼，最特別的原因便是因為天皇為「黃種人」帶來了光明，而他指的無疑是日本在引領東亞國家實現近代化的道路上所發揮的領導作用。18

這大概是中國人第一次認為自己與日本人屬於同一種族。在過去，中國人習慣認為自己的國家獨一無二，因為它有著悠久的歷史和文化。雖然國民的外貌與日本人很相似，但這對他們來說根本不值一提。日本在明治天皇的領導下尤其因為在戰爭中打敗了俄國而得以與西方大國平起平坐，似乎促使中國人認為他們與日本人之間存在著一個同為黃種人的紐帶。然而即便在這個時期，仍有一名中國記者寫道：「（日本）人民勇毅，富模擬性，無本國固有文

*1 古代歐亞大陸匈人的領袖，後代史學家稱之為「上帝之鞭」。

化」[19]。部分記者透過間接批評許多中國人自視文化優於他人，因而拒絕採納西方新知的現象來稱讚明治天皇的成就：「亞洲東西稱國者，大小計十數。其能保存固有文化，吸收歐美新文明，卓然稱為立憲國者，僅日本而已。」[20]

這些外國報紙繼在天皇駕崩不久所發表的評論之後，刊登了關於葬禮的文章。《評述報》（*La Revue*）的特派員班澤蒙特（G. de Banzemont）便在其報導開頭描述了日本民眾得知天皇駕崩時的悲痛心情：

> 睦仁不僅是日本最負盛名的天皇之一，也是當今世界最偉大的君主之一。在初次獲悉天皇病情時，日本民眾心如絞痛般的擔憂仍令人記憶猶新。一連好幾天，淚流滿面的人群不顧酷熱高溫，在宮殿的窗外不停磕頭，異口同聲地向神靈祈禱。當病房的微弱燈光宣告天皇正承受臨終的痛苦，群眾悲痛慟哭的聲音超乎想像。[21]

很多日本人都留下了他們在聞悉天皇死訊時的震驚與茫然。就連小說家德富蘆花（一八六八—一九二七）儘管曾經數度嚴厲批評政府並抗議對牽涉大逆事件的人士執行死刑，一想到這個他出生且度過生涯的治世已經結束，也不禁感到衝擊。他回憶道：

陛下駕崩，則年號將要更改。余並非不知，但總覺得「明治」這一年號會永不更替。明治元年十月，即明治天皇陛下舉行即位儀式之年，首次從京都行幸東京之月，余出生於東京西南相距三百里，靠近薩摩的肥後葦北郡的水俣村。余已習慣將明治之齡視為吾齡，與明治同年，令人既驕傲又羞愧。

陛下駕崩，明治史之卷便告終結。當「明治」變為「大正」，余有一種自己生涯中斷之感，彷彿明治天皇帶著我的餘生而去。

這是如此哀愁的一天。從水田對面的糖果店傳來的笛聲宛若一聲聲長嘆，教人肝腸寸斷。22

知名文學家夏目漱石（一八六七—一九一六）則在七月二十日的日記中記述了他對每年在兩國隅田川舉行的傳統節日「川開」*2遭到取消感到困惑：

天子尚未駕崩，無禁辦川開之必要。細民多為此困惑，當局者缺乏常識，讓人難以置信，似乎還在為是否要停止戲劇及其他娛樂活動而多有爭論。天子病情值得群眾同情，然若

*2 初夏在水邊舉行的納涼祭，也是今日東京隅田川煙火大會的前身。

對天子健康無直接損害，應當允許一切照常進行……倘若人民被迫中斷日常生活，則無論表面上對皇室看似虔誠深情，內心也將積蓄著憤恨不平。[23]

不過即使是漱石，在得知天皇駕崩時也寫了一篇追悼文[24]。和幾乎所有日本人一樣，他對在統治期間始終支持各種巨大變革的明治天皇致上哀悼的話語。儘管這些變革不一定令漱石贊同，但他也意識到沒有其他可以取代的道路；只要能夠在一個日益狂妄、不容東亞傳統的世界中維護日本的獨立和威望，就必須忍受近代化醜陋的一面。

九月十三日，在青山閱兵場舉行了聲勢浩大的大喪之儀。晚上七點，靈柩從殯宮被移往靈車上。車頂為中國古代風格，與英照皇太后的葬禮所採用的風格大致相同。靈車的車身全部漆成黑色，上面裝飾有三千多個金屬飾物，總重量將近三噸，並由五頭精挑細選的牛隻拉動。八點，天色已黑，莊嚴的送葬隊伍點著燈籠，開始從宮門緩緩移動。走在隊伍最前面的是前侍從長德大寺實則、侍從北條氏康和主馬寮長官藤波言忠。他們身穿正式的喪服，佩帶寶劍，和其他華族拉著靈柩的繩子。兩名曾在先皇身邊侍奉的隨侍跟在靈車兩側，高舉火把照亮道路。天皇、皇后和皇太后早已在二重橋畔等待著送葬隊伍，並在靈車經過時向明治天皇做了最後的道別。此時，陸軍開始鳴放致哀禮炮，遠處的海軍在位於品川的戰艦上鳴炮應和，城內外的寺廟也一同敲響了喪鐘。[25]

八點二十分，靈車經過了皇居正門，由警視總監率領的十二名騎兵加入隊伍為靈車開路。在他們後方跟著近衛騎兵連隊，以及演奏著《哀之極》的近衛軍樂隊。根據被派來採訪喪禮的記者生方敏郎報導，「這個世界上沒有任何事物能比這般細軟、冗長而哽咽的樂聲更加悲涼；幾萬群眾瞬間吞聲正容，任這悲哀的音符籠罩全場。」[26]

舉著火把的兩名官員帶領著送葬隊伍，他們後方的人手裡分別拿著火把、鼓、鐘、白幡、黃幡、箭袋、弓、盾、戟、飾有太陽和月亮圖案的皇旗、武器和裝有御幣的箱子，並分成兩列或三列作為靈車的先頭部隊。其他官員跟在後方，靈車前面另有五十位八瀨童子排成兩列前行[27]。曾經侍奉先皇的侍從等人跟隨在靈車四周，二十八名海陸軍官則在其外圍護衛靈車。靈車後方跟著作為天皇代表的載仁親王、大喪使總裁貞愛親王以及其他親王，還有前韓國皇帝的弟弟李堈；其他的文武百官諸如華族代表、總理大臣、內閣大臣、朝鮮總督、以及海陸上將軍官皆身穿正裝尾隨其後。

東京市當局對靈車將通過的道路進行了緊急維修，並鋪上白砂。沿街兩側掛滿了楊桐樹枝、錦旗、煤氣燈和弧光燈，其間懸掛著黑布和白布扭成的繩飾。家家戶戶都在門前掛上白色的燈籠，以示哀悼奉送。通往喪禮現場的路上雖然被弔喪者擠得水泄不通，卻籠罩在一股充滿敬畏的寂靜當中。

晚上十點五十六分，靈車抵達了儀式會場。代表天皇、皇后和皇太后的官員出來迎接靈車。靈車通過第一和第二鳥居後，進入了會場前面懸掛的布幔之中。眾人在此解下牛隻，將靈柩抬進會場；接著布幔被拉開，由天皇和皇后率先進場，隨後皇太后代表、亞瑟王子（代表英國國王）、特派大使和使節依序就座，儀式宣告開始。

在朗讀祭文之後，新天皇離席走到靈柩面前鞠躬，接下桂太郎準備的悼詞加以宣讀。天皇的聲音低沉，充滿哀傷，在場的人一邊聽一邊傷心地嗚咽。禮炮的轟鳴聲在東京市內回盪，市民一同進入默哀時刻；與此同時，全國六千萬民眾在遠方遙拜致意。大喪儀式於是在九月十四日中午十二點四十五分結束。[28]

就在靈車正要離開皇居的當天晚上，陸軍上將乃木希典和他的妻子靜子在其府邸殉死。乃木在面朝皇居的窗戶旁擺上一張小桌子，桌面鋪著白布，並在上面安置一幅先皇的遺像和楊桐樹枝。他還留下了一首辭世和歌：

現世人神已崩御
願隨大君了此生[29]

乃木先用軍刀切開腹部，接著用刀刺喉，將身體前傾。他的妻子則是以匕首直刺心臟。

乃木在遺書中表明，他對自己在西南戰爭期間丟失軍旗到恥辱，因而一直希望能以死謝罪，但遲遲沒有機會[30]。在甲午戰爭和日俄戰爭期間，他再次想要尋短，卻依然錯失了機會。日俄戰爭期間，數萬將士（包括他的兩個兒子）在他指揮奪取旅順的戰役中喪生；讓陛下失去了這麼多的「赤子」使他深感羞愧，但天皇並沒有責備他，而是在戰後任命他擔任學習院的院長。

乃木比以往任何時候都更加深刻地感受到天皇的厚待，他感嘆自己年事已高，回報皇恩的時間所剩不多。在天皇最後病倒之際，他每天都進宮探望，並祈禱天皇康復，但一切仍無濟於事。天皇駕崩讓他極度悲痛，決定獻上自己的生命，以示效忠於天皇的聖靈。

在日俄戰爭結束凱旋東京的當天，乃木向天皇表達了想要切腹自殺的意願，以便向旅順戰役中喪命的眾多官兵謝罪。剛開始天皇什麼也沒有說，但當乃木正要離開時，天皇叫住他，並說道：「卿欲以切腹謝朕之衷情，朕能知之。然今非卿死之時。卿若強死，宜於朕去世後。」[31]

據說，當乃木自殺的消息傳到青山葬儀會場時，所有人都為乃木如此高潔忠貞的行為肅然起敬[32]。剛開始，森鷗外一度懷疑乃木是否真的自殺，但在得知傳聞屬實後，他花了四天寫下一部小說《興津彌五右衛門的遺書》，講述一名為主人殉死的武士。森鷗外高度讚賞彌五右衛門決定以自殺來證明其悲痛之深的做法，但在其後的作品《阿部一家》中，卻又似乎表現出對殉死的質疑。他在故事中寫道，有很多自殺的人其實只與死去的大名有著間接關係，甚至可能沒有絲毫關係，彷彿他們只是為了符合世人的期望才這麼做的。

武士用無法反駁的方式來展現自己對亡主忠貞不二的決心通常都會受到讚賞，但是如果已故大名旗下最有才能且值得信賴的家臣全數自殺，大名的繼承人就等於喪失了有力輔佐。即使是出於高貴的動機，自殺也是不負責任的；殉死的做法在十七世紀非常流行，導致日本特別頒布一項法令，規定未經許可而自殺的人是「犬死」，即死得沒有意義。這條禁令也被納入了一六八三年修訂的《武家諸法度》。[33]

乃木的自殺違反了該法度，但這並不是此舉受到批評的原因。於明治初期由知識分子創立的啟蒙團體「明六社」的最後一位加藤弘之（一八三六—一九一六）評論道，儘管過去的人可能會欽佩這位陸軍上將的做法，但如今這種行為已經過時了。他拋出一個疑問，質疑這位狂熱的忠誠之士為何沒有考慮過要效忠新天皇。也許是擔心其他軍官可能會加以仿效，軍方隱瞞了他的動機，將他的自殺行為歸結於精神錯亂[34]。對於乃木的殉死最常見的批評，便是此舉讓明治的繼承人失去了一位有才幹的顧問。儘管沒有人直言，但大正天皇的教育之所以進度緩慢其實並不僅歸因於他身體上的疾患，也是因為他的老師沒有足夠能力指導一位如此難纏的學生。天皇希望大正的兒子們能接受一位正直廉潔之人的薰陶，而這正是他為何選中乃木擔任學習院院長的原因。但現在乃木死了，三位親王已無法再從他的教誨中受益。

乃木為其殉死提出的理由也許發自真心，卻似乎屬於另一個時代。丟失軍旗的其他軍官從沒想過他們需要靠自殺來贖罪，也不認為有必要透過自我了斷的方式展現對先皇仁慈的感謝。儘管如此，乃木的死仍使大多數日本人聯想到過去的武士美德，只不過也有人對此持有懷疑甚至是敵視態度，尤其是出身學習院的白樺派[*3]作家。武者小路實篤（一八八五—一九七六）就曾發表一篇文章，將乃木的自殺斥為「一種只有在濫用此舉的扭曲時代形成思想的心智扭曲之人才會讚賞的行為」[35]。他還比較了乃木與梵谷的自殺，認為前者完全缺乏人性，而後者則揭示了人性的本質。

知名作家志賀直哉（一八八三—一九七一）在九月十四日的日記中記下了他對乃木自殺的第一反應：「真是個蠢蛋！」「就好像下人什麼都沒想而做了某件事情時給人的感覺」。第二天，他又描述乃木的死是「輸給了愚念」。[36]

批評乃木行為的人並不僅止於學習院畢業的學生。漢詩詩人長井鬱齋的諷刺詩〈忠義〉就包含有以下詩句：

乃木將軍忠義規，

*3　日本近代文學的重要流派之一，由創刊於一九一〇年的文藝刊物《白樺》為中心的作家與藝術家所組成，包括武者小路實篤、有島武郎、志賀直哉等。標榜反對自然主義並提倡人道與理想主義，成為後來大正時期文壇的主流思潮。

明治聖帝聖天資。
將軍知禮誰非禮，
為惜朝廷疏舊儀。
（中略）
武門中世喜為之，
詢葬固非皇舊儀。
誰料堂堂軍上將，
卻為寺婦宦官為。[37]

就連報紙在一開始的時候也並非一致讚揚乃木的自殺行為。部分媒體批評乃木未能履行接待亞瑟王子等國賓的職責，也有些報導指責乃木沒有想過侍奉新天皇。但兩天後，媒體的基調變了；九月十六日，記者黑岩淚香（一八六二—一九二〇）寫了一篇關於乃木殉死的文章，提到：「民眾是否應當奉乃木為神？是的。如果他不受此殊榮，還有誰能受此殊榮……實際上乃木大將就是神。」九月十九日，《東京日日新聞》對乃木的死表示遺憾，先是提問「將來民眾應把誰當作理想日本人的楷模」，並在比較乃木和楠木正成*4之後，認為這個人正是乃木希典。從這時起，乃木便成為忠君之士的象徵，一個不可能受到批評的傳奇英雄[38]，受人尊奉為軍人忠心和為皇室鞠躬盡瘁的完美典範。

九月十四日淩晨一點四十分，就在乃木自殺後的幾個小時，裝有天皇遺體的靈柩被運上開往京都的特別列車。該列車共有七節車廂，靈柩被安置在中間的車廂，以載仁親王和貞愛親王為首的送葬者則坐在前後兩節車廂。列車在從東京前往京都的各個主要車站短暫停靠，不論是月臺上還是沿路的鐵軌周邊都有群眾前來致敬送行。當天下午五點十分，列車抵達桃山。第二十二連隊野戰炮兵開始鳴放致哀禮炮，海陸軍樂隊也沿著靈柩被載往陵墓的路上不斷演奏〈哀之極〉。

一百零五名八瀨童子分成兩排負責抬著靈輦前進，兩側則圍繞著曾隨侍於先皇身邊的陸海軍軍官及侍從。當天晚上七點三十五分，送葬隊伍抵達葬場。此時，下了好一陣子的雨停了，從天空灑落些許皎潔的月光。八瀨童子將靈柩從用來載運的輦轎上移到陵墓裡的石棺內，接著將先皇的私人物品一併放入後進行了封棺。刻有神將的埴輪[*5]被安置在陵墓的四個角落，並設置了根據貞愛親王親自揮毫寫下的「伏見桃山陵」字樣而刻成的石碑。貞愛親王走向

*4　楠木正成（一二九四—一三三六）是鎌倉幕府末期到南北朝時期的著名武將，一生竭力效忠後醍醐天皇，在湊川之戰戰死。被後人視為忠臣和軍人之典範，尊其為「軍神」。

*5　日本古代用於來置於古墳頂部和墳丘四周的素燒陶器，形狀多樣。

陵墓，鞠了三次躬，並在石棺上放置了一抔潔淨的泥土。最後，用純砂覆蓋在石棺的頂部。

九月十五日上午七點，埋葬儀式結束。到了九點五十五分，所有儀式宣告完成。[39]

・終章・

雪落，而明治漸遠

與過去五百年統治日本的天皇不同，明治天皇即使在死後也沒有被人遺忘。「明治」這一稱呼來自於年號，因此不免時常出現在關於明治維新及之後歷史的研究標題當中；而諸如「明治的文化」、「明治的思想」之類的概念，也同樣在沒有提及明治天皇的書籍中頻繁登場。

日本在一八六〇年代打開國門後的半個世紀內發生翻天覆地的變化，為之深受吸引的學者從任何能夠想像得到的角度對明治時期的事件進行研究，就連天皇本人也常常成為學者研究的對象。天皇在一生中受到廣大民眾的崇拜，但究其原因比起獨特的個性，更是因為他帶領了日本從一個充滿謎團的東方君主國轉變為能與列強比肩而立的現代國家。死後他被尊為神，在東京修建的明治神宮受到眾人崇敬；他的生日(十一月三日)也成為國定假日，被視作一年當中最重要的節日之一[1]。

隨著曾在明治時代生活和工作過的日本人接連逝去，人們逐漸將「明治」當成一個名字，也常常將他的成就與其文武百官的偉業相混淆。人們一般記得他在領導日本戰勝清朝和俄國時所扮演的英雄角色，然而事實上他在這兩場戰爭中發揮的作用並不顯著。他雖然沒有被人遺忘，但大多數日本人卻多半很難說出一個無疑專屬於他的功績。

不僅是與他有關的記憶逐漸淡化，就連作為他在位期間象徵的許多建築物也消失了。有些是因為一九二三年的大地震或一九四五年的東京空襲而毀壞，但更多則是毀於後世比起保留歷史更在意商業利潤的日本人手中。明治時代的象徵性建築物鹿鳴館於一九四一年被拆毀；至於位於東京車站前方似乎體現了明治時代後期日本人希望能像倫敦一樣發展商業的一排排紅磚建築儘管逃過了戰火，卻在戰後以效率不佳為由遭到毀壞。明治時代的其他遺跡都被遷往明治村*1，在那裡，眾多具有代表性的都市建築物範本彼此協調地座落於綠意盎然的環境之中。

每到新年，明治神宮都是參拜人數最多的神社，然而多半只有極其少數的人會在為接下來一年祈福的同時想起神宮內祭祀的天皇。大部分拼命擠向拜殿的參拜者或許都只想著今年的參拜人數是否也能破記錄吧。而明治位於京都的陵墓則是幾乎無人出入。明治和他的時代，就像常常被引用的中村草田男的俳句所示，變得越來越遙遠：

雪落，而明治漸遠

傳記作家的任務就是讓他們描繪的對象再次浮現在人們眼前。為亨利．詹姆斯（Henry

James）作傳的著名傳記作家里昂・埃德爾（Leon Edel）曾說，傳記作家必須「愛上」他的寫作對象。不過，要「愛上」明治這位即使在最隨意的時刻也從來不忘身分或皇祖皇宗，並且很少流露自己感情的人物並不容易。很多軼事都提到天皇在出席宴會時只要桌上有酒，他便會喝到一滴不剩，然後步履蹣跚地離開。這類軼事雖然傳達了天皇私人的一面，但終究也只能證明一個很無趣的事實：明治天皇和其他無數的日本人一樣，是個嗜酒之人。這些故事並沒有拉近我們與天皇的距離，正如天皇和無名女子（包括據說是在旅行期間由地方人士獻上的女性）發生緋聞的小道傳言同樣沒能說明任何事情。

明治似乎總是排斥傳記作家為了更加接近他所做出的嘗試。如果那些最了解他的人願意仔細地將回憶記錄下來的話，那我們對他的認識可能會有所不同。但很顯然，昭憲皇后永遠不會透露她婚姻生活的細節（比方說她對於代替自己侍奉天皇的眾多權典侍有何感受），更不能指望之後的大正天皇會對他和父皇尷尬的親子關係做出解釋；不過，如果藤波言忠能夠講述身為天皇友人的具體情況，或者園祥子（天皇最後八個孩子的生母）可以透露這個表面上令人敬畏疏遠的男人是否也有溫馨的一面，我們也許就能對明治有更深入的了解。

正如許多熟知他的人所描述的，或許明治除了對外展現出來的形象，其實並沒有所謂不

＊1　位於愛知縣，園內移築並保存了許多明治時代具代表性的建築物。

為人知的一面。他是一個很少表露個人喜好、不以苦樂為意的人，幾乎從不抱怨令一般人感到煩憂的炎寒或者疲勞飢餓，看似對於一切無動於衷到了不自然的地步。一名侍從曾寫道，在演習期間發射大炮時，儘管隨行人員都在耳朵裡塞進棉花來防範轟天巨響，天皇卻從來沒打算這麼做[2]。

明治不講究生活舒適，大概可以歸因於他所受到的儒學教育。基本上這與他的父親以及宮中其他成員所受教育並無不同，但他們都不像明治那樣恬淡寡欲。明治相較於他的父親很少發怒，也很少做出任性隨意或不負責任的行為；他似乎具備某種精神力，使得他極少背離自己定下的行動規範。明治直到最後都依然遵循著這套準則，促使他在身體不適的情況下毅然出席東京大學的畢業典禮以及樞密院的會議。他不願意向任何人(甚至自己)承認他在受苦。

侍從日野西資博回憶，天皇很少流露出自己的情感：「我服侍天皇已久，但是從來沒有見過陛下極端喜悅或悲痛的神情。」當初日野西猶豫了兩三天的時間才鼓起勇氣把伊藤博文被暗殺的消息告訴天皇，但在得知他最信任的大臣被暗殺時，天皇卻只說了一聲「嗯」。在憲法會議上，當天皇獲悉猷仁親王的死訊，他也只是「嗯、嗯」幾聲點頭示意，而後便繼續進行會議。[3]

在統治初期，明治從未抱怨過跑遍全國令人舟車勞頓的巡幸，即便他在各個目的地的住宿都很簡陋。他忠於自己定下的行為準則，甚至可以忍受一整天挺直腰桿坐在悶熱轎子裡的折磨；就算在到達後，他也無法獨處放鬆。地方官員會立刻蜂擁而至對天皇的訪問表達喜悅，明治不僅需要如同很感激他們的話語一般專心傾聽，也不能顯露一絲厭煩。就算他已經感到筋疲力盡，這種責任感仍驅使他仔細視察當地的特產和史蹟。

當坐在轎子裡顛簸好幾個小時的時候，天皇心裡在想些什麼？或許大多數的時間，尤其是當路況不佳，他可能在提醒自己「這是朕的國土」。他從來沒有忘記自己是統治這片國土的萬世一系的天皇後代，因而他有覺得有義務遵循「國見」的古老傳統，視察這個國家的每一個地方。他從來沒有想過跳脫前人建立的先例，也堅決不做可能讓皇祖皇宗蒙羞的事情。

不僅如此，天皇還將他在旅途中遇到的人都當成自己的臣民。在第一次行幸東京之前，他大概從未見過正在勞動的農民或漁民，但是一旦目睹了，他便知道這些人就是他的子民。他沒有像平安時期的貴族那樣，將他們視為非人的卑賤者，也不討厭和百姓一起欣賞馬戲表演、賽馬或煙火這類庶民的娛樂活動；在巡幸期間，他有時也會和民眾一同享用簡單的餐點。

天皇對岩倉具視有特別的親近感。岩倉長年負責天皇的教育，是天皇自年少時代就認識的公家。不過天皇晚年身邊都是出身卑微的人，例如他最信任的伊藤博文，但天皇並沒有因此就看不起他們。從伊藤的例子便足以證明，只要是具備才能的人無論出身貴賤，都可以加入新的華族階級的行列。

在和外國人打交道時，明治總是表現得彬彬有禮，甚至充滿誠意。不論接見的對象是誰，他總是面帶微笑，主動握手致意。明治與美國前總統格蘭特的會見尤其令人難忘，大概他在一生中所獲得的建議都無法比特蘭特的忠告更讓人印象深刻。明治對夏威夷國王態度友好，儘管他懷疑國王提出由他領導的亞洲國家聯盟計畫是否真的可行。天皇在俄國皇太子尼古拉於大津受傷後表現出的關懷，不僅是出於擔心俄國報復日本，而是對身在遙遠異鄉卻遭到襲擊的皇太子抱持同情。每一位覲見過天皇的外國皇室成員都受到他的親切接待，因此私下或許會覺得自己是第一個被投以如此友好態度的人。

明治所接見的外國人並不限於國家元首。他幾乎每天都會接見一些準備回國的外國技術專家或教師。不計其數的外國政要（主要是軍人和政治家，但也有像救世軍領袖這類的人）[*2]向明治求見，希望對客居日本期間的生活表達讚美，而其中大多數的人也都獲准謁見。不少外國人獲得了日本皇室授予的高階勳章，而像明治天皇統治時的日本這樣慷慨授勳的國家實屬少見。

我們很難斷言天皇是如何看待在他統治期間日本所發生的變化。儘管和許多信奉儒家學說的人一樣，天皇通常會遵循古制，但他似乎越來越不願意在新年時主持傳統儀式（如四方拜）。他無疑信奉神道，卻很少參拜神社；回到京都時，他參拜的是父親孝明天皇的陵墓而非神社，顯然比起神道更信奉祖先[4]。雖然很多皇祖皇宗都是虔誠的佛教徒，但他並不在意；天皇本身不僅對佛教漠不關心，甚至還抱有敵意。

有時候，善意的傳教士會向天皇贈送《聖經》，卻沒有跡象顯示他曾經讀過。就算他勤奮研讀《聖經》的日譯本，也不太可能動搖他的信念——自己是神的後代，是萬世一系的天皇的後裔。雖然當時很多年輕知識分子都改宗成為基督徒，但對明治來說，來自外國的基督教教義顯然根本不在他的考慮之內。

儘管明治天皇對基督教沒有興趣，但他貌似並不排斥在治世期間湧入日本的西方事物。在日常生活中，他經常穿著軍裝或雙排扣長禮服，反而很少會穿和服；此外，他也不反對皇后偏愛洋裝的喜好。他最喜歡是似乎還是日本料理，但對於正式宴會中提供的西餐也會毫無怨言地享用，甚至還吃得津津有味。白天，他就坐在辦公桌前的椅子上，宮中用於公務的房間也都採用西式風格。明治之所以不喜歡電燈並非因為它來自外國，而是擔心配線系統的缺失很有可能引發火災。

在舊宮殿因為大火付之一炬後，明治由於不想為此花費大量金錢而不斷推遲建造新的宮殿。儘管最終他意識到為了給外國賓客留下深刻印象以及維護國家聲望，就有必要將宮殿建造得富麗堂皇，但宮殿裡不允許訪客進入的地方仍然疏於維護。長期以來明治似乎都不願把錢花在自己身上，這一點從他不斷修補制服的故事便能得到證明。

*2 於一八六五年由卜維廉（William Booth）夫婦在英國倫敦成立的基督教公益組織。採用軍隊形式作為其架構和行政方針，以街頭布道和慈善活動、社會服務著稱。

明治的消遣活動包括聽留聲機，並跟著一起哼唱，且尤其喜歡播放軍歌[5]。他在晚年有了一個新的娛樂活動，即欣賞活動寫真。他喜歡舶來品，但這並不意味著他拒絕日本的傳統藝術，而只是表明他願意接受最新的發明。另一方面，明治喜愛的運動——蹴鞠和射箭——就十分符合傳統，更何況他時常對日本的工藝品情有獨鍾。

天皇也有一些小怪癖。貝爾茲醫生曾回憶道：

> 天皇似乎無法忍受皇后的座椅和他的一樣高。他希望玉座能更高一點，卻遭到井上伯爵反對。某天，在進宮謁見時，井上發現天皇的座位下面偷偷地放了一個很厚的絲製墊子。他於是將墊子扯出來扔到宮室一角，這自然引起天皇和他爭論了一番。[6]

他似乎還有施虐傾向。例如，他會故意把蘆筍掉在滿是灰塵的餐廳地板上，讓侍從撿來吃。也許這種施虐行為（至少在理論上）對於具有絕對權力的人來說是無可避免的癖好，也許天皇只是想知道忠誠得有些可笑的侍從究竟會對他服從到什麼地步。

天皇的施虐傾向（如果這個說法適當的話）其實與他的幽默感密切相關。每一個了解並撰寫過文章追憶天皇的人，都提到這位令人敬畏的天皇的幽默感。如果被舉出的例子具有代表性的話，明治的幽默與其說是機智風趣，倒不如說是反映了他陽剛豪爽的氣質。侍從日野西曾憶起這則軼事：

某天，當我出現在陛下的面前時，我發現陛下臉上在笑，並說昨天晚上遇上了一些有趣的事情。當我問發生了什麼事的時候，陛下說：「昨晚，睡在隔壁的山口和綾小路一個鼾聲如雷，一個磨牙霍霍。兩者相互呼應，有趣極了。」站在一旁的山口說道：「不，臣認為陛下的鼾聲更大。」陛下於是發出一陣大笑。7

天皇還被譽為具有過人的記憶力，但作為證據所舉出的例子卻表明他的記憶力似乎沒什麼大不了的。侍從日野西寫道：

人們都認為天皇擁有非凡的記憶力，但我卻回想不起有哪些具體例子。只不過行幸京都之際，陛下會詳細地告訴我某個房間在過去的用途、發生過什麼事。陛下也憶起年幼時，其宮殿屋簷下有一條溝渠，而他常常在那裡捉魚……8

天皇對知識的愛好顯然有限。根據日野西的描述：

我幾乎從來沒有拜見過陛下讀書，除了年初聽講時以外一次也沒有。或許當陛下還住在赤坂臨時宮殿的時候仍有閒暇閱讀，然而隨著政務及其他要事日益繁忙，想必就再無這種現象。在我服侍他的期間，我從來沒有目睹過陛下讀書的模樣。9

即使明治不讀書、不看報，他還是能從每日質詢的官員那裡獲得有關世界局勢的大量資訊。顯然在會見外國賓客之前，他會大致了解對方國家的情況，讓賓客為其見多識廣留下深刻的印象。天皇每年年初聽取的講座或許激發了他對歷史和哲學的興趣，卻從來沒能促使他更加深入探究這些知識。他想必沒有讀過當時的文學作品或和歌集，更別提學術專著了。

天皇真正學習過的學問主要是元田永孚闡釋的儒家傳統，這些講學一直持續到他三十歲的時候，無疑幫助他形成一種嚴以律己的責任感。他很少拒絕回應別人的期待，只不過也有例外，像是在熊本的演習結束後他堅持不參加宴會的態度。天皇似乎特別討厭大臣們（或其他人）迫使他聽從安排，例如他拒絕利用身在奈良的機會去祭拜神武天皇陵就是個很好的例子。他並非不樂意祭拜先祖的山陵，而是不喜歡讓其他人來指揮他應該做什麼。不過，最後天皇通常都會被說服，即便沒有，也會在事後道歉。雖然他曾有一段時期似乎不願履行作為統治者的日常職責，但這也許是因為他厭倦了文書工作或者圍繞在身邊的顧問。無論如何，從整體上來說明治的責任心很強，且鮮少無視大臣的意見。

由於天皇十分信賴他的大臣，這使得我們難以判斷那些以天皇名義做出的決定中有哪些出自他本人，又有哪些是出自他的大臣。但至少能肯定的是，擬定詔書的一定都是那些古典文言文素養比天皇好的人。

不過，我們無從得知詔書在何種程度上反映了他的個人意見。也許比較穩當的說法是，詔書的內容並沒有違背他的意願。

明治的詔書中常常出現一個主題，以至於人們不禁會認為它象徵了天皇最核心的信念，即對和平的追求。這看起來不過是種慣例的表述，或者可能是用來擊潰成為「和平障礙」的敵人的藉口，但從天皇對治世期間發生的戰爭所表現出的態度來看，雖然他喜歡穿軍裝，喜歡觀摩陸軍演習，卻打從心底討厭戰爭。

在西南戰爭期間，他失去了一切幹勁，以至於拒絕履行身為國家元首的義務，甚至怠於學業；在一八九四年向清朝宣戰時，他也表示反對；日俄戰爭期間即便得知旅順戰役告捷，他的第一個反應不是為勝利歡呼，而是下令妥善對待敵軍將領。天皇對自身渴望和平的堅持，甚至讓暗殺了天皇最信任顧問伊藤博文的安重根都印象深刻。

也許明治天皇的最大成就在於統治的時間相對長久。就這點而言，他與幾乎同時期的維多利亞女王非常相似。媒體曾抨擊維多利亞女王因多年沉浸於悲傷之中而怠忽職守，但最後仍靠著長期治世獲得了偉大君主的美譽[10]。如果明治和他的父親一樣在三十六歲的時候英年早逝，一切又會變得如何？大概人們最多也只會記得在日本歷經種種巨大變革的時代，剛好有一位年輕人繼承了皇位。但是，他的長期在位以及逐步建立起來的堅定不移的印象，都使他獲得了令人敬畏甚至是神聖的權威。就在明治駕崩後不久，《太陽》雜誌出版了一期臨時增刊，標題是「明治聖天子」；在他去世的第二天，《大阪每日新聞》的頭版發表了一篇文章，稱逝世的天皇為「大帝」，這個和彼得大帝一樣的稱呼一直到太平洋戰爭結束的一九四五年之前都被當作明治的代名詞頻繁使用。至於為何給自己的著作命名為「明治大帝」，飛鳥井雅道是這麼解釋的：「因為在日本近代史中——不，在日本史上——除了明治以外，再無其他大帝。明治天皇無疑留下了一代聖君的足跡。」[11]

（下冊完）

章節附注

● 第三十五章

1. 在這之前曾有過反對建立民選議會的思想。加藤弘之的論文〈ブルンチュリ氏國法汎論摘　民選議院不可立ノ論〉(〈伯倫知理的《國家泛論》中關於不宜設立民選議會之摘譯〉)便是一例，參見 Kato Hiroshi, "An Abridged Translation of Bluntschli's 'Allgemeines Staatsrecht' on the Inappropriateness of Establishing a Popular Assembly" in William R. Braisted, trans., *Meiroku zasshi*, pp. 47-49。加藤在翻譯後指出：「今譯此文，意非在否認公議民意之合法性，唯對不顧時勢、不察人情而一味強推公論之舉欲有所辯，懇請讀者勿怪。」亦可參見後藤靖，《自由民權》，p. 39。
2. 米價從一八七七年到一八八〇年間翻漲了一倍，其他物價也同樣急速上揚(後藤靖，《自由民權》，p. 135)。
3. 《明治天皇紀》第四卷，pp. 832-836。
4. 《明治天皇紀》第五卷，p. 228。
5. 同前注，p. 229。
6. 同前注，p. 231。亦見坂本一登，《伊藤博文と明治國家形成》，pp. 42-43。
7. 《明治天皇紀》第五卷，p. 309。大隈顯然深受英國議會制度的影響，進而埋下了他和那些贊成普魯士模式的政治家之間不和的種子。
8. 《明治天皇紀》第五卷，p. 310。當然，大隈的建議並無新奇之處，只不過是說明了英國議會的運作方式。但是對日本人來說，這種按照民眾(或者至少是選民)的意願運行政府的觀念仍然非常陌生。這裡省略了一些大隈說明的細節。
9. 《明治天皇紀》第五卷，p. 313。
10. 後藤靖，《自由民權》，p. 162。
11. 《明治天皇紀》第五卷，p. 314。岩倉對這次事件的描述以及伊藤信件的原文，參見多田好問編，《岩倉公実記》下，pp. 698-700。岩倉曾詢問大隈的觀點是否和伊藤在一八八〇年十二月十四日上奏的意見書內容一致，大隈回答說只有細微的差異。幾天後，岩倉會見了三條，提議將大隈的意見拿給伊藤過目，以確認兩人的觀點是否真的大致相同。三條同意了，並向天皇取回了文書。伊藤在拜讀過後相當震驚，請求辭去參議一職。文中的描述是依據參考許多當時資料編纂而成的《明治天皇紀》。
12. 坂本一登，《伊藤博文と明治國家形成》，p. 44。
13. 《明治天皇紀》第五卷，pp. 318-319。
14. 佐佐木高行，《保古飛呂比　佐佐木高行日記　十》，pp. 152-153。亦見《明治天皇紀》第五卷，p. 319；在此措辭稍有不同，但是意思基本上和佐佐木的描述一致。
15. William R. Braisted, trans., *Meiroku zasshi*, p. 90.
16. 後藤靖，《自由民權》，p. 45。三名軍官分別是山田顯義、鳥尾小彌太和三浦梧樓。
17. 《明治天皇紀》第四卷，p. 464。

18. 後藤靖，《自由民權》，pp. 144-145。《明治天皇紀》第五卷 p. 47 簡單提及了這十六條規定的公布，但是沒有詳述。不過，當中卻提到佐佐木高行（在岩倉具視和大木喬任的支持下）曾反對施行這些條例，認為可能會招致民怨，但最終仍沒有採納他的意見。

19. 《明治天皇紀》第五卷，p. 602。

20. 關於自由黨成立的日期眾說紛紜。有一說認為是在一八八〇年十二月十五日，即國會期成同盟的代表在東京召開大會的日子。植木枝盛曾於先前會議的演講上提議將組織的名稱改為「自由黨」。這招來不小的反彈，但是最終仍獲得表決，成功通過了成立自由黨的決議。於是在十二月十五日的大會上，他們制定了一份包含四項條例的黨綱，並決定翌年十月再次召開大會（《明治天皇紀》第五卷，p. 235；米原謙，《植木枝盛》，p. 96）。

普遍流傳的說法則是以一八八一年十月二十九日為成立日期，這天國會期成同盟和自由黨合併，形成了更加擴大的自由黨。這象徵著一個比一八八〇年的協議更加正式的政黨成立，其綱領則沒有變化（《明治天皇紀》第五卷，p. 566；後藤靖，《自由民權》，pp. 173-174）。

21. 後藤靖，《自由民權》，p. 171。

22. 米原謙，《植木枝盛》，p. 24。

23. 高知的藩校廢除以後，他被送往東京的軍校學習，授課內容大部分以法語和兵學為主。或許是因為學不好法語，植木後來輟學了。關於他的年少時代，請參考米原謙，《植木枝盛》，pp. 17-26。

24. 該儒家學派主要提倡知行合一。

25. 米原謙，《植木枝盛》，p. 32。

26. 同前注，pp. 44, 52。

27. 同前注，p. 56。

28. 出自一八八一年二月二日的日記，見《植木枝盛集》第七卷，p. 258。

29. 出自一八八四年三月十三日的日記，同前注，p. 338。

30. 出自一八七九年八月二日的日記，同前注，p. 205。

31. 米原謙，《植木枝盛》，p. 14。亦可見家永三郎編，《植木枝盛選集》，p. 300。

32. 外崎光廣，《植木枝盛と女たち》，p. 53。

33. 米原謙，《植木枝盛》，p. 112。他在日記中對於撰寫憲法草案的記錄非常簡單明瞭：「草擬日本國憲法。」（出自一八八一年八月二十八日的日記，見《植木枝盛集》第七卷，p. 273）

34. 這個日期是根據三條實美和薩摩派參議的提議而定下的。岩倉曾經主張七年後再開設國會，大木喬任則建議推遲三十年。關於天皇敕諭的原文，參見《明治天皇紀》第五卷，p. 547。天皇在內容陳述自己對建立憲政制度並由後人繼承的期待，同時提到他為此採取的漸進措施，如一八七五年設立元老院，以及一八七八年開設地方的議會機構；而一八九〇年國會的召開正代表這個長期願望將得以實現。

35. 馬場的自傳摘錄請參照萩原延壽，《馬場辰豬》，pp. 145-146。萩原指出，馬場的自傳寫於一八八五年，即與板垣退助關係破裂之後，因此閱讀他有關自由黨成立(特別是他與板垣的關係)的描寫時應該更加謹慎。亦見米原謙，《植木枝盛》，pp. 117-118。

36. 根據大橋昭夫的說法，板垣(投票時他正前往東北地區進行遊說)希望後藤擔任總理，而會上他也確實當選，但是後藤堅決婉拒這個職位(《後藤象二郎と近代日本》，p. 217)。

37. 渡邊幾治郎，《大隈重信》，p. 93。轉引自 Ryūsaku Tsunoda, Wm. Theodore de Bary, and Donald Keene, trans., *Sources of Japanese Tradition*, p. 693。大隈在提到「自稱尊王之黨派」時，腦海裡可能浮現了「立憲帝政黨」。這個右翼政黨支持一套由天皇授予而不是取決於人民的憲法，於一八八二年三月由福地源一郎(號「櫻癡」)成立。關於福地在一八八〇年當時的的意見概述，請參考《福地　癡集》pp. 364-366 收錄的〈國約憲法會議ヲ開クノ議〉。該政黨主要以神道神職人員和僧侶的支持為基礎，於一八八三年九月解散，但也像其他的政黨一樣不斷死灰復燃，一路存續到一九四〇年。

38. 大橋表示儘管這個台詞非常著名，但無法確定實際上是否真有此事(《後藤象二郎と近代日本》，pp. 221-222)。犯人是位小學教職員，受到了由福地源一郎擔任主編的《東京日日新聞》上批評板垣的激進言論的影響。據說當地的醫生得知岐阜縣知事反對自由黨，因為擔心自己會被貼上支持自由黨的標籤而拒絕為板垣診治。結果為他治療的，是日後成為傑出政治人物的醫生後藤新平。

39. 《明治天皇紀》第五卷，p. 687。一開始有人建議天皇派出侍從長作為敕使，但是天皇不同意，認為派出一名普通侍從便可。這似乎讓人覺得他對板垣的態度有些冷淡，但是岐阜縣知事(以反自由黨而著稱)的態度甚至還要更加冷淡。他表現得好像對這件事毫不知情，對板垣的傷勢亦是不聞不問。此舉激怒了自由黨成員，控訴這次未遂的暗殺行動是由政府唆使的。一些板垣的追隨者認為他不應接受天皇下賜的三百圓撫慰金，但是板垣斥責他們，說一名臣子怎麼可以拒絕天皇的恩賜。直到聽說天皇賜金慰問板垣之後，岐阜縣知事才第一次派人關心板垣的傷勢。

40. 大橋昭夫，《後藤象二郎と近代日本》，p. 223。

41. 擔任翻譯的今村和郎曾在法國留學，因而能夠勝任法語翻譯。不久前，他獲得井上等人的推薦在政府任職(大橋昭夫，《後藤象二郎と近代日本》，p. 229)。

42. 大橋昭夫，《後藤象二郎と近代日本》，pp. 227-228。

43. 同前注，p. 236。有關史賓塞對板垣見解的反應，可參見當時人在倫敦的日本大使森有禮寫給伊藤的信件內容。

44. 同前注，pp. 237-238。

● 第三十六章

1. 《明治天皇紀》第五卷，p. 600，「軍人」自然包括海軍和陸軍。
2. 《明治天皇紀》第五卷，pp. 601-602。
3. 同前注，p. 608。
4. 同前注，pp. 617-618。
5. 據說是明治的「念持佛」（隨身攜帶用來許願的佛像）的一個文殊菩薩小雕像就保存在與皇室關係密切的真言宗泉涌寺內（照片請參見《皇族の御寺》，p. 36）。與真言宗的關係或許是促使明治積極重建高野山寶塔的原因之一。對於天台宗西教寺的重建，明治只捐贈了五十日圓（《明治天皇紀》第五卷，p. 651）。明治並非唯一向寺廟捐贈的皇室成員，皇太后和皇后也捐贈了五百日圓用於重修位於京都的臨濟宗寺廟東福寺（p. 690）。
6. 法蘭克・普羅查斯卡（Frank Prochaska）在《皇室恩賜》（*Royal Bounty*）中描述了英國皇室（主要在十九世紀）對學校、醫院、孤兒院和其他慈善機構進行的寄贈。明治偶爾也會向學校和醫院捐錢。一八八一年八月五日，在傳染病流行期間，明治自掏腰包向東京府捐贈了七萬日圓的鉅款，用於改善衛生和疾病防治（《明治天皇紀》第四卷，pp. 736-737）。一八八二年七月二十六日，在霍亂蔓延期間，他又額外捐出一千日圓用於控制疫情（《明治天皇紀》第五卷，p. 747）。他甚至越來越頻繁地為宗教或科學組織慷慨解囊。例如在一八八二年二月三日，天皇同意每年向皇典講究所（一所為教授日本經典、禮樂、漢洋學問和武術而新成立的研究機關）資助二千四百日圓，且為期十年（《明治天皇紀》第五卷，pp. 624-625）。
7. 《明治天皇紀》第五卷，p. 633。
8. 天皇的私有地問題常常成為議論的焦點。理論上日本的國土均為天皇的土地，但並沒有書面規定。在一八七二年廢除禁止田地永久買賣的法令後，即使是平民也能擁有土地的所有權。一八七六年，木戶孝允早已意識到皇室擁有適量財富的重要性，認為如果親王和皇室成員沒有足夠資產過上與其身分地位相符的生活，又該如何維護他們的尊嚴？並強調在全世界還沒有哪一個國家的皇室擁有如此少量的財產（《明治天皇紀》第五卷，p. 644）。
9. 《明治天皇紀》第五卷，pp. 640-641。
10. 請參考有關禁止外國人在日本內陸旅行的限制。當時外國人可以「健康、植物調查或科學研究」等理由申請發行護照。一八七八年，透過巴夏禮爵士取得護照並從東京前往北海道的探險家伊莎貝拉・博得（Isabella L. Bird）曾詳述了護照封面用英語記載的旅行規定：凡持有護照者，禁止在林中點火；禁止騎馬進入火災現場；禁止非法侵入田地、圈地或禁獵區；禁止在寺廟、神社或牆壁上塗鴉；禁止在小路上騎馬；不可無視「不准通行」的公告。此外也必須「遵守秩序，以順從態度對待日本官員與國民」；「凡官員要求，必須向官員出示護照，違者將被拘捕」；在國內期間「禁止狩獵或交易，亦不得與日本人簽訂商業契約」；同時「禁止房屋或客房的租賃期限超過逗留期間」(*Unbeaten Tracks in Japan*, pp. 33-34)。

11. 《明治天皇紀》第五卷，p. 657。
12. 同前注，p. 658。
13. 同前注，pp. 683-684。
14. 同前注，pp. 712-713。
15. 同前注，p. 743；另參見 Hugh Cortazzi, *Sir Harry Parkes*, p. 15。
16. Hugh Cortazzi, *Sir Harry Parkes*, p. 15. 此處的引述出自 F. V. Dickins and S. Lane Poole, *The Life of Sir Harry Parkes*, 2, p. 319-322。
17. 「閔妃」總是被當做其名字，但「閔」其實是她家族的稱呼，如同瑪麗・安東尼(Marie Antoinette)被稱為「哈布斯堡皇后」一樣。
18. Woonsang Choi, *The Fall of the Hermit Kingdom*, p. 17；《明治天皇紀》第五卷，p. 746；片野次雄，《李朝滅亡》，p. 56。
19. 片野次雄，《李朝滅亡》，p. 57。
20. 角田房子，《閔妃暗殺》，p. 115。儘管本書以小說的形式寫成，但顯然是經過相當嚴謹的研究而誕生的成果。
21. 關於這類事件的不同描述，請參見 Hilary Conroy, *The Japanese Seizure of Korea*, p. 102。
22. 角田房子，《閔妃暗殺》，p. 121；另可參見 Woonsang Choi, *The Fall of the Hermit Kingdom*, p. 18，以及 Kibaik Lee, *A New History of Korea*, trans. Edward W. Wagner, p. 273。
23. 人們都用這一頭銜來稱呼他，一般是用來尊稱國王的父親但未曾登基的人。其本名為李昰應。
24. 《明治天皇紀》第五卷，p. 750。
25. 同前注，p. 752。
26. 濟物浦是漢城港口仁川的舊稱。
27. 《明治天皇紀》第五卷，pp. 759-762, 766-767。
28. 同前注，p. 771。對於花房離開漢城的直接原因說法不一。根據崔文衡的說法，是因為當花房要求對日本遭受的損失予以賠償，興宣大院君「反駁說倘若日本堅持要獲得賠償，朝鮮政府就不得不對在朝展開貿易的所有日本商人徵稅」(*The Fall of the Hermit Kingdom*, p. 18)。片野則認為，在規定的三天期限過去後，花房得知由於要為閔妃舉行葬禮，他將無法得到朝鮮的答覆(《李朝滅亡》，p. 68)。他對於朝鮮將內部事務看得比他的使命還要重要感到不滿，於是宣稱他已經放棄了和平解決此次危機的希望。根據崔碩莞的說法，花房的要求讓朝鮮朝廷備受衝擊，尤其是三天的答覆期限(《日清戦争への道程》，p. 33)。奉朝鮮國王之命負責談判的洪淳穆試圖以必須處理其他國務為由延長回覆期限，但花房將此舉解釋為朝鮮無意認真談判，於是在八月二十二日向朝鮮國王發出最後通牒後前往仁川。
29. 片野次雄，《李朝滅亡》，pp. 61-63。

30. 《明治天皇紀》第五卷，p. 800。
31. 同前注，pp. 818, 838。
32. 同前注，p. 840；Kibaik Lee, *A New History of Korea*, p. 276。
33. 這是岩倉具視的見解（《明治天皇紀》第五卷，p. 841）。

● 第三十七章

1. 相較之下，雅樂師受到政府的優待，這無疑是因為雅樂與朝廷儀式息息相關。他們能夠獲得足以支付生活開銷的年金（《明治天皇紀》第六卷，p. 299）。
2. 任子是公卿千種有任的第三女。
3. 《明治天皇紀》第六卷，pp. 105-106。
4. 漢方醫淺田宗伯（一八一五—一八九四）在幕末時期曾擔任大奧的御醫。
5. 橋本綱常（一八四五—一九〇九）曾師從松本良順學習西醫，後來師從荷蘭醫生鮑德溫（A. Bauduin）在長崎學醫。一八七〇年，橋本成為兵部省的醫官，奉命前往德國留學。一八八五年，橋本成為日本陸軍軍醫總監。
6. 他們是都曾接受過荷蘭醫學培訓的伊東方成（一八三二—一八九八）和岩佐純（一八三六—一九一二）。伊東起初師從德高望重的伊東玄樸，隨後在長崎跟隨彭培（Pompe van Meerdevoort）學醫。他還在烏特勒支大學學習，明治維新後不久回到日本（《明治天皇紀》第六卷，p. 68）。岩佐在日本跟隨彭培和鮑德溫學醫，一八八四年前往歐洲學習。
7. 一八八四年十二月，嘉仁親王染上了流感。天皇非常擔心，得知嘉仁親王的外曾祖父中山忠能和外祖母中山慶子正向神佛祈禱親王康復時，私底下傳話請他們繼續祈禱。不到一個月的時間，嘉仁病癒（《明治天皇紀》第六卷，p. 316）。
8. 天皇的腳氣病可能是由於缺乏維生素所引起，大概當時的日本還沒有這般認知。
9. 例如，從四月十六日到二十日，天皇在埼玉縣飯能市及周邊地區觀看了近衛軍的春季演習（《明治天皇紀》第六卷，pp. 37-42）。
10. 格耐斯特（一八一六—一八九五）此時的政治思想與伊藤舉薦他的時候相比更為自由。他在形成自己的政治哲學上受益於英國民主主義。
11. 史坦恩（一八一五—一八九〇）是維也納大學的教授。他的政治觀點比較保守，反對普選和政黨政治。他對日本憲法制定者的影響尤其顯著。
12. 《明治天皇紀》第六卷，pp. 14-15。
13. 同前注，p. 121。他獲得了每年兩千日圓的高額薪俸。
14. 例如，恢復了賀茂祭和男山祭自明治維新以來廢止的古老儀式。岩倉具視是推動復興傳統的核心人物，這也是他維護京都計畫的一環（《明治天皇紀》第六卷，pp. 56, 111）。按照古老傳統舉行的祭典首次在一八八四年五月十五日重新復活（p. 206）。

15. 爭論的原因之一在於優秀的士族階層是否應被視為華族成員。伊藤博文強力主張在日後的國會上讓這類士族與華族一同納入上院，但岩倉堅決反對(大久保利謙，《岩倉具視》，p. 236)。岩倉死後，一八八四年七月頒布了《華族令》，將舊制的公家改分為五等，並根據門第和勳功授予爵位，從而解決了這個問題(《明治天皇紀》第六卷，pp. 220-225)。

16. 北陸巡幸時，天皇駐足京都，對於京都的失修破舊感到驚愕。在天皇看來，就像俄國在舊都莫斯科舉辦主要儀式(如加冕禮和葬禮)一樣，日本的重要儀式也可以在京都舉行。一八八三年四月，天皇就此正式頒布詔敕。岩倉早在同年一月就上奏有關維護京都的詳細建議，主張不僅要保存御所，也要維持昔日平安京的規模，以期將來京都日益繁榮。岩倉對京都美麗的自然環境和輝煌歷史進行了描述，強調保護京都乃當務之急(《明治天皇紀》第六卷，pp. 46-48)。五月，在岩倉前往京都之際，其於一月擬定的京都保護計畫大部分均得以實行。

17. 《明治天皇紀》第六卷，p. 56。

18. 同前注，p. 81。婚前，皇后的身分是一條忠香的女兒。以該身分(這比皇后的身分卑微許多)探望，岩倉便可以不用下床迎駕。

19. 同前注，pp. 89-90。

20. 按照天皇的旨意也製作了刻有岩倉各項功績的碑文，筆者為重野安繹(《明治天皇紀》第六卷，p. 96)。

21. 《明治天皇紀》第六卷，p. 99。

22. Hugh Cortazzi, *Sir Harry Parkes*, p. 16. 出自薩道義於一八八一年寫給未來替巴夏禮撰寫傳記的作家迪金斯(F. V. Dickins)的信件。薩道義多年來擔任巴夏禮的翻譯，經常提到他脾氣火爆，例如：「在對基督教問題進行激烈討論時，日本人說得有理有據，巴夏禮爵士也說得合情合理；但不幸的是，他對木戶的論據大發雷霆，並且說出各種我不想在此重述的激烈言辭。」(*A Diplomat in Japan*, p. 398)

23. Sir Ernest Satow, *A Diplomat in Japan*, p. 141.

24. 於一八八四年三月十九日公布。在此之前(一八八三年十二月二十八日)，天皇告知其外祖父中山忠能，表示已經非官方地決定向已故的閑院宮典仁親王授予尊號。

25. 藤田覺，《幕末の天皇》，pp. 102-112。

26. 《明治天皇紀》第六卷，p. 200。九月九日，日本正式宣布在此次戰爭中保持中立(p. 285)。

27. 《明治天皇紀》第六卷，p. 210。該條目的日期是六月一日，可見天皇的疾病已經持續了一個多月。

28. 《明治天皇紀》第五卷，pp. 339-342。

29. 《明治天皇紀》第六卷，pp. 349-342。

30. 日本似乎不再把基督教禁令放在心上，信仰基督教的人數穩步增加。截至一八八二年，已有九十三個基督教會，逾四千三百名基督徒。但是，基督教禁令直到一八八九年二月十一日頒布憲法時才全面解除。大日本帝國憲法第二十八條規定，「日本臣民在不妨礙安寧秩序、不違背臣民義務的前提下，有信教之自由」。

31. 《明治天皇紀》第六卷，pp. 275-276。

32. 竹添進一郎寫了一部與眾不同的旅行日記《棧雲峽雨日記》，描述了他在中國的旅行。請參見拙作 *Modern Japanese Diaries*。

33. 該場戰爭產生了一個相當有趣後果：法國聲稱為了兩國的共同利益，提議日法結成聯盟。如果日本缺乏足夠的資金與清國開戰，法國承諾會在巴黎協調募集公債，以最有利的條件資助日本。但是，日本未予回應，於是同盟一事不了了之（《明治天皇紀》第六卷，pp. 328-329）。

34. 有時也稱為獨立黨。關於開化黨的介紹，請參見 Kibaik Lee, *A New History of Korea*, trans. Edward W. Wagner, pp. 275-276。

35. 關於當代學者對此事的描述，請參見 Hilary Conroy, *The Japanese Seizure of Korea*, p. 154。

36. 《明治天皇紀》第六卷，pp. 318-321。亦參考 Woonsang Choi, *The Fall of the Hermit Kingdom*, p. 21-23 的資料，其內容主要依據當時在朝歐洲人的陳述。

37. 《明治天皇紀》第六卷，p. 337。

● 第三十八章

1. 富田仁，《鹿鳴館——擬西洋化の世界》，p. 58。

2. 磯田光一，《鹿鳴館の系譜》，p. 23；另參見富田仁，《鹿鳴館——擬西洋化の世界》，p. 116；富田指出，建造這棟建築的費用由外務省、陸軍省等各省以及東京府共同承擔。

3. 富田仁，《鹿鳴館——擬西洋化の世界》，p. 7。「鹿鳴館」是由井上馨夫人的前夫中井弘命名。中井不僅精通中國詩詞，也十分熟知巴黎；他在京都創辦了類似於歌舞演出的京都歌舞會(p. 51)。儘管鹿鳴館主要用於舉辦舞會、宴會、慈善義賣等社交活動，但也有一些外國貴賓駐留東京時會留宿在鹿鳴館。

「鹿鳴館」得名自《詩經》中的一篇：「呦呦鹿鳴，食野之蘋。我有嘉賓，鼓瑟吹笙。」(Arthur Waley, *The Book of Songs*, p. 192)

4. 關於具體菜單，參見富田仁，《鹿鳴館——擬西洋化の世界》，pp. 189-190。

5. 一位卓有成就的老師是在東京駒場農學校任教的德國人詹森(Johannes Ludwig Janson)(富田仁，《鹿鳴館——擬西洋化の世界》，pp. 165-167)。

6. 出自一八八七年七月九日的《女學雜誌》，轉引自富田仁，《鹿鳴館——擬西洋化の世界》，p. 174。

7. 富田仁，《鹿鳴館——擬西洋化の世界》，p. 164。

8. 如需查看這幅漫畫的照片，見前注，p. 215。

9. 為知道東京的舊稱(江戶)感到自豪的外國人就算到了一八八五年也不太願意使用新的名稱「東京」。該章節選自 Pierre Loti, *Japoneries d'automne*。

10. 富田仁，《鹿鳴館——擬西洋化の世界》，p. 23。

11. 近藤富枝，《鹿鳴館貴婦人考》，p. 154。

12. 同前注，p. 146。四年前，在卡拉卡瓦國王訪日期間，末子曾擔任皇后的翻譯（詳見上冊第三十四章）。

13. 有關主要出席的嘉賓和其裝扮，參見近藤富枝，《鹿鳴館貴婦人考》，pp. 187-189。照片上顯示兩名政府成員裝扮成福神惠比壽和大黑天神，兩名女士分別扮成能樂《松風》中的松風和村雨。可參見《鹿鳴館——擬西洋化の世界》，p. 177。另參見《明治天皇紀》第六卷，pp. 732-733。

14. James E. Hoare, *Extraterritoriality in Japan*, p. 95.

15. 富田仁，《鹿鳴館——擬西洋化の世界》，p. 70。一八八三年十二月十一日，英國外務卿為此向日本駐英公使森有禮發送了一份備忘錄。

16. 富田仁，《鹿鳴館——擬西洋化の世界》，p. 71。另參見《明治天皇紀》第六卷，p. 272。普朗克特的親切友善和巴夏禮的毫不妥協形成鮮明對比，因而贏得了天皇的稱讚。一八八六年七月，天皇在接見普朗克特時表達了感激之情。關於天皇在當時的發言（包括對德國公使態度同樣友好的稱讚），參見《明治天皇紀》第六卷，pp. 615-616。

17. James E. Hoare, *Extraterritoriality in Japan*, p. 95.

18. 同前注，p. 72。另參見富田仁，《鹿鳴館——擬西洋化の世界》，p. 31。

19. 《明治天皇紀》第六卷，p. 447-448。

20. 十一月十九日，皇后和皇太后前往鹿鳴館，但不是去跳舞或參加宴會。當時在舉辦慈善活動，她們因此購買了一些義賣品（《明治天皇紀》第六卷，p. 497）。天皇不喜歡過度吹捧西洋文物，加上他堅守儒家思想關於君主應舉止得當的教誨，因而從沒想過拜訪鹿鳴館。但有傳聞說，一八八五年六月天皇在訪問彰仁親王時，他詢問「dance」（跳舞）是什麼意思。親王於是與妻子在天皇面前共舞一支，當作回答。天皇對舞蹈表示讚許。關於該傳聞，請參見近藤富枝，《鹿鳴館貴婦人考》，p. 186；關於此次訪問，請參見《明治天皇紀》第六卷，p. 421。

21. 八月在巡幸時，天皇派遣能久親王視察遭受洪水重創的大阪、京都和滋賀等地。在滋賀，河流沖毀了超過兩千個地方的堤壩，近四萬面臨飢餓威脅的災民接受救濟。這些人當中有兩萬三千人之後生活難以自足（金井之恭，《西巡日乘》，p. 628；《明治天皇紀》第六卷，pp. 462-463, 468-469）。

22. 《明治天皇紀》第六卷，pp. 377, 382, 385。

23. 同前注，pp. 426, 443。

24. 同前注，pp. 504, 510。

25. 關於巡幸的詳細描述，請參見金井之恭，《西巡日乘》，pp. 604-631。

26. 在用盡所有形容詞描述逐漸上升的高溫後，八月十日，《明治天皇紀》的嚴謹編纂者聲稱「炎日射人」。

27. 《明治天皇紀》第六卷，p. 453。

28. 同前注，p. 475。

29. 致歉信的全文請參見《明治天皇紀》第六卷，p. 365，明治的簡短答覆請參見《明治天皇紀》第六卷，p. 366。

朝鮮國王稱明治為「大皇帝」，自稱為「大君主」。明治稱朝鮮國王為「大王」。

30. 《明治天皇紀》第六卷，p. 367。

31. 同前注，pp. 369-370。

32. 關於三條密函的全文，請參見《明治天皇紀》第六卷，p. 373。

33. 《明治天皇紀》第六卷，pp. 397-398。日本軟弱的對外政策惹惱了許多日本人。不少日本臣民密謀殺害事大黨的首領，並用朴泳孝、金玉均和其他開化黨員取而代之，以讓朝鮮脫離清朝干涉取得獨立；同時他們也深信這有助於在日本創建立憲體制。於是，二十多名日本人打算橫渡朝鮮，謀害事大黨，並起草一份檄文廣發於朝鮮各地。但是由於缺乏資金和發生內訌，他們在出發前便遭到逮捕。共計約一百三十名日本人涉案，當中有五十八名於一八八七年四月接受審判（《明治天皇紀》第六卷，pp. 500-502）。

34. 《明治天皇紀》第六卷，pp. 405-406。

35. 同前注，p. 406。該事實記錄於德大寺實則的日記而非官方記錄之中。伊藤不是唯一一個在當時獲得獎賞的人士，井上馨也因努力解決在漢城動亂後的外交局勢而獲得一萬日圓的獎勵，西鄉從道和榎本武揚各獲得六千日圓的賞賜。根據記錄，井上於五月九日接獲賞賜，但無從得知其他人獲賞的日期。

36. 《明治天皇紀》第六卷，p. 433。

37. 同前注，p. 436。皇室為這次訪問做了充裕的準備，天皇賜給伊藤一套刻有菊紋的銀杯、一對刻有菊紋的青銅花瓶和一千日圓。這些賞賜並不是為了嘉獎他在清朝的表現，而是作為這次訪問的紀念。

38. 井黑彌太郎對一八七三年決定任命黑田擔任陸軍中將的奇怪發展進行了描述（《黑田清隆》，pp. 91-92）。山縣最初表態反對，熾仁親王則聲稱此舉只會招致災難。

39. 《明治天皇紀》第六卷，pp. 15-16。

40. 同前注，p. 371。五月底，黑田正在從南方前往北京的途中，於上海向三條發出電報，報告歐洲帝國主義列強最近在東亞的動態。他還提到廣州和福州沿岸的防禦措施。

41. 井黑彌太郎，《黑田清隆》，p. 195-196。

42. 同前注，p. 200。

43. 同前注，p. 201。當佐佐木向天皇闡述自身意見時，天皇顯然受到了影響。

44. 井黑彌太郎，《黑田清隆》，p. 118。坊間謠傳黑田在酒醉的狀態下將妻子刺殺或毆打致死。

45. 《明治天皇紀》第六卷，p. 503。通常當天皇訪問一些政要顯貴的宅邸時，都會上演能樂來取悅天皇，但黑田則是在宅邸的庭院中特別設置了土俵舉辦相撲比賽。

46. 井黑彌太郎，《黑田清隆》，pp. 198-199。

47. 伊藤循序漸進地推動其政府改革政策。詳情可參見坂本一登，《伊藤博文と明治國家形成》。有關伊藤在一八八三年（這年他從前往考察普魯士憲法的歐洲歸國）和一八八五年（這年他的內閣制度構想得到天皇認可）間的活動，參見坂本一登《伊藤博文と明治國家形成》，pp. 105-136。

48. 《明治天皇紀》第六卷，p. 514。有關他說明動機而呈上的奏疏，參見pp. 514-516。

49. 政體的改革很難用英文解釋清楚。之前的政體（太政官制）由三位大臣組成：太政大臣、左大臣和右大臣。此外，還有八個部門的長官「卿」。按照內閣制，設有一位總理和九個部門的長官（即大臣）。伊藤致力於建立一個仿照英國的議會制度，內閣由同一政黨的成員組成，並對選出他們的人民負責。

50. 《明治天皇紀》第六卷，pp. 516-517。關於十二月二十三日天皇宣布重組政府的詔書，參見pp. 518-519。

● 第三十九章

1. 有關提到天皇病狀的少見描述，參見《明治天皇紀》第六卷，p. 595。該頁記錄天皇患上了胃病。

2. 《明治天皇紀》第六卷，p. 530。

3. 同前注，pp. 542-543。

4. 同前注，p. 572。隨後，一顆流彈落在距離天皇馬車只有數十步遠的地方，擊中了一位隨從的腿部。近衛軍指揮官因自責請求辭職，但是大約一個月後，天皇認為不至於這麼嚴重。

皇后似乎從這時起對軍事事務越來越有興趣。一八八七年三月二十八日，皇后訪問了陸軍士官學校，視察了該校的各項活動（p. 721）。

5. 據山川三千子所言，明治晚年只寵愛兩位權典侍，即園祥子和小倉文子（《禁斷の女官生活回想記》，p. 194）。小倉沒有懷上孩子，因此沒有作為天皇側室的照片。

6. 園基祥是園基茂的三子。中山忠能的妻子愛子是園基茂的養女。這意味著園基茂既是明治的外曾祖父，又是園祥子的祖父。

7. 《明治天皇紀》第六卷，p. 509。

8. 同前注，p. 509。

9. 同前注，p. 544。根據這裡的敘述仍無法判斷嬰兒誕生的時候採用了哪一種醫術。

10. 《明治天皇紀》第六卷，p. 579。

11. 同前注，pp. 544, 510。

12. 飯澤匡，《異史明治天皇伝》，p. 53。

13. 根據《明治天皇紀》第六卷p. 630記載，在這之前親王的養育被全權交由中山慶子（天皇的生母）負責。儘管她對睦仁要求嚴格，對於身體纖弱的嘉仁或許有些縱容也說不定。

14. 《明治天皇紀》第六卷，pp. 570-571。

15. 同前注，p. 808。

16. 一八八六年三月一日將東京大學更名為帝國大學。這次更名是受到文部大臣森有禮的慫恿，反映出他堅信教育的主要目的在於培養對國家有用的人才。關於當時帝國大學的結構改革，請參見《明治天皇紀》

第六卷，pp. 551-552。

17. 西村茂樹，《日本道德論》，p. 117。引用自吉田熊次的解說。西村茂樹於十二月十一日、十七日和二十六日在大學講堂發表一系列演講，並開放校外人士參加。

18. 西村茂樹，《日本道德論》，pp. 10-11。

19. 同前注，pp. 12, 14。

20. 同前注，p. 14。

21. 同前注，p. 15。

22. 關於儒教的五大缺陷（如對身分卑微者不公平、男尊女卑等等），請參見西村茂樹，《日本道德論》，pp. 28-29；有關哲學的四大缺陷，請參見 pp. 31-33。

23. 西村茂樹，《日本道德論》，pp. 60-64。

24. 《明治天皇紀》第六卷，p. 670。

25. 該敘述主要出自川合彥充，《ノルマントン號事件》，pp. 4-5。另參見《明治天皇紀》第六卷，pp. 644, 666-667。

26. 關於《諾曼頓號沉沒之歌》的開頭和英文翻譯，請參見 William P. Malm, *Modern Music of Meiji Japan*, p. 287。歌曲開頭如下：「拍打岸邊的浪聲高亢／夜晚的風雨喚醒夢境／眺望一片青色海原／吾輩同胞身處何方／不斷呼喊聲嘶力竭……」

27. 並非只有日本人對此感到不滿。法國藝術家比戈畫了一幅漫畫，上頭描繪了英國船員平安無事地待在划艇上，而日本人則露出頭部在水面上載浮載沉；船長還向希望獲救的日本人索要金錢。該漫畫轉載於色川大吉，《近代國家の出発》，p. 438。

28. 然而，也許日本宮廷對外國皇室的熱情並沒有得到充分回報。一八八七年六月，彰仁親王代表日本皇室前往倫敦參加維多利亞女王登基五十周年慶典。當親王得知自己的名字不在參加慶典的外國貴賓名單中，感到相當不悅。此外，親王下榻的旅館等級也不及歐洲皇室成員。當他準備前往西敏寺參加典禮時，沒有人備好公務車，只得自己租馬車來用；到了典禮現場他被分配到與暹羅和夏威夷王族坐在一起，而非與歐洲的皇室成員。這些（以及其他公然冒犯行為）使他確信英國人仍然把日本當作一座東洋的孤島（《明治天皇紀》第六卷，pp. 764-765）。

29. 早在一月十四日抵達的皇太后也在京都和他們一同參加了儀式。

30. 《明治天皇紀》第六卷，p. 721。

31. 同前注，pp. 712-713。

32. 另有東京俱樂部成立於一八八一年，亦是日本和西方紳士締結友好關係的場所。

33. 《明治天皇紀》第六卷，p. 732。另參見 Donald H. Shively, *The Japanization of the Middle Meiji*, p. 94。他從一八八四年出版的高橋義雄的《日本人種改良論》一書中引述了一段話。在該書中作者聲稱，就憑日本人脆弱的精神和肉體，無法指望他們與白人抗衡，就算努力也只是徒勞而已；至於唯一的補救方法，就是與白人通婚以改良人種。一八九二年當哲學家赫伯特．史賓塞被問及看法時，他表示最好別這麼做。

34. 《明治天皇紀》第六卷，pp. 735-736。另參見井上清，《條約改正》，pp. 108-109。

35. 谷干城在歐洲待了一年多的時間考察當地的農業、商業和工業情況，於六月二十三日返回日本。發現列強都在擴張軍備的谷干城意識到國際情勢危急，這也許是他在維也納師從史坦恩學習國際法的原因（《明治天皇紀》第六卷，pp. 765-766, 777）。

36. 《明治天皇紀》第六卷，pp. 778-779。

37. 同前注，p. 782。

38. 同前注，pp. 788-789。另參見井上清，《條約改正》，pp. 112-113。

39. 《明治天皇紀》第六卷，p. 804。

40. 同前注，pp. 803-806。

41. 同前注，p. 799。

● 第四十章

1. 《明治天皇紀》第七卷，p. 20。

2. 在一八八八年夏天，嘉仁親王（四月的時候患上了百日咳）的老師建議將嘉仁帶到箱根去靜養兼避暑。他請求明治恩准，但天皇一臉不悅，非常不情願地准奏，不僅規定只能待一周，並且必須由元田永孚同行（《明治天皇紀》第七卷，p. 116）。也許他是不想讓親王離開他身邊，卻也有可能是因為他認為與其他日本民眾一同忍受夏季酷暑，是他和親王義不容辭的責任。但是，待在箱根顯然對親王的健康是有益的，並且在夏冬兩季離開東京前往氣候更舒適的地方成了親王日後的習慣。

3. 一八八八年十二月，西醫取代了漢方的御醫（《明治天皇紀》第七卷，p. 167）。一八八九年二月，天皇命令陸軍軍醫總監以及御醫調查皇室子女容易夭折的原因（p. 203）。

4. 《明治天皇紀》第七卷，p. 4。

5. 照片的相似度無疑會更高一些，但是由於當時在室內拍照需要大量的時間和照明，契索尼無法在不被天皇察覺的情況下為天皇拍照。

6. 《明治天皇紀》第七卷，p. 7。

7. 比利時駐日公使阿內唐（Albert d' Anethan）男爵的夫人在其日記中寫道：「我們和長年生活在日本的義大利人契索尼先生一同喝茶，在他家參觀了青銅器、漆器、日本版畫和古老刺繡等精美收藏。他還向我們展示了他描繪的天皇和皇后的肖像，這是當時僅有的天皇和皇后陛下的原版畫像。契索尼先生是憑著記憶速寫出這些極度仿真的畫像，畢竟讓天皇或皇后為畫像或照相擺姿勢顯然有悖於日本對於君主的禮儀或忠誠。」（*Fourteen Years of Diplomatic Life in Japan*, pp. 53-54）。相較之下，皇后似乎沒有像明治那麼不喜歡照相。一八八九年六月二十四日，皇后召見攝影師鈴木真一，請他為自己拍照；隔天攝影師丸木利陽也被請來為皇后拍了照片（《明治天皇紀》第七卷，p. 287）。關於向小學分發照片的情況，請參見 p. 424。

8. 《明治天皇紀》第七卷，p. 16。井上辭職後由伊藤繼任，除了擔任總理大臣之外也兼任外務大臣。

9. 關於大隈黨派的目標，請參見 Joyce C. Lebra, *Okuma Shigenobu*, pp. 69-76。

10. 關於黑田與大隈的會談概況，見渡辺克夫，《明治二十二年の條約改正反対運動》，p. 4。

11. 《明治天皇紀》第七卷，p. 17。另參見 Joyce C. Lebra, *Okuma Shigenobu*, pp. 84, 164。在談判時，大隈更改了條件。欲知詳情，參見渡邊克夫，《明治二十二年の條約改正反対運動》，pp. 6-18。

12. Joyce C. Lebra, *Okuma Shigenobu*, p. 86.

13. 《明治天皇紀》第七卷，p. 50：這段話的意譯可參見 Hugh Borton, *Japan's Modern Century*, p. 141。

14. 樞密院的五大審議事項詳列於《明治天皇紀》第七卷，p. 51。主要與擬議憲法的內容和修改憲法規定的程序有關。

15. 《明治天皇紀》第七卷，p. 52。

16. 同前注，pp. 74-75, 92, 94。另參見土方久元，〈叡明比べなき大皇帝〉，《太陽臨時增刊　明治聖天子》，p. 58。土方寫道：「激烈辯論常持續若干時辰，然每次發言，陛下必熱心聆聽，即便回宮後，仍議論今日誰發言妥當，並評斷不同意見之好壞。陛下之批評準確清晰，令人印象深刻。」

17. 《明治天皇紀》第七卷，p. 93。

18. 同前注，pp. 164-165, 324-325。另參見 Mary Crawford Fraser, *A Diplomat's Wife in Japan*, p. 27。

19. 據達拉斯．菲恩所稱，「大多數外國人，如貝爾茲醫生、比利時的阿內唐男爵夫人、雷德斯代爾勛爵和紐約金融家雅各．希夫(Jacob Schiff)，都認為皇宮富麗堂皇」(*Meiji Revisited*, p. 94)。例如，阿內唐男爵夫人將正殿描繪成「壯麗而宏偉的空間，鋪著鑲木地板」(*Fourteen Years of Diplomatic Life in Japan*, p. 48)。

20. 日野西資博，《明治天皇の御日常》，p. 71。

21. 當嘉仁在熱海避冬時，谷干城也待在當地。這讓曾我易於頻繁拜訪谷干城。

22. 《明治天皇紀》第七卷，pp. 192-193。谷干城由於在軍隊立下功績而獲封為子爵，因此他有意擔任上院(貴族院)議員。

23. 儘管谷干城再三拒絕就任樞密院顧問，天皇仍不接受他的推託，並透過侍從長派出一名宮內省官員說服谷干城改變主意。聽聞天皇的失望之情，谷干城很受感動，但也請求給予時間重新考慮(《明治天皇紀》第七卷，p. 201-202)。之後，谷干城被迫在進入樞密院或入閣之間做出選擇；雖然谷干城不排斥入閣，卻又不想跟後藤象二郎共享這份榮譽。最後，總理大臣黑田任命了後藤(p. 246)。文部大臣的職位由榎本武揚就任，後藤則接替榎本原先擔任的通信大臣。

24. 《明治天皇紀》第七卷，p. 197。

25. 同前注，p. 200。

26.《明治天皇紀》第七卷，pp. 206-207。

27. Erwin Baelz, *Awakening Japan*, trans. Eden Paul and Cedar Paul, pp. 81-82. 德川龜之助是德川家達的幼名。「三條公」指的自然是三條實美，貝爾茲稱其為「imperial chancellor」，即「總理」之意。

28. 休伊．伯爾頓(Hugh Borton)將一九四六年憲法的條項與一八八九年帝國憲法的相應條款加以比較並介紹(*Japan's Modern Century*, pp. 490-507)。

29. 得知天皇反感黑田，元田舉了中國歷史上對惡名昭彰之人給予獎勵的一個例子：漢高祖殺了最寵信的大臣，並向他厭惡的大臣下賜領地，藉此讓萬民心服口服、歸順其統治(《明治天皇紀》第七卷，pp. 213-214)。然而天皇沒有被元田的論據所說服，只向伊藤授予了勳章。

30. 根據貝爾茲所述，報紙將這位行刺者描繪成英雄：「位於上野的西野墓地，出現了宛如前來瞻仰的人潮！尤以學生、演員、藝伎為多。」(*Awakening Japan*, trans. Eden Paul and Cedar Paul, pp. 85-86)

31.《明治天皇紀》第七卷，pp. 226-227。

32. 同前注，p. 227。一八八九年三月四日，共和黨員班傑明．哈里森(Benjamin Harrison)宣誓就任總統。

33.《明治天皇紀》第七卷，p. 237。

34. 第二十四條規定「不得剝奪日本臣民接受法定法官審判的權利」。第五十八條部分規定「從具備法律規定資格者中任命法官。除非依照刑法接受裁定者或受懲戒處分者外，不得免除法官的職務。」

35.《明治天皇紀》第七卷，pp. 284-287。

36. 同前注，pp. 297-298。

37. 同前注，p. 315。

38. 同前注，p. 333。

39. 同前注，pp. 339-340。

40. 同前注，p. 342。這些是勝海舟提出的質疑。

41. 同前注，p. 349。埃及在一八八〇年代也曾因為反歐洲勢力的民族主義興起，引來英國武裝干涉，最終遭到英國全面佔領。

42. 同前注，p. 352。

43. 同前注，pp. 364-65。出自西村於一八八九年九月寫成的《建言稿》。參見日本弘道會編，《泊翁叢書》第一卷，pp. 397-411。其中 pp. 399-406 特別描寫了如果日本允許外國人在租借地以外的地方生活或是擔任大審院的法官會發生的可怕光景。英文版的西村研究請參見 Donald H. Shively, "Nishimura Shigeki: A Confucian View of Modernization"。值得注意的是，在此之前，很多日本人其實對外國人生活在他們之中(即內地雜居)的前景表示期待(稻生典太郎，《條約改正論の歷史的展開》，pp. 266-268)。

44.《明治天皇紀》第七卷，p. 325。根據貝爾茲所言，「日本人在修改條約上希望得到他們想要的一切，卻不願給予任何回報」(*Awakening Japan*, trans. Eden

Paul and Cedar Paul, p. 90)。

45.《明治天皇紀》第七卷，p. 371。

46. Erwin Baelz, *Awakening Japan*, trans. Eden Paul and Cedar Paul, pp. 91-92.

47. 同前注，p. 93。

● 第四十一章

1.《明治天皇紀》第七卷，p. 600。

2. 同前注，p. 463。另參見p. 568，本頁中提到在朝鮮國王的正室死後，朝廷打算舉辦為期九天的哀悼。

3.《明治天皇紀》第七卷，pp. 684-687, 691-693。七月三日，在群馬縣伊香保町保留了皇室專屬用地，以供皇族歇息和娛樂之用(p. 586)。

4.《明治天皇紀》第七卷，p. 467。

5. 同前注，p. 471。

6. 同前注，p. 472。

7. 同前注，p. 475。

8. 同前注，pp. 507-510。

9. 一八九〇年七月十五日，日本總算盼到英國政府對修約提議做出的答覆。在指出這些提議與去年有很大不同後，英國首相索爾斯伯利(Salisbury)侯爵預計，英國要放棄其特權至少需要五年時間。

10.《明治天皇紀》第七卷，p. 521。天皇偶爾也會食用地位較低者吃的簡單食物，也許是為了表示自己和他們患難與共。例如，當視察軍艦「八重山」時，他吃了提供給艦內海軍士官的餐點(p. 484)。

11.《明治天皇紀》第七卷，p. 524。

12. 同前注，pp. 526-527。

13. Mary Crawford Fraser, *A Diplomat's Wife in Japan*, p. 159.

14. 同前注，p. 166。

15. 除了來自薩摩、長州、土佐和肥前藩的人士外，出生於其他藩的兩名人士(勝海舟和榎本武揚)也曾受命擔任閣僚，大概是因為他們長年對幕府貢獻良多。

16. Roger F. Hackett, *Yamagata Aritomo in the Rise of Modern Japan*, p. 135.

17. 一八七八年，陸奧因涉嫌參與企圖顛覆政府的土佐立志社事件被判入獄五年，實際監禁的期間則是四年又四個月。天皇曾赦免了捲入該事件的其他人，卻拒絕赦免陸奧。有關這一事件的簡要敘述，請參見萩原延壽，《陸奧宗光》，pp. 47-48。

18.《明治天皇紀》第七卷，p. 554。

19. 同前注，p. 211。此時頒布的三部法律是《議院法》、《眾議院議員選舉法》和《貴族院令》(R. H. P. Mason, *Japan's First General Election*, p. 27)。

20. 儘管貴族院與眾議院同時召開，但選舉的方法並不相同。二百五十一名議員由終身制議員(如王孫、親王、世襲制貴族)、敕任議員和皇族推選議員(終身制)構成。關於貴族院的相關探討，請參見Andrew Fraser, "The House of Peers (1890-1905)" in Andrew Fraser, R. H. P. Mason and Philip Mitchell, Japan's

Early Parliaments。

21. 末松謙澄聲稱，「如果讓一位目不識丁的人投票，他會把權兵衛寫成八兵衛、把五助寫成六助，結果導致村長和書記串通舞弊。我經常目睹對選舉人最有害的做法」(《二十三年の総選挙》，參見《明治文化全集》第三卷，p. 217)。引自 Andrew Fraser, R. H. P. Mason, and Philip Mitchell, *Japan's Early Parliaments*, p. 43。
22. Andrew Fraser, R. H. P. Mason, and Philip Mitchell, *Japan's Early Parliaments*, p. 52.
23. Roger F. Hackett, *Yamagata Aritomo in the Rise of Modern Japan*, p. 137. 十月，伊藤被正式任命為貴族院議長(《明治天皇紀》第七卷，p. 658)。
24. 《明治天皇紀》第七卷，p. 603。
25. 參見《明治天皇紀》第七卷 pp. 532, 564, 565, 583, 586, 595, 596, 602, 607, 614, 621, 622 等。關於一八九〇年十一月起草的皇室所有地清單，請參見 pp. 698-700。該清單並不詳盡，推測是因為只列舉了世襲繼承的土地。截至十二月三十一日，皇室所持土地中第一類御料地＊合計超過一百零一萬六百四十五町，第二類御料地則超過二百六十三萬三千百五十六町(p. 701)(＊譯注：御料地是指天皇、幕府等直接支配的土地；一町約為九千平方公尺。)
26. 《明治天皇紀》第七卷，pp. 636-37。關於佐佐木提議的全文，參見津田茂麿，《明治聖上と臣高行》，pp. 698-703。一八七七年廢除了教部省，並且沒有採用其他機構代替。
27. 《明治天皇紀》第七卷，p. 638。
28. 同前注，p. 645。這三大節日是元旦(四方拜)、紀元節(神武天皇即位之日)和天長節(天皇生日)。
29. 《明治天皇紀》第七卷，pp. 671-672。
30. 同前注，p. 672。
31. 同前注，p. 673。
32. Ryūsaku Tsunoda, Wm. Theodore de Bary, and Donald Keene, trans., *Sources of Japanese Tradition*, p. 646.
33. 同前注，p. 647。
34. 《內村鑑三全集》第二十卷，p. 206-207；同前注，pp. 852-853。
35. Ryūsaku Tsunoda, Wm. Theodore de Bary, and Donald Keene, trans., *Sources of Japanese Tradition*, pp. 853-854.
36. 《明治天皇紀》第七卷，p. 676。
37. 同前注，pp. 681-682。
38. 《明治天皇紀》第七卷，p. 704。

● 第四十二章

1. 《明治天皇紀》第七卷，p. 737。
2. 同前注，pp. 754-756。
3. 同前注，p. 759。
4. 之前的皇室貴賓主要都是君王的次子或三子(兩位英

國王子則是君王的孫子）。

5. Count Sergei Yulyevich Witte, *The Memories of Count Witte*, trans. Sidney Harcave, pp. 126-127. 在軍艦抵達印度後，尼古拉的弟弟喬治便返回俄國（《明治天皇紀》第七卷，p. 795）。

6. 《明治天皇紀》第七卷，p. 751。相比之下，天皇僅捐贈了兩百日圓用於修復京都最古老的寺廟廣隆寺。該寺因其宏偉的佛像而聞名（p. 78）。

7. 她指的想必是濱離宮。

8. Mary Crawford Fraser, *A Diplomat's Wife in Japan*, p. 275.

9. 保田孝一，《最後のロシヤ皇帝ニコライ二世の日記 增補》，p. 9；Count Sergei Yulyevich Witte, *The Memories of Count Witte*, trans. Sidney Harcave, pp. 125。尼古拉於一八九一年五月十八日參加了開工儀式。

10. 有關俄國皇太子訪問長崎的詳細描述，請參見野村義文，《大津事件》，pp. 9-88。

11. 保田孝一，《最後のロシヤ皇帝ニコライ二世の日記 增補》，pp. 22, 21。

12. 保田在《最後のロシヤ皇帝ニコライ二世の日記 增補》p. 25 轉載了一張尼古拉在長崎乘坐人力車的照片。

13. 所購物品的價格及購買的商店清單詳列於野村義文，《大津事件》，pp. 80-85。

14. 保田孝一，《最後のロシヤ皇帝ニコライ二世の日記 增補》，p. 24。尼古拉的表兄，同時也是未來的英王喬治五世在日期間也紋了身。

15. 保田孝一，《最後のロシヤ皇帝ニコライ二世の日記 增補》，p. 31。

16. 同前注，p. 32-33。根據當地鄉土史學家所言，藝伎菊奴負責接待尼古拉，阿榮則接待喬治，但野村認為接待尼古拉的應該是阿榮（《大津事件》，p. 86）。

17. 保田孝一，《最後のロシヤ皇帝ニコライ二世の日記 增補》，p. 36。p. 39 也轉載了一張當時表演武士舞蹈的照片。

18. 同前注，p. 39。

19. 野村義文，《大津事件》，p. 111。在同一天的午餐時分，尼古拉就日本士兵給他留下的良好印象對指揮官大加讚揚，這是他抵達日本以來第一次看到日本士兵（安藤保，《大津事件に就て（上）》，p. 144）。

20. 如需了解當時與遊覽有關的詳細報告，請參見安藤保，《大津事件に就て（上）》，pp. 141-144。

21. 有關行刺時各個人力車的位置，請參見前注，p. 177。

22. 保田孝一，《最後のロシヤ皇帝ニコライ二世の日記 增補》，pp. 11-12。

23. 《明治天皇紀》第七卷，p. 828。皇太子將兩名車伕召到他的軍艦上，親自賞賜了兩千五百日圓。他還向他們授予聖安娜勳章，並提供一千日圓的終身撫恤金，儘管他擔心這些身分卑賤的人會誤用這筆鉅款。明治對此也表示擔心，並命令外務大臣青木周藏敦促這兩名車伕不得濫用這些錢。青木除了告誡，還指示京都府和石川縣（這兩名車伕的出生地）的知事密切監視他們。有關兩位車伕向畑治三郎與北賀市市太郎的概述，請參見尾佐竹猛，《大津事件》，pp. 252-257。

24. 保田孝一，《最後のロシヤ皇帝ニコライ二世の日記 增補》，pp. 16-17。最後在其日記中提到大津事件的內容寫於他逝世前兩年的一九一六年。
25. 保田孝一，《最後のロシヤ皇帝ニコライ二世の日記 增補》，p. 12。
26. 尾佐竹猛，《大津事件》，pp. 51-53。
27. Count Sergei Yulyevich Witte, *The Memories of Count Witte*, trans. Sidney Harcave, pp. 126-127.
28. Mary Crawford Fraser, *A Diplomat's Wife in Japan*, pp. 281, 284.
29. 同前注，p. 283。
30. 《明治天皇紀》第七卷，pp. 812, 813-814。
31. 同前注，pp. 817-818。實際上，天皇派去的其中一名醫生不是日本人。斯庫里巴（Julius Scriba）是醫科大學雇用的外國教授。貝爾茲曾寫道：「斯庫里巴以及天皇派去京都的日本一流的外科醫生都沒能謁見皇太子。他們說俄國人的態度相當不友善。」（Erwin Baelz, *Awakening Japan*, trans. Eden Paul and Cedar Paul, p. 96）

---

32. 《明治天皇紀》第七卷，pp. 819-820。
33. 尾佐竹猛，《大津事件》，pp. 100-101；另參見《明治天皇紀》第七卷，p. 821。後者的敘述有些混亂：該書在同一頁中說道，尼古拉因擔心自身安危懇請天皇陪同，但是這與尼古拉當時在其他場合的發言不符。
34. 有關信件的日文翻譯，請參見《明治天皇紀》第七卷，p. 825。
35. 天皇通常不會隨身攜帶菸草，但這次他有備而來，顯然是受到了知曉俄國習慣的人士提醒。
36. 《明治天皇紀》第七卷，pp. 829-831。
37. Mary Crawford Fraser, *A Diplomat's Wife in Japan*, pp. 286-287.
38. Lafcadio Hearn, *Out of the East*, p. 254.
39. 同前注，p. 256。
40. 同前注，p. 260。有關畠山勇子的個人傳記，請參見尾佐竹猛，《大津事件》，p. 257-263。當中不包含小泉八雲的引述內容。
41. 《明治天皇紀》第七卷，p. 826。
42. Mary Crawford Fraser, *A Diplomat's Wife in Japan*, p. 289. 保田轉載的一幅圖畫顯示甲板上擠滿了屏風、櫃子和其他龐大的物品（《最後のロシヤ皇帝ニコライ二世の日記 增補》，p. 55）。瑪麗．弗雷澤寫道，即使是非常窮困的民眾也送上了白米、醬油或雞蛋當作禮物。據估計，這些禮物可以裝滿十六個木箱（《明治天皇紀》第七卷，p. 823）。

43. 關於向受傷的皇太子發出慰問信的機構列表，請參見安藤保，《大津事件に就て(上)》，pp. 489-493。

44. 尾佐竹猛，《大津事件——ロシア皇太子大津遭難》，p. 79-80。

45. 瑪麗．弗雷澤稱其為「一位年長的陸軍軍士長」，但大津事件發生時他才三十六歲。

46. 有關津田服役的詳細情況，請參見安藤保，《大津事件に就て(上)》，p. 251；另參見兒島惟謙，《大津事件日誌》，pp. 193-194。

47. 兒島惟謙，《大津事件日誌》，p. 193。更詳細的傳記資料請參見尾佐竹猛，《大津事件——ロシア皇太子大津遭難》，pp. 248-252。

48. 他為了成為一個「歷史名人」而縱火燒毀了位於以弗所的黛安娜神廟。

49. Erwin Baelz, *Awakening Japan*, trans. Eden Paul and Cedar Paul, p. 95.

50. 可以從津田接受審問時提供的證詞獲悉他對這三點的憤怒之情。(尾佐竹猛，《大津事件——ロシア皇太子大津遭難》，p. 133-134；《明治天皇紀》第七卷，pp. 834-835)

51. 安藤保，《大津事件に就て(上)》，pp. 248-254。津田的姐夫證實津田曾說過他相信這個謠言，並擔心西鄉歸來會造成的後果。

52. 兒島惟謙，《大津事件日誌》，p. 192；尾佐竹猛，《大津事件——ロシア皇太子大津遭難》，p. 135。

53. 尾佐竹猛，《大津事件——ロシア皇太子大津遭難》，pp. 135-136。

54. 《明治天皇紀》第七卷，p. 840。

55. 關於當時情況的鮮活描述，請參見 Barbara Teters, *The Otsu Affair*, p. 55。

56. 《明治天皇紀》第七卷，pp. 848-849。

57. Barbara Teters, *The Otsu Affair*, p. 59.

58. 兒島惟謙，《大津事件日誌》，p. 194。沒有跡象表明是因為受到不當待遇而導致肺炎。

59. 日記和相關資料現在均可輕易取得，見家永三郎編注的版本(東洋文庫)。一八九二年六月，謠傳兒島沉迷於與同僚賭博(《明治天皇紀》第八卷，p. 86)；在接下來的一個月，對兒島不利的供詞因為證據不足而逐漸消散(p. 97)。然而在八月二十三日，兒島稱病辭職。顯然關於賭博的傳聞即使並非事實，也讓他覺得自己失去了擔任法官的資格(p. 120)。

60. Erwin Baelz, *Awakening Japan*, trans. Eden Paul and Cedar Paul, p. 95.

61. 該信函存於維吉尼亞大學的圖書館。

● 第四十三章

1. 《明治天皇紀》第七卷，p. 804。

2. 拙作 *The Sino-Japanese War of 1894-95 and Japanese Culture*, pp. 261-262.

3. 尚不清楚送的是哪張照片；很有可能送的不是照片，

而是契索尼肖像畫的複製品。同年十一月二十五日政府默許出售天皇、皇后和皇太后的肖像畫(《明治天皇紀》第七卷，p. 934)。
4. 《明治天皇紀》第八卷，p. 5，品川最初是以作詞家的身分名聲大噪。
5. 共有二十五人死亡，近四百人受傷。
6. 《明治天皇紀》第八卷，p. 19。Roger F. Hackett 在 *Yamagata Aritomo in the Rise of Modern Japan* 一書中給出的數字是民黨獲得了一百八十三個席位。
7. 《明治天皇紀》第八卷，pp. 25-26。
8. 同前注，p. 67。眾議院通過了一項類似決議，證實官員有干涉選舉之情事，並要求內閣負起責任(p. 68)。
9. 《明治天皇紀》第八卷，p. 22。
10. 同前注，p. 32。
11. 品川對自己在選舉中採用的手法並沒有任何悔意。他解釋道：「如果破壞主義者獲得連任，將會危及國家安全。因此要採用各種方式干涉選舉，由此打敗破壞主義者，讓忠誠的代表當選。如果將來發生類似情況，我還是會這麼做，向神明發誓剷除惡徒。」(奧谷松治，《品川彌二郎伝》，pp. 286-287；Roger F. Hackett, *Yamagata Aritomo in the Rise of Modern Japan*, p. 152)
12. 《明治天皇紀》第八卷，p. 32。
13. 同前注，p. 33。
14. 同前注，p. 39。天皇對身邊人的其他評價轉引自佐佐木的日記，見pp. 107, 126-127。
15. 《明治天皇紀》第八卷，p. 94。
16. 《明治天皇紀》第八卷，pp. 100-101。
17. 同前注，pp. 103-104。
18. 同前注，p. 227。
19. 同前注，p. 104。隨後，皇后又於一八九二年十一月二十五日向日本婦人會捐贈了五千日圓。
20. 《明治天皇紀》第八卷，p. 117。
21. 同前注，p. 161。
22. 《明治天皇紀》第八卷，pp. 187-188。正如我們所了解的(詳見第四十一章)，明治預見了這種可能性。當時伊藤已告知天皇，在此情況下，政府應試圖勸說議會改變主意。
23. 同前注，p. 189。
24. 正文見前注，pp. 195-197。
25. 同前注，p. 206。
26. 同前注，pp. 209, 239。
27. 同前注，pp. 211-212。
28. 同前注，pp. 273-274。
29. 同前注，p. 340。他在十二月十一日的內閣會議上發表了類似聲明。
30. 《明治天皇紀》第八卷，p. 348。
31. 同前注，p. 359。
32. 同前注，p. 372。

第四十四章

1. 皇太子（未來的大正天皇）是一名傑出的書法家，他創作的漢詩也非常精妙嫺熟。據說他還能說一口流利的英語、法語和德語（參見Meech-Pekarik, *The World of the Meiji Print*, p. 128），但這似乎有些不可思議。
2. 《明治天皇紀》第八卷，pp. 584, 586, 595。
3. 在一八八七年八月八日出版的楊洲周延之錦繪《扶桑高貴鑑》中，皇太子站在天皇和皇后的中間，天皇坐在右邊，皇后則坐在左邊。他的臉朝向皇后，但身體則對著天皇。皇太子身後的桌上放著三本書，或許意在表明他是一位勤奮的學生（彩色影本見Meech-Pekarik, *The World of the Meiji Print*, plate 23）。不久後（一八八七年八月二十三日），楊洲周延在《女官洋服裁縫之圖》描繪了皇太子、皇后和一位小女孩共處一室，一旁有一名女官正在操作一台縫紉機，另一名則用剪刀剪斷布匹（見plate 24）。
4. 金章是為皇族鑄造的（《明治天皇紀》第八卷，pp. 382-383）。
5. 不過，南齋年忠的《大日本帝國銀婚御式》是描繪該慶典和刻劃各個日本和外國政要向天皇道賀的最負盛名的錦繪，這證實了「銀婚」一詞至少被用於非正式的場合。該錦繪描繪的場景源自於想像，因為它在舉行實際慶典之前就已經出版。複印版本可參見小西四郎，《錦繪　幕末明治の歴史》第十一卷「日清戰爭」，pp. 16-17。同一時期豐原國輝和春齋年昌發表的其他錦繪主題也含有「銀婚式」的字眼（pp. 18-19）。
6. 《明治天皇紀》第八卷，pp. 384-390。關於宮中晚餐的菜單，請參見秋思會編，《天皇家の饗宴》，p. 41。
7. 有關福澤和金玉均等朝鮮知識分子的關係的探討，請參見姜在彥，《朝鮮の攘夷と開化》，pp. 193-203；杵淵信雄，《福沢諭吉と朝鮮——時事新報社説を中心に》。後者全面探討了福澤對朝鮮的看法。
8. 一八八四年抵達日本後不久，金玉均化名為岩田周作，而後又於一八九四年前往中國時改名為岩田三和。「三和」意指其提出的東亞三國共同抵禦外國侵略的計畫（姜在彥，《朝鮮の攘夷と開化》，pp. 174, 184）。
9. 一八九四年五月十七日，自由黨的三十五名成員就刺殺金玉均和暗殺朴泳孝未遂一事向政府提出質問。他們聲稱朝鮮刺客已經帶著這份使命三度前往日本，且每次都宣稱是遵照朝鮮國王的命令行事（《明治天皇紀》第八卷，p. 412）。
10. 姜在彥，《朝鮮の攘夷と開化》，p. 185；另參見《明治天皇紀》第六卷，pp. 624-625。
11. 姜在彥，《朝鮮の攘夷と開化》，p. 183。
12. 同前注，p. 185；杵淵信雄，《日韓交涉史——明治の新聞にみる併合の軌跡》，p. 107。
13. 角田房子，《閔妃暗殺》，p. 186。

14. 例如，當時擔任外務次官的林董在其回憶錄中寫道，他曾建議金玉均放棄上海之行的計畫：「對你來說，上海不也是敵地嗎？」但金玉均回答說，上海是一個中立的地方（大概是指公共租界），因此沒有危險；但他也答應在福澤諭吉從四國返回後就上海之行的可行性徵求福澤的意見（林董，《回顧録》，p. 73，亦見林董著、由井正臣校注，《後は昔の記 他》，p. 253）。

15. 他對宮崎滔天說了這番話（姜在彥，《朝鮮の攘夷と開化》，pp. 174-175）。

16. 據姜在彥所言，這張匯票是假的（《朝鮮の攘夷と開化》，p. 176）。洪鐘宇是第一個在法國學習的朝鮮人。在一八九三年離開巴黎後，他沒有回到漢城，而是前往東京。他與在日本的朝鮮人聯繫，希望他們能幫他在朝鮮政府謀得一職。顯然李逸植承諾如果洪鐘宇能刺殺金玉均，就願意幫忙牽線（角田房子，《閔妃暗殺》，p. 188）。林董（與洪鐘宇有私交）認為洪之所以刺殺金玉均，是為了贏得朝鮮王妃的好感（林董，《回顧録》，p. 73）。

17. 關於金玉均的生平和成就，參見姜在彥，《朝鮮の攘夷と開化》，pp. 187-193；另參見《明治天皇紀》第八卷 p. 396 的簡短介紹。

18. 這些敘述出自和田的回憶，詳述於姜在彥，《朝鮮の攘夷と開化》，pp. 179-180。當時在公共租界最有影響力的便是英國總領事，但他沒有按照正規手續將金玉均的屍體移交給清政府，結果導致英國被指控縱容罪犯（杵淵信雄，《福沢諭吉と朝鮮——時事新報社説を中心に》，p. 160）。日本眾議院於五月十八日做出了不同表述：立憲改進黨的議員質問政府，在將靈柩抬上船和完成所有手續後，為什麼靈柩會被清朝奪去並被抬上清朝的船，並將清朝此舉視為對日本的一大侮辱。五月三十一日，日本政府表示，據說和田在接到靈柩後沒有直接抬上船，而是留置在路旁便離開了現場；公共租界當局的警察於是按照法規將靈柩搬至警察局，和田則是在沒有安排任何領取手續的情況下返回日本。清政府確實對靈柩進行了處置，但並沒有「奪取」的事實，因此日本政府沒有餘地干涉。無論這一官方表述是否正確，由此可見日本政府非常不願意牽涉其中（《明治天皇紀》第八卷，p. 413）。

19. 一八九四年四月二十四日《時事新報》刊登了一幅描繪了這般驚悚情景的插圖（參見杵淵信雄，《日韓交涉史——明治の新聞にみる併合の軌跡》，p. 118）。杵淵的描述摘錄自日本媒體對此殘虐行徑的報導。關於懸掛的首級和銘文的模糊照片，請參見藤村道生，《日清戦争》，p. 48。

20. 藤村道生，《日清戦争》，p. 49。

21. 林董寫道，「毫無疑問，向牙山派軍是甲午戰爭的導火線，然而余認為，刺殺金玉均和清朝此時的行動才是引爆戰爭的原因」（《回顧録》，p. 74）。據藤村所說，林董曾「證實」外務大臣陸奧決定就金玉均遇刺和清朝的行為與清朝開戰（《日清戦争》，p. 49）。

22. 杵淵信雄，《福沢諭吉と朝鮮——時事新報社説を中心に》，pp. 156-160。
23. Mutsu Munemitsu, *Kenkenroku*, trans. Gordon Mark Berger, p. 5.
24. 參見 Kibaik Lee, *A New History of Korea*, trans. Edward W. Wagner, pp. 258-259；另參見《明治天皇紀》第八卷，p. 428。
25. 片野次雄，《李朝滅亡》，p. 103。
26. 同前注，p. 104。
27. 同前注。
28. 翻譯了該書的戈登・貝加(Gordon Mark Berger)保留了書名的羅馬拼音，並將書名直譯成「忠君報國、無私奉獻之記錄」(Mutsu Munemitsu, *Kenkenroku* , trans. Gordon Mark Berger, p. 257)。
29. Mutsu Munemitsu, *Kenkenroku*, trans. Gordon Mark Berger, p. 5.
30. 例如，參見大江志乃夫《東アジア史としての日清戦爭》p. 282。他拿東學黨之亂(他認為這一術語掩蓋了農民戰爭的本質，因而統一稱之為「甲午農民戰爭」)與英國的瓦特・泰勒農民起義、發生在波希米亞的胡斯戰爭、德國農民起義和中國的太平天國運動進行比較。
31. 《明治天皇紀》第八卷，p. 428。
32. Mutsu Munemitsu, *Kenkenroku*, trans. Gordon Mark Berger, p. 8.
33. 《明治天皇紀》第八卷，p. 427。
34. 林董，《回顧録》，p. 69。
35. Mutsu Munemitsu, *Kenkenroku*, trans. Gordon Mark Berger, p. 15. 另參見《明治天皇紀》第八卷，pp. 433-434。
36. Mutsu Munemitsu, *Kenkenroku*, trans. Gordon Mark Berger, p. 20.
37. 《明治天皇紀》第八卷，p. 437。
38. 同前注，p. 437。
39. Mutsu Munemitsu, *Kenkenroku*, trans. Gordon Mark Berger, p. 24. 另參見《明治天皇紀》第八卷，pp. 441-442。
40. 《明治天皇紀》第八卷，p. 446。
41. 同前注，p. 452。
42. 同前注，p. 456。
43. 同前注，p. 449。
44. 有關結束治外法權的最終談判和陸奧宗光草擬的條約草案，請參見 Louis G. Perez, *Japan Comes of Age*。
45. 《明治天皇紀》第八卷，p. 464。
46. 同前注，p. 466。
47. 同前注，p. 467。如需了解英國國際法權威霍蘭德(T. E. Holland)博士的觀點，請參見 Mutsu Munemitsu, *Kenkenroku*, trans. Gordon Mark Berger, pp. 89-90。他認為日本行為恰當，故「無須向我國政府道歉」。
48. 《明治天皇紀》第八卷，p. 473。
49. 《福沢諭吉全集》第十四卷，p. 500。另參見 *The Sino-Japanese War of 1894-95 and Japanese Culture*, p.

263。

50.《內村鑑三全集》第十六卷，p. 27。

51.《內村鑑三全集》第十六卷，p. 35。另參見 *The Sino-Japanese War of 1894-95 and Japanese Culture*, pp. 263-264。

52. 事後發現身分弄錯了，號手不是白神，而是木口小平。木口的名字很快取代了白神，並成為一個傳奇人物；他被當作忠誠與美德的象徵。「木口小平死的時候，嘴唇還貼在軍號上」的事蹟甚至被選入小學教科書，作為展現忠誠的典型例子（*The Sino-Japanese War of 1894-95 and Japanese Culture*, pp. 278-279）。

53.《ゝ山存稿》後編，p. 309。另參見 *The Sino-Japanese War of 1894-95 and Japanese Culture*, p. 278。

54.《明治天皇紀》第八卷，p. 481。

55. 參見拙作 *The Sino-Japanese War of 1894-95 and Japanese Culture*, p. 266.

● 第四十五章

1.《明治天皇紀》第八卷，p. 486。陸奧宗光將這些提案斥為「不過是某些人私底下的個人想法」（Mutsu Munemitsu, *Kenkenroku*, trans. Gordon Mark Berger, p. 29）。他補充道：「依吾所見，朝鮮改革應以日本的國家利益為重；故不必憂慮改革的困難或犧牲。」另參見藤村道生，《日清戰爭》，p. 106。

2.《明治天皇紀》第八卷，pp. 487, 488。

3. 白井久也，《明治國家と日清戰爭》，pp. 81-82。

4.《明治天皇紀》第八卷，p. 497。伊藤同時參與了政治和軍事決策。他尤其強調須在列強干預之前速戰速決、贏得勝利，天皇也經常就戰時政策與伊藤商議（白井久也，《明治國家と日清戰爭》，p. 82）。

5. 八月二十五日，陸奧向天皇報告青木周藏於去年十二月在倫敦進行的談判儘管困難重重，但仍取得了成功。他確信將逐步與其他簽約國進行條約修正；如今，他有義務將維多利亞女王已經批准修訂條約的「榮譽消息」上奏天皇。八月二十七日，政府公布了新的日英通商條約（《明治天皇紀》第八卷，p. 493）。

6. 藤村道生認為，伊藤提出遷移大本營的真正用意是為了向民眾證實戰爭是在天皇的指揮下進行，並團結民心以支持戰爭（《日清戰爭》，p. 112）。

7.《明治天皇紀》第八卷，p. 505。

8. 同前注，p. 510。

9. 大本營位於由毛利輝元（豐臣秀吉的武將之一）建於一五九〇年的廣島城。在明治移居廣島之際，廣島城只剩下五層高的天守閣。

10.《明治天皇紀》第八卷，p. 511。子爵土方久元回憶道，天皇的私人住所由四坪和五坪大的兩個房間組成，其中一間當作臥室，另一間則用於處理政務，且房間非常擁擠：「陛下在如此簡陋的環境中生活，瀏覽自前線不斷發來的電報，不停接見即將出征海外的將領。陛下忙碌不迭，卻絲毫沒有展現出倦

意……」(〈叡明比べなき大皇帝〉，p. 70)。

11. 《明治天皇紀》第八卷，p. 512。
12. 白井久也，《明治國家と日清戰爭》，p. 83。
13. 同前注，p. 516。
14. 描繪原田戰鬥情景的幾幅錦繪，參見 Shumpei Okamoto, *Impressions of the Front*, p. 24。另參見 Henry D. Smith, *Kiyochika:Artist of Meiji Japan*, p. 86。
15. 拙作《日本人の美意識》，pp. 149-150。
16. 拙作 *The Sino-Japanese War of 1894-95 and Japanese Culture*, p. 280；棟田博，《兵隊百年》，pp. 109-114。
17. 《明治天皇紀》第八卷，p. 517。
18. 儘管以現在的標準來看，日本和清朝軍艦的噸位都不大，但在當時卻十分不容小覷。這可以從一八九四年八月十一日法國《畫報》(*L'Illustration*)的文章中窺知一二，內容說道：「在這場戰役中，雙方首次皆配備有驅使近代科技所打造的最強大而新穎的動力船。這兩個國家雖然並非蠻夷之國，卻有著與我們截然不同的文明。」(《〈イリュストラジオン〉日本関係記事集》，第二卷，p. 166)。
19. 《明治天皇紀》第八卷，pp. 518-520。關於描繪了黃海戰役(又稱為「大孤山之戰」或「海洋島戰役」)的十幅錦繪，請參見 Shumpei Okamoto, *Impressions of the Front*, p. 25-30。
20. 拙作 *The Sino-Japanese War of 1894-95 and Japanese Culture*, p. 280。描繪了這名臨終水手的小林清親的錦繪作品，亦見 Shumpei Okamoto, *Impressions of the Front*, p. 28。
21. 著名記者德富蘇峰指出，甲午戰爭拉近了軍方甚至是全體民眾與皇室的距離(白井久也，《明治國家と日清戰爭》，pp. 89-91)。
22. 日野西資博，《明治天皇の御日常》，p. 44。日野西將自己描述成「不束者」，意指無法勝任者。
23. 日野西資博，《明治天皇の御日常》，p. 27。
24. 《新輯明治天皇御集》上卷 p. 252 僅含有與甲午戰爭相關的兩首和歌。相較之下《明治天皇紀》第八卷 pp. 528-529 收錄了前述著作並未介紹的軍歌，並提到了另外兩首軍歌(以黃海戰役和平壤戰役告捷為主題)。
25. 《明治天皇紀》第八卷，p. 529。
26. 堀內敬三提到，加藤在得知白神源次郎的英勇事蹟後，便立刻獲得靈感寫詩配樂(《音　五十年史》，pp. 155-156)。起初他嘗試用單簧管演奏，但上氣不接下氣；後來他試著用上低音小號吹奏，但再次感到氣力不足。最終他在黑板上邊寫邊唱，憑著狂熱的創造力以及另一位樂手的幫助在半小時內完成了詞曲。
27. 令人遺憾的是，我無法對這部作品進行查證。請參見《明治天皇紀》第八卷，p. 529。此處也提到了皇后親臨廣島探望天皇時，(在天皇的請求下)就平壤戰役的勝利創作了一首軍歌。櫻井也為皇后的詩詞配了樂。
28. 《明治天皇紀》第八卷，pp. 524-525, 549。

29. 同前注，p. 568。上演的劇目皆符合武勇的主題，如《大枝山》和《烏帽子折》。狂言則演出了《靱猿》(p. 569)。

30. 《明治天皇紀》第八卷，p. 571。

31. Mutsu Munemitsu, *Kenkenroku*, trans. Gordon Mark Berger, p. 138；另參見《明治天皇紀》第八卷，p. 576。

32. Mutsu Munemitsu, *Kenkenroku*, trans. Gordon Mark Berger, p. 139.

33. 《明治天皇紀》第八卷，p. 577。

34. 《明治天皇紀》指出「總數超過一萬人」(第八卷，p. 589)，另一方面白井則指明有一萬五千人(《明治國家と日清戦争》，p. 141)。

35. 白井久也，《明治國家と日清戦争》，p. 143。關於目擊者的敘述，請參見龜井茲明《日清戦争從軍寫真帖——伯爵　井茲明の日記》，pp.172-177。龜井是日本的第一位戰地攝影師，留下了非常詳盡的戰地日記，其中包括從其他來源獲得的資訊。他引述了一名跟隨第二軍出征的外國軍官對戰爭的評論，參見pp. 172-173。

36. Mutsu Munemitsu, *Kenkenroku*, trans. Gordon Mark Berger, p.140. 另參見《明治天皇紀》第八卷，p. 594。

37. 井上晴樹，《旅順虐殺事件》，pp. 25-26。本書中接下來的大多數內容皆多虧了井上這部精彩的學術作品。英國「海軍少將」指的應該是英國遠東艦隊司令官弗里曼特爾(Edmond Robert Fremantle)中將。他在日本獲勝後不久的十一月二十五日從旅順口登陸(p. 127)。

38. 井上晴樹，《旅順虐殺事件》，pp. 26-27。十一月二十四日，龜井茲明拍下了軍夫挖坑埋葬中國人屍體的照片，屍體則橫臥在照片前方。與柯文的敘述相比，他對橫屍遍野的景象所做的描述更令人怵目驚心；但是他也補充，旅順每一位年滿十五歲以上的男性都被命令抵抗日軍，因此很難區別平民跟士兵(《日清戦争　軍寫真帖——伯爵亀井茲明の日記》，pp. 197-199)。

39. 井上描述了被日本收買的媒體《中央新聞》(*Central News*)如何向外國報紙提供「資訊」(《旅順虐殺事件》，p. 29)。例如，為回應柯文的第一篇文章，《中央新聞》對外聲稱戰時除了正當的殺傷之外，沒有殺害任何一名中國人。

40. 井上晴樹，《旅順虐殺事件》，p. 72。在試圖賄賂外國媒體時，日本並非每次都成功。十二月十六日，親政府派的《東京日日新聞》的社長伊東巳代治在會見柯文時說道，日本政府會向他提供經費，並且無論報文長短，均不向《泰晤士報》收取電報費用(p. 98)。但柯文嚴正拒絕了。

41. 尤其是横濱《日本郵報》(*Japan Mail*)的社長，同時也發行各類英語報刊的弗朗西斯・布林克利(Francis Brinkley)。在甲午戰爭期間，日本政府不僅每個月提供補助，還就其貢獻向他授予勳章和五千日圓獎金

(井上晴樹，《旅順虐殺事件》，pp. 31-32)。

42. 井上晴樹，《旅順虐殺事件》，p. 40。

43. 此時，約瑟夫．普立茲(Joseph Pulitzer)擁有的《世界報》以揭露社會醜聞而廣為人知，但這並不妨礙他人相信克里曼所寫的文章。

44. 如需了解英文原文，請參見井上晴樹，《旅順虐殺事件》，p. 55。

45. 同前注，p. 58。

46. 英國作家詹姆斯．艾倫(James Allan)描述其看到「與敵軍相遇並遭到殺害的日兵屍體除了遭受殘暴的刀砍或鞭抽外，大多沒有頭顱或右手，有些雙臂全無。在據點被攻陷時，屍體扔掛在樹上；昔日戰友對於眼前的情景會感到憤怒也是必然的，儘管主要責任歸咎於允許進行此次可怕報復的軍官。」(*Under the Dragon Flag*, p. 67)

井上描述，就在旅順戰役的前三天，在土城子戰役遭到活捉的三名日本士兵的頭顱被懸掛在路旁的柳樹上，示眾的首級還被割去了鼻子和耳朵。再往前幾步，民家的門樑上則掛著用鐵絲懸吊著的兩顆日兵頭顱。對於在土城子之戰中倒下的日本第二軍的士兵，清朝人將他們的頭顱砍下；日兵屍體的腹部被切開，裡面裝滿了石塊；右臂被砍掉，睪丸被剜除。凡割日軍頭顱者，清朝政府有賞。一名外國記者還告訴克里曼，他親眼看見清朝政府支付懸賞金(《旅順虐殺事件》，pp. 146-147)。

47. 井上晴樹，《旅順虐殺事件》，pp. 82, 85。根據十二月二十日的《大阪每日新聞》報導，有六千到一萬名亞美尼亞人被殺害。

48. 井上晴樹，《旅順虐殺事件》，pp. 153, 157, 176。

49. 同前注，p. 64。俘虜的確抵達了日本，但他們不一定是在旅順被捕。

50. 井上晴樹，《旅順虐殺事件》，p. 186。因為會需要大量的糧食來養活俘虜成了不留俘虜的藉口。

51. 井上晴樹，《旅順虐殺事件》，pp. 202-204。陸奧引述了霍蘭德博士在一篇論文中的敘述。霍蘭德博士當時在英國被譽為「國際法的巨擘」，而且「對日本的戰時行為不吝讚美之詞」。該論文指出，「最後，逃過這場旅順虐殺的只有三十六名中國人。他們負責掩埋死去的同胞，每個人的帽子上都貼有一張白紙，寫著『此人不可殺』」(Mutsu Munemitsu, *Kenkenroku*, trans. Gordon Mark Berger, p. 75)。

52. 井上晴樹，《旅順虐殺事件》，pp. 48, 189, 192。

53. 拙作 *Dawn to the West*, 1, p. 100。

54. 井上晴樹，《旅順虐殺事件》，p. 195。

55. 同前注，p. 86。

56. 一名日本士兵在寫給友人的信中簡要地描述了他雖然在一開始感到作嘔，隨後卻很快地學會如何砍下清兵的頭顱(井上晴樹，《旅順虐殺事件》，p. 187)。

57. 例如，孟買的一家英語報紙刊登的社論表明「日本只是披著文明的外衣，隨著時間的推移逐漸暴露出了野蠻的真面目」(井上晴樹，《旅順虐殺事件》，p.

102)。

58. 國務卿葛禮山(Walter Q. Gresham)感謝《世界報》刊登了克里曼的文章。起初他推斷克里曼只是在誇大其詞，因為不可能沒有美國政府代表向他報告這麼重大的事件。但是，他認為陸奧發出的辯解聲明等於證明了克里曼的文章屬實，因而意識到在旅順淪陷後發生的暴行甚至比最初報導的情況還要嚴重(井上晴樹，《旅順虐殺事件》，p. 70)。

59. Mutsu Munemitsu, *Kenkenroku*, trans. Gordon Mark Berger, pp. 75, 76.

60. 井上晴樹，《旅順虐殺事件》，p. 222。

61. 丹頂鶴是在金州捕獲的。有關天皇欣賞戰利品的情況，請參見《明治天皇紀》第八卷，p. 606。文中還提到天皇查看了陳列在庭園裡來自旅順和其他地方的戰利品(p. 610)，並欣賞了黃海海戰的照片和中國的版畫。

62. 子爵堀河康隆當時正負責為置於正倉院的皇室財產進行編目。

63. 更多與堀河和駱駝有關的逸聞，請參見日野西資博，《明治天皇の御日常》，p. 27。另參見《明治天皇紀》第八卷，p. 607。日野西也提到當清朝俘虜被帶至天皇面前時，「陛下只是從上往下觀望」。這表明他雖然很好奇中國人的長相，但又不想靠得太近。

64. 井上晴樹，《旅順虐殺事件》，pp. 191-192。

65. 《新輯明治天皇御集》第一卷，p. 252。這些和歌作於一八九五年，可能就在旅順淪陷後的幾個月。

第四十六章

1. Mutsu Munemitsu, *Kenkenroku*, trans. Gordon Mark Berger, p. 128.

2. 同前注，pp. 128-129。另參見《明治天皇紀》第八卷，pp. 600-601。

3. 白井久也，《明治國家と日清戰爭》，p. 145。

4. 敕令的原文請參見《明治天皇紀》第八卷，p. 601。另參見白井久也，《明治國家と日清戰爭》，p. 146。十二月八日，山縣收到敕令，並於同日向熾仁親王發送電報，告知自己被召回的消息，因此將把第一軍的指揮權移交給陸軍中將野津，並於十二月九日動身前往日本(《明治天皇紀》第八卷，p. 602)。

5. 這些反攻發生於一月十七日、一月二十二日、二月十六日、二月二十一日和二月二十七日(《明治天皇紀》第八卷，pp. 642-643, 645-646, 679, 687, 695)。

6. 白井久也，《明治國家と日清戰爭》，pp. 146-147。

7. 關於描繪日軍在冰天雪地中的錦繪，部分收錄於丹波恒夫《錦絵に見る明治天皇と明治時代》，pp. 160-165。

8. 《明治天皇紀》第八卷，p. 604。

9. 同前注，p. 617。

10. Mutsu Munemitsu, *Kenkenroku*, trans. Gordon

Mark Berger, p. 152-157. 另參見《明治天皇紀》第八卷，p. 658。

11. 威海衛是一個比旅順規模更大的軍港，為一堅固的要塞。在日軍發起攻擊時，有八艘軍艦和其他較小的船艦停靠在此（《明治天皇紀》第八卷，p. 637）。

12. 有關攻擊的詳細情況，請參見《明治天皇紀》第八卷，pp. 665-666。白井指出有一艘魚雷艇試圖在一月三十日發動夜襲，但當晚溫度低至攝氏零下三十度（《明治國家と日清戰爭》，pp. 161-162）。受到波浪拍打的甲板結了冰，魚雷發射管的管口也垂下冰柱，導致無法發動攻擊。

13. 白井久也，《明治國家と日清戰爭》，p. 162。

14. 原文請參見三宅雪嶺，《同時代史》第三卷，p. 44；譯文可參見 Shumpei Okamoto, *Impressions of the Front*, p. 44。

15. 《明治天皇紀》第八卷，p. 684。

16. Trumbull White, *The War in the East*, p. 641. 轉引自 Shumpei Okamoto, *Impressions of the Front*, p. 44。

17. 去年十二月十二日，天皇在蹴鞠時被侍從踢起的鞠球擊中，讓這位侍從惶恐不已。但是天皇微笑著說：「海軍發射了一枚魚雷」，並沒有責怪這位可憐的侍從（《明治天皇紀》第八卷，p. 609）。

18. 《明治天皇紀》第八卷，p. 653。

19. 同前注，p. 648。

20. 舉例來說，據說由於缺乏適任的女官，天皇只能自己修剪手腳的指甲。

21. 《明治天皇紀》第八卷，p. 721。

22. 《明治天皇紀》第八卷，p. 717。

23. 當襲擊者開槍時，李鴻章正坐在轎子裡。子彈擦傷了他眼睛下方的臉頰，造成輕傷。關於日本媒體報導的詳細內容，請參見石田文四郎，《新聞記録集成明治・大正・昭和大事件史》，pp. 225-228。

24. 《明治天皇紀》第八卷，pp. 730-732。關於敕諭的全文，請參見 Mutsu Munemitsu, *Kenkenroku*, trans. Gordon Mark Berger, p. 174。

25. Mutsu Munemitsu, *Kenkenroku*, trans. Gordon Mark Berger, p. 175. 另參見《明治天皇紀》第八卷，pp. 738-739。

26. Mutsu Munemitsu, *Kenkenroku*, trans. Gordon Mark Berger, p. 176.

27. 同前注，p. 178。

28. 休戰協定中不包括臺灣或澎湖列島。三月二十四日到三月二十六日期間，日軍佔領了澎湖列島（《明治天皇紀》第八卷，p. 733）。

29. Mutsu Munemitsu, *Kenkenroku*, p. 168.

30. 同前注，p. 186-187. 另參見《明治天皇紀》第八卷 pp. 751-753。

31. 《明治天皇紀》第八卷，p. 756。

32. Mutsu Munemitsu, *Kenkenroku*, trans. Gordon Mark Berger, p. 199.

33. 《明治天皇紀》第八卷，p. 773。

34. 同前注，p. 774。

35. Mutsu Munemitsu, *Kenkenroku*, trans. Gordon Mark Berger, p. 203. 德國和法國政府提出了大同小異的照會。亦參見《明治天皇紀》第八卷，p. 776；白井久也，《明治國家と日清戰爭》，p. 183。
36. 《明治天皇紀》第八卷，p. 778。另參見白井久也，《明治國家と日清戰爭》，p. 182。
37. Mutsu Munemitsu, *Kenkenroku*, trans. Gordon Mark Berger, p. 211；白井久也，《明治國家と日清戰爭》，p. 183。
38. 《明治天皇紀》第八卷，pp. 780-781。另參見 Mutsu Munemitsu, *Kenkenroku*, trans. Gordon Mark Berger, p. 207。
39. 《明治天皇紀》第八卷，p. 781。另參見 Mutsu Munemitsu, *Kenkenroku*, trans. Gordon Mark Berger, p. 207。
40. 《明治天皇紀》第八卷，p. 780。
41. Mutsu Munemitsu, *Kenkenroku*, trans. Gordon Mark Berger, p. 210.
42. 《明治天皇紀》第八卷，p. 806。
43. 同前注，p. 817。
44. 同前注，p. 822。
45. 同前注，p. 849。
46. 同前注，p. 920。
47. 關於甲午戰爭期間的傷亡情況，請參見藤村道生，《日清戰爭》，p. 183。日本在亞洲大陸的戰役共有兩千六百四十七人喪生；在臺灣則有一萬零八百四十一人喪生。
48. 在生涯中的不同時期，能久親王的宮號有「滿宮」、「公現」、「輪王寺宮」和「北白川宮」(見上冊第十七章)。十月二十八日，他在台南病逝(《明治天皇紀》第八卷，pp. 923-24)。
49. 悼詞正文請參見《明治天皇紀》第八卷，p. 932。
50. 《明治天皇紀》第八卷，pp. 622-623。之後，這篇文章將明治天皇和德國、奧匈帝國、義大利、英國、法國和美國的統治者進行比較，認為天皇更勝一籌。文中甚至將天皇與羅馬的奧古斯都、英格蘭的阿佛烈大帝、法國的拿破崙和德皇威廉一世等歷史名君相提並論，認為這些名人也遠遠不及明治。
51. 拙作 *The Sino-Japanese War of 1894-95 and Japanese Culture*, p. 294.
52. Okakura Kakuzo, *The Book of Tea*, p. 7.

● 第四十七章

1. 《明治天皇紀》第八卷，pp. 807, 829。
2. Woonsang Choi, *The Fall of the Hermit Kingdom*, pp. 26-27.
3. 《明治天皇紀》第八卷，p. 846。
4. 同前注。井上還提出另一個替代方案，儘管內容可能不太受朝鮮王室和政府的歡迎，但應該可以減輕百姓的負擔。
5. 《明治天皇紀》第八卷，p. 851。龍福(Joseph H. Longford)寫道：「在日本大量出現的最差勁的無賴和惡霸湧入了這個不幸的國家。他們搶劫掠奪、威脅恫嚇，讓當地人恐慌不已；歐洲人目擊者對此充滿了憤怒和恐懼，他們的行為也讓韓國人民對於日本由來已久的仇恨增長了十倍。」(*The Evolution of New Japan*, p. 118)。

6. 例如，崔文衡比較了井上與其繼任者三浦梧樓：「與才智兼備、為朝鮮改革做出諸多貢獻的井上伯爵不同，三浦在建設和管理能力上都欠缺素養。」(*The Fall of the Hermit Kingdom*, p. 27)

7. 閔妃原則上從不出現在外國男性面前，但會接見外國女性。武子比閔妃年長一歲，是唯一一位見過閔妃的日本女性。著名旅行家伊莎貝拉·博得也見過閔妃，她如此描述：「王后陛下當時年屆四十，容貌美麗，身材苗條，頭髮烏黑亮澤，皮膚非常白皙，臉上因為擦了珍珠粉而更顯蒼白。她的雙眸冰冷而銳利，整體上散發出一種聰穎睿智的印象。」(*Korea and Her Neighbours*, 2, p. 39)。另參見角田房子，《閔妃暗殺》，pp. 278-279。

   根據葛生能久的敘述，當井上謁見高宗國王時，可以聽到從簾後傳來閔妃給予國王指示的聲音(《東亜先覚志士記伝》上卷，p. 521)。接著她露出半邊臉，最後則完全拉開簾子，加入國王及井上的談話之中。據我所知，其他文獻都找不到類似的敘述。

8. 三浦梧樓，《観樹將軍回顧録》，p. 269。

9. 《明治天皇紀》第八卷，p. 866。據說韋貝是透過先前曾受雇於日本外務省的李仙得向朝鮮王宮傳了這些話。李仙得在一八九〇年被朝鮮政府聘用(《明治天皇紀》第三卷，p. 586；角田房子，《閔妃暗殺》，p. 180)。

10. 《明治天皇紀》第八卷，p. 866。有鑑於朴泳孝親俄的立場，這個舉措讓人困惑不解；但是長久以來，朴泳孝一直提倡對朝鮮進行改革，這也讓人們認定他實際上是親日派。在逃離漢城後，朴泳孝再次前往日本尋求庇護(p. 891)。

11. 《明治天皇紀》第八卷，p. 867。開化黨別稱獨立黨。

12. 出身長州的三浦得到三名長州派閥成員(伊藤博文、山縣有朋和井上馨)的舉薦。在這種情況下，他幾乎不可能拒絕上任。

13. 三浦梧樓，《観樹將軍回顧録》，pp. 266-267。

14. 岡本柳之助，《風雲回顧録》，pp. 222-223。

15. 三浦其實一位虔誠的佛教徒。他曾在不久前受託調解曹洞宗派的兩個分支之間的糾紛(三浦梧樓，《観樹將軍回顧録》，pp. 245-265)。

16. 角田房子，《閔妃暗殺》，p. 283；兒島襄，《大山巖》第四卷，p. 237。

17. 角田房子，《閔妃暗殺》，p. 284；兒島襄，《大山巖》第四卷，p. 238。葛生指出，三浦雖然被稱為「念佛公使」，但是他作為一名禪宗信徒應該不會念佛(《東亜先覚志士記伝》上卷，p. 517)。

18. 朴宗根，《日清戦争と朝鮮》，p. 241。

19. 另一支約有五百人的部隊稱為「侍衛隊」，成立於一八九五年六月。該部隊由美國退役軍官戴伊負責進行訓練，旨在保衛王宮，但大多數成員都沒有武器。這支隊伍屬於反日派（朴宗根，《日清戦争と朝鮮》，p. 241）。

20. 即使是訓鍊隊第二大隊的指揮官（其為朝鮮人）都不知道該計畫。十月七日，他奔至日本公使館，告知三浦朝鮮國王私下命令解散訓鍊隊。他抵達的時候，三浦和另外兩名人員剛剛結束關於暗殺計畫的最後商議。儘管明明可以在這個時候向該名指揮官告知詳細計畫，但他卻被帶往別的房間，並且沒有被告知任何細節。顯然他們覺得即使是親日的朝鮮人也不能保守秘密（朴宗根，《日清戦争と朝鮮》，p. 235）。

21. 《明治天皇紀》第八卷，p. 909。另參見小早川秀雄，《閔后暗殺》，p. 318。另一名拜訪興宣大院君的日本人是領事官補堀口九萬一，他偽裝成日本旅人用漢文跟興宣大院君進行筆談（堀口九萬一，《外交と文芸》，pp. 118-131）。興宣大院君以香檳和雪茄款待了堀口，但這裡表現出的感謝可能是大院君覺得如果有三浦的協助，就有可能恢復政府的地位（p. 130）。

22. 小早川秀雄，《閔后暗殺》p. 318 亦有這樣的描述。葛生持相同的意見，參見《東亜先覚志士記伝》上第一卷，p. 523。

23. 朴宗根，《日清戦争と朝鮮》，p. 233。朴宗根認為，興宣大院君一字不改地接受這四項承諾是不可能的。在閔妃被暗殺以後，他的行為表明他一點也不想放手政治上的權力。

從興宣大院君的照片來看，他的確是一位年紀很大的長者，但在暗殺閔妃前夕見過興宣大院君的堀口九萬一寫道，他的面色年輕，眼神銳利，看起來精神抖擻。堀口認為大院君看起來只有五十歲出頭，但事實上大院君已經七十多歲了（《外交と文芸》，p. 119）。

24. 角田房子，《閔妃暗殺》，p. 300。

25. 安達謙藏，《安達謙藏自敘伝》，p. 57。安達是故鄉熊本縣的一位重要政治人物。熊本人以個性剛烈聞名，當時雖然會用「壯士」來稱呼他們，但安達在敘述中以「年輕人」稱之。安達沒有記錄這次談話的日期，不過推測應待發生在十月初。

26. 制服和帽子是從護衛興宣大院君宅邸的朝鮮巡檢身上奪來的（朴宗根，《日清戦争と朝鮮》，p. 237）。浪人們有的身穿和服，有的穿著西式服裝；一些在肩上扛著大刀，一些在腰間掛著日本刀，另一些則拿著手槍（小早川秀雄，《閔后暗殺》，p. 330）。

27. 朴宗根，《日清戦争と朝鮮》，p. 237。當興宣大院君被從睡夢中叫醒時，小早川正好在現場。他指出興宣大院君欣然接受了與日本人一同前往王宮的提議（《閔后暗殺》，p. 333）。

28. 小早川秀雄，《閔后暗殺》，p. 337。

29. "Official Report on Matters Connected with the Events of October 8th,1895, and the Death of the Queen," *The Korean Repository III*, 1896, p. 126.

30. 小早川秀雄，《閔后暗殺》，p. 352。

31. 角田房子，《閔妃暗殺》，p. 321。崔文衡的描述稍有不同：「在砍倒王妃後，岡本讓三名宮女對垂死的閔妃進行指認，接著將她們全數殺害。這是為了湮滅證據並確保計畫不會出任何差錯。」(Woonsang Choi, *The Fall of the Hermit Kingdom*, p. 34)

32. 朴宗根，《日清戦争と朝鮮》，p. 246。當然，〇〇就是閔妃。有一說認為儘管下手的是日本軍官，但當局卻把責任推到浪人的身上。

33. 朴宗根，《日清戦争と朝鮮》，p. 247。

34. 但是，曾在一八九四到一八九七年間訪問過朝鮮四次的伊莎貝拉·博得卻給予了閔妃正面評價。她多次獲准觀見國王和閔妃，雖然對國王的描述極其平庸，卻察覺出閔妃對國王有著極大的影響力。博得也對閔妃的敵人興宣大院君印象深刻，儘管她聲明自己並不認可一八六六年興宣大院君下令殺害兩千名朝鮮天主教徒的行為(Isabella L. Bird，*Korea and Her Neighbours*, 2, pp. 39-49)。

35. Woonsang Choi, *The Fall of the Hermit Kingdom*, p. 30.

36. 片野次雄，《李朝滅亡》，p. 159。關於這件事有一個故事，即當一名日本軍官注意到戴伊將軍時，他讓領事官補堀口九萬一命令外國人撤離。堀口用法語向戴伊傳話，但這名將軍聽不懂法語。另一人用英語重複了這番話，但將軍回答：「我是美國人，我不聽日本人的指揮。」(角田房子，《閔妃暗殺》，p. 320)另一方面根據安達謙藏的回憶，這個平常有些傲慢的戴伊在當下感到非常害怕，他脫下帽子，鞠了一個躬，臉上流露出逢迎討好的表情。安達覺得這個變化「尤其可笑」(《安達謙藏自敘伝》，p. 61)。一九九五年，有報導指出發現了士巴津留下的筆記。儘管士巴津沒有親眼看到閔妃被殺害，但他近距離目睹了身穿便衣的日本人拽著宮女們的頭髮，將她們拖出閔妃的宮室。筆記的發現者是俄羅斯科學院的教授金麗春(Kim Rekho)(《朝日新聞》，一九九五年六月二十日，p. 29)。

37. 三浦梧樓，《観樹將軍回顧録》，pp. 282-283。

38. 角田房子在《閔妃暗殺》的扉頁轉載了這篇聲明的翻拍版。

39. 兒島襄，《大山巖》第四卷，p. 261。兒島對暗殺閔妃的描述最為詳細，只可惜他沒有提供資料來源(pp. 250-283)。

40. 《明治天皇紀》第八卷，p. 911。兒島的報告相當簡潔：「昨夜宮中舉事，閔妃下落不明。」(《大山巖》第四卷，p. 263)

41. 兒島襄，《大山巖》第四卷，p. 263。

42. 《明治天皇紀》第八卷，p. 914。

43. 同前注，p. 917。

44. 十一月五日，井上謁見朝鮮國王，傳達天皇對這件事的深切關注，並獻上天皇和皇后贈送的禮物(《明治天皇紀》第八卷，p. 930)。十一月十五日，井上在返回日本之前(和小村)再次謁見了朝鮮國王。

國王對井上的離開表示遺憾，向他握手致意（p. 935）。

45. 《明治天皇紀》第八卷，p. 921。

46. "Official Report on Matters Connected with the Events of October 8th,1895, and the Death of the Queen," *The Korean Repository* Ⅲ, 1896, p. 133. 關於國王譴責閔妃的全文以及簽署該詔敕的官員姓名，請參見 Isabella L. Bird, *Korea and Her Neighbours*, 2, pp. 69-70。另參見《明治天皇紀》第八卷，p. 943。十月十日，國王簽署了詔敕，這時他仍不知道閔妃已經遇害（直到十二月五日才下令為閔妃哀悼）。當國王第一次見到詔敕並被迫簽名時，他表示自己寧願被砍去雙手也不願簽署（Isabella L. Bird, *Korea and Her Neighbours*, 2, p. 69；白井久也，《明治國家と日清戰爭》，p. 215）。最終國王屈服於三浦的壓力，作為交換三浦則承諾會讓日軍撤離宮殿（朴宗根，《日清戰爭と朝鮮》，p. 250）。詔敕一事被通報各個公使館，三浦於是對閔妃為王室與人民福祉著想的行為必須受到這樣的處置表達震驚與痛心。美國代理公使艾倫（Horace Allen）博士則說道：「我不認為這個詔敕是出自國王陛下之手。」（"Official Report on Matters Connected with the Events of October 8th,1895, and the Death of the Queen," p. 135.）

第二天達成了一項妥協：考慮到閔妃是王太子的生母，宣布將其頭銜從「庶人」升為「嬪」（角田房子，《閔妃暗殺》，p. 333）。一八九七年十一月二十二日，朝鮮為閔妃舉行了盛大的國葬，並追封謚號。現在，人們只記得她是一個不幸的受害者（兒島襄，《大山巖》第四卷，p. 266）。

47. 《明治天皇紀》第八卷，p. 943。

48. 朴宗根，《日清戰爭と朝鮮》，p. 249。

49. 角田房子，《閔妃暗殺》，p. 334。另參見 Isabella L. Bird, *Korea and Her Neighbours*, 2, p. 73。國王的擔心不是沒有道理的：一八九八年九月二十一日，國王和王太子在用餐時被下毒（《明治天皇紀》第九卷，p. 497）。

50. 朴宗根，《日清戰爭と朝鮮》，p. 260。

51. 他更知名的頭銜是一八九〇年代享有盛譽的小說《佳人之奇遇》的作者（拙作 *Dawn to the West*, 1, pp. 82-86）。

52. 朴宗根，《日清戰爭と朝鮮》，pp. 260-261。朴引述了安達謙藏的證言，表示從日本公使館書記杉村濬那裡獲得了旅費（每人兩百日圓）。由此可見這些金錢來自於三浦，而非興宣大院君。

53. 兒島襄，《大山巖》第四卷，pp. 271-274。兒島生動地描述了十月十七日在漢城舉行的盛大送別會。當其中一名浪人山田烈盛表示他們可能會被指控謀殺或密謀罪，另一人對此發出一陣大笑，說道：「我們按照三浦公使的命令列事，代表的可是日本帝國，只是對興宣大院君的信賴做出了回應。我們為國家而戰，與所謂謀殺或密謀毫無關係。」

54. 三浦梧樓，《觀樹將軍回顧録》，p. 286。

55. "Official Report on Matters Connected with the Events of October 8th,1895, and the Death of the Queen," p. 123.

56. 同前注，p. 141。《明治天皇紀》第九卷 pp. 20-21 在重大細節方面與這份報告書有出入。例如，上頭提到親日內閣的總理大臣金弘集和農商工部大臣鄭秉夏被立刻逮捕並斬殺。根據兒島所言，當這兩人乘著轎子被帶往警務廳時，他們被一群暴徒包圍後殺害，還讓他們暴屍街頭。此外兒島也提到大約有五十名俄兵於深夜偷偷潛入王宮，護送國王和王太子前往俄國公使館（《大山巖》第四卷，p. 279）。根據崔文衡的說法，親俄派領導人李範晉和李允用與俄國公使韋貝以護衛俄國公使館為藉口，計劃安排一百名俄國海軍士兵從停泊在仁川的軍艦登陸（Woonsang Choi, *The Fall of the Hermit Kingdom*, p. 37）。李範晉隨後會見國王，並勸他向俄國公使館尋求庇護。崔文衡補充道：「宮女還替守衛準備了熱食，這些善意的舉動自然讓他們放鬆了對女用乘轎的警惕。」(p. 50)

57. Kibaik Lee, *A New History of Korea* , *trans. Edward W. Wagner*, p. 301.

● 第四十八章

1. 《明治天皇紀》第九卷，p. 11。
2. 記錄中在提到這對姐妹時，都沒有出現天皇的第八女允子，大概是因為她與其姐妹不同，是由林友幸子爵負責養育（《明治天皇紀》第七卷，p. 899）。
3. 《明治天皇紀》第七卷，p. 172。
4. 《明治天皇紀》第七卷，p. 120。但是，天皇接受了兩位內親王進獻的禮物——離宮景色的繪畫和一些山藥。聽說天皇很喜歡這些贈禮，讓佐佐木備感欣慰。
5. 他當然不是一位溺愛子女的父親。他的女兒北白川房子（後來成為伊勢神宮的祭主）回憶道，第一次聽到明治大聲歡笑，是當她帶著年幼的兒子進宮，孩子做出一些淘氣行為的時候〈明治天皇とその宮廷〉，《リーダーズ ダイジェスト》一九六八年十月號，p. 44）。
6. 一八九七年底，房子內親王突然生病。打算將病情告知天皇的佐佐木卻被勸阻，說天皇心頭已經有諸多煩心事，除非病情極其嚴重，否則最好等到內親王康復後再奏報天皇。不過，皇后接到了佐佐木關於內親王病情的詳細報告（《明治天皇紀》第九卷，pp. 365-366）。
7. 《明治天皇紀》第九卷，pp. 94-95。
8. 同前注，pp. 71-72。朝鮮國王直到一八九七年二月二十日才離開俄國公使館（片野次雄，《李朝滅亡》，p. 165）。
9. 《明治天皇紀》第八卷，pp. 746-747。
10. 關於密約談判的詳細情況，請參見 Count Sergei Yulyevich Witte, *The Memories of Count Witte*, trans.

Sidney Harcave, pp. 227-238。

11. 《明治天皇紀》第九卷，p. 88。

12. 陸奧於一八九六年五月三十日辭職，翌年八月二十四日辭世（《明治天皇紀》第九卷，pp. 80, 292）。

13. 《明治天皇紀》第九卷，p. 112。松方來自薩摩，大隈則出身肥前藩。

14. 我沒有找到這段引述，不過，德皇威廉二世有過多次類似的發言。他曾對英國王儲說：「我是德意志政策的唯一決定者，我的國家跟著我的意志走。」（轉引自 John C. G. Röl, *The Kaiser and His Court*, p. 12）

15. 《明治天皇紀》第九卷，pp. 119-120。

16. *The Kaiser and His Court*, p. 117. 作者清楚地表明德皇要比明治獨裁得多：「必須銘記在心的是，任何官職的任命或者政治舉措的實施，都需要皇帝的明確同意。無論是政治家、陸海軍軍官、統治階層的政治團體還是宮廷社會的成員，都無一例外地必須試圖獲得『最高人物』的歡心。」

17. 《明治天皇紀》第九卷，p. 123。

18. 同前注，pp. 152-153。

19. 同前注，p. 160。

20. 同前注，p. 177。

21. 同前注，p. 180。

22. 同前注，p. 183。

23. 如果太皇太后、皇太后或皇后遁入佛門，她通常會獲得以「門院」或「院」（如建禮門院）結尾的尊號。但英照皇太后並沒有出家，因此這樣的尊號顯然不太適合。向太皇太后、皇太后或皇后追封謚號的例子只有三例，都發生在千年以前的奈良時代。負責此事的官員細川潤次郎反對向皇太后追封謚號，認為在姓氏後面加上尊稱即可；後來，細川又提出可以皇太后居住的宮殿名稱作為謚號，提議尊稱其為「青山皇太后」（《明治天皇紀》第九卷，pp. 194-195）。

24. 詩的最後一句是「繁英照潭黛」。「英照」正如字面上意思，指「繁花映照」。比起詩人，李德裕更以政治家的身分為人所知。

25. 《明治天皇紀》第九卷，p. 199。

26. 皇太后非佛教式的葬禮也為皇室開了先例。一八九八年二月，當孝明天皇的養子晃親王過世時，他的家族希望按照其遺囑舉辦一場佛教葬禮，卻遭到拒絕。樞密院副議長東久世通禧伯爵裁定皇室成員的葬禮必須遵循傳統，即採用神道的方式，而天皇也贊同他的意見（《明治天皇紀》第九卷，pp. 397-398）。

27. 《明治天皇紀》第九卷，pp. 200-201, 207, 343。十月十二日，朝鮮國王稱帝。他追封閔妃為皇后，並改國號為「大韓」，將年號改為「光武」（p. 319）。

28. 《明治天皇紀》第九卷，pp. 256, 291。從一八八六年到天皇駕崩的一九一二年間擔任侍從的日野西資博回憶道，當一八九七年四月天皇滯留在京都時，侍從們都擔心天皇會延後歸期。正巧在這個時候，一場暴風雨導致鐵軌發生故障，天皇於是一臉愉悅地說道：「是低氣壓啊。低氣壓來的正好啊。」就在列車恢復運行的同時，接著又傳來東京爆發麻疹疫情的消息，導致天皇再次推遲返回東京的日程。不久，在得知疫情逐漸緩和後，天皇說道：「朕確信還有一些病例。你們趕快調查一下。」侍從們調查過後發現東京還有兩名麻疹患者，接獲報告的天皇便說：「你們看看，果不其然吧？」顯然要勸說天皇返回東京並不是一件容易的差事（日野西資博，《明治天皇の御日常》，pp. 173-174）。

29. 《明治天皇紀》第九卷，p. 218。
30. 同前注，p. 225。
31. 同前注，p. 233。
32. 同前注，p. 260。
33. 同前注，p. 345。
34. 拙作 *Dawn to the West*, 1, p. 90。
35. 日野西資博，《明治天皇の御日常》，p. 98。這讓我想起《古事記》中有關仁德天皇的描述。當仁德天皇站在山丘向四方眺望時，發現沒有一戶人家升起輕煙，因而意識到民眾沒有足夠的糧食煮菜做飯，於是減免了稅賦。當他再一次佇立在山上，看著各處人家昇起白煙，仁德天皇感到相當開心，認為這代表人民生活富足。

第四十九章

1. 《明治天皇紀》第九卷，pp. 360-361。
2. 同前注，p. 363。
3. 同前注，p. 364。
4. 同前注，p. 370。
5. 同前注，pp. 371-372。
6. 《明治天皇紀》第九卷，pp. 384-385。
7. 山下俱樂部是一個支持工業界的黨派，沒有強大的政黨組織，在第六次大選時解散。
8. 《明治天皇紀》第九卷，p. 425。
9. 同前注，p. 445。
10. 同前注，p. 451。
11. 他顯然援引了西班牙和希臘來作為因內部戰爭而導致國家四分五裂的例子。
12. 《明治天皇紀》第九卷，p. 454。
13. 同前注，p. 455。
14. 同前注，pp. 457-458。
15. 天皇大概想起了一八八七年十二月的事件。當時，各種機密事項被洩露給媒體，在青年政治活動家之間掀起一場騷動；這些人要求減輕賦稅、集會言論自由，以及挽回外交政策上的失敗。尤其井上馨（為了實現條約修正）的方案更激起了他們的憤怒，該方案不僅允許日本法院雇用外國法官，還打算開放外國人在內陸生活。在第一屆伊藤內閣擔任內務大臣的山縣於是頒布了共有七個項目的《保安條例》，禁止秘密結社、戶外集會與妨礙治安等行為。尾崎行雄正是因為涉及此次騷亂而被逐出東京的五百七十多人之一（《明治天皇紀》第六卷，pp. 856-858）。
16. 《明治天皇紀》第九卷，p. 460。據說，這時的天皇受到一個長期以來批判民主的觀點所鼓舞，即認為民主主義「意味著國家唯一的存在理由就是為了私利私益」。做出這番抨擊是擔任多屆內閣成員的野村靖，他深信政黨政治與君主制無法並存。

17. 《明治天皇紀》第九卷，p. 467。
18. 同前注，p. 474。
19. 《明治天皇紀》第九卷，p. 475。儘管天皇在此嚴苛地批評了濱尾新，但濱尾實際上是個傑出的教育家，曾兩次擔任東京大學校長。
20. 《明治天皇紀》第九卷，p. 489。
21. 同前注，p. 491。
22. 同前注，p. 492。
23. 同前注，p. 514。
24. 榛葉英治，《板垣退助——自由民権の夢と敗北》，p. 296。榛葉寫道，板垣的自由民權思想已經完全「褪色」。
25. 榛葉英治，《板垣退助——自由民権の夢と敗北》，p. 297。榛葉認為，彈劾尾崎的陰謀基本上是星亨的傑作。在一八九二年被解除眾議院議長一職的星亨，此時正擔任駐美公使。但是在得知大隈和板垣成立聯合內閣以後，他未經許可便返回日本，想要親眼見證其運作。
26. 《明治天皇紀》第九卷，p. 517。
27. 同前注，p. 527。
28. 同前注，p. 531。
29. 同前注，p. 540。
30. 同前注，p. 441。有關對皇太子健康狀況的擔憂，請參見pp. 393, 412, 414, 418, 544。
31. 同前注，p. 405。
32. 同前注，p. 537。
33. 十一月十一日，皇太子接受了體檢。醫生表示他左胸的肺泡呼吸音沒有特別變化，但胃腸炎逐漸好轉，胃口也有所改善（《明治天皇紀》第九卷，p. 544）。
34. 《明治天皇紀》第九卷，p. 548。
35. 《新輯明治天皇御集》第一卷，p. 318。

● 第五十章

1. 《明治天皇紀》第十一卷，p. 586。
2. 《明治天皇紀》第九卷，pp. 595-596。資料似乎是出自與田中光顯的交談記錄。
3. 日野西資博，《明治天皇の御日常》，p. 53。日野西曾多次轉述這段軼事，而且版本各有不同。這裡所引用的版本出自一九七六年（新學社教友館出版），另一版本出現於一九五三年（祖國社出版），pp. 54-55。森田誠吾介紹了許多有趣的軼事，由此可見當時的報紙比起後世還能更自由地講述天皇的八卦（《明治人ものがたり》，pp. 37-54）。
4. 《新輯明治天皇御集》下卷，p. 719。
5. 包括一九〇五年七月二十六日宴請威廉．塔夫脫（William Howard Taft）的晚宴。塔夫脫是美國歷來最重量級的總統（《天皇家の饗宴》，pp. 84-85）。

6.《明治天皇紀》第九卷，pp. 613-614。公爵的地位高於侯爵，且很多都是以前的大名。

7. 參加會議的還有德大寺實則、土方久元、香川敬三與川口武定。

8. 醫師岡玄卿確信禎子患了結核病，因此極度反對這次婚事。後來皇太子妃另定人選，且生下第二個孩子時，岡玄卿前來向天皇道賀，表示如果皇太子和之前的未婚妻結婚，今天就不會有這樣的喜事了。天皇生氣地打斷他，說禎子在婚後一年（一九〇一年與山內豐景結婚）沒能生育小孩，未必是她一個人的責任（《明治天皇紀》第九卷，p. 615）。

9.《明治天皇紀》第九卷，p. 751。當佐佐木高行於一九〇〇年一月請求天皇恩准兩位內親王學習法語時，天皇拒絕了，說此舉為時過早。他大概是因為不滿皇太子喜歡這門語言而予以拒絕。

10. 這些歐洲勳章是在一八九七年十二月到一九〇〇年三月之間授予給皇太子的，或許與他邁入成年有關。一九〇〇年十月，他還獲得了暹羅的皇室勳章。日本頻繁向外國人授予勳章，甚至包括與日本沒有多大關係的人。例如，對出訪歐洲的日本皇室成員予以友好相待的歐洲人通常會獲得一等勳章；日本也會向外國君王授予勳章，比方說清朝的慈禧太后就獲得了勳一等寶冠章（《明治天皇紀》第九卷，p. 652）。當丹麥瓦爾德馬（Waldemar）王子帶著大象勳章（歐洲最尊貴的勳章之一）到日本送給皇太子，天皇則回贈了大勳位菊花大綬章。

11. James E, Hoare, *Extraterritoriality in Japan*, p. 97.

12.《明治天皇紀》第九卷，pp. 694, 761。

13. Erwin Baelz, *Awakening Japan*, trans. Eden Paul and Cedar Paul, pp. 119-120. 另參見《明治天皇紀》第九卷，p. 758。

14. 加藤仁，〈明治天皇お局ご落胤伝〉，p. 67。

15. 大正稱其生母為「二位」，這是由來自嘉仁成為天皇後愛子被封為「正二位」。當餐桌上有剩餘的飯菜時，他時常會說：「拿去給二位。」（加藤仁，〈明治天皇お局ご落胤伝〉，p. 66）

16.《明治天皇紀》第九卷，p. 811。

17. 同前注，pp. 813-814。

18. 同前注，p. 823。

19. 之所以這樣稱呼，是因為很多起義者在戰鬥前夕都在練習義和拳等武術運動。

20. 除了鎮壓義和團的外國軍隊外，此時還有約十七萬名俄國士兵入侵滿洲。

21. 六月十九日，清廷向八國聯軍宣戰。但是聯軍仍堅稱他們不是來打仗的，而只是在執行解救自己國民的任務。

22. 義和團可以追溯到十八世紀成立的一個神秘的宗教和武術組織「八卦教」，其目的在於扶明滅清（滿族）。有關勞乃宣對於義和團起源的研究，請參考Chester C. Tan, *The Boxer Catastrophe*, pp. 43-44。

23. 小林一美，《義和団戦争と明治國家》，p. 55。小林提出了當時遭到殺害的被害者人數：新教傳教士一百八十八名，清朝新教徒五千名，天主教主教五名，天主教神父四十八名以及清朝天主教徒一萬八千名。不過，小林認為很多人並不是死於義和團之手，而是清廷在一九〇〇年夏天和拳民聯手後所派出的清軍。此外在拳亂初期，有多位德國和日本外交官遇害。

24. 白蓮教因鼓勵性亂交而臭名昭彰，但是部分對中國十九世紀的起義抱持正面看法的學者認為，這種性放縱是一種觀念解放，有助於日後將女性從封建儒家思想的限制中解放出來（小林一美，《義和団戰爭と明治國家》，pp. 7-8）。

25. 山東的第一起事例似乎發生於一八八六年，有一位法國神父在中國基督徒的幫助下摧毀了一座道教的玉皇廟（小林一美，《義和団戰爭と明治國家》，p. 66）。

26. 有關農村生活的崩壞，請參閱小林一美，《義和団戰爭と明治國家》pp. 36-38, 43-44。小林特別提到傳統的消失，包括民間信仰的神明、英雄、熱心公益人士以及具有超人力量的傳奇人物，並連帶影響到與這些傳統緊密相關的信仰、宗教儀式和獻給神明的戲劇演出(p. 43)。

27. 小林一美，《義和団戰爭と明治國家》，pp. 50, 58。大山梓描述，信徒們頭裹紅巾、腰繫紅帶參加戰鬥，高舉的紅旗上則寫著「義和神團奉旨興清滅洋」（《北京籠城、北京籠城日記》，解說 p. 5）。

28. 坂根義久編，《青木周蔵自伝》，p. 325。

29. 清朝太子的生父端郡王與義和團有秘密聯繫，被視為義和團的「主要贊助人」(Chester C. Tan, *The Boxer Catastrophe*, p. 137；大山梓編，《北京籠城、北京籠城日記》，解說 p. 4)。

30. 小林一美，《義和団戰爭と明治國家》，p. 90。

31. 大山梓編，《北京籠城、北京籠城日記》，解說 pp. 3-4。鄭永昌的父親曾在副島擔任使節出訪清朝期間當翻譯官，可參閱上冊第二十四章。

32. 《明治天皇紀》第九卷，pp. 836-837。

33. 「聯軍」包括日本、英國、法國、德國、俄國、義大利、奧地利和美國。各國的參戰程度有很大不同。

34. 大山梓編，《北京籠城、北京籠城日記》，pp. 244。

35. 《明治天皇紀》第九卷，p. 843。

36. 同前注，p. 844。

37. 關於義和團如何圍攻外國公使館，請參見大山梓編，《北京籠城、北京籠城日記》。該書有許多耐人尋味的描述，主要以陸軍中校柴五郎（柴四朗的弟弟）根據自身經歷所發表的演講，以及當時正在北京留學的服部宇之吉教授的日記為主軸。

38. 《明治天皇紀》第九卷，p. 851。光緒皇帝提到東西方之間的對峙，令人想起德皇的「黃禍論」。

39. 同前注，pp. 852-853。

40. 同前注，p. 854。這段記述出自德大寺實則的日記。

41. 同前注，pp. 862-863。

42. 他的原話是：「你們將與一個全副武裝的國家作戰，但與此同時，你們必須為死去的德國公使還有無數的德國人和歐洲人報仇雪恨。面對敵人，你們必須擊潰他們，切勿留情，不留活口；對落入手裡的敵人，用你們的劍格殺勿論。就像一千年前阿提拉國王領導的匈奴人因凶猛殘暴而聞名，而我們仍須沿襲這一傳統。如此一來，中國人才不敢輕視德國人。」（引自John C. G. Röhl, *The Kaiser and His Court*, pp. 13-14）。另請參照德皇威廉二世請人描繪的畫作；當中，歐洲各國有著女神的姿態，並在大天使米迦勒的帶領下與「黃禍」（以佛陀為象徵）對抗（p. 203）。

43. 《明治天皇紀》第九卷，pp. 872-873。
44. 《明治天皇紀》第九卷，p. 878。剛開始，日本士兵的劫掠被認為是小事；但隨後卻發現有高級軍官偷了大量的銀條，於是他們遭到免職（《明治天皇紀》第十卷，pp. 228-229, 239）。

● 第五十一章

1. 《明治天皇紀》第九卷，p. 895。
2. 同前注，pp. 890-891。
3. 直譯為「立憲政友會」。日文通常簡稱為「政友會」，本書也將採用此稱呼。
4. 《明治天皇紀》第九卷，p. 891。
5. 同前注，p. 913。十一月十四日，桂太郎再次請辭；天皇於十二月二十三日准辭（pp. 923-925）。
6. 《明治天皇紀》第十卷，p. 26。
7. 同前注，pp. 29-30。
8. 同前注，p. 30。
9. 近衛篤麿同意遵照天皇旨意，其函件原文請參見《明治天皇紀》第十卷，p. 31。
10. 同前注，pp. 40-42。
11. 同前注，p. 54。
12. 同前注，pp. 54-57。
13. 同前注，pp. 53, 57。
14. 這些名字都來自中國經典著作中的吉祥詞語。直至今日，日本仍然遵循這個傳統，使用中國古典中的字詞來為皇室成員命名（以及定年號）。
15. 《明治天皇紀》第十卷，pp. 58-59。
16. 同前注，p. 68。
17. 這段生平故事引自有泉貞夫，《星亨》，pp. 3-15。姊姊在妓院的悲慘經歷，讓他下定決心絕不（像明治時期的大多數男人那樣）找妓女尋歡作樂。他對妻子忠貞不渝（p. 9）。
18. 根據收養的條件，星亨的家庭需支付五十兩「收養費」。但他家顯然沒錢支付，於是一年後星亨與小泉家的收養關係遭到了取消（有泉貞夫，《星亨》，p. 13）。
19. 何禮之是明朝時從中國來的難民後裔。他因精通英語、熟知西方而聞名於世，政府曾派他加入岩倉使節團出國訪察。後來，他被天皇任命為貴族院議員。前島密和陸奧宗光都是他的學生。
20. 鈴木武史，《星亨　藩閥政治を揺がした男》，p. 22。

21. 同前注，p. 33。
22. 據說他曾反覆閱讀邊沁(Jeremy Bentham)的《道德與立法原理導論》(*An Introduction to the Principles of Morals and Legislation*)(有泉貞夫，《星亨》，p. 49)。
23. 該事件稱為「福島事件」。當時福島縣的知事三島通庸決定修建公路，費用由縣民承擔。儘管縣議會通過反對建設公路的決議，但他置之不理一意孤行，無法提供資金或者勞動力的農民的物品甚至被地方政府公開拍賣。一些自由黨成員因為提出抗議遭到逮捕，結果引來數千民眾襲擊拘禁被逮捕者的喜多方警局，最後導致約五十名自由黨成員遭到檢舉和審判。
24. 中村菊男，《星亨》，pp. 50-54。
25. 鈴木武史，《星亨　藩閥政治を揺がした男》，pp. 59-61。
26. 同前注，pp. 79-80。
27. 他認為日本至少應當擁有一支能與英國遠東艦隊相抗衡的艦隊(中村菊男，《星亨》，p. 86)。
28. 鈴木武史，《星亨　藩閥政治を揺がした男》，p. 91；中村菊男，《星亨》，pp. 85-89。在同一場演講中，星亨力勸對中國採取新的外交政策，以防止英國或俄國入侵中國。此外，他也認為想要同時結束治外法權與奪回關稅自主權將十分困難，並主張後者才是當務之急切。
29. 中村菊男，《星亨》，p. 104。中村引述了星亨在就任眾議院議長時的部分致辭。星亨宣稱，他將不會作為自由黨的一員行動，而是以公職人員的身分秉持著公正無私的態度履行職務。如果有任何偏頗之處，請務必指正他，他承諾一定會加以改正。
30. 議會對星亨的指控內容，請參見中村菊男，《星亨》，pp. 116-117。亦見《明治天皇紀》第八卷，pp. 328-329。
31. 中村菊男，《星亨》，p. 156。
32. 星亨當著美國參議院小組委員會的面，作證闡述了增加生絲關稅可能造成哪些不利的影響。他的證詞非常有說服力，讓美國調降了關稅(中村菊男，《星亨》，pp. 163-164)。大隈重信很欣賞他這次的表現，向他授予了勳三等旭日章。
33. 他的建議原文請參見中村菊男，《星亨》，pp. 175-177。
34. 同前注，p. 182。
35. 鈴木武史，《星亨》，pp. 150-151。
36. 關於星亨遇刺的描述，請參閱長尾和夫，《暗殺者》，pp. 135-139。法院審訊伊庭想太郎後，在判決書中認定伊庭的行為是出於道德上的正義感，因此判處他無期徒刑，而非死刑(p. 159)。
37. 關於葬禮的更多描述，請參閱長尾和夫，《暗殺者》，p. 158。鈴木武史在其著作《星亨》p. 191 刊登了一幅送葬隊伍的照片。
38. 《明治天皇紀》第十卷，p. 80-81。這部分的記述也提到了星亨收受賄賂的醜聞在前一年暴露，卻沒有解釋(如果該記述屬實的話)為什麼這樣的人會得到天皇追贈位階與勳章。

39. 《明治天皇紀》第十卷，p. 89。
40. Erwin Baelz, *Awakening Japan*, trans. Eden Paul and Cedar Paul, p. 144.
41. 《明治天皇紀》第十卷，p. 98。
42. 一九〇一年八月，井上馨力勸正準備前往美國和歐洲的伊藤訪問俄國；他確信與俄國友好是解決韓國問題的最佳途徑。總理大臣桂太郎則認為，不論是與英國結盟或與俄國友好都能實現這個目標。至於在伊藤看來，與英國結盟不僅沒有任何好處，還可能與俄國和法國為敵。十一月，當伊藤與駐英公使林董在巴黎見面時，（不知道與英國談判已有所進展的）伊藤坦言與俄國協商對於結束滿洲和韓國的緊張局勢至關重要（林董，《後は昔の記　他》，pp. 343-345）。
43. 林董，《後は昔の記　他》，pp. 328-329。
44. 同前注，pp. 306-307。
45. 關於此處描述的英日同盟的「首次提倡」，請參閱黑羽茂，《日英同盟の軌跡》上卷，p. 21。張伯倫和日本公使加藤高明的非官方會談發生於一八九八年三月十七日。
46. 黑羽茂，《日英同盟の軌跡》，p. 23。
47. 林董，《後は昔の記　他》，pp. 321, 327。
48. 同前注，pp. 330-331。
49. 一九〇〇年十月十六日，英德簽訂的協定承諾在中國採取門戶開放政策，以及維持中國的領土完整。如需了解當時英國和德國之間的特殊關係，請參見黑羽茂，《日英同盟の軌跡》pp. 24-34。一九〇一年三月十八日，德國駐英公使馮埃卡斯坦（Hermann Freiherr von Eckardstein）向林董提議建立一個包括德國在內的三國同盟，但他的行動並沒有獲得德國外交部授權（pp. 29-30）。
50. 日本修改後條約的詳細內容，請參閱林董，《後は昔の記　他》，pp. 349-350。
51. 同前注，p. 159。
52. 同前注，p. 160。
53. 同前注，p. 306。
54. 貝爾茲描述了日本民眾對簽訂英日同盟的反應：「一九〇二年二月十四日。日本民眾難以掩飾他們對於新同盟的喜悅。他們無疑覺得這是一場勝利，一個原則上不參與結盟的大國現在和日本結成了同盟，而且是站在完全平等的基礎上，跟一個與自己完全不同的種族結盟。慶應義塾的學生們舉行了火把遊行，並在英國公使館的門前高呼三聲。」（Erwin Baelz, *Awakening Japan*, trans. Eden Paul and Cedar Paul, p. 154）。

● 第五十三章

1. 《明治天皇紀》第十卷，pp. 176-177。
2. 同前注，p. 181。
3. 同前注，pp. 184-187。

4. 同前注，p. 187。截至二月七日，有十七人生還，一百零八人遇難，八十五人下落不明。一些生還者後來在醫院中去世(p. 198)。

5. 《明治天皇紀》第十卷，p. 187。

6. 請參閱本書第四十八章。

7. Ian H. Nish, *The Origins of the Russo-Japanese War*, p. 31. 直到一九二二年，密約的內容才完全公開。

8. Ian H. Nish, *The Origins of the Russo-Japanese War*, p. 39.

9. 同前注，p. 41。根據安德魯・馬洛奇莫夫(Andrew Malozemoff)的記述，沙皇在一八九七年八月與德皇的會談中，同意德國艦隊可以根據情況暫時進駐膠州灣(*Russian Far Eastern Policy*, pp. 96-101)。德國於是利用這個約定，於一八九七年十一月進入膠州灣。對此毫不在意的俄國在十二月根據清朝的提議，決定派出一支艦隊暫時佔領旅順。馬洛奇莫夫寫道：「威廉二世很高興。十二月十七日，他透過外交部通知俄國，說他贊成這一行動。十九日，他又親自發了一封電報給沙皇：『請接受我對貴國軍隊抵達旅順的祝賀。』就在同一天，他也委託俄國駐柏林代理大使奧斯坦・薩肯(Osten-Sacken)男爵向尼古拉二世傳話：『現在，不論是日本人還是英國人，貴國的敵人就是德國的敵人；無論對方是誰，只要是想用武力阻撓的挑釁者，德國艦隊將和貴國軍艦共同對付。』」

10. 該協議(羅森—西協議)的內容請參閱 Andrew Malozemoff, *Russian Far Eastern Policy*, p. 110。駐日俄國公使羅森男爵在後來聲稱這份協定「極其牽強、毫無意義」。

11. Andrew Malozemoff, *Russian Far Eastern Policy*, p. 146. 另參見《明治天皇紀》第十卷，pp. 224-225。

12. Andrew Malozemoff, *Russian Far Eastern Policy*, pp. 172-173. 威特伯爵在他回憶錄中描述伊藤在俄的訪問：「很不幸地，他受到了冷遇……最終，我們決定提出自己的方案來反駁他的提案，也就是駁回日本的基本要求。我們將提案的草稿發給此時正在柏林的伊藤，結果他沒有回覆，也不可能做出回覆；這是因為他既然看到自己的友好提案在聖彼得堡受到如此對待，便無法再反對與英國達成協議。該協議承諾當日本和俄國發生爭端，英國將支持日本，這可以說是帶領我們走向災難性戰爭的約定。」(Count Sergei Witte, *The Memoirs of Count Witte*, trans. Sidney Harcave, p. 303)

13. 根據尼許的說法，「學界一般認為，門戶開放政策是由清朝海關的稅務司賀璧理(Alfred Hippisley)與美國國務卿海約翰(John Hay)的顧問柔克義(William W. Rockhill)所提出。」(*The Origins of the Russo-Japanese War*, p. 55)

14. 「黑龍」這個詞的意思或許就說明了該組織有著不祥的名聲。

15. Ian H. Nish, *The Origins of the Russo-Japanese War*, p. 95.

16. 同前注，p. 17。

17. Count Sergei Witte, *The Memoirs of Count Witte*, trans. Sidney Harcave, p. 307.

18. Ian H. Nish, *The Origins of the Russo-Japanese War*, p. 142.

19. Erwin Baelz, *Awakening Japan*, trans. Eden Paul and Cedar Paul, p. 249.

20. 《明治天皇紀》第十卷，p. 243。

21. 同前注，p. 261。這位親王後來的宮號是「秩父宮」。

22. 《明治天皇紀》第十卷，p. 275, 346。這便是眾所周知的赤坂離宮。它於一九〇八年完工，但是在明治時期，皇太子或其他人都沒有使用過。當天皇翻看這座宮殿的建成照片時，他唯一的評價是：「太奢華了！」這對建築師片山東熊無疑是個沉重的打擊。片山曾多次前往歐美遊歷，研究皇室和富人所建造的宅邸。赤坂離宮主要為新巴洛克風格，但也含有其他許多種元素，使用的建材也十分多元。研究現存明治時期建築物的作家達拉斯．菲恩(Dallas Finn)寫道：「片山盡其可能地使用了日本的材料：檜木用於椽，自然銅用於屋頂，茨城花崗岩用於望板，還使用了京都的絲綢以及一千三百萬個國產的紅磚。但是內部裝潢他還是使用了進口貨，且正如他所說，採用了世界各地最好的材料：來自法國、摩洛哥、西班牙和義大利的大理石；英格蘭的平板玻璃和地毯；美國的暖氣、管路和電氣設備；法國的壁爐、鏡子、馬賽克工藝和枝形吊燈。就連傢俱和整體氣氛，都散發出法式氣息。」(*Meiji Revisited*, p. 236)

23. 《明治天皇紀》第十卷，p. 300。

24. 同前注，p. 306。

25. 同前注，p. 308。

26. 同前注，pp. 318-319。

27. 同前注，pp. 325-327。

28. 同前注，p. 355。

29. 同前注，pp. 366, 368。

30. 同前注，p. 381。

31. 同前注，p. 364。

32. 同前注，p. 392。

33. 同前注，p. 395。

34. 《森銑三著作集　続編》第五卷，p. 12。

35. 《明治天皇紀》第十卷，pp. 399-400。

36. 詳細情況請參閱《明治天皇紀》第十卷，p. 406。

37. 同前注，p. 405。這七項要求的英文譯文請參見Ian H. Nish, *The Origins of the Russo-Japanese War*, p. 146。

38. 這四人是山縣有朋、伊藤博文、桂太郎和小村壽太郎(大山梓，《日露戦争の軍政史録》，p. 27)。

39. 大山梓，《日露戦争の軍政史録》，p. 28。另請參閱《明治天皇紀》第十卷，pp. 409- 410。

40. 《明治天皇紀》第十卷，p. 416。

41. 同前注，p. 417。

42. 同前注，pp. 423-426。

第五十三章

1. 原文見《明治天皇紀》，第十卷，pp. 444-449。建議書的副本也同時發給了陸軍元帥山縣有朋、伯爵松方正義、海軍大臣山本權兵衛、外務大臣小村壽太郎和陸軍大臣寺內正毅。
2. 《明治天皇紀》第十卷，p. 452。
3. 同前注，p. 458。
4. 這九人是伊藤博文、山縣有朋、大山巖、松方正義、井上馨、桂太郎、山本權兵衛、小村壽太郎和寺內正毅。這些人被稱為是把持當時日本政權的「寡頭支配者」。相關的延伸論述請參見Shumpei Okamoto, *The Japanese Oligarchy and the Russo-Japanese War*。
5. 《明治天皇紀》，第十卷，p. 460。
6. 同前注，p. 464。
7. 同前注，p. 469。
8. 同前注，p. 475。
9. 同前注，p. 479。關於這六條的英譯版本，請參見Ian H. Nish, *The Origins of the Russo- Japanese War*, pp. 184-185。
10. Andrew Malozemoff, *Russian Far Eastern Policy*, p. 224.
11. 維特的回憶錄上寫的是八月十三日，這是按當時俄國所使用的儒略曆來計算。其他資料則以歐洲和日本所採用的格里曆為準，即八月二十八日。
12. Count Sergei Yulyevich Witte,*The Memories of Count Witte*, trans. Sidney Harcave, pp. 315- 316.
13. 同前注，p. 365。
14. 同前注，p. 366。
15. Andrew Malozemoff, *Russian Far Eastern Policy*, p. 226.
16. Count Sergei Yulyevich Witte,*The Memories of Count Witte*, trans. Sidney Harcave, p. 368.
17. 《明治天皇紀》第十卷，p. 477。另參見Shumpei Okamoto, *The Japanese Oligarchy and the Russo-Japanese War*, pp. 94-99。他引述了貝爾茲醫生日記中的一段話：「在火車上，一位穿著時尚的日本年輕男子告訴我，民眾對俄國的憤慨之情已經無法控制，政府應當立刻宣戰，否則很有可能引發內亂；『事實上，甚至連天皇都會受到威脅』。」對此貝爾茲評論道，「對這些不負責任的人來說，生活還真是容易」（一九〇三年九月二十五日）。這段文字引述自貝爾茲的兒子托古・貝爾茲(Toku Baelz)的日語譯本；英語譯本則不包含這篇日記。
18. Andrew Malozemoff, *Russian Far Eastern Policy*, p. 238.
19. 《明治天皇紀》第十卷，p. 484。另參見John Albert White, *The Diplomacy of the Russo-Japanese War*, pp. 102-103。
20. 有關日本和俄國第一次交換的協議書的原文，請參見 John Albert White, *The Diplomacy of the Russo-Japanese War*, pp. 351-352。

21. 原文參見《明治天皇紀》第十卷，pp. 516-517；第二次交換的修訂案的譯文請參見 John Albert White, *The Diplomacy of the Russo-Japanese War*, pp. 352-354。
22. 《明治天皇紀》第十卷，p. 542。俄國提出的新建議大概是阿列克謝耶夫和羅森的傑作（Andrew Malozemoff, *Russian Far Eastern Policy*, p. 243）。
23. Andrew Malozemoff, *Russian Far Eastern Policy*, p. 243.
24. Count Sergei Yulyevich Witte, *The Memories of Count Witte*, trans. Sidney Harcave, p.366.
25. 出自庫羅帕特金寫於一九〇三年十二月二十八日的日記，轉引自 Andrew Malozemoff, *Russian Far Eastern Policy*, pp. 243, 245.
26. 《明治天皇紀》第十卷，pp. 545-546。
27. 原文請參見前注，pp. 549-550；關於日本協議案的譯文和俄國在一月六日提出的反對提案，請參見 John Albert White, *The Diplomacy of the Russo-Japanese War*, pp. 354-355。
28. John Albert White, *The Diplomacy of the Russo-Japanese War*, pp. 112-113.
29. Shumpei Okamoto, *The Japanese Oligarchy and the Russo-Japanese War*, pp. 99-100；《明治天皇紀》第十卷，pp. 555-562。
30. 《明治天皇紀》第十卷，pp. 503-504。
31. 同前注，p. 508。
32. Erwin Baelz, *Awakening Japan*, trans. Eden Paul and Cedar Paul, p. 240.
33. 原文請參見《明治天皇紀》第十卷，pp. 568-569；譯文請參見 John Albert White, *The Diplomacy of the Russo-Japanese War*, pp. 356-357。
34. 《明治天皇紀》第十卷，p. 569；John Albert White, *The Diplomacy of the Russo- Japanese War*, p. 355.
35. 關於儘管日本認為此舉沒有用處卻還是提出第四次修訂案的理由說法不一。除了需要更多時間在佐世保召集運輸艦隊外（《明治天皇紀》第十卷，p. 575），懷特（White）還提出了三個可能性：一、日本當然想盡量避免與一個強大的對手反目成仇；二、日本顯然不想被當成侵略者；三、日本希望證明自己有資格也有價值成為國際社會的一員（John Albert White, *The Diplomacy of the Russo-Japanese War*, p. 120）。
36. 第四次協議修訂案的原文請參見《明治天皇紀》第十卷，pp. 577-579；譯文請參見 John Albert White, *The Diplomacy of the Russo-Japanese War*, pp. 356-358。
37. 《明治天皇紀》第十卷，p. 582。
38. 同前注，p. 583。
39. 佐佐木信綱，《明治天皇御集謹解》，p. 202；《明治天皇紀》第十卷，p. 584。
40. Maurice Paléologue, *Three Critical Years* , pp. 4-5. 懷特寫道，一九〇三年十月拉姆斯多夫訪問巴黎，這表明俄國希望借用法國的斡旋來調解敵對雙方互不退讓的要求(*The Diplomacy of the Russo-Japanese War*, pp. 124-125)。在英國和日本的委託下，德爾卡塞接受了這一重任，俄國也表示同意。然而，日本確信繼續拖延下去只會對俄國有利；此外，對於日本完全無法接受的要求，俄國也絲毫沒有退讓的跡象。

41. Maurice Paléologue, *Three Critical Years*, p. 6.
42. Count Sergei Yulyevich Witte, *The Memories of Count Witte*, trans. Sidney Harcave, p. 382.
43. 同前注，p. 369。
44. 威廉是維多利亞女王的外孫；尼古拉二世的妻子亞歷山德拉也是維多利亞女王的孫女。
45. Isaac Don Levine, *Letters from the Kaiser to the Czar*, p. 10. 德皇寫給沙皇的信使用了英語，尼古拉的回信則尚未公開。
46. Isaac Don Levine, *Letters from the Kaiser to the Czar*, p. 13. 當德皇提到「蒙古人」時，他指的是所有黃種人，尤其是日本人。在和貝爾茲醫生的一次交談中，伊藤博文說：「毫無疑問，德皇腦海裡想到的蒙古人主要是日本人；畢竟能威脅到歐洲的，不可能是無能的清朝，只可能是在遠東崛起的日本。」(Erwin Baelz, *Awakening Japan*, trans. Eden Paul and Cedar Paul, p. 222)
47. Isaac Don Levine, *Letters from the Kaiser to the Czar*, p. 17.
48. Isaac Don Levine, *Letters from the Kaiser to the Czar*, pp. 96, 100.
49. Maurice Paléologue, *Three Critical Years*, p. 8.
50. Count Sergei Yulyevich Witte, *The Memories of Count Witte*, trans. Sidney Harcave, pp. 365, 368.
51. Shumpei Okamoto, *The Japanese Oligarchy and the Russo-Japanese War*, p. 100.
52. 同前注，p. 101。
53. John Albert White, *The Diplomacy of the Russo-Japanese War*, p. 129. 他提到一個傳聞，說日本當局故意延遲發送電報。
54. 《明治天皇紀》第十卷，p. 593。
55. 原文見前注，pp. 595-596。
56. 佐佐木信綱，《明治天皇御集謹解》，p. 158。

● 第五十四章

1. 這兩艘巡洋艦直到一九〇四年二月十六日才抵達橫須賀(《明治天皇紀》第十卷，p. 639)。
2. 《石川啄木全集》第五卷，p. 37。
3. Ian H. Nish, *The Origins of the Russo-Japanese War*, pp. 255-256.
4. 日本政府在回應俄國政府的譴責時，聲稱自己已告知將採取獨立行動的意圖：「所謂獨立行動自然包括採取敵對在內的所有行動。即使俄國無法會意，日本也沒有理由為俄國的誤解負責。國際法的專家都一致認為，宣戰並非開始採取敵對行動的必要條件，在近代戰爭中，開戰後再宣戰已經是司空見慣的事情。因此，日本的行動在國際法上沒有理由受到譴責。」(Kanichi Asakawa, *The Russo-Japanese Conflict*, p. 354)作者指出這些內容翻譯自一九〇四年三月三日刊登於日本報紙上的文章。

5. 一九〇四年二月二十四日的《泰晤士報》登載了俄國政府的一份聲明，表示「儘管斷絕外交關係絕不意味著開戰，但日本政府早在八日晚上以及九日和十日期間，對俄國軍艦和商船發動一連串令人唾棄的攻擊行動，完全違反了國際法。日本天皇直到十一日才發布向俄國宣戰的詔敕。」(Kanichi Asakawa, *The Russo-Japanese Conflict*, p. 351)
6. Maurice Paléologue, *Three Critical Years*, p. 16.
7. Baron Roman Rosen, *Forty Years of Diplomacy*, 1, p. 107.
8. E. J. Dillon, *The Eclipse of Russia*, p. 288.
9. Baron Roman Rosen, *Forty Years of Diplomacy*, 1, pp. 231-232.
10. 同前注，pp. 232-233。在羅森回到俄國後，已有謠言指出他的妻子「從天皇那裡收到一套價值不菲的黃金餐具」(p. 246)。沙皇也聽說了這個傳言，但是他安慰羅森說，他的妻子接受皇后的禮物是完全正確的做法。有關日方對同一事件的描述可參見《明治天皇紀》第十卷，pp. 623-624。從中可以看出羅森已經忘了一些從皇后那裡收到的禮物。
11. Baron Roman Rosen, *Forty Years of Diplomacy*, 1, p. 235.
12. 《明治天皇紀》第十卷，p. 613。
13. John Albert White, *The Diplomacy of the Russo-Japanese War*, p. 146.
14. 《石川啄木全集》第五卷，p. 43。
15. 關於這兩份宣戰書的原文，參見《明治天皇紀》第十卷，pp. 618-622。
16. 《石川啄木全集》第五卷，p. 42。
17. 《明治天皇紀》第十卷，p. 616。
18. Jane H. Oakley, *A Russo-Japanese War Poem*, p. 9. 彼勒(Bel)即掌管天地的巴比倫的守護神。據漢摩拉比國王所言，彼勒向他賜予了「黑頭之人」，並擴展了他的王國。詩中之所以提及這個名稱，想必是為了彰顯日本王朝有著悠久的歷史。
19. Maurice Paléologue, *Three Critical Years*, p. 100.
20. Baron Roman Rosen, *Forty Years of Diplomacy*, 1, p. 235. 當時正在美國留學的有島武郎在晚年時回憶說，當他的同學每次在聽到日本獲勝的消息便大肆讚揚日本時，都感到很不是滋味；因為他發現，在這讚揚的背後是一種看著小狗戰勝大狗而感到有趣的心態。這段話出自有島武郎在一九一九年寫下的《リビングストン伝》第四版序言，見石丸晶子編，《有島武郎》，pp. 49-50。
21. Tyler Dennett, *Roosevelt and the Russo-Japanese War*, pp. 119, 120.
22. 羅斯福在金子堅太郎的推薦下閱讀了這本書，身受感動的他將該書複印了三十本，分送給包括國會議員在內對此感興趣的朋友。他覺得這本書讓他對日本人的性格有了新的認識（金子堅太郎，《日露戦役秘録》，pp. 119-121）；另參見John Albert White, *The Diplomacy of the Russo-Japanese War*, p. 158。

23. Sidney Lewis Gulick, *The White Peril in the Far East*, pp. 17-18.

24. Sidney Lewis Gulick, *The White Peril in the Far East*, pp. 95-96. 美國作家西得摩爾（Eliza Ruhamah Scidmore）證實了古力克關於俄國戰俘所獲待遇的描述。她本身是一名身在日本的俄國戰俘的妻子，並寫道：「日本政府為俘虜提供的隱私權和舒適度甚至超乎任何遊客在旅館裡享受到的待遇；普通士兵如同置身於一個他們做夢都沒有想像過的天堂，不僅資源充足、乾淨舒適，且自在安逸。」（*As The Hague Ordains*, p. 293）

25. Sidney Lewis Gulick, *The White Peril in the Far East*, pp. 118, 153, 173-174.

26. 《明治天皇紀》第十卷，p. 899。

27. 根據金子本人的敘述，他非常不願意去美國，因為他確信美國是親俄派。他如此確信的理由包括在一八一二年的戰爭期間俄國曾支持美國，以及美國女富豪頻繁與貧窮的俄國貴族通婚。金子認為要促使美國同情日本超出他能力所及，但伊藤博文勸說他接受任命（《日露戦役秘録》，pp. 11-20）。

28. 金子堅太郎，《日露戦役秘録》，pp. 57-59。駐日公使葛里斯康已事先告知羅斯福金子將會來訪。

29. 金子堅太郎，《明治天皇とルーズヴェルト大統領》，p. 123。

30. 石丸晶子編，《有島武郎》，p. 49。

31. Maurice Paléologue, *Three Critical Years*, p. 112.

32. 同前注，pp. 126, 133。關於俄國民眾反對戰爭的精彩描述，請參見Adrian Jones, *East and West Befuddled*。

33. Maurice Paléologue, *Three Critical Years*, p. 153.

34. 同前注，p. 90。

35. 同前注，p. 175。

36. 同前注，p. 181。

37. 同前注，p. 200。

38. 同前注，p. 207.

39. 同前注，pp. 221, 255。一九〇五年的摩洛哥危機是由於德國擔心法國在摩洛哥的勢力日益壯大而引發。

40. 同前注，p. 258。

41. Count Sergei Yulyevich Witte, *The Memories of Count Witte*, trans. Sidney Harcave, pp. 420, 422.

42. 日野西資博，《明治天皇の御日常》，p. 49。

43. 出自一九〇五年十月二十四日竇納樂（Claude MacDonald）爵士寫給蘭斯敦侯爵的信件，轉引自Ian H. Nish, *The Origins of the Russo-Japanese War*, p. 9。

44. Baron Roman Rosen, *Forty Years of Diplomacy*, 1, p. 29.

● 第五十五章

1. 引自英國駐俄大使的報告，見 Raymond A. Esthus, *Double Eagle and Rising Sun*, p. 38。
2. 外務省編撰，《日本外交文書　日露戦争V》，pp. 231-232；轉引自 Shumpei Okamoto, *The Japanese Oligarchy and the Russo-Japanese War*, p.119。
3. Tyler Dennett, *Roosevelt and the Russo-Japanese War*, p. 173. 羅斯福指的是甲午戰爭後的三國干涉，這次干涉使日本喪失了遼東半島。
4. Tyler Dennett, *Roosevelt and the Russo-Japanese War*, pp. 23-27.
5. 同前注，p. 180。該文詳述於小村在四月二十五日向高平發送的電報。
6. Raymond A. Esthus, *Double Eagle and Rising Sun*, p. 25.
7. 《明治天皇紀》第十一卷，p. 33。
8. 同前注，p. 3-4。
9. 佐佐木信綱編，《明治天皇御集謹解》，p. 244。在《明治天皇紀》裡，和歌的最後一句是「つたへきにけり」（第十一卷，pp. 4-5）。
10. 《明治天皇紀》第十一卷，p. 30。
11. 佐佐木信綱編，《明治天皇御集謹解》，p. 254。「ひむがしの都」（東之都）是以詩意的方式借指東京。
12. 《明治天皇紀》第十一卷，pp. 83-84。他也向鴨綠江軍隊發布了類似但更簡短的詔書。
13. 《明治天皇紀》第十一卷，p. 93。
14. 同前注，p. 101。
15. 同前注，p. 156。
16. 金子堅太郎，《日露戦役秘録》，p. 217。
17. Raymond A. Esthus, *Double Eagle and Rising Sun*, p. 39. 原文見《日本外交文書　日露戦争 V》，p. 233-234, 252-254。
18. Raymond A. Esthus, *Double Eagle and Rising Sun*, p. 40.
19. Isaac Don Levine, *Letters from the Kaiser to the Czar*, p. 172.
20. 同前注，p. 175。
21. Tyler Dennett, *Roosevelt and the Russo-Japanese War*, p. 219. 美國駐德國大使查理曼・陶爾（Charlemagne Tower）在六月一日的信中向總統彙報了此事。
22. Tyler Dennett, *Roosevelt and the Russo-Japanese War*, p. 220. 在六月四日的信中，德皇致信大使陶爾，說道：「考慮到萬一沙皇遭遇重大變故，會對我們所有人都構成嚴重危機，我已經寫信給沙皇，勸他啟動議和談判。」他告訴陶爾說，「除非進行議和，否則人民將刺殺沙皇」。另參見 Raymond A. Esthus, *Double Eagle and Rising Sun*, p. 41。
23. Raymond A. Esthus, *Double Eagle and Rising Sun*, pp. 43, 45.
24. 同前注，pp. 224-225, 225-226. 日語原文請參見《明治天皇紀》第十一卷，p. 173。

25. Tyler Dennett, *Roosevelt and the Russo-Japanese War*, p. 226.

26. Raymond A. Esthus, *Double Eagle and Rising Sun*, p. 48.

27. 同前注，p. 47。

28. 對於讓沙皇和俄國政府懷疑他是親日派，羅斯福早已察覺到其中的風險（《明治天皇紀》第十一卷，p. 103）。

29. 《明治天皇紀》第十一卷，pp. 176, 177。

30. Raymond A. Esthus, *Double Eagle and Rising Sun*, p. 51.

31. 當美國大使梅耶前去謁見沙皇，並勸說他同意直接談判時，沙皇終於妥協，且突然坦白道：「你選在一個絕佳的時機前來；到目前為止日本還沒有踏足俄國的土地，但是我意識到他們很快便會襲擊薩哈林（庫頁島）。因此，必須在這之前展開談判。」（Tyler Dennett, *Roosevelt and the Russo- Japanese War*, p. 194）三月三十一日，日本第十三步兵師團接獲動員命令，目的便是攻佔庫頁島（《明治天皇紀》第十一卷，p. 106）。

32. 金子堅太郎，《日露戰役秘録》，p. 225。金子提到，羅斯福在六月八日敦促他向日本政府發送電報，建議日本在談判開始前佔領庫頁島，甚至還具體指示了為此需要的部隊和炮艦數量。羅斯福認為，除非日本佔領俄國領土，否則日本在談判桌上將處於不利地位。就在羅斯福提出建議後剛好過了一個月，日本向庫頁島派出兩艘炮艦和一支混合旅。金子則表示，他無法確定日本這次行動是否真的是受到羅斯福的啟發。亦見 Raymond A. Esthus, *Double Eagle and Rising Sun*, p. 46。

33. 早在戰爭開始之初，天皇就很信賴伊藤。當伊藤決定派遣金子赴美時，他坦言其實自己親自出馬比較好，然而天皇明確表示需要伊藤的建議，因此不會讓伊藤出國（金子堅太郎，《日露戰役秘録》，p. 16）。

34. 松村正義，《日露戦争と金子堅太郎》，pp. 234-241；黒羽茂，《日露戦争史論——戦争外交の研究》，pp. 287-311。陸軍上校明石元二郎以日本駐斯德哥爾摩公使館為據點，組織了一個間諜網，藉此掌握有關俄國國內情勢的情報。明石透過芬蘭愛國人士齊利亞克斯（Konni Zilliacus）會見了包括列寧在內的俄國革命家，並慷慨地予以資助。談到明石的行動，齊利亞克斯表示：「在獲得資助的人中，有一半不知道錢從哪裡來的，另一半則根本不在意。」（Noel F. Busch, *Emperor's Sword*, p. 122）

在日俄戰爭結束後不久，俄羅斯帝國警察公布了一份描述明石的秘密行動的小冊子《落花流水》。他和俄國革命分子的合作，或許確實促成了一九〇五年和一九一七年的反政府運動中的成功。一九八八年，《落花流水》的部分英文譯本於赫爾辛基出版。關於日本戰時的諜報活動，見 John Albert White, *The Diplomacy of the Russo-Japanese War*, pp.

138-142。狄隆(Dillon)提到，「無論罷工、示威、地下活動、散播革命傳單以及在芬蘭和俄國之間的秘密偷渡行為，都在不同程度上驗證了日本的情報活動」(E. J. Dillon, *The Eclipse of Russia*, p. 184)。

金子堅太郎曾在晚年回憶，著名的歷史學家兼作家亨利．亞當斯(Henry Adams)——金子稱他是美國國務卿海約翰的智囊——曾向他提議日本應向芬蘭和瑞典派遣間諜，煽動當地人民發起動亂。一九〇五年一月十五日，金子和亞當斯在華盛頓見了面(金子堅太郎，《日露戰役秘録》，pp. 70-76；Noel F. Busch, *Emperor's Sword*, p. 122；Elizabeth Stevenson, *Henry Adams*, pp. 315-316)。

35. Raymond A. Esthus, *Double Eagle and Rising Sun*, pp. 84, 61. 六月七日向日本代表團發出的訓令內容可參見《明治天皇紀》第十一卷，p. 198。這時提到的要求與在樸資茅斯提出的稍有不同；例如按照了羅斯福總統的建議，從清單上刪掉了要求海參崴解除軍事武裝的項目。

36. Raymond A. Esthus, *Double Eagle and Rising Sun*, pp. 82-83.

37. Shumpei Okamoto, *The Japanese Oligarchy and the Russo-Japanese War*, p.117.

38. 埃斯薩斯(Esthus)寫道：「根據可以查閱的記錄，無法斷言在庫頁島問題上小村是不是故意誤導日本政府。」(Raymond A. Esthus, *Double Eagle and Rising Sun*, p. 151)直到媒體報導沙皇的決定時，小村才將俄國分割庫頁島的提案告知日本政府。羅斯福總統寫信給德皇，提議對賠款問題做出調停，卻無法聯繫到小村對此進行確認。埃斯薩斯認為，小村是故意不給予答覆的。(p. 153)

39. 《明治天皇紀》第十一卷，pp. 281-284。

40. 同前注，pp. 286-287。

41. 關於桂太郎向小村發送的訓令的英譯全文，請參見Morinosuke Kajima, *The Diplomacy of Japan, 1894-1922*, 2, pp. 349-350.

42. Raymond A. Esthus, *Double Eagle and Rising Sun*, p. 158.

43. Morinosuke Kajima, *The Diplomacy of Japan, 1894-1922*, 2, p. 351.

44. Raymond A. Esthus, *Double Eagle and Rising Sun*, p. 159.

45. 同前注，p. 164。

46. Eliza Ruhamah Scidmore, *As The Hague Ordains*, p. 346. 之所以提到克隆施塔特，也許只是因為這個俄國海軍港口類似於樸資茅斯而做的聯想。此處說他「精力充沛」，是在諷刺羅斯福喜歡訓練體能。

47. Raymond A. Esthus, *Double Eagle and Rising Sun*, p. 165.

48. 同前注，pp. 171, 173。

49. 《明治天皇紀》第十一卷，p. 314-315。

50. Raymond A. Esthus, *Double Eagle and Rising Sun*, p. 188. 埃斯薩斯引述了羅斯福寫於九月六日的信件。

51. 見前注，引自九月八日羅斯福寫給高平小五郎的信。

● 第五十六章

1. 井口和起，《日露戦争の時代》，pp. 127-128。井口指稱，要是沒有英國的支援，日本並沒有足夠戰力與俄國開戰。當時日本還無法生產戰艦以及裝甲巡洋艦所需的主炮和副炮，不僅大炮必須從英國輸入，就連發射炮彈的火藥也仰賴英國。此外，英國每個月還向日本海軍提供兩萬噸煤炭。
2. Ian H. Nish, *The Anglo-Japanese Alliance*, p. 289. 英國決定不「允許任何當下在黑海的船艦參與軍事行動」。按照英國的要求，土耳其拒絕讓俄國黑海艦隊的軍艦通過海峽。
3. 尼許(Nish)提到，「英國給人的印象更像一個中立國，而非盟友。」(*The Anglo- Japanese Alliance*, p. 292)
4. 出自竇納樂於一九〇四年十二月二十三日寄給英國駐俄大使查理斯．哈丁(Charles Hardinge)的信件，引自Ian H. Nish, *The Anglo-Japanese Alliance*, p. 299。
5. Ian H. Nish, *The Anglo-Japanese Alliance*, p. 303.
6. 同前注，p. 309。引自日本駐英公使林董向日本政府發送的電報。
7. 關於條約的英文文本，見Ian H. Nish, *The Anglo-Japanese Alliance*, pp. 331-333。
8. 同前注，p. 346。亞瑟王子的父親也叫做「康諾特公爵亞瑟王子」，曾於一八九〇年對日本進行私人訪問，當時將大部分時間用於觀光和購買骨董上。雖然英國政府將授予嘉德勳章這樣重要的任務交給兒子而非父親令人相當意外，但他的父親當時正好在印度有別的重要任務。
9. Redesdale, *The Garter Mission to Japan*, pp. 1-2.
10. 同前注，pp. 5-6。
11. 同前注，pp. 7-8。
12. 同前注，p.8。
13. 同前注，pp. 16-20。雷德斯代爾勛爵對儀式做了詳細的描述。
14. 《明治天皇紀》第十一卷，p. 492。
15. 日野西資博，《明治天皇の御日常》，p. 184。
16. 《明治天皇紀》第十一卷，p. 493。
17. Redesdale, *The Garter Mission to Japan*, pp. 22, 23.
18. 同前注，p. 25。
19. Redesdale, *The Garter Mission to Japan*, p. 29.
20. 原名威廉．亞當斯(William Adams)，永久定居日本後改名三浦按針。
21. Redesdale, *The Garter Mission to Japan*, pp. 76-81.「よいよい、よいやさ」作為這首歌曲結尾的合唱疊句，隱約表達了幸福美好的含義。
22. Ian H. Nish, *The Anglo-Japanese Alliance*, pp. 350-351.
23. 《明治天皇紀》第十一卷，pp. 374-375。

24. 同前注，pp. 376-379。

25. 同前注，pp. 380-381。另參見金膺龍，《外交文書で語る日韓併合》，pp. 187-188。

26. 《明治天皇紀》第十一卷，pp. 381-384。金膺龍則以簡短的篇幅陳述了完全相同的內容，見《外交文書で語る日韓併合》，pp. 183-191。根據崔文衡的描述，高宗皇帝的最後一句話是：「若同意您的提議，無異於亡我國家，因此朕寧死不從。」(Woonsang Choi, *The Fall of the Hermit Kingdom*, p. 46)

27. 關於會談上發表的意見，請參見片野次雄，《李朝滅亡》，pp. 217-218。韓國人注意到一個矛盾之處：日本看似以捍衛韓國獨立為已任，如今卻打算剝奪這個國家的獨立。

28. Woonsang Choi, *The Fall of the Hermit Kingdom*, p. 47.

29. 同前注，p. 47。

30. 同前注，p. 48。

31. 片野生動地描述了伊藤如何輪流詢問各個內閣成員是否同意締約（《李朝滅亡》，pp. 221- 222）。曖昧的回答被當成「不反對」，並以「○」標示，只有堅決反對才標示成「×」。該段資料引自西四辻公堯，《韓末外交秘話》。另參見 Peter Duus, *The Abacus and the Sword*, pp. 190-192。

32. 金膺龍，《外交文書で語る日韓併合》，p. 195。崔文衡提到因為日本軍官將參政大臣拖進一間別室，導致其他內閣大臣都以為韓圭卨會被殺掉（Woonsang Choi, *The Fall of the Hermit Kingdom*, pp. 48-49）。日本人的這個舉動促使多名內閣大臣同意締約。至於其他文獻中與會議相關的描述，崔文衡說道：「所有文獻作者對會議情況的描述基本上大同小異，特別是在具有脅迫性的方面。」(p. 54) 另一方面，杜斯(Duus)則提到參政大臣異常激動地離開會議室，以至於他不小心誤入宮女的房間(*The Abacus and the Sword*, p. 191，引自日本官方資料)。因此嚇得愣住的韓圭卨(宮女們則發出尖叫)隨即昏了過去。會議於是在沒有韓圭卨缺席的情況下繼續進行。這兩個描述之間存在著顯著差異，表明任何一方的記載均非完全可信。

33. 金膺龍，《外交文書で語る日韓併合》，p. 195。

34. 同前注，p. 196。

35. 對於皇帝是否簽署了該條約，歷史學家意見不一。關於歷史學家的爭議，請參見 Peter Duus, *The Abacus and the Sword*, pp. 193-194。

36. 《明治天皇紀》第十一卷，p. 408。

37. 片野次雄，《李朝滅亡》，pp. 225-226。支持締約的五名大臣被韓國民眾稱為「乙巳五賊」。

38. 《明治天皇紀》第十一卷，p. 435。由山縣有朋接替他擔任樞密院議長。伊藤於翌年二月二日向明治天皇告別，在抵達韓國後，於三月三日正式就任第一任韓國統監。

39. 《明治天皇紀》第十一卷，pp. 596-598。伊藤尤其對似乎有宮廷人士在背後牽線的暴動感到擔憂。大多數叛亂都將矛頭指向協約，但也有一些跟意識形態無關。

40. 《明治天皇紀》第十一卷，p. 228。這封信由密使送到中國的芝罘，並從當地透過電報傳至華盛頓。在華盛頓，一名深得高宗皇帝信任的美國傳教士胡默・赫伯特將信交給了國務卿羅脫（Elihu Root），再由羅脫轉交給羅斯福。這封信之所以沒有起到任何效果，或許是因為美國駐韓公使曾警告國務卿，說赫伯特的判斷常常受到「偏見的影響」而支持韓國（Peter Duus, *The Abacus and the Sword*, p. 206）。

41. 《明治天皇紀》第十一卷，pp. 536-537。閱兵式於四月三十日在青山閱兵場舉行。值得注意的是，這時明治第一次穿上了日本陸軍一般穿著的卡其制服。

42. 據片野描述，韓國皇帝在伊藤於三月九日向其遞交委任狀時一句話也沒說（《李朝滅亡》，p. 238）。

43. 另參見《明治天皇紀》第十一卷，pp. 642-644。

44. 《明治天皇紀》第十一卷，pp. 661, 724。

45. Woonsang Choi, *The Fall of the Hermit Kingdom*, pp. 61-63. 另參見片野次雄，《李朝滅亡》，pp. 242-245；《明治天皇紀》第十一卷，pp. 765-666。

46. 純宗本名李坧，是高宗和閔妃的兒子。他於一八九八年遭到投毒，雖然被醫生救回一命，但毒藥對他的精神造成了傷害（《李朝滅亡》，pp. 254-255）。

● 第五十七章

1. 當我於一九六三年訪問馬達加斯加時，得知日本被譽為「自由之邦」。當時馬達加斯加雖然已正式宣布獨立，但法國人仍控制著廣播。他們似乎很想播放我的講座，但在得知主題與日本有關（這是一個危險的話題！）之後就取消了。

2. 《有島武郎全集》，p. 475。

3. 《石川啄木全集》第五卷，p. 118。

4. 這首和歌由早稻田大學教授亞瑟・洛伊德（Arthur Lloyd）翻譯（千葉胤明，《明治天皇御製謹話》，p. 203）。

5. 《新輯明治天皇御集》第一卷，p. 638。

6. 同前注，p. 613。詳細描述見《明治天皇紀》第十一卷，pp. 456-457。

7. 《新輯明治天皇御集》第二卷，p. 732。

8. 飛鳥井雅道，《明治大帝》，p. 278。

9. 松下芳男，《乃木希典》，p. 188。

10. Oka Yoshitake, "Generational Conflict After the Russo-Japanese War," in *Conflict in Modern Japanese History: The Neglected Tradition*, ed. Tetsuo Najita and J. Victor Koschmann, p. 199.

11. 同前注，p. 207。

12. 《明治天皇紀》第十一卷，p. 468。

13. 根據侍從坊城俊良的描述，天皇僅向三個日本人賜過座：威仁親王、伊藤博文和山縣有朋（《宮中五十年》，p. 17)。

14. 《明治天皇紀》第十一卷，p. 469。載澤獲得了勳一等桐花大綬章，其他清朝代表則獲得較低等級的勳章。

15. 《明治天皇紀》第十一卷，pp. 472-474。

16. 同前注，pp. 501-502。三月二十七日，天皇指名牧野伸顯接替西園寺擔任文部大臣，外務大臣則於五月十九日由林董接任。

17. 《明治天皇紀》第十一卷，p. 535。

18. 同前注，p. 586。

19. 同前注，p. 643。

20. George Trumbull Ladd, *Rare Days in Japan*, pp. 18-22.

21. 同前注，pp. 339-340。有關拉德為日本教育做出的貢獻評估，請參見《明治天皇紀》第十一卷，p. 796。

22. 《明治天皇紀》第十一卷，p. 661。

23. 同前注，p. 754。

24. 同前注，p. 726。

25. 同前注，pp. 671-678。

26. 請參見本書第四十八章。

27. 《明治天皇紀》第十一卷，pp. 749, 778。

28. 同前注，pp. 773-776。

29. 同前注，pp. 777-778。

30. 片野次雄，《李朝滅亡》，pp. 255-256。

31. 十一月十九日，韓國皇帝向國民頒布詔書，解釋為何要送皇太子赴日留學。他以歐洲習慣將年幼的皇儲送到國外學習為例，並提到他們有時甚至會讓王子加入外國的軍隊。皇帝接著表示，他打算把李垠的教育託付給明治天皇（《英親王李垠伝》，p. 70；片野次雄，另參見《李朝滅亡》，pp. 256-257）。

32. 《英親王李垠伝》p. 7轉載了一張照片，上頭的伊藤身穿海軍制服，李垠則穿著日本的羽織和 。同一頁還刊載了李垠穿著韓國陸軍軍官的制服，但佩戴著日本勳章的照片。

33. Erwin Baelz, *Awakening Japan*, trans. Eden Paul and Cedar Paul, p. 117.

34. 請參見上冊第四章。

35. 關於神道的葬禮，請參見 Helen Hardacre, *Shinto and the State*, pp. 34, 47。作者寫道：「對於神道的神職人員來說，葬禮是一個大問題，因為他們認為死亡是不淨之物；然而從舉辦葬禮和祭祀儀式中獲得的收入成為他們克服這般禁忌的一大誘因。」(p. 47)

36. 《明治天皇紀》第十一卷，pp. 803-805。

37. 同前注，p. 835。

38. 雖然最初可能只打算讓李垠在日本短暫停留，但事實上，李垠後來與日本皇族方子女王結婚，直到一九六三年才回到韓國。他於一九七〇年在韓國逝世。

第五十八章

1. 《明治天皇紀》第十二卷，p. 3。
2. 同前注，p. 13。從一張皇太子李垠於一九〇八年十一月七日用日語寫的文章的照片，可以看出他的日語有了相當顯著的進步（《英親王李垠伝》，p. 8）。
3. 《明治天皇紀》第十二卷，pp. 13-14。
4. 同前注，p. 57。九月四日，當李垠訪問關西地區後回到東京，天皇向他贈送了一台幻燈機和一套板球裝備（p. 102）。我們仍無法確定韓國皇太子是否打過板球。
5. 《明治天皇紀》第十二卷，p. 36。
6. 同前注，pp. 54-55。
7. 同前注，p. 121。
8. 同前注，p. 138。另參見日野西資博，《明治天皇の御日常》，p. 153。
9. 《明治天皇紀》第十二卷，p. 149。文獻中並沒有特別描述天皇在這時穿的制服。他通常都是穿他那套特別訂做陸軍制服，但有時會根據建議穿著海軍制服。例如在一九〇九年五月十五日出席海軍大學校畢業典禮的時候，他便穿上了海軍制服（p. 229）。
10. 《明治天皇紀》第十二卷，p. 85。
11. 同前注，p. 173。
12. 同前注，p. 189。
13. 同前注，pp. 221-222。
14. 同前注，pp. 231-233, 242。
15. 同前注，p. 255。另參見齋藤充功，《伊藤博文を擊った男》，pp. 62-63；杵淵信雄，《日韓交涉史——明治の新聞にみる併合の軌跡》，p. 267。
16. 《明治天皇紀》第十二卷，p. 263。
17. 《明治天皇紀》第十二卷，pp. 283-284。
18. 有關《東京朝日新聞》於十月二十二日刊載的伊藤演講內容的段落，見杵淵信雄，《日韓交涉史——明治の新聞にみる併合の軌跡》，p. 268。
19. 照片見齋藤充功，《伊藤博文を擊った男》，p. 9。照片前方可以看到正在閒聊的俄國軍官，其中有一些人背對著火車，警衛隊的主力則位在稍遠的月臺後方。《紐約先驅報》(*New York Herald*)的記者提到俄國警衛隊有些鬆懈，認為這些士兵來自於以暗殺聞名的國家卻如此粗枝大葉，令人難以置信（p. 10）。
20. 照片見齋藤充功，《伊藤博文を擊った男》，p. 8。
21. 安重根不確定哪一個日本人是伊藤，因為他甚至連伊藤的照片都沒看過。他於是將這位「黃臉白鬚」、似乎率領著一行人的老者作為目標（中野泰雄，《安重根——日韓関係の原像》，p. 45, 192）。他在距離大約五公尺的地方朝伊藤開槍，並在這之後認為其他人也有可能是伊藤，又朝另外兩名日本人開了槍。但他射偏了，推測應該是一名俄國警衛阻撓了他（齋藤充功，《伊藤博文を擊った男》，p. 35）。
22. 安重根使用的是一把裝有七發子彈的白朗寧自動手槍。在朝伊藤開了三槍後，他對著另外兩名日本人也開了三槍。在審判時，他被問及是否刻意將最後一發子彈留給自己，但安重根否認自己有過自殺的念頭（中野泰雄，《安重根——日韓関係の原像》，pp. 45-46）。

23. 齋藤充功，《伊藤博文を撃った男》，p. 184。這句話的真實性引起許多人質疑。如果伊藤真的說了這句話，他的意思大概是覺得安重根以為謀殺他就可以阻止日韓合併的想法十分愚蠢。但是根據其他史料，伊藤的最後一句話是問誰向他開槍，以及是否還有其他人被擊中。

24. 中野泰雄，《安重根——日韓関係の原像》，p. 4。這是目擊者的證詞，但安重根在法庭供稱他不是用英語或俄語高喊，而是用韓語高喊「大韓萬歲」（齋藤充功，《伊藤博文を撃った男》，p. 10）。

25. 中野泰雄，《安重根——日韓関係の原像》，p. 191；齋藤充功，《伊藤博文を撃った男》，p. 23。根據十一月三日的《東京日日新聞》，安重根的大衣和西裝為法國製（齋藤充功，《伊藤博文を撃った男》，p. 46）。他還戴著一頂打鳥帽好讓自己看起來更像日本人。

26. 中野泰雄，《安重根——日韓関係の原像》，p. 103。關於安氏家族的詳細描述，請參見Norbert Weber, *Im Lande der Morgenstille*, pp. 331-349。

27. 安重根在法庭上解釋說，他在三年前加入義兵後便開始使用「安應七」這個名字（中野泰雄，《安重根——日韓関係の原像》，p. 39）。在古代中國，身上有七顆痣被視為偉大人物的象徵，大概是因為它們讓人聯想到北斗七星。

28. 齋藤充功，《伊藤博文を撃った男》，p. 34。

29. 關於義兵的詳情，參見Peter Duus, *The Abacus and the Sword*, pp. 117, 224-227。

30. 關於當時戰鬥的描述，請參見中野泰雄，《安重根——日韓関係の原像》，pp. 108-110。

31. 同前注，pp. 118-119；齋藤充功，《伊藤博文を撃った男》，p. 63。中野沒多做任何解釋，只說安重根和他的父親安泰勳在這時通過教義問答後皆受洗入教（《安重根——日韓関係の原像》，p. 118），但是，在p. 108他卻提到安泰勳早在之前便接受洗禮，教名為「彼得」（Petrus）。

32. 暗殺後，安重根的家人逃往海參崴，其長子於一九一六年十二歲的時候在當地去世（中野泰雄，《安重根——日韓関係の原像》，pp. 225-256；齋藤充功，《伊藤博文を撃った男》，p. 121）。

33. 中野泰雄，《安重根——日韓関係の原像》，p. 39。儘管神父威廉的名字表明他是一位德國人而非法國人，但他很可能教過安重根法語，因為法國傳教士在韓國傳播天主教的活動中扮演著相當重要的角色。

34. 中野泰雄，《安重根——日韓関係の原像》，p. 127。

35. 也許讓安重根不滿的人不是威廉，而是威廉的上司漢城主教。當安重根向主教提起在韓國創建大學的計畫時，主教卻以教育會妨礙韓國民眾的信仰而拒絕了（中野泰雄，《安重根——日韓関係の原像》，p.

127）。也許安重根是對威廉沒有替他說話而是同意了主教的看法感到很失望。另一個關於安重根和威廉疏遠的假設請參見pp. 144-145。據說安重根非常惱怒，甚至考慮直接上訴教皇。只不過當威廉在行刑前夕來探望他時，他似乎很高興。一張照片顯示這兩人在一張桌子上交談（齋藤充功，《伊藤博文を撃った男》，p. 110）。

36. 齋藤充功，《伊藤博文を撃った男》，p. 114。這些觀點出自安重根在死前尚未完成的《東洋和平論》。

37. 參見齋藤充功，《伊藤博文を撃った男》，p. 84。

38. 不過，齋藤指出安重根應該是聯想到了天皇在甲午戰爭時頒布的宣戰詔敕（《伊藤博文を撃った男》，p. 90）。日俄戰爭的宣戰詔書存在著顯著差異，它所呼籲的不是維護東亞和平，而是「恢復秩序」；不是維護韓國獨立，而是「保全」韓國。

39. 齋藤充功，《伊藤博文を撃った男》，p. 178。另參見中野泰雄，《安重根——日韓関係の原像》，pp. 209-210。儘管安重根之前將總理大臣李完用在日俄戰爭期間幫助俄國抗擊日本的行為斥責為「忤逆上天的罪行」，但他後來卻改口說如果李完用現在集結義兵抗擊日本的話，將是順應天意。顯然伊藤的暴行對他來說是逆天之罪（中野泰雄，《安重根——日韓関係の原像》，p. 160）。

40. 安重根將所有戰俘毫髮無傷地釋放，甚至還把槍枝還給他們（中野泰雄，《安重根——日韓関係の原像》，p. 171）。

41. 安重根沒有解釋為什麼他是參謀中將，也沒有說明是否有比他階級更高的上將。韓文的「Uibyong」譯為「義兵」或「義兵」，在英語中沒有確切對等的詞語。相對於只是服從命令的普通士兵，義兵更強調為了大義而行動。

42. 中野泰雄，《安重根——日韓関係の原像》，p. 14。

43. 一八六七年，伊藤的職位還沒有高到能夠隨意進出御所。此外，在孝明天皇駕崩時，伊藤在長州身患重病，根本不在京都。

44. 齋藤充功對這十五項指控進行了簡短描述，見《伊藤博文を撃った男》，pp. 172-175。

45. 同前注，p. 46。

46. 中野泰雄，《安重根——日韓関係の原像》，pp. 17, 13。

47. 齋藤充功，《伊藤博文を撃った男》，p. 100。

48. 他們列舉了以政治理想為暗殺動機但相對獲得輕判的人士，卻沒有提到近期最適合拿來比較的例子：一九〇八年，受日本聘用並任職於駐韓國公使館的美國人史蒂文斯（Durham W. Stevens）在前往華盛頓的途中，於舊金山舉行的記者會上宣稱伊藤博文造福了韓國人民。第二天，他遭到了兩名憤怒的韓國人暗殺；其中一人名為常義汗（Chang In-hwan），因此被判處十五年徒刑。有關史蒂文斯遇刺的日本新聞報導，參見杵淵信雄，《日韓交涉史——明治の新聞にみる併合の軌跡》，pp. 266-267。另可參見《明治天皇紀》第十二卷，p. 41；Woonsang

Choi, *The Fall of the Hermit Kingdom*, p. 78。

49. 齋藤充功，《伊藤博文を撃った男》，p. 103。

50. 中野泰雄，《安重根——日韓関係の原像》，pp. 29-30。齋藤也提及法官平石與奉小村之命前來旅順的外務省官員倉知鐵吉之間的密談。倉知傳達了政府的觀點，認為判處死刑才是明智之舉（《伊藤博文を撃った男》，p. 101）。

51. 齋藤充功，《伊藤博文を撃った男》，p. 124。

52. 片野次雄，《李朝滅亡》，p. 284。

53. 齋藤充功，《伊藤博文を撃った男》，pp. 31, 32。

54. 引自〈百回通信〉，《石川啄木全集》第四卷，p. 192。一名韓國學者指出，啄木的詩作《一匙可亞》（《ココアの一匙》）雖然一般被認為是在影射遭到處刑的幸德秋水，實際上應該是指安重根（齋藤充功，《伊藤博文を撃った男》，pp. 150-151）。只不過啄木在詩中的語氣充滿震驚，而沒有展現對恐怖分子的理解與同情。

● 第五十九章

1. 杵淵信雄，《日韓交涉史——明治の新聞にみる併合の軌跡》，p. 274。另參見森山茂德，《日韓併合》，pp. 128-129。

2. 森山茂德，《日韓併合》，p. 129。

3. 李完用的職業生涯充滿波瀾。一八九六年，他是親俄派領導人的一員，力勸國王高宗到俄國公使館避難。同年底，他被推選為獨立協會副會長。獨立協會是一個親俄組織，反對外國干涉韓國事務。一九〇五年，他在擔任學部大臣時同意簽訂將韓國外交權委與日本的《乙巳條約》，被列為「乙巳五賊」之首。一九〇六年，高宗拒絕與新政府積極合作，對此感到憤怒的李於是建議日本廢黜皇帝（森山茂德，《日韓併合》，p. 125）。此舉為李完用贏得了日本人的信任，當伊藤於一九〇七年成立新內閣時，將他推選為總理大臣。

4. 森山茂德，《日韓併合》，p. 130。

5. 同前注，p. 131。

6. Woonsang Choi, *The Fall of the Hermit Kingdom*, p. 70.

7. 森山茂德，《日韓併合》，p. 129。

8. 杵淵信雄，《日韓交涉史——明治の新聞にみる併合の軌跡》，p. 274。

9. 同前注，p. 276。

10. 枳和橘皆為柑橘屬。枳在日本也稱為「唐橘」，或簡稱為「橘」，因而確實很容易混淆。

11. 日文原文最初刊載於一九〇九年十二月八日的《東京日日新聞》，大意轉引自杵淵信雄，《日韓交涉史——明治の新聞にみる併合の軌跡》，p. 276。傳說優曇華（聚果榕）三千年才開一次花，象徵福星的景星和鳳凰則都預示著未來的好運。

12. Peter Duus, *The Abacus and the Sword*, pp. 239-240.

13. 杵淵信雄，《日韓交涉史——明治の新聞にみる併合の軌跡》，p. 277。

14. 如需了解當時日本人如何論證日韓之間有著「共同文化」和「共同祖先」，請參見 Peter Duus 的絕妙分析，見 *The Abacus and the Sword*, pp. 413-423。

15. 大山梓，《山県有朋意見書》，p. 284。相比之下，伊藤對韓國接受現代文明的可能性表現得更加樂觀。他認為韓國之所以落後於日本，並非因為他們天生懶惰，而是由於上層階級腐敗和守舊（Peter Duus, *The Abacus and the Sword*, p. 199）。

16. 森山茂德，《日韓併合》，p. 178。

17. 《明治天皇紀》第十二卷，p. 430。

18. Woonsang Choi, *The Fall of the Hermit Kingdom*, p. 74。其資料出自福田東作，《韓國併合紀念史》，p. 597。

19. 《明治天皇紀》第十二卷，pp. 455-456。

20. 同前注，pp. 451-452。

21. 同前注，pp. 461-462；譯文見 Woonsang Choi, *The Fall of the Hermit Kingdom*, pp. 136-138。寺內向李完用提交的版本中只有五條。比起最終版本，序言以及最初的兩條（承諾韓國皇帝願意將其統治權讓與日本，且日本天皇願意合併韓國）還有第八條（條約的公布）被遺漏掉了，但剩下的條款大致上相同。

22. 一九一〇年十月，七十六名韓國貴族被授予日本的爵位，包括六名侯爵，三名伯爵，二十二名子爵和四十五名男爵（《明治天皇紀》第十二卷，p. 488）。同年十二月，前韓國皇帝獲封為日本陸軍上將；皇太子（王世子）被封為步兵中尉；遭廢嫡的皇太子兄長李堈和其他貴族則被封為中將。也許皇太子是這些軍官中唯一真正履行軍職的人，其他人在意的或許只有伴隨著階級而來的良好待遇和隨身侍從（p. 535）。

23. 《明治天皇紀》第十二卷，pp. 452-453。

24. 同前注，pp. 453-454。

25. 片野次雄，《李朝滅亡》，p. 293。

26. 《明治天皇紀》第十二卷，p. 457。

27. 同前注，p. 460。

28. 同前注，pp. 464-465。

29. 八月，當李完用告知純宗日本決定合併韓國時，純宗一開始沒有任何反應。他似乎無法對情況做出正確判斷，但是當李完用一說完，純宗張著掉光牙齒的嘴，臉上露出些許苦澀的表情（片野次雄，《李朝滅亡》，p. 289）。

30. 《明治天皇紀》第十二卷，pp. 467-468。

31. 同前注，pp. 469-470。

32. 杵淵信雄，《日韓交涉史——明治の新聞にみる併合の軌跡》，p. 289。「西　どん」是模仿鹿兒島的用法，「どん」也可當成「どの」（殿下）的簡稱，相當於西班牙語的「don」（先生）。

33. 《明治天皇紀》第十二卷，p. 503。昌德宮是前純宗皇帝在漢城居住的宮殿。

34. 《明治天皇紀》第十二卷，p. 500。

35. 片野次雄，《李朝滅亡》，p. 294。

● 第六十章

1. 第一個講座與希臘和羅馬敬拜祖先的事蹟有關，再來是講述《易經》的一節以及關於《出雲風土記》的國引神話。
2. 《明治天皇紀》第十二卷，p. 544。
3. 同前注，pp. 545-546。
4. 在一八八六到一九一二年期間擔任天皇侍從的日野西資博提到，在一八九五年過了「七八年後，陛下完全停止了讀報」（《明治天皇の御日常》，p. 53）。
5. 一八八一年三月十三日，亞歷山大二世遭到謀殺；一九〇〇年七月二十九日，翁貝托遇刺身亡；一九〇八年二月一日，卡洛斯遭到槍殺。儘管各個案例中的暗殺者都聲稱自己是無政府主義者，但其實都是國王的政敵所雇傭的刺客（《明治天皇紀》第十二卷，p. 15）。
6. 一九〇六年五月三十日，阿方索十三世在從剛為其舉辦婚禮的教堂返回皇宮的途中遭遇炸彈襲擊，所幸他沒有受傷（《明治天皇紀》第十一卷，p. 565）。維多利亞女王至少遇過七次行刺。第一次發生於一八四〇年六月十日，當她和丈夫阿爾伯特親王駕著敞篷馬車外出時，「突然，她聽見爆炸聲，並感覺到阿爾伯特伸出雙臂抱住她……她對阿爾伯特的興奮舉動投以微笑，但下個瞬間，她看見『一個小個子男人站在步道上，雙手交叉在胸前，兩隻手上各舉著一把手槍……』當這名刺客再次瞄準她開槍時，她趕緊壓低身子。」（Elizabeth Longford, *Queen Victoria*, p. 151）這名被判處叛國罪的暗殺未遂者本應處以死刑，但他最後被送進了一家精神病院。

   一八五〇年七月二十七日，維多利亞女王被一名退伍中尉攻擊頭部，失去意識。該名襲擊者被判處流放海外七年。一八七二年二月二十八日，維多利亞女王遭到第六次暗殺，這是最具有近代風格的一次：刺客無意謀殺女王，而是威脅她簽署一份下令釋放若干名政治犯的文書（pp. 390-391）。最後一次行刺發生於一八八二年三月二日。這名企圖以一把裝滿子彈的左輪手槍行兇的未遂犯最後被送進了精神病院。所有暗殺未遂者的動機都很模糊破碎，這也是把他們送進精神病院的原因。
7. 就在他被處死前不久，幸德完成了一部重要著作的翻譯，即克魯泡特金（Peter Kropotkin）的《麵包與自由》（*La Conquête du pain*）。日譯本是根據英語譯文翻成。
8. 西尾陽太郎，《幸德秋水》，p. 9。該書的扉頁翻拍了幸德的原文。如果這真的是他在七歲的時候創作的詩文和書法，那他的確天資聰穎。幸德一直到最後都在創作漢詩。關於幸德早年生活的英文描述，請參見F. G. Notehelfer, *Kotoku Shusui*, pp. 8-20。
9. 坂本武人，《幸德秋水》，p. 78。另參見西尾陽太郎，《幸德秋水》，p. 8。
10. 西尾陽太郎，《幸德秋水》，p. 20。
11. 《保安條例》對於率先發動反對薩長政府運動的土佐

（高知縣）的人士尤其嚴苛。

12. 坂本武人，《幸德秋水》，pp. 50-51；西尾陽太郎，《幸德秋水》，pp. 27-28。

13. 西尾陽太郎，《幸德秋水》，p. 28。

14. 坂本武人，《幸德秋水》，p. 55。畢業後，幸德告別在中江家的學僕活。中江為他賜號「秋水」，顯然富有詩意而非政治色彩。

15. 坂本武人，《幸德秋水》，p. 60。另參見西尾陽太郎，《幸德秋水》，p. 46。此時，對替政府喉舌感到不滿的幸德已經離開了《自由新聞》，並在《中央新聞》同樣以翻譯為主要工作。

16. 坂本武人，《幸德秋水》，p. 102-104。在 p. 102，作者列舉了幸德對外發表的所有演講。

17. 同前注，p. 99。

18. 這是坂本武人的看法，但西尾認為幸德作為社會主義者的生涯始於一八九七年（西尾陽太郎，《幸德秋水》，p. 48）。

19. 大原慧，《片山潛の思想と大逆事件》，p. 15。

20. 他曾就讀於奧克蘭的霍普金斯學院（Hopkins Academy）、馬利維爾學院（Maryville College）、格林內爾學院（Grinnell College）、安多佛神學院（Andover Theological Seminary）和耶魯神學院（Yale Divinity School）。

21. 大原慧，《片山潛の思想と大逆事件》，p. 16。有關對片山影響深遠的理查．伊利（R. Ely）的《基督教的社會功能》（*Social Aspects of Christianity*）等書，請參見 pp. 18-19。

22. 坂本指出，幸德的著作比約翰．霍布森（John Hobson）的帝國主義論早了一年，也比列寧的相關著作早了十五年出版（《幸德秋水》，p. 125）。

23. 坂本武人，《幸德秋水》，p. 127。另參見 F. G. Notehelfer, *Kotoku Shusui*, pp. 85-87。

24. 西尾陽太郎，《幸德秋水》，p. 69。山川因為該文章被以不敬罪起訴，處以四年徒刑。

25. 關於安部磯雄提出的二十八條主張，請參見坂本武人，《幸德秋水》，pp. 74-75。

26. 末松曾在英國留學，並發表了《源氏物語》的部分譯文。

27. 坂本武人，《幸德秋水》，pp. 134, 135。

28. 同前注。第一首和歌作於一八七八年，原文為「古のふみ見るたびに　思ふかな己の治むる國は如何にと」（《新輯明治天皇御集》第一卷，p. 50）；第二首和歌並沒有收錄於這本著作，原文為「綾錦とに重ねても　思ふかな寒さ掩はん袖もなき身を」。

29. 坂本武人，《幸德秋水》，p. 140；西尾陽太郎，《幸德秋水》，p. 82。

30. 關於本書的內容概要，請參見西尾陽太郎，《幸德秋水》，p. 86。

31. 坂本武人，《幸德秋水》，pp. 152-153。在此之前，有三名才華洋溢的評論家幸德秋水、內村鑑三和堺利彥會定期發表反戰社論。雖然其他報紙很早就傾向支持戰爭，但在清楚認識到俄國不會履行從滿洲撤軍的承諾之前，《萬朝報》是反對戰爭的。《萬朝報》的創辦人兼編輯黑岩淚香決定從團結國民的觀點來看，應該支持政府的主戰政策。這個決定促使幸德、堺利彥和內村離開了《萬朝報》。

32. 《平民新聞》總共出版了六十四期，最後一期於一九〇五年一月二十九日出版。創刊號售出了八千份，之後各期的平均銷售量約為四千份(西尾陽太郎，《幸德秋水》，p. 96-97)。

33. 坂本武人，《幸德秋水》，p. 160。

34. 同前注，p. 163。

35. 同前注，p. 164。

36. 西尾陽太郎，《幸德秋水》，p. 135。

37. 坂本武人，《幸德秋水》，pp. 168-169。

38. 西尾陽太郎，《幸德秋水》，p. 136。

39. 詳情請參見坂本武人，《幸德秋水》，pp. 170, 171。

40. 她名叫弗里茨(Fritz)夫人。關於此人的概要，請參見F. G. Notehelfer, *Kotoku Shusui*, pp. 124-127。

41. 坂本武人，《幸德秋水》，p. 173。

42. 西尾陽太郎，《幸德秋水》，p. 153。

43. Donald Keene, *Modern Japanese Diaries*, p. 444. 資料源自鹽田莊兵衛編，《幸德秋水の日記と書簡》，p. 235。

44. 西尾陽太郎，《幸德秋水》，p. 177。

45. 同前注，pp. 189-194, 202-203, 204。

46. 關於「赤旗事件」的生動描述，請參見坂本武人，《幸德秋水》，pp. 202-206。

---

47. 西尾陽太郎，《幸德秋水》，p. 220。

48. 坂本武人，《幸德秋水》，p. 215。

49. 宮下之所以選擇在天皇生日這天對自己製造的炸彈進行實驗，是因為他希望慶典上燃放煙火的聲音可以掩蓋住爆炸聲(西尾陽太郎，《幸德秋水》，p. 245)。

50. 有傳聞指出是某位妻子與宮下有染的丈夫在一氣之下告密，或者是潛入組織的警方密探進行了通報。

51. 關於對幸德提出的控告，請參見西尾陽太郎，《幸德秋水》，pp. 276-277。

52. 監獄當局對唯一一名女性被告管野展現了莫名的體貼，在處決男性被告後的隔天(一月二十五日)才為其行刑。

53. 吉田精一引述了正宗白鳥的話：「如果有人問我這次嚴重的事件是否令我覺得內心憤慨、對政府和法官感到厭惡，甚至是詛咒生活、食不知味、徹夜難眠，我只能說自己一點都沒有這種感覺。」(《近代文芸評論史　大正編》，pp. 48-49)

另一方面，永井荷風在幾年後寫道：「在世上至今所有事件中，我從來沒有見聞過這種事情，也從未心生如此難以言喻的厭惡。作為一名文學家，我不應該對思想問題保持沉默……然而我和當時其他文人一樣無話可說。我對自己身為文學家感到羞愧至極，似乎難以承受良心的不安。」(《永井荷風集》，p. 319)

片山潛則聲稱：「對幸德等人做出的判決可謂公

正無可質疑，但遺憾的是沒有公開審理。各國社會黨成員都在其機關報上大肆批評此案，甚至宣稱日本政府拒絕公開審判是為了反世界趨勢而行，一舉撲滅社會黨。由此可見他們對我國的法律和事件的真相一無所知。」(引自大原慧，《片山潛の思想と大逆事件》，p. 68)他也提到，「日本政府絕對不是在迫害社會主義；被處以絞刑的那些人都是活躍的無政府主義者。」(p. 69)

● 第六十一章

1. Ian H. Nish, *The Anglo-Japanese Alliance*, p.377.
2. 黑羽茂，《日英同盟の軌跡》上卷，p. 207。
3. 關於條約的詳細條款，請參見《明治天皇紀》第十二卷，pp. 628-630。日本在第四條做出了讓步。
4. 《明治天皇紀》第十二卷，p. 584。
5. 同前注，pp. 637-638。
6. 同前注，p. 555。五月三十日，總理大臣桂太郎宣布成立名為「恩賜財團濟生會」的基金會。除了天皇捐贈的資金外，還有來自全國的志願者捐獻的金錢。當天皇得知這個組織的名稱時他表示反對，因為捐獻資金的人除了他以外還有很多。在天皇的提議下，該組織的名稱的前四個字「恩賜財團」總是用小字印刷(p. 612)。
7. 請參見上冊第三十章。
8. 《明治天皇紀》第十二卷，p. 593。
9. 同前注，p. 689。
10. 《明治天皇の御肖像》pp. 20-21轉載了當時拍的照片以及在奈良、栃木和岡山縣拍攝的三張類似的照片。
11. 天皇的兩三張側拍照從這時候起就被保存下來，但因為都是從很遠的距離拍攝的，因此看不太清楚天皇的容貌特徵。
12. 《明治天皇紀》第十二卷，pp. 702-703。
13. 同前注，pp. 744-745。
14. 同前注，pp. 705-706。
15. 同前注，pp. 718, 719。
16. 同前注，p. 730。
17. 同前注，p. 731。
18. 源了圓，〈乃木上將の自殺とその精神史的背景〉，《心》一九六三年十二月號，p. 17。這三位孫子便是後來的昭和天皇、秩父宮和高松宮。
19. 早期為乃木撰寫傳記的傳記作家對他在學習院的工作大加讚賞，稱他是「佩帶寶劍的裴斯泰洛齊(Pestalozzi，瑞士知名教育家)」(源了圓，〈乃木上將の自殺とその精神史的背景〉，p. 17)。不過，更加近代的傳記作家松下芳男在其著作《乃木希典》卻有不同的觀點(pp. 193, 197)。他特別提到在一九〇八年大演習的最後一天，擔任「南軍」指揮官的乃木突然被撤換由另一名將軍代替，因為乃木無視演習統監部(奧保鞏上將)下達的撤退命令。據說乃木堅稱南軍還沒有輸，因而沒有理由撤退。他的這種獨立精神並沒有得到正面評價。

20. 《明治天皇紀》第十二卷，p. 673。乃木後來獲得了一個更低的職位，即擔任第四和第十六師團臨時對抗演習的統監。(p. 683)

21. 按日本算法來說是六十歲，但以西方而言則是五十九歲。

22. 《明治天皇紀》第十二卷，p. 733。高崎正風不久後便於一九一二年二月二十八日逝世。

23. 同前注，pp. 734-735。

24. 坊城俊良，《宮中五十年》，p. 23。

25. 《明治天皇紀》第十二卷，pp. 803-804。

26. 同前注，p. 805。

27. 同前注，p. 813。另參見坊城俊良，《宮中五十年》，p. 23。

28. 日野西資博，《明治天皇の御日常》，pp. 71-72。

29. 同前注，p. 160。

30. 末松謙澄，〈御自制力の御強かりし先帝陛下〉，《太陽臨時增刊 明治聖天子》，p. 325。

31. 日野西資博，《明治天皇の御日常》，p. 75。

32. 《明治天皇紀》第十二卷，p. 819。新天皇的即位和公布年號都以前所未有的速度進行。明治在將年號從「慶應」改為「明治」之前等了超過一年半的時間。久米邦武對過於匆忙更改年號的做法予以批評(〈先帝崩御に際して余の感想〉，《太陽臨時增刊 明治聖天子》，p. 317)。

33. 坊城俊良，《宮中五十年》，pp. 49-50。

34. 一九一二年九月，《太陽》雜誌出版了一期臨時增刊，所有版面都用來追憶先皇。

35. 牧野伸顯，〈御親政初期の追憶〉，《太陽臨時增刊 明治聖天子》，p. 48。

● 第六十二章

1. 日野西資博寫道，儘管天皇的衣服從來都不合身，但他絲毫沒有為此困擾(《明治天皇の御日常》，p. 89)。這種說法遭到《明治天皇紀》編纂者的質疑，他們記錄下一八七二年春天一位歐洲裁縫從橫濱來為天皇測量尺寸(第二卷，p. 666)。這時測量的尺寸即便準確想必也沒發揮多大用處，因為天皇後來變胖了，而裁縫師大概只能猜測尺寸發生了多少變化。

2. 《明治天皇紀》第十二卷，p. 828。

3. 飛鳥井雅道，《明治大帝》，p. 29。在《明治天皇紀》或其他與天皇生活有關的記載中，藤波並沒有扮演特別重要的角色。這也許是因為他跟天皇之間的關係比較私人跟隨意。

4. 貝爾茲寫道：「以日本人來說，睦仁天皇身材高大，神色威嚴。」(Erwin Baelz, *Awakening Japan*, trans. Eden Paul and Cedar Paul, p. 395)

5. 飛鳥井雅道，《明治大帝》，p. 33。

6. 《明治天皇紀》第十二卷，pp. 830-831。亦見飛鳥井雅道，《明治大帝》pp. 48-49。飛鳥井雅道指出，千種任子似乎沒有留下日記，因此無法確定這是否真的是天皇的遺願。

7. 飛鳥井雅道認為，儘管日本的首都從來都沒有正式地從京都遷到東京，但當天皇訪問京都時，描述的都是「行幸」，而非「還幸」（《明治大帝》，pp. 46-47）。根據一八八九年與憲法同時頒布的《皇室典範》，即位式和大嘗祭都應在京都舉行。但事實上，天皇一生只有一次的大嘗祭在一八七一年的時候於東京舉行。儘管天皇喜歡京都，但仍接受了將東京作為首都的事實；然而，他可能覺得當他完成在世間的職責時，他有權選擇自己長眠的地方。

8. 《明治天皇紀》第十二卷，p. 831。

9. 同前注，p. 833。

10. 望月小太郎編，《世界に於ける明治天皇》下卷，p. 11；一九一二年七月三十日的《泰晤士報》（倫敦版）。

11. 望月小太郎編，《世界に於ける明治天皇》下卷，p. 37。

12. 同前注，p. 118-119；日語原文請參見上卷，pp. 228-289。尚不清楚伊藤是何時發表了這番言論。

13. 望月小太郎編，《世界に於ける明治天皇》下卷，p. 119；日語原文請參見上卷，p. 229。

14. 望月小太郎編，《世界に於ける明治天皇》下卷，p. 119。

15. 望月小太郎編，《世界に於ける明治天皇》上卷，p. 687。

16. 同前注，pp. 599-600。

17. 望月小太郎編，《世界に於ける明治天皇》下卷，p. 1205；出自一九一二年八月二日北京的《國光新聞》。

18. 望月小太郎編，《世界に於ける明治天皇》下卷，p. 1206。

19. 同前注，p. 1233。（從中文翻譯成日文時的）譯者添加了一個注釋，認為這名記者仍然充滿了作為中國人的優越感。

20. 望月小太郎編，《世界に於ける明治天皇》下卷，p. 1211。

21. 同前注，p. 175。

22. 飛鳥井雅道，《明治大帝》，pp. 31-32。另參見Carol Gluck, *Japan's Modern Myths*, p. 220。德富蘆花的〈明治天皇の崩御の前後〉收錄在《明治文學全集》第四十二卷p. 338的《みみずのたはこと》一文中。格盧克（Gluck）對天皇大喪時的的氣氛進行了很好的描述。另參見採訪葬禮的記者生方敏郎在《明治大正見聞史》pp. 189-211的敘述。

23. 《漱石全集》第二十卷，p. 398。宣布天皇病重的號外促使夏目漱石寫了這篇日記。

24. 〈明治天皇奉悼の時〉，見《漱石全集》第二十六卷，p. 312。漱石尤其稱讚天皇重視教育，天皇駕崩和乃木殉死在其小說《心》中成為一個重要元素。

25. 帝國議會召開臨時會議，表決通過為大喪撥款一百五十四萬五千三百八十九日圓（《明治天皇紀》第十二卷，p. 832）。關於大喪的詳細描述請參見pp.

838-843。

26. 生方敏郎，《明治大正見聞史》，p. 207。

27. 來自八瀨（位於比叡山附近的京都市左京區）的村人自古就被稱作「八瀨童子」。之所以被稱為「童子」，是因為他們不剃前髮。根據傳統，他們負責為比叡山天台宗延曆寺的住持和皇室扛抬乘輿。

28. 此處的描述彙整了《明治天皇紀》第十二卷 pp. 838-843 對大葬之儀的描寫。夏目漱石為大喪作了一首俳句：「肅穆持火行　爍如月夜星」（《漱石全集》第二十四卷，p. 84）。

29. 《明治天皇紀》第十二卷，p. 844。

30. 乃木於西南戰爭期間寫的日記中，並沒有提到丟失軍旗一事。也許在當時這件事對他而言並不重要（飛鳥井雅道，《明治大帝》，p. 254）。有關乃木遺書的部分內容，請參見 p. 248。

31. 山路愛山，《乃木上將》，pp. 305-306，轉引自源了圓，〈乃木上將の自殺とその精神史的背景〉，p. 15。只有少數人（包括侍從長德大寺和侍從武官岡見）目睹了這一刻。他們都對此保密，直到乃木死後，岡見透露天皇說了什麼。源了圓的文章對乃木自殺的背景進行了精彩的論述（《心》，一九六三年十二月號）。

32. 《明治天皇紀》第十二卷，p. 845。有些人在最初聽到乃木自殺的消息時還不太相信。生方敏郎一開始也以為這個消息只不過是一個拙劣的玩笑（《明治大正見聞史》，pp. 214-215），森鷗外則對這個消息半信半疑（飛鳥井雅道，《明治大帝》，p. 247）。

33. 松下芳男，《乃木希典》，p. 213。

34. 源了圓，〈乃木上將の自殺とその精神史的背景〉，pp. 16, 17。

35. 《武者小路實篤全集》第一卷，p. 495。在同時期的其他散文中，武者小路不斷從否定的立場談論乃木的殉死。

36. 《志賀直哉全集》第十卷，p. 636。另參見飛鳥井雅道，《明治大帝》，p. 277。志賀在三天後日記中提到，歌人吉井勇將乃木的自殺稱為「近期最令人不快的事件之一」。

37. 原田憲雄，《日本漢詩選》，pp. 246-247。在師從副島種臣學習漢詩後，長井鬱齋曾長年留居中國，比起日本在當地更有名氣。

38. 飛鳥井雅道，《明治大帝》，p. 279。

39. 《明治天皇紀》第十二卷，pp. 846-847。

● 終章

1. 一九二七年，明治的生日正式被定為國定假日（即明治節），但在一九四八年（美國佔領期間），該節日被改稱為「文化日」。

2. 日野西資博，《明治天皇の御日常》，p. 109。

3. 同前注，pp. 125, 151。

4. 關於天皇祭拜祖先，請參見坊城俊良，《宮中五十年》，pp. 34-35。

5. 根據侍從日野西的記錄，在日俄戰爭期間天皇對娛樂活動完全失去興趣，只顧埋首於政務；他的唯一消遣就是聽留聲機(日野西資博，《明治天皇の御日常》，p. 124)。侍從坊城則回憶天皇的留聲機型號相當古老，附有一個喇叭型的擴音器來播放蠟筒(《宮中五十年》，p. 40)。由於收錄的內容都很「健全」，由此推測應該不是流行歌曲，而是觸動心弦的傳統歌謠。

6. Erwin Baelz, *Awakening Japan*, trans. Eden Paul and Cedar Paul, p. 97. 此處提到的「井上」指的是提倡近代方法的井上馨。

7. 日野西資博，《明治天皇の御日常》，p. 46。

8. 同前注，p. 52。

9. 同前注，p. 53。

10. 在深愛的丈夫阿爾伯特親王過世後，維多利亞女王陷入深沉的悲傷之中，有五年時間拒絕召開國會。《泰晤士報》曾發表一篇社論，勸她「傾聽臣民的呼聲，考量一下自己身居高位的職責，不要再繼續一味地沉浸於徒勞的悲傷之中」(Giles St. Aubin, *Queen Victoria*, p. 344)。

11. 飛鳥井雅道，《明治大帝》，p. 2。

國家圖書館出版品預行編目 (CIP) 資料

明治天皇：睦仁和他的時代 1852-1912 / 唐納德．基恩 (Donald Keene) 著；曾小楚、伍秋玉譯 . -- 初版 . -- 新北市 : 遠足文化 , 2019.02
譯自 : Emperor of Japan : Meiji and His world, 1852-1912
ISBN 978-957-8630-87-1（上冊：平裝）
ISBN 978-957-8630-88-8（下冊：平裝）
ISBN 978-957-8630-89-5（全套：平裝）
1. 明治天皇　2. 傳記　3. 日本史

731.271　　107018773

大河 37

明治天皇：睦仁和他的時代 1852－1912（下）

Emperor of Japan: Meiji and His World, 1852-1912

作者——唐納德．基恩（Donald Keene）
譯者——曾小楚、伍秋玉
執行長——陳蕙慧
總編輯——郭昕詠
行銷總監——李逸文
資深通路行銷—張元慧
編輯——徐昉驊、陳柔君
封面設計——許晉維
排版——簡單瑛設

社長——郭重興
發行人兼
出版總監——曾大福
出版者——遠足文化事業股份有限公司
地址——231 新北市新店區民權路 108-2 號 9 樓
電話——(02)2218-1417
傳真——(02)2218-0727
電郵——service@bookrep.com.tw
郵撥帳號——19504465
客服專線——0800-221-029
Facebook——https://www.facebook.com/saikounippon/
網址——http://www.bookrep.com.tw
法律顧問——華洋法律事務所 蘇文生律師
印製——呈靖彩藝有限公司

初版一刷 西元 2019 年 02 月
Printed in Taiwan